C'est ça!

C'est ça!

ESSENTIALS OF FRENCH

Phyllis M. Golding

Queens College, City University of New York

Robert F. Jeantet

University of Akron

McGraw-Hill, Inc.

New York   St. Louis   San Francisco   Auckland   Bogotá   Caracas   Lisbon
London   Madrid   Mexico City   Milan   Montreal   New Delhi   San Juan
Singapore   Sydney   Tokyo   Toronto

This is an EBI book.

C'est ça! Essentials of French

This book is printed on acid-free paper.

1 2 3 4 5 6 7 8 9 0   VNH VNH   9 0 9 8 7 6 5 4

ISBN 0-07-023695-X

The editors were Leslie Berriman, Julie Melvin, and Richard Mason.
The production supervisor was Tanya Nigh.
Illustrations were by Mike Reed.
The design manager was Francis Owens.
The text designer was Adriane Bosworth.
The cover was designed by BB & K Design, Inc.
The cover artist was John Clementson.
The photo researcher was Stephen Forsling.
This book was set in Garamond Light by Black Dot Graphics.
This book was printed and bound by Von Hoffman Press.

Library of Congress Cataloging-in-Publication Data

Golding, Phyllis M.
    C'est ça!: Essentials of French / Phyllis M. Golding, Robert F. Jeantet.
        p. cm.
    Includes index.
    ISBN 0-07-023695-X
    1. French language—Textbooks for foreign speakers—English. 2. French-speaking countries—Problems, exercises, etc. 3. France—Civilization—Problems, exercises, etc. 4. French language—Readers—French-speaking countries. 5. French language—Readers—France. I. Jeantet, Robert F. II. Title.
PC2129.E5G65 1994   94-27869
448.2'421—dc20   CIP

Grateful acknowledgment is made for use of the following:

Photo credits *Page 1* © Peter Menzel; *2* © Owen Franken; *14* Stuart Cohen/Comstock; *20* © Owen Franken; *33* © Ulrike Welsch; *35* © Peter Menzel; *42 (both)* © Owen Franken; *58* © Andrew Brilliant; *64* © Daniel Simon/Gamma-Liaison; *66* © Owen Franken; *78* © Mark Antman/The Image Works; *84* © Owen Franken; *87* © Peter Menzel; *89* © Beryl Goldberg; *107* © P. Vauthey/Sygma; *113* © Owen Franken; *118* © Tavernier/Sipa; *135* © Rick Stewart/Allsport; *138* © Sipa; *140* © Cathlyn Melloan/Tony Stone Images; *141* © Robert Jeantet; *144* © Jean-Marc Truchet/Tony Stone Images; *150* © Perle/Explorer/Photo Researchers; *158* © Alain Denize/Gamma-Liaison; *163* © Owen Franken; *166 (both)* © Robert Jeantet; *171* © R. Lucas/The Image Works; *181* © Michael Schwarz/The Image Works; *184* © Betty Press/Woodfin Camp & Associates; *195* © Betty Press/Woodfin Camp & Associates; *207* © Mark Antman/The Image Works; *211* © Photo Researchers; *226* © Robert Jeantet; *232* © Sipa; *243 (left)* © DeHogues/Gontier/The Image Works; *(right)* © David Simson/Stock, Boston; *249* © Hugh Rogers/Monkmeyer Press; *254* © David R.
(continued on page 429)

CONTENTS

CHAPITRE **12** *Dépenser ou économiser?* *269*

Culture and Skills Practice

ENTRACTE **6**

CHAPITRE **13** *La santé* *291*

Culture and Skills Practice

PREFACE

Welcome to *C'est ça!*, a brief textbook for your introductory French course. Designed to be completed in two semesters or three quarters, *C'est ça!* presents the essentials of French grammar and a manageable vocabulary for first-year college or university students. Listening, speaking, reading, and writing skills are developed through a variety of engaging activities and features.

Each chapter of *C'est ça!* introduces thematic core vocabulary, short dialogues or narrative passages reflecting real-life situations, and brief grammar presentations. Practice sequences include both exercises for learning basic grammatical forms and constructions, and a wide range of interesting communicative activities that encourage student creativity. French and Francophone culture (particularly African and Canadian) is presented through authentic readings, cultural notes, and realia. In addition, the exclusive Video to accompany *C'est ça!* is tied directly to the text and presents scenes shot on location in France as well as authentic footage from several French and Francophone sources.

C'est ça! features sixteen regular chapters, a preliminary chapter, and eight reading/review sections called **Entractes.** Each regular chapter follows this simple three-part organization:

ESQUISSES.   The vocabulary section promotes initial self-expression through visuals and brief dialogues in context. This section introduces practical vocabulary through attractive illustrations and grammar points that are developed in detail later in the chapter.

GRAMMAIRE ESSENTIELLE.   This section presents three to six grammar points in a condensed format. Only essential, first-year material is included. Every grammar point is introduced visually through an illustration and caption taken from a dialogue in the preceding **Esquisses** section. Contextualized exercises and activities, including partner/pair and small group work, immediately follow the explanation of each grammar point.

EN AVANT.   This culminating three-part section contains realia-based, communicative, and video activities. The **Réalités** activities present colorful pieces of realia from French or Francophone publications, and students answer questions based on their content. The communicative activities of **Bavardons un peu!** encourage personal creativity and interaction among students. **Vidéo-Club** provides activities for students to complete after viewing scenes from the exciting Video to accompany *C'est ça!*

After every two chapters, an **Entracte** section features a reading and an integrative visual review. *C'est ça!* also contains a glossary of grammatical terms, color maps of France and the Francophone world, verb charts, and French-English and English-French vocabularies.

ESQUISSES Vocabulary is presented visually through attractive illustrations. Engaging dialogues use new vocabulary and preview the chapter's structures within natural contexts.

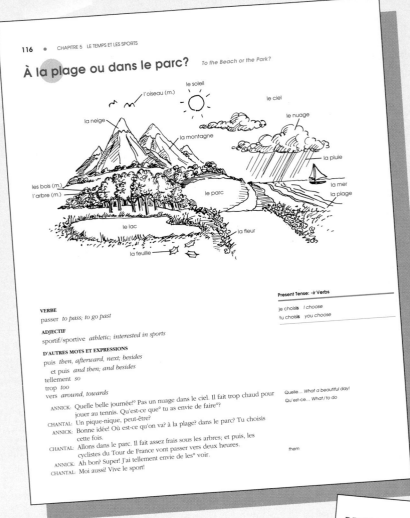

GRAMMAR FORESHADOWING BOXES Grammar boxes that appear in **Esquisses** foreshadow grammar points that will be fully presented in the chapter's **Grammaire essentielle.**

PRONONCIATION The basics of French pronunciation are covered in the first five chapters of the book. (Expanded presentations and practice continue throughout the Workbook/Laboratory Manual and Audiocassette Program.)

PRONONCIATION

Intonation

Intonation refers to the rise and fall of the voice in speaking. Changes in intonation tell the listener that an utterance is a question, a statement, or an exclamation. You have seen, for example, that you can change a statement into a yes/no question simply by raising your voice at the end. Compare: **Vous allez en France. Vous allez en France?**

Here are the basic intonation patterns in French.

1. In declarative sentences, the intonation rises within each breath group (group of words pronounced in one breath), and falls at the end of the sentence.

   Je m'appelle Marie-France. Bonjour, mademoiselle.

2. In yes/no questions the intonation rises at the end of the question.

   Est-ce que c'est ton père? Il aime le football?

VISUAL GRAMMAR OPENER Each grammar point opens with a visual presentation recycled from one of the **Esquisses** dialogues and showing the structure used in context.

MARGINAL STUDENT NOTES Helpful notes summarize grammar points for easy reference by students.

ACTIVITIES Students progress from basic and form-focused activities, such as contextualized fill-in-the-blanks and sentence builders, to more open-ended and communicative ones, such as art- and realia-based, conversational, interview, and survey activities.

---

72 • CHAPITRE 3 LE SHOPPING ET LA MODE

GRAMMAIRE ESSENTIELLE

1. The Verb *aller*

Tu vas à la boutique devant le campus ou dans un grand magasin?

Alexandra   Stéphanie

PRESENT TENSE OF *aller* (to go)	
je vais	nous allons
tu vas	vous allez
il/elle/on va	ils/elles vont

1. The verb **aller** is irregular in all forms in the present tense.

Je **vais** à l'université. — *I go to the university.*
Marie et Paul **vont** dans un grand magasin. — *Marie and Paul are going to a department store.*

2. The verb **aller** can be used to inquire or comment about someone's health or about conditions in general

Use the verb **aller** to ask how someone is doing.

—Comment **vas**-tu? / Comment **allez**-vous? — *How are you? (fam.) / How are you? (form.)*
—Je **vais** bien. — *I am fine.*
—Comment **vont** les cours? — *How are classes going?*
—Assez bien. — *Pretty well.*

Activités

A Mes préférences. Ask the questions that elicit the following answers. Use a form of **quel** in each question.

MODÈLE: Je préfère le jus d'orange. →
Quel jus préfères-tu?

1. Je préfère le vin blanc.
2. J'aime les oranges et les pommes.
3. Je préfère le restaurant Le Procope.
4. Comme condiments pour une salade, je préfère le sel, le poivre, l'huile et le vinaigre.
5. Je préfère le bœuf et le porc.
6. Je préfère le supermarché Casino.

B Au supermarché. Use a form of **ce** to specify which items you are buying.

MODÈLE: une bouteille de vin →
J'achète cette bouteille de vin.

1. une tarte
2. des haricots verts
3. un croissant
4. des pommes de terre
5. une bouteille de ketchup
6. un saucisson
7. un dessert
8. des tomates

C Préparons le dîner. Using **quel**, ask a classmate which of the following foods to serve. Your classmate will choose between the paired items, using a form of **ce** and explaining his/her preference.

MODÈLE: salade → Quelle salade va-t-on servir?
On va servir cette salade-là; je préfère la laitue. (*pointing to the salad farther away*)

or
On va servir cette salade-ci; je préfère les tomates. (*pointing to the closer one*)

1. viande
2. vin
3. pain
4. légumes
5. desserts

RÉALITÉS Colorful pieces of realia illustrate in context the vocabulary and grammar presented in the chapter. Each piece is followed by an interesting comprehension activity.

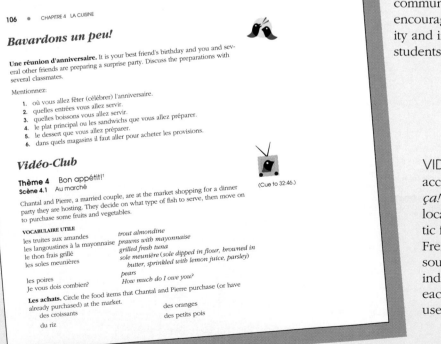

BAVARDONS UN PEU! At the end of each chapter, communicative activities encourage personal creativity and interaction among students.

VIDÉO-CLUB Activities accompany the exclusive *C'est ça!* video, with scenes shot on location in France and authentic footage from a variety of French and Francophone sources. A handy marginal cue indicates the starting time of each scene for easy classroom use.

ICONS Marginal icons identify partner-pair activities and the **Prononciation, Vidéo-Club, Lecture,** and **Par écrit** sections.

TABLEAU CULTUREL Two to four cultural notes per chapter, illustrated with a full-color photograph, describe engaging and relevant aspects of French and Francophone culture. The notes are in English up through Chapter 6 and in French after that.

TABLEAU CULTUREL

LA FRANCE PROFONDE: L'AUVERGNE. L'Auvergne est une ancienne province au centre de la France. C'est un pays pauvre, montagneux et encore très sauvage: il n'y a pas de très grandes villes, de chemins de fer ou d'autoroutes dans cette région qui reste un vestige de la France d'autrefois. Pour les Français, l'Auvergne représente le passé et la tradition: les exploitations agricoles y sont très petites et fonctionnent encore de manière traditionnelle. On y fait de nombreuses variétés de fromage à partir de lait de vache, de chèvre et de brebis.

Dans les années soixante, beaucoup de jeunes universitaires qui voulaient quitter la ville et la société de consommation, ont essayé de vivre, comme les hippies américains—leurs contemporains—dans des communautés où on respectait la nature et les animaux. Certains y vivent toujours du fruit de leur travail et considèrent que leur choix, loin d'être un retour à un mode de vie arriéré, leur permet au contraire de redécouvrir des valeurs authentiques.

C'est de cette région d'Auvergne que vient le cantal, un célèbre fromage français.

À VOUS!
1. Pourquoi est-ce que l'Auvergne représente le passé et la tradition?
2. Est-ce que vous voudriez vivre dans une région comme l'Auvergne? Pourquoi ou pourquoi pas?

À VOUS! Comprehension and open-ended questions appear at the end of each **Tableau culturel** in Chapters 7–16.

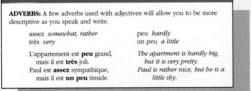

ÉTUDE DE MOTS

ADVERBS: A few adverbs used with adjectives will allow you to be more descriptive as you speak and write.

assez *somewhat, rather*	peu *hardly*
très *very*	un peu *a little*

L'appartement est **peu** grand, mais il est **très** joli.
The apartment is hardly big, but it is very pretty.

Paul est **assez** sympathique, mais il est **un peu** timide.
Paul is rather nice, but he is a little shy.

AIDE-MÉMOIRE

LEARNING VOCABULARY: Try to use as many methods as possible to learn vocabulary. Say the words aloud, write them down, copy them onto flash cards for rapid recognition, or have a friend say them to you. In addition, try to visualize and mimic actions that involve the vocabulary words. By expanding your study techniques and concentrating on those that fit your particular learning style, you'll find it easier to remember new vocabulary.

ÉTUDE DE MOTS Useful expressions, cognates, and word-building hints help students recognize patterns and increase their French vocabulary.

AIDE-MÉMOIRE Students are given practical suggestions on how to study and create their own learning aids.

ENTRACTE 4

LECTURE

Avant de lire

SKIMMING FOR THE GIST: When reading authentic French texts, you will improve your comprehension if, prior to an in-depth reading, you skim the text for an overall idea of its content. This will make more difficult passages easier to understand.

The following movie review comes from *Télérama*, a French TV guide. Look at the title and the three headings. What do they tell you about the organization of the article and about the film itself? Does the photo set the scene in any way?

Now quickly read each paragraph. If you do not understand a word, read ahead. Remember that your goal is just to get the gist of each section. When you have finished, skim the review once more, this time jotting down the main point(s) of each section. Finally, read the entire review carefully to find out what happens when an inspector from the health department tries to shut down the residence of a group of Africans living in Paris.

Film français de Thomas Gilou (1986).
Précédente diffusion[2]: mai 1991.
Jacques Villeret : Michel Le Gorgues.
Isaak de Bankolé: Lemmy. **Félicité
Waoussi:** A... **Khoudia Seye** : Amina.
Cheik Dou...
Kamara: S...
Fiche tec...
Annaud, P...
et Thomas...
Musique...
87 mn.
Le genre...
riche en...
L'histoi...
XVIIIe...

[1]Funny b...
[2]Fiche...
resident...

Excerpted from Télérama.

204

ENTRACTE   Appearing after every two chapters, the **Entracte** sections feature a variety of readings (two author-written, five authentic, and one literary) accompanied by practical pre-reading strategies (**Avant de lire**) and post-reading comprehension activities (**Après la lecture**).

---

de fermeture par les services d'hygiène. Ainsi[5] en a décidé l'inspecteur desdits[6] services, le brave mais têtu[7]Michel. Pour conjurer le sort[8] et faire échec à cette funeste décision,[9] les locataires[10]du foyer convoquent les dieux,[11]en l'occurrence un marabout,[12]qu'ils font venir d'Afrique. Dans l'avion, le marabout rencontre un jeune Noir dynamique, sympathique truand[13]nommé Lemmy, à qui il raconte naïvement la raison de son voyage. Lemmy va se substituer au saint homme pour toucher la prime rondelette convenue.[14]
Ce que j'en pense.[15]Le succès remporté par cette jolie petite comédie était mérité. D'habitude, les films qui traitent de la communauté noire et dénoncent le racisme latent, ordinaire ou déclaré des Blancs, sont des pamphlets ou des témoignages graves.[16] Il en

faut. Mais il faut aussi des comédies comme celles-ci qui disent les mêmes choses sur le ton plaisant du vaudeville et du burlesque. On est ici délicieusement malmené dans[17] une succession de situations hilarantes, on sourit et on rit,[18]on comprend les raisons des uns et des autres[19]et on admire le rythme, le tempo, la frénésie de ces astucieuses combinaisons où gentils truands, grands naïfs et fonctionnaires[20]consciencieux dansent une drôle de sarabande.[21]L'interprétation des Noirs est globalement épatante[22]et Jacques Villeret, comme toujours, parfait.

Gilbert Salachas

[5]That's what
[6]the above-mentioned
[7]brave... nice but stubborn
[8]conjurer... evade ill fortune
[9]faire... to foil, thwart this disastrous decision
[10]tenants
[11]gods
[12]en... in this case a holy man
[13]criminal
[14]se... to substitute himself for the holy man in order to get the tidy agreed-upon sum (of money)
[15]Ce... What I think of it.
[16]témoignages...serious testimonials, accounts
[17]malmené... led into
[18]sourit... smiles and laughs
[19]des uns... everybody's
[20]bureaucrats
[21]hullabaloo
[22]great, splendid

Après la lecture

A **Black Micmac.** Est-ce que les phrases suivantes sont vraies ou fausses? Si la phrase est fausse, rectifiez-la.

1. *Black Micmac* est un film africain.
2. C'est un film comique.
3. À Paris, les services d'hygiène veulent fermer un immeuble habité par des Africains.
4. Les Africains font venir (*send for*) un saint homme (*holy man*) pour les aider.
5. Dans l'avion, le saint homme rencontre un jeune truand. Ensemble, ils vont aider les Africains qui vivent à Paris.
6. Ce film a été un succès.
7. Le critique aime ce film parce qu'on parle d'un sujet grave, le racisme, dans un contexte burlesque.
8. Selon (*According to*) le critique, les acteurs ne sont pas très bons.

B **Parlons du film.** Répondez aux questions suivantes.

1. Qui veut fermer le foyer d'Africains? Pourquoi, à votre avis?
2. Qui est Lemmy? Décrivez-le.
3. Qu'est-ce que Lemmy va faire? Pourquoi?
4. Selon le critique, d'habitude (*usually*), comment sont les films qui traitent du racisme? Dans quelle mesure ce film est-il différent?

PAR ÉCRIT

C'est vous le critique! Using the critique of *Black Micmac* as a model, review a film, play, or television show that you've recently seen. Use the elements below to organize your review.

- le titre (du film, de la pièce, de l'émission)
- le genre

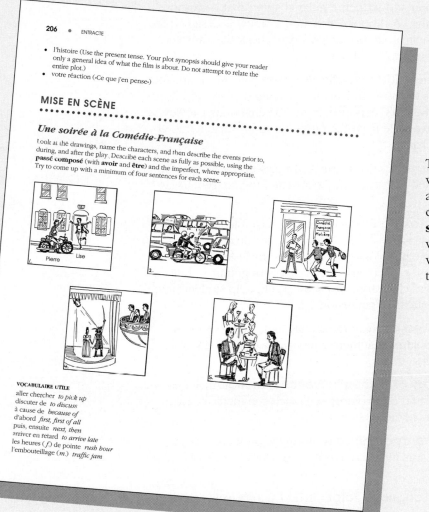

The section concludes with a writing activity (**Par écrit**) and an attractive and stimulating composite drawing (**Mise en scène**). The latter provides a visual review that integrates the vocabulary and grammar from the two previous chapters.

SUPPLEMENTS

● ●

C'est ça! is a complete program that includes the following components:

The **Workbook/Laboratory Manual** provides additional exercises on vocabulary and grammar, a complete listening program, and supplemental video activities. With one preliminary chapter and sixteen regular chapters that correspond to the text and audiocassettes, the Workbook/Laboratory Manual is designed for independent study. To assess their progress, students may check their answers against those given in the back of the Workbook.

Recorded by native speakers, the **Audiocassette Program** contains abundant exercises and listening passages to assist students in speaking practice and listening comprehension, either on their first exposure to the material or as a review. The Audiocassette Program is available from the publisher to instructors free of charge and to students for purchase.

The **Tapescript** is a complete transcription of the Audiocassette Program. One copy of the Tapescript is included with each Audiocassette Program sent to language laboratories.

The **Instructor's Manual and Testing Program** contains sample lesson plans, testing materials, a complete videoscript for the Video to accompany *C'est ça!*, supplementary class aids, and methodological suggestions. Included for the instructor are recommendations for teaching difficult points of grammar, hints on how to vary the presentation of each lesson, and strategies to help students avoid common pitfalls and overcome areas of confusion.

The **Video to accompany *C'est ça!*** features scenes filmed on location in France and cultural vignettes containing authentic footage from a variety of French and Francophone sources.

The **McGraw-Hill Video Library of Authentic French Materials** includes one volume of French music videos and one volume of French commercials, each accompanied by an Instructor's Guide.

A set of full-color **Overhead Transparencies** is useful for presenting vocabulary, doing classroom activities, initiating discussion, and reviewing chapter material.

The **McGraw-Hill Electronic Language Tutor** (MHELT 2.0) contains single-response exercises from the text. It is available in Macintosh and IBM formats.

Slides showing various parts of the French-speaking world come with a booklet of commentary and questions for classroom use.

A Practical Guide to Language Learning: A Fifteen-Week Program of Strategies for Success by H. Douglas Brown (San Francisco State University) introduces beginning foreign-language students to the language-learning process. The guide is filled with useful information, practical strategies, exercises, self-tests, and encouraging guidance.

A **Training/Orientation Manual** for use with teaching assistants, by James F. Lee (University of Illinois, Urbana-Champaign), offers practical advice for beginning language instructors and coordinators.

All the components in the *C'est ça!* program are designed to complement your instruction and to enhance your students' learning experience. Please contact your local McGraw-Hill representative for information on the availability and costs of supplemental materials.

ACKNOWLEDGMENTS
• •

The publishers and authors would like to thank those instructors whose thoughts and suggestions were essential to the development of *C'est ça!*:

Ann Alderman, Holy Names College
Susan M. Baldwin, Northern Virginia Community College
Nancy B. Baum, Chicago City-Wide College
Yanick Daniel, Broward County Community College
Signe Denbow, Western Michigan University
John M. Dunaway, Mercer University
Randa J. Duvick, Valparaiso University
Janet Fisher-McPeak, University of Notre Dame
Jeffrey H. Fox, College of DuPage
Jenny Hanson, Long Beach City College
Gloria Henderson, Camden City College
Barbara Hergianto, South Florida Community College
David W. King, Christopher Newport College
Renée Kingcaid, St. Mary's College
Mary Anne Le Gall, Trenton State College
Kathryn Lorenz, University of Cincinnati
Margaret Marshall, Southeastern Louisiana University
Marilyn McDaniel, Fresno City College
Constantina Mitchell, Gallaudet University
Patricia Kyle Mosele, Michigan State University
Camilla Pugh, Louisiana State University
Danièle Rodamar, American University
Charline Sacks, Nassau Community College
Sharon Scinicariello, Case Western Reserve University
Kathryn Stewart, Oakland Community College
Françoise Turner, El Paso Community College
Thomas Vesce, Mercy College
Philippa Wehle, State University of New York, Purchase

Many other individuals deserve recognition. We would like to thank two people who did in-depth reviews of the manuscript as it developed: Regis Robe (University of South Carolina, Spartanburg) and Robert L. Nicholas (University of Wisconsin, Madison), who generously shared ideas from his book, *Motivos de conversación*. We are greatly indebted to Irène Kraemer (Carthage College, Wisconsin), who made significant contributions to the cultural content, and to James Strancel, (Washtenaw Community College, Michigan), who was an important contributor to the **Entracte** sections.

Our native readers, Nicole Dicop-Hineline, Jehanne-Marie Gavarini, and Sophie Halvin (University of California, San Diego) did invaluable work checking the naturalness and authenticity of the French throughout the book.

Many thanks to the editing, design, production, and marketing staffs at McGraw-Hill for their expert work: Karen Judd, Francis Owens, Elizabeth Williamson, Tanya Nigh, Margaret Metz, and particularly Richard Mason, our editing supervisor.

We especially wish to thank our development editor at McGraw-Hill, Julie Melvin, whose indefatigable help brought this text to fruition. Many thanks to Eileen LeVan, who read the manuscript and offered excellent ideas. We are deeply grateful to Leslie Berriman, who worked with us to conceptualize the text and guided us through the project. We would like to offer a final word of thanks to Thalia Dorwick for her belief in and support of *C'est ça!*

Our particular thanks are extended to George Golding, for his patience during all phases of writing and editing, and to Dr. Helen Ryan-Ranson, Acting Head of the Department of Modern Languages at the University of Akron, for her support. We also wish to mention our many colleagues and friends who helped us so generously, notably Simone Hausman, Helen Kahn, Nettie Kitzes, Gabriel Maniglier, Madeleine Morris, Norman Paul, Steven Pulver, Françoise Shein, and Phyllis Zelkind.

ABOUT THE AUTHORS

• •

Phyllis M. Golding has had a long career at Queens College, CUNY, teaching Romance languages and, as coordinator of first-year language classes, training and supervising teaching assistants. She holds a Certificate in French from Pennsylvania State University, a B.A. in French and Education from Hunter College, and an M.A. from Columbia University, where she specialized in philology and twentieth-century French literature. She collaborated on **En Breve,** a Spanish review grammar now in its third edition, and she has written for the travel section of the *New York Times.*

Robert F. Jeantet received a B.A. from Queens College, CUNY, a licence-ès-lettres from the Faculté de Lettres de Nancy, and his Ph.D. from CUNY Graduate Center. He has taught at Queens College, Hofstra University, Carleton College, and Tufts University, and he is now at the University of Akron, where he teaches and directs summer programs in France. A native speaker of French and English, his principal areas of interest are culture and translation.

GLOSSARY OF GRAMMATICAL TERMS

ADJECTIVE A word that modifies, qualifies, or describes a noun or pronoun.

a **big** house	une **grande** maison
She is **smart**	Elle est **intelligente.**

Demonstrative Adjective An adjective that points out or indicates a noun.

this boy	**ce** garçon
those books	**ces** livres

Interrogative Adjective An adjective that expresses *which* or *what* about a noun.

Which notebook?	**Quel** cahier?
What is your address?	**Quelle** est votre adresse?

Possessive Adjective An adjective that indicates who possesses the person or thing being discussed.

my sister	**ma** sœur
their cars	**leurs** voitures

ADVERB A word that describes a verb, an adjective, or another adverb.

She writes **well.**	Elle écrit **bien.**
He is **very** tall.	Il est **très** grand.
They are going **too** quickly.	Ils vont **trop** vite.

ARTICLE A determiner that precedes a noun.

Definite Article A determiner that indicates a particular person, place, thing, or (in French) a general concept.

the men	**les** hommes
the country	**le** pays
the bread	**le** pain
liberty	**la** liberté

Indefinite Article An article that indicates an indefinite person, place, or thing.

a woman	**une** femme
a city	**une** ville
(**some**) carrots	**des** carottes

Partitive Article An article that indicates a part of a whole. *Some* is not always expressed in English, but it is always expressed in French.

(**some**) chocolate	**du** chocolat
(**some**) pie	**de la** tarte
(**some**) apples	**des** pommes

CARDINAL NUMBERS The form of numbers that counts and indicates how many (*one, two, three,* etc.; **un, deux, trois,** etc.).

CLAUSE   There are two primary types of clauses: 1. a main, or independent, clause, which contains both a noun and a verb and can stand alone because it expresses a complete thought; 2. a dependent clause, which acquires meaning only in association with an independent (main) clause. Although a dependent clause contains both a subject and a verb, it cannot stand alone because it does not express a complete thought.

I will give Paul the car (**main clause**) when he arrives (**dependent clause**).	Je donnerai la voiture à Paul lorsqu'il arrivera.
If I were rich (**dependent clause**), I would buy a house (**main clause**).	Si j'étais riche, j'achèterais une maison.

COMPARATIVE   The comparison of two nouns or verbs, using adjectives or adverbs.

She is **taller than** Julien.	Elle est **plus grande que** Julien.
She runs **faster than** Julien.	Elle court **plus vite que** Julien.

CONDITIONAL   A verb tense that expresses possible or potential actions.

If I had a lot of money, I **would buy** that car.	Si j'avais beaucoup d'argent, j'**achèterais** cette voiture.

CONJUGATION   The six possible forms of a verb for a particular tense.

I speak, you speak, he/she/ one/it speaks, we speak, you speak, they speak	je parle, tu parles, il/elle/ on parle, nous parlons, vous parlez, ils/elles parlent

CONJUNCTION   A word or phrase that links together words, phrases, or clauses.

Christophe **and** Diane	Christophe **et** Diane
He doesn't drink coffee **or** tea.	Il ne boit **ni** café **ni** thé.
I shave, **then** I get dressed.	Je me rase, **puis** je m'habille.

DIRECT OBJECT   The person, place, or thing receiving the action of a verb.

I see **Catherine.**	Je vois **Catherine.**
We are visiting **Paris.**	Nous visitons **Paris.**
She is buying an **apple.**	Elle achète une **pomme.**

FUTURE   A verb tense that expresses what is yet to come, expressed in English with *will* and *shall*.

I **will do** it.	Je le **ferai.**

GENDER   A term used to divide nouns into categories. French nouns belong to two genders: masculine and feminine.

IMPERATIVE   *See* Mood.

IMPERFECT (IMPARFAIT)   A past tense that has no specific beginning or ending; a past descriptive tense.

We **used to swim** often.	Nous **nagions** souvent.

IMPERSONAL CONSTRUCTION   One whose subject is *it*.

It is important that . . .	**Il est** important que…

INDICATIVE   *See* Mood.

INDIRECT OBJECT   This tells to whom or for whom an action is performed.

Marc gives the present **to Rachel.**	Marc donne le cadeau **à Rachel.**

INFINITIVE   The form of a verb introduced in English by *to: to play, to sell, to come*. In French dictionaries this form of the verb—**jouer, vendre, venir**—is listed as the main entry.

MOOD   A set of categories for a verb, used to indicate the attitude of a speaker toward what he or she is saying: the indicative mood denotes actions or states considered facts; the subjunctive mood is based on a wish, emotion, or doubt; the imperative mood indicates a command.

NOUN   A word that denotes a person, place, or thing. A proper noun is a capitalized name.

>   lawyer, city, newspaper, Diane
>   avocat, ville, journal, Diane

ORDINAL NUMBERS   The form of numbers that points out an order or a series (*first, second, third,* etc.; **premier/première, deuxième, troisième,** etc.).

PASSÉ COMPOSÉ (OR PRESENT PERFECT)   A past tense formed in French by the conjugation of an auxiliary verb (**avoir** or **être**) and the past participle. The equivalent tense in English can take several forms.

>   I **ate** (**have eaten, did eat**).   J'**ai mangé.**

PAST PARTICIPLE   The form of a verb that represents a completed action or state. It is used with an auxiliary to form the **passé composé:** j'ai **regardé;** il a **vendu.**

PERSON   Each verb in a given tense has six forms that indicate the person involved in the action of the verb: singular (one person)—*I* (first person), *you* (second person), *he, she, one, it* (third person); plural (more than one person)—*we* (first person), *you* (second person), *they* (third person).

PREPOSITION   A word that shows the relationship of one word (usually a noun or pronoun) to another word in the phrase, clause, or sentence. Prepositions normally indicate position, direction, or time.

>   **near** the airport   **près de** l'aéroport
>   **with** him   **avec** lui
>   **to** school   **à** l'école
>   **before** midnight   **avant** minuit

PRONOMINAL VERB   A verb that has a reflexive pronoun as well as a subject pronoun or noun in its conjugated form. Its infinitive can be recognized by the preceding **se.**

>   to remember: I remember   se rappeler: je me rappelle

PRONOUN   A word that is used in place of one or more nouns.

Subject Pronoun   A pronoun that replaces the noun representing the person or thing performing the action of the verb.

>   Luc and Julie are playing   Luc et Julie jouent au tennis.
>   tennis.
>   **They** are playing tennis.   **Ils** jouent au tennis.

Object Pronoun   A pronoun that can replace a direct object noun (*me, you, him,* etc.; **me, te, le,** etc.) or an indirect object noun (*to me, to you, to him,* etc.; **me, te, lui,** etc.).

>   I see **Alain.** I see **him.**   Je vois **Alain.** Je **le** vois.

I give the book **to Mireille.**	Je donne le livre **à Mireille.**
I give the book **to her.**	Je **lui** donne le livre.

Reflexive Pronoun   A direct or an indirect object pronoun that represents the same person as the subject.

I look at **myself** in the mirror.	Je **me** regarde dans le miroir.

Demonstrative Pronoun   A pronoun that replaces a noun and points out a particular person or thing.

Here are two books. **This one** is interesting but **that one** is boring.	Voici deux livres. **Celui-ci** est intéressant mais **celui-là** est ennuyeux.

Interrogative Pronoun   A pronoun that asks a question about a person or thing.

Who is he?	**Qui** est-il?
What do you prefer?	**Qu'est-ce que** vous préférez?

Relative Pronoun   A pronoun that represents a noun previously mentioned and introduces a dependent clause.

We are talking to the woman **who** lives here.	Nous parlons à la femme **qui** habite ici.

Stressed (Disjunctive) Pronoun   A pronoun that is used for emphasis or as the object of a preposition.

You are impossible!	Tu es impossible, **toi**!
I work with **him.**	Je travaille avec **lui.**

REFLEXIVE VERB   A verb whose action is initiated by a subject and is received by the same subject.

He cuts himself when **he shaves.**	**Il se coupe** quand **il se rase.**

SENTENCE   A statement with a subject and a verb that expresses a complete thought.

Sylvie is a student.	Sylvie est étudiante.

SUBJECT   The word(s) denoting the person, place, or thing performing the action of a verb.

Salima works here.	**Salima** travaille ici.
Our city is very beautiful.	**Notre ville** est très belle.
That table costs a lot.	**Cette table** coûte cher.

SUBJUNCTIVE   *See* Mood.

SUPERLATIVE   A form of an adjective or adverb that denotes the highest degree of a particular quality.

the most expensive dress	la robe **la plus chère**

TENSE   Sets of verb forms (six in each tense) that express past, present, or future time.

VERB   The part of speech that expresses the occurrence of an action or the existence of a state or condition.

He **arrived.**	Il **est arrivé.**
He **was** tired.	Il **était** fatigué.

La France

LES PAYS-BAS *m*

L'ANGLETERRE *f*

L'ALLEMAGNE *f*

LA MANCHE

Dunkerque
•Calais
•Boulogne
•Lille
la Picardie

LA BELGIQUE

LE LUXEMBOURG

•Dieppe
•Amiens

Cherbourg•
•Le Havre
•Rouen
la Seine
•Verdun
la Lorraine

•Caen
la Normandie
•Reims
la Champagne
•Nancy
•Strasbourg

•Paris
Versailles•
l'Ile-de-France *f*
l'Alsace *f*

LES VOSGES *f*

Brest•
Chartres•

la Bretagne
•Rennes

•Orléans
•Besançon

•Blois
•Dijon
la Bourgogne

•Angers
•Tours
la Loire

LA SUISSE

Nantes•
la Loire
la Touraine
•Bourges
la Saône

LE JURA

la Vendée

•La Rochelle

le Poitou
•Limoges
•Clermont-Ferrand
Lyon•
la Savoie

•Grenoble

LES ALPES *f*

L'OCÉAN
ATLANTIQUE *m*

l'Auvergne *f*

L'ITALIE *f*

Bordeaux•
la Garonne

LE MASSIF
CENTRAL

le Dauphiné

le Rhône

Nice•

MONACO *m*

•Avignon
la Provence
•Aix-en-Provence
•Cannes

Nîmes•
•Arles

Montpellier•
•Marseille
•St-Tropez

Toulouse•

•Biarritz

Carcassonne•

LES PYRÉNÉES *f*

le Languedoc

•Perpignan

L'ESPAGNE *f*

L'ANDORRE *f*

la Corse

•Ajaccio

LA MER MÉDITERRANÉE

La France

| 0 | 50 | 100 | 150 MILLES |

| 50 | 100 | 150 | 200 | 250 KILOMÈTRES |

m = masculin   f = féminin

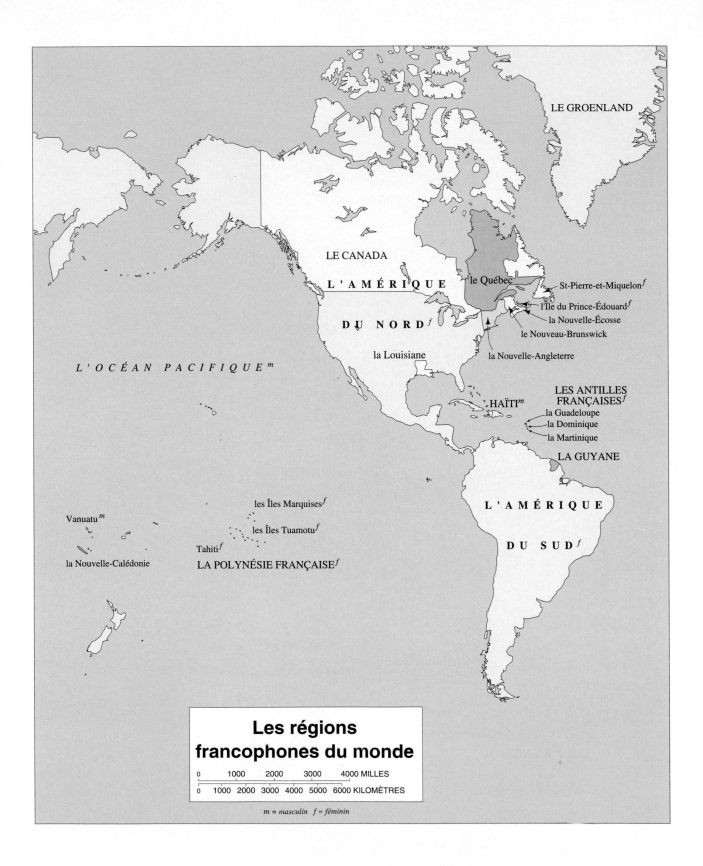

LE GROENLAND

LE CANADA

L'AMÉRIQUE

le Québec

St-Pierre-et-Miquelon^f

DU NORD^f

l'Île du Prince-Édouard^f

la Nouvelle-Écosse

le Nouveau-Brunswick

la Louisiane

la Nouvelle-Angleterre

L'OCÉAN PACIFIQUE^m

HAÏTI^m

LES ANTILLES
FRANÇAISES^f

la Guadeloupe

la Dominique

la Martinique

LA GUYANE

L'AMÉRIQUE

les Îles Marquises^f

Vanuatu^m

les Îles Tuamotu^f

DU SUD^f

Tahiti^f

la Nouvelle-Calédonie

LA POLYNÉSIE FRANÇAISE^f

Les régions
francophones du monde

| 0 | 1000 | 2000 | 3000 | 4000 MILLES |

| 0 | 1000 | 2000 | 3000 | 4000 | 5000 | 6000 KILOMÈTRES |

m = masculin   f = féminin

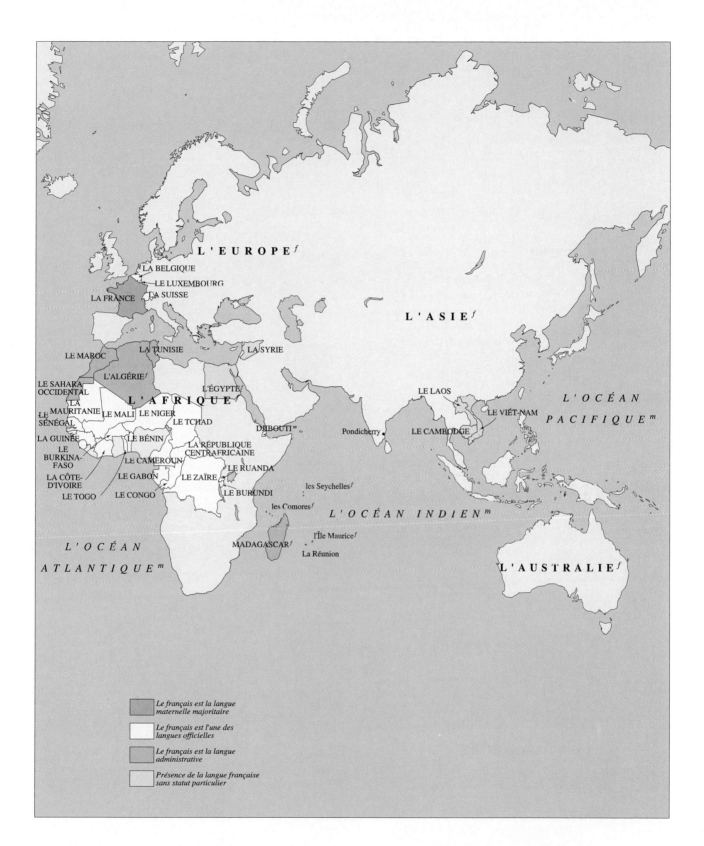

L'EUROPE^f

LA BELGIQUE
LE LUXEMBOURG
LA SUISSE
LA FRANCE

L'ASIE^f

LE MAROC
LA TUNISIE
LA SYRIE
L'ALGÉRIE^f
LE SAHARA
OCCIDENTAL
L'ÉGYPTE^f
LA
MAURITANIE
L'AFRIQUE^f
LE LAOS
L'OCÉAN
LE MALI   LE NIGER
LE
SÉNÉGAL
LE TCHAD
PACIFIQUE^m
DJIBOUTI^m
Pondicherry
LE CAMBODGE
LE VIÊT-NAM
LA GUINÉE
LE BÉNIN
LE
BURKINA-
FASO
LA RÉPUBLIQUE
CENTRAFRICAINE
LE CAMEROUN
LA CÔTE-
D'IVOIRE
LE GABON
LE ZAÏRE
LE RUANDA
LE TOGO
LE CONGO
LE BURUNDI
les Seychelles^f

les Comores^f
L'OCÉAN INDIEN^m

L'OCÉAN
l'Île Maurice^f
MADAGASCAR
La Réunion
L'AUSTRALIE^f
ATLANTIQUE^m

Le français est la langue
maternelle majoritaire

Le français est l'une des
langues officielles

Le français est la langue
administrative

Présence de la langue française
sans statut particulier

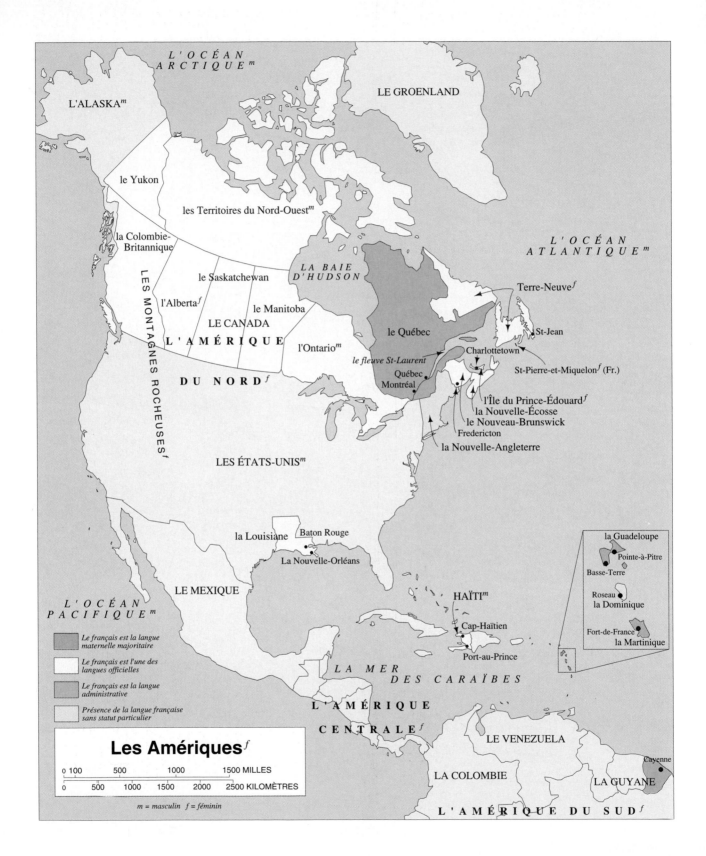

L'OCÉAN
ARCTIQUE ^{m}

LE GROENLAND

L'ALASKA ^{m}

le Yukon

les Territoires du Nord-Ouest ^{m}

L'OCÉAN
ATLANTIQUE ^{m}

la Colombie-
Britannique

le Saskatchewan

Terre-Neuve ^{f}

LA BAIE
D'HUDSON

l'Alberta ^{f}

le Manitoba

St-Jean

LE CANADA

L'AMÉRIQUE

le Québec

Charlottetown

l'Ontario ^{m}

le fleuve St-Laurent

St-Pierre-et-Miquelon ^{f} (Fr.)

DU NORD ^{f}

Québec
Montréal

l'Île du Prince-Édouard ^{f}
la Nouvelle-Écosse
le Nouveau-Brunswick

Fredericton

la Nouvelle-Angleterre

LES ÉTATS-UNIS ^{m}

la Guadeloupe

la Louisiane

Baton Rouge

Pointe-à-Pitre

La Nouvelle-Orléans

Basse-Terre

Roseau
la Dominique

LE MEXIQUE

HAÏTI ^{m}

L'OCÉAN
PACIFIQUE ^{m}

Fort-de-France
la Martinique

Cap-Haïtien

Le français est la langue
maternelle majoritaire

Port-au-Prince

Le français est l'une des
langues officielles

LA MER

Le français est la langue
administrative

DES CARAÏBES

L'AMÉRIQUE

Présence de la langue française
sans statut particulier

LE VENEZUELA

CENTRALE ^{f}

Les Amériques ^{f}

0 100   500   1000   1500 MILLES

LA COLOMBIE

Cayenne

0   500   1000   1500   2000   2500 KILOMÈTRES

LA GUYANE

m = masculin   f = féminin

L'AMÉRIQUE DU SUD ^{f}

LES MONTAGNES ROCHEUSES ^{f}

L'Europe*f*

0 50 100   200   300   400   500 MILLES
0   100 200   300   400   500   600   700   800 KILOMÈTRES

m = masculin f = féminin

Le français est la langue maternelle majoritaire

Le français est l'une des langues officielles

Le français est la langue administrative

Présence de la langue française sans statut particulier

Reykjavik
L'ISLANDE*f*

LA SUÈDE

LA FINLANDE

LA NORVÈGE

Oslo

Helsinki

St-Pétersbourg

Stockholm

Tallinn

LA RUSSIE

L'ESTONIE*f*

Moscou

L'ÉCOSSE*f*

LA MER DU NORD

Riga

LA MER BALTIQUE

LA LETTONIE

L'IRLANDE DU NORD

LA GRANDE-

LE DANEMARK

Copenhague

LA LITUANIE

Vilnius

L'IRLANDE*f* Dublin BRETAGNE

Minsk

Tver

LE PAYS DE GALLES   L'ANGLETERRE*f*

LA BIÉLORUSSIE

Amsterdam

Berlin

Varsovie

Londres

LES PAYS-BAS*m*

LA BELGIQUE

L'ALLEMAGNE*f*

LA POLOGNE

Kyev

Bruxelles Bonn

L'UKRAINE*f*

Jersey

Luxembourg

Prague

LE LUXEMBOURG

LA RÉPUBLIQUE

L'OCÉAN ATLANTIQUE*m*

Paris

TCHÈQUE

LA SLOVAQUIE

Bratislava

LA MOLDAVIE

Vienne

Chisinau

LA FRANCE

Berne

L'AUTRICHE*f*

LA HONGRIE

Budapest

Lausanne

LA SUISSE

Ljubljana

LA ROUMANIE

Genève

Zagreb

le Val d'Aoste

LA SLOVÉNIE

LA CROATIE

Belgrade

Bucarest

LA MER NOIRE

L'ITALIE*f*

LA BOSNIE

LE PORTUGAL

L'ANDORRE*f*

La Corse

HERZÉGOVINE

LA SERBIE

LA BULGARIE

Istanbul

Madrid

Ajaccio

Rome

LE MONTÉNÉGRO

Sofia

Lisbonne

Titograd

Skopje

L'ESPAGNE*f*

Tirana

LA MACÉDOINE

L'ALBANIE*f*

LA TURQUIE

LA GRÈCE

LA MER ÉGÉE

LA MER MÉDITERRANÉE

LA MER ADRIATIQUE

L'AFRIQUE*f*

Athènes

LA CRÈTE

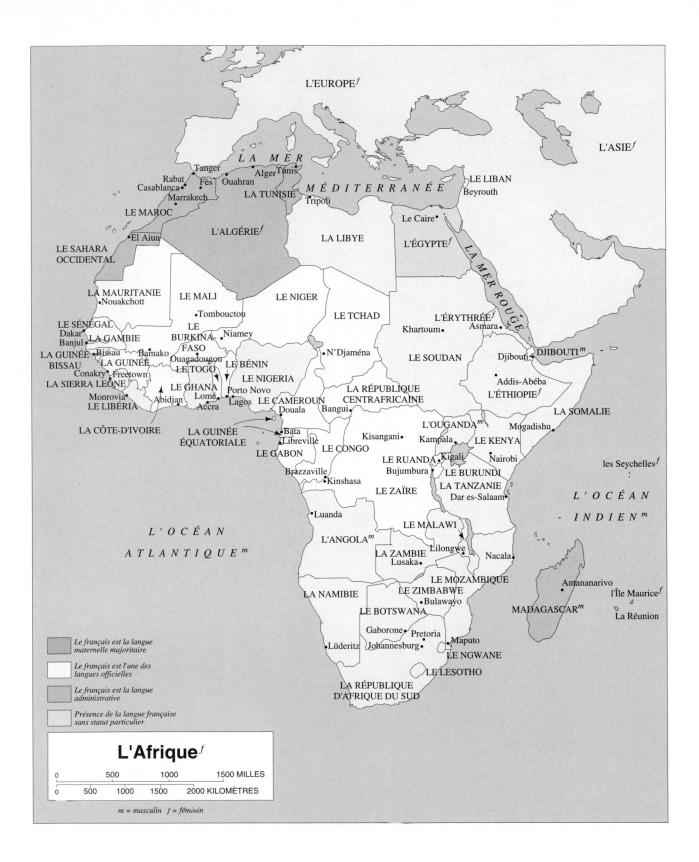

L'EUROPE^f

L'ASIE^f

LA MER

Tanger
Rabat • Fès • Ouahran • Alger • Tunis
Casablanca
Marrakech • LA TUNISIE
LE MAROC
Tripoli
El Aiun
LE SAHARA
OCCIDENTAL
L'ALGÉRIE^f
LA LIBYE

MÉDITERRANÉE

LE LIBAN
Beyrouth

Le Caire •
L'ÉGYPTE^f

LA MER ROUGE

LA MAURITANIE
Nouakchott •
LE MALI
LE NIGER
LE TCHAD
Tombouctou •
Khartoum •
L'ÉRYTHRÉE^f
Asmara •
Djibouti • DJIBOUTI^m

LE SÉNÉGAL
Dakar
LA GAMBIE
Banjul
Niamey •
LE
BURKINA-
FASO
N'Djaména •
LE SOUDAN
LA GUINÉE-
BISSAU
Bissau • Bamako •
Ouagadougou
LE BÉNIN
Addis-Abéba •
L'ÉTHIOPIE^f
Conakry • Freetown •
LA GUINÉE
LE TOGO
LE NIGERIA
LA SIERRA LEONE
LE GHANA
Porto Novo •
LA RÉPUBLIQUE
CENTRAFRICAINE
LA SOMALIE
Monrovia •
LE LIBÉRIA
Abidjan •
Lomé • Lagos
Accra
LE CAMEROUN
Douala • Bangui •
Mogadishu •
LA CÔTE-D'IVOIRE
LA GUINÉE
ÉQUATORIALE
Bata
Libreville •
LE CONGO
Kisangani •
L'OUGANDA^m
Kampala •
LE KENYA
LE GABON
LE RUANDA Kigali •
Nairobi •
les Seychelles^f
Brazzaville •
Bujumbura •
LE BURUNDI
Kinshasa •
LE ZAÏRE
LA TANZANIE
Dar es-Salaam •
L'OCÉAN
INDIEN^m
Luanda •
LE MALAWI
L'OCÉAN
ATLANTIQUE^m
L'ANGOLA^m
Lilongwe •
LA ZAMBIE
Lusaka •
Nacala •
LE MOZAMBIQUE
Antananarivo •
l'Île Maurice^f
LA NAMIBIE
LE ZIMBABWE
Bulawayo •
MADAGASCAR^m
La Réunion
LE BOTSWANA
Gaborone •
Pretoria •
Maputo •
Lüderitz •
Johannesburg •
LE NGWANE
LE LESOTHO
LA RÉPUBLIQUE
D'AFRIQUE DU SUD

Le français est la langue
maternelle majoritaire

Le français est l'une des
langues officielles

Le français est la langue
administrative

Présence de la langue française
sans statut particulier

L'Afrique^f

| 0 | 500 | 1000 | 1500 MILLES |

| 0 | 500 | 1000 | 1500 | 2000 KILOMÈTRES |

m = masculin   f = féminin

Point de départ

Une petite promenade entre amis.

Bienvenue au monde francophone! (*Welcome to the French-speaking world!*) Over 130 million people speak French as their native language. As you begin to learn French, you will also become more familiar with the people who speak it in many different countries throughout the world.

To learn a new language is to acquire another way of exchanging information and of sharing your thoughts and opinions with others. *C'est ça!* will help you use French to communicate in various ways: to understand French when others speak it, to speak it yourself, and to read and write it. This text will also help you communicate in French in nonverbal ways by increasing your awareness of cultural differences.

TABLEAU CULTUREL

Un petit café dans un village de Provence.

LANGUAGE AND CULTURE: Learning about a new culture is an important part of learning a language. Languages reflect the way people see the world; they cannot be separated from the culture in which they have evolved.

For example, Americans and French people usually have something very different in mind when they think of a café. A French **café** is primarily a place to have a drink—alcoholic or not—and to socialize; it is not usually considered a place to have a meal.

Similarly, a French person's concept of a window (**fenêtre**) is quite different from ours. The standard American window is referred to as a **fenêtre-guillotine** (!) and is not used in France. As you can see in the photo, French windows generally open inward, like small doors, and do not usually have screens.

Because the ideas and images brought to mind by certain words can be different for French speakers than for English speakers, you should learn the connotations of French words by paying attention to the context in which they are used, and by finding out as much as you can about the French-speaking world through books, magazines, films, and travel. Learning a language means immersing yourself in a new culture; it leads to a new way of seeing.

Les salutations

Greetings

—Bonjour, madame. Comment allez-vous?
Hello, ma'am. How are you?

—Très bien, merci. Et vous, monsieur?
Very well, thank you. And you, sir?

—Bien, merci.
Fine, thank you.

—Salut, ça va?   *Hi, how's it going?*
—Ça va bien. Et toi?   *Fine. And you?*
—Comme ci comme ça.   *So-so.*

—Bonsoir. Je m'appelle Thomas   *Good evening. My name is*
   Martin et mon ami s'appelle   *Thomas Martin and my friend's*
   Michel Dupont. Et toi,   *name is Michel Dupont. What*
   comment t'appelles-tu?   *is your name?*
—Je m'appelle Estelle Sabatier.   *My name is Estelle Sabatier.*

—Merci beaucoup.   *Thank you very much.*
—De rien, mademoiselle.   *You're welcome, miss.*
   Au revoir!   *Goodbye!*
—À bientôt!   *See you soon!*

Activités

A **Et vous?** Respond to each of the following.

1. Comment allez-vous?
2. Ça va bien. Et toi?
3. Je m'appelle Sylvie Lambert. Comment t'appelles-tu?
4. Merci beaucoup.
5. Au revoir!

B **Situations.** Working with a partner, create and practice brief dialogues based on the drawings.

1.   2.   3.   4.

Cognates

Words that are identical or similar in two languages are known as *cognates* (**mots apparentés** in French). French and English share many cognates because a number of words in both languages are derived from the same Latin root words,* and also because each language has borrowed words from the other and adapted them to its own sound system. Note the English words *chic, boutique,* and *restaurant,* and the French words **le week-end**, **le tee-shirt**, and **le jean**. Because of the numerous cognates shared by French and English, you can begin your study of French with a large "passive," or recognition, vocabulary.

Some cognates are identical in the two languages; they are called *exact cognates*. Others are not identical but are related in ways that follow a pattern; they are called *close cognates*. The English equivalents of the French words **université**, **publicité**, and **complexité**, for example, end in *y*. Some words beginning with **ét-** in French begin with *st-* in English: **étudiant**, **étranger**, **état**.

On the other hand, not all French words that resemble English are cognates. Some are what we call *false cognates* or **faux amis** (*false friends*); they have a different meaning in French. For example, **sensible** means *sensitive*, **blesser** means *to wound*, and **actuel** means *present* or *current*.

The French Alphabet

Note the pronunciation[†] of the French alphabet as you repeat after your instructor. French vowels are clearly pronounced; they do not glide the way English vowels do. French consonants are "crisp."

A	**a**	M	**emme**	V	**vé**
B	**bé**	N	**enne**	W	**double vé**
C	**cé**	O	**o**	X	**ixe**
D	**dé**	P	**pé**	Y	**i grec**
E	**e**	Q	**ku**	Z	**zède**
F	**effe**	R	**erre**		
G	**gé**	S	**esse**		
H	**ache**	T	**té**		
I	**i**	U	**u**		
J	**ji**				
K	**ka**				
L	**elle**				

There are five diacritical (or accent) marks used in French. These marks sometimes change the pronunciation of a letter. If a diacritical mark is omitted from a word that is supposed to have one, the word is misspelled.

---

*Those of you who speak Spanish, Italian, Portuguese, or other Romance languages will recognize even more cognates in French. All of these languages share Latin as a common ancestor. (Although English has many words derived from Latin, it is a Germanic language.)

†The best way to learn pronunciation is to carefully imitate your instructor and to work with the pronunciation exercises in the lab program.

MARK	WRITTEN SYMBOL	EXAMPLE
accent aigu	é	réalité, télévision
accent grave	è à ù	thème, voilà, où
accent circonflexe	â ê î ô û	théâtre, fête, dîner, hôtel, flûte
cédille	ç	français
tréma	ë ï	Noël, naïf

Activité

Spell the following names, places, and cognates in French.

MODÈLE: René → r, e, n, e accent aigu

1. Paris	**4.** appartement	**7.** forêt	**10.** France
2. Jérôme	**5.** naïf	**8.** américain	**11.** vétérinaire
3. université	**6.** Gisèle	**9.** taxi	**12.** médecine

La salle de classe

The Classroom

une fenêtre
un* professeur
un tableau
une* carte
un mur
une table
un livre
une craie
une porte
un bureau
une feuille de papier
un cahier
un crayon
un stylo, un bic
une étudiante
un étudiant
une chaise

*__Un__ and **une** are the equivalent of the article *a* in English. You will learn more about these forms in **Chapitre 1**.

EXPRESSIONS

c'est… *it's . . .*
voici *here is, here are*
voilà *there is, there are* } (used when pointing out someone or something)

Activités

A **L'intrus** (*The intruder*). In each group find the word that does not belong.

1. un cahier, un livre, un mur
2. un stylo, un bureau, une craie
3. une table, une chaise, un crayon
4. un mur, une étudiante, un professeur
5. une carte, une porte, une fenêtre
6. une feuille de papier, un tableau, un étudiant

B **Associations.** For each item, say the vocabulary word, then name an associated object that immediately comes to mind.

MODÈLE: un stylo → un crayon

1. une fenêtre
2. une craie
3. une chaise
4. un crayon
5. une porte
6. une table
7. un bureau
8. un mur

C **Identification.** Working with a classmate, point to five objects or persons in the classroom. Your partner will name them in French, using **voilà** or **voici**. Then, reverse roles.

MODÈLE: VOUS: (*point to blackboard*)
        VOTRE CAMARADE: Voilà un tableau.
                          VOUS: (*point to notebook*)
        VOTRE CAMARADE: Voici un cahier.

AIDE-MÉMOIRE

COMMANDS: Here is a list of commands that will help you understand your instructor's directions in the classroom. Pronounce them after your instructor.

Comptez. *Count.*
Écoutez. *Listen.*
Écrivez. *Write.*
Lisez. *Read.*
Ouvrez vos livres. *Open your books.*
Prononcez. *Pronounce.*
Répétez. *Repeat.*
Répondez. *Answer.*

Le calendrier et les nombres de 0 à 30

The Calendar and Numbers from 0 to 30

SEPTEMBRE						
LUNDI	MARDI	MERCREDI	JEUDI	VENDREDI	SAMEDI	DIMANCHE
1 premier* (un)	2 deux	3 trois	4 quatre	5 cinq	6 six	7 sept
8 huit	9 neuf	10 dix	11 onze	12 douze	13 treize	14 quatorze
15 quinze	16 seize	17 dix-sept	18 dix-huit	19 dix-neuf	20 vingt	21 vingt et un
22 vingt-deux	23 vingt-trois	24 vingt-quatre	25 vingt-cinq	26 vingt-six	27 vingt-sept	28 vingt-huit
29 vingt-neuf	30 trente					

Les mois

The Months

janvier　　mai　　septembre
février　　juin　　octobre
mars　　juillet　　novembre
avril　　août　　décembre

Note that days of the week and the months are not capitalized, and that the first day of the week in the French calendar is Monday, not Sunday.

L'année

The Year

le† jour *day*
la† semaine *week*
le mois *month*
l'année† *year*
aujourd'hui *today*
demain *tomorrow*

---

*As shown in this calendar, cardinal numbers (two, three, four) are used for all dates except the first of the month, which is expressed with the ordinal number **premier** (*first*) rather than **un**.
†**Le, la,** and **l'** all mean *the* in English; the plural form of these articles is **les**. You will learn more about these forms in Chapter 1. For now, just learn them with each vocabulary word they precede.

D'AUTRES MOTS ET EXPRESSIONS

il y a *there is, there are*
Quel jour sommes-nous?   *What day is it?*
  Nous sommes vendredi.   *Today is Friday.*
Quelle est la date d'aujourd'hui? *What is today's date?*
  Nous sommes le 14 avril.   *Today is April 14.*
zéro *zero*

In French dates the word **le** always appears before the day, and the day is followed by the month:

> le 17 octobre (*abbreviated as* 17/10)
> le premier juin (1/6)

The day of the week and the date are expressed together as follows:

> Aujourd'hui, nous sommes mardi,   *Today is Tuesday, October 17.*
>   le 17 octobre.

Activités

A **Comptez!** Continue the following sequences logically by counting aloud.

1. 1, 2, 3…
2. 30, 29, 28…
3. 2, 4, 6…
4. 1, 3, 5…
5. 3, 6, 9…
6. 4, 8, 12…
7. 5, 10, 15…

B **Le calendrier.** Fill in the blanks with the correct information. Write out all numbers.

1. Il y a _____ jours dans la semaine.
2. Il y a _____ jours en février.
3. Il y a _____ mois dans l'année.
4. Nous sommes mercredi. Demain, nous sommes _____.
5. Nous sommes samedi. Demain, nous sommes _____.
6. Nous sommes le 30 septembre. Demain, nous sommes _____.

C **Les mois.** What months do you associate with the following scenes?

   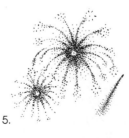

1. 2. 3. 4. 5. 6.

D **Quelle est la date d'aujourd'hui?** Working with a partner, ask and answer questions about the following dates.

MODÈLE: 6/1 →

        VOUS: Quelle est la date d'aujourd'hui?
  VOTRE CAMARADE: Nous sommes le six janvier.

1. 17/3	3. 11/7	5. 15/5	7. 28/10
2. 2/12	4. 14/2	6. 21/9	8. 1/4

TABLEAU CULTUREL

COUNTING: When the French want to indicate a quantity nonverbally or illustrate a point by counting on their fingers, they start with the thumb, rather than the index finger, to represent the number one. The number two is represented by the thumb and index finger. The pinky is the fifth and last finger to be unfolded.

Les nombres de 31 à 60   *Numbers from 31 to 60*

31	trente et un	39	trente-neuf
32	trente-deux	40	quarante
33	trente-trois	41	quarante et un
34	trente-quatre	42	quarante-deux
35	trente-cinq	50	cinquante
36	trente-six	51	cinquante et un
37	trente-sept	52	cinquante-deux
38	trente-huit	60	soixante

Note that 31, 41, and 51, like 21, have no hyphens.

—Combien font 31 et 10? *How much is 31 + 10?*
—31 et 10 font 41. *31 + 10 is 41.*
—Combien font 28 moins 5? *How much is 28 – 5?*
—28 moins 5 font 23. *28 – 5 is 23.*

Activités

A **Combien font... ?** Do these math problems with a classmate.

MODÈLE: 28 + 6 = ? →
VOUS: Combien font vingt-huit et six?
VOTRE CAMARADE: Vingt-huit et six font trente-quatre.

1. 2 + 35 =	5. 33 + 21 =	8. 60 – 40 =
2. 7 + 34 =	6. 35 – 12 =	9. 49 – 1 =
3. 11 + 22 =	7. 56 – 8 =	10. 51 – 13 =
4. 16 + 23 =		

B **Le magazine *Rivages*.** The table of contents on page 10 comes from a Moroccan magazine (Morocco = **le Maroc**) called *Rivages*. On what page

would you find the following topics or sections? Use the expression **À la page...**
(*On page . . .*) in your responses.

MODÈLE: Mémoire de Casablanca → À la page trente-sept.

1. Économie: Maroc-Espagne
2. Humour
3. Culture en bref
4. Société: Reportage
5. Littérature maghrébine (*N. African*)
6. Sport
7. Théâtre
8. Arts plastiques
9. Économie en bref
10. Littérature

N°1 *SOMMAIRE*
AVRIL 1993

DOSSIER
LES MAROCAINS DANS LE MONDE
PANORAMA D'UNE ÉMIGRATION **18**
ENTRETIEN AVEC **ADIL JAZOULI 21**
TRIBUNE LIBRE À **SAMI NAÏR 24**

PROFILS
MED HAJLANI **6**
KHITI-AMINA BENHACHEM **9**
AHMED CHAWQI RAFIF **8**
SAPHO **10**

SPORT

BENAZZI, L'ÉTOILE MONTANTE DU RUGBY FRANÇAIS **12**

HUMOUR
CLANDESTAIR *par SLIM* **26**

RACINES
GRANDES FIGURES
IBN 'ARABI, LE PLUS GRAND DES MAITRES **28**
LES MILLE ET UNE NUITS
LE LIVRE MAGIQUE **32**
MÉMOIRE DE CASABLANCA
UN POETE DANS LA VILLE
MOSTAFA NISSABOURI **37**

SOCIÉTÉ
REPORTAGE LES FEMMES AUX *ITALIENS* **43**
LE MIRAGE EUROPÉEN : UNE DOT POUR ÉMIGRER **46**

CULTURE
ARTS-PLASTIQUES
LES MURS BLANCS DE MILOUD **52**
LITTÉRATURE
GENET, L'ENNEMI DÉCLARÉ **54**
THÉÂTRE
HAYY IBN YAQZAN REVISITÉ PAR ABDELWAHAB MEDDEB **56**
LIVRES
DES FRANÇAIS AU MAROC **57**
LITTÉRATURE MAGHRÉBINE
MAHI BINEBINE, ENTRE PEINTURE ET ROMAN **58**
CULTURE EN BREF : **60**

ÉCONOMIE
MAROC - ESPAGNE
DES RELATIONS ENCORE PLUS ETROITES **48**
5 QUESTIONS À ALVARO RENGIFO **49**
MAROC - CEE UN NOUVEAU PARTENARIAT **50**
ÉCONOMIE EN BREF : **51**

MÉDIAS & COMMUNICATION **62**
VIE ASSOCIATIVE **64**
COURRIER DES LECTEURS **65**
INFOS PRATIQUES **66**

RIVAGES
5

J'aime/J'adore/Je déteste/Je voudrais

These phrases can be used to talk about likes, dislikes, and desires.

Tu aimes... ?	*Do you like . . . ?*
Oui, j'aime...	*Yes, I like . . .*
Oui, j'adore...	*Yes, I love . . .*
Non, je déteste...	*No, I hate . . .*

Qui voudrait… ?	Who would like . . . ?
Moi, je voudrais…	I would like . . . (Lit., Me, I would like . . .)

—**Tu aimes** le chocolat, Émilie? · *Do you like chocolate, Émilie?*
—**Oui, j'adore** le chocolat! · *Yes, I love chocolate!*
—**Qui voudrait** un chocolat? · *Who would like a chocolate?*
—**Moi, je voudrais** un chocolat! · *I would like a chocolate!*

Activités

A Vos préférences. Working with a classmate, take turns using the preceding phrases to find out about each other's likes and dislikes.

MODÈLE: les desserts →
VOUS: Tu aimes les desserts?
VOTRE CAMARADE: Oui, j'aime les desserts.
or
Oui, j'adore les desserts!
or
Non, je déteste les desserts!

1. la télévision
2. le sport
3. les autos
4. les cafés
5. l'université
6. le cours de mathématiques
7. le cinéma
8. les insectes
9. la musique classique
10. le rock
11. le rap
12. les films d'horreur

B Un sondage (*A survey*). Working in a group with four or five students, find out how many of them would like to have or do the following things by asking the question **Qui voudrait… ?** They will respond with **Moi, je voudrais…** when you've asked them about something they like. Keep track of the results within your group to determine which are the most and least popular items.

MODÈLE: un bonbon →
VOUS: Qui voudrait un bonbon?
VOTRE CAMARADE: Moi, je voudrais un bonbon!

	TOTAL
1. une pizza	_____
2. un sandwich	_____
3. un hamburger	_____
4. un café	_____
5. une bière	_____
6. un animal (*pet*)	_____
7. une Escort	_____
8. une Porsche	_____
9. danser avec Mikhaïl Baryshnikov	_____
10. danser avec Madonna	_____
11. visiter Paris	_____
12. dîner avec Bill et Hillary Clinton	_____

*Vidéo-Club**

Thème 1   La vie universitaire
Scène 1.1   Une étudiante désordonnée

Bénédicte has come to Caroline's dormitory room to work on their presentation for English class. Caroline is a bit disorganized, however, and has problems pulling together what she needs to get started.

(Cue to 4:11.)

VOCABULAIRE UTILE

On travaille sur notre exposé?	*Shall we work on our presentation?*
Où sont… ?	*Where are . . . ?*
Regarde ma nouvelle jupe!	*Look at my new skirt!*
Mais pour l'organisation, tu es nulle!	*But when it comes to organization, you're useless!*

Caroline cherche… Caroline talks about many things in her dorm room. In the following list, however, circle only those items that she actively looks for during the scene.

un bureau   une craie   des livres   un stylo

une feuille de papier   une carte   une chaise

un crayon   un dictionnaire   une table   un cahier

VOCABULAIRE

● ●

LES SALUTATIONS	GREETINGS
Bonjour.	Hello; Good morning.
Bonsoir.	Good evening.
Salut!	Hi!
Ça va?	How's it going?
Ça va bien.	Fine (Things are going well).
Et toi?	And you? (*fam.*)
Comme ci comme ça.	So-so.
Comment allez-vous?	How are you? (*form.*)
Bien.	Well.
Très bien.	Very well.
Et vous?	And you? (*form.*)
Comment t'appelles-tu?	What's your name? (*fam.*)
Je m'appelle…	My name is. . .
Mon ami(e) s'appelle…	My friend's name is. . .
Merci (beaucoup).	Thank you (very much).
De rien.	You're welcome.

Au revoir.	Goodbye.
À bientôt.	See you soon.
Madame (Mme)†	Mrs., Ma'am
Mademoiselle (Mlle)†	Miss
Monsieur (M.)†	Mr., Sir
LA SALLE DE CLASSE	THE CLASSROOM
un bic	a ballpoint pen
un bureau	a desk
un cahier	a notebook
une carte	a map
une chaise	a chair
une craie	a piece of chalk
un crayon	a pencil
un étudiant	a student (*male*)
une étudiante	a student (*female*)
une fenêtre	a window
une feuille de papier	a sheet of paper
un livre	a book

---

*This section contains an activity for the Video to accompany *C'est ça!* The theme and scene numbers here correspond to the ten themes and their respective scenes in the video (rather than to the chapter numbers in the book).
†When an abbreviation ends in the last letter of the original word, no period is used: **Madame** → **Mme**; **Monsieur** → **M**.

un mur	a wall
une porte	a door
un professeur	a professor, an instructor
un stylo	a ballpoint pen
une table	a table
un tableau	a (chalk)board

LE CALENDRIER — THE CALENDAR

le jour	the day
la semaine	the week
le mois	the month
l'année	the year
aujourd'hui	today
demain	tomorrow
le premier	first (*day of month*)
Quel jour sommes-nous?	What day is it?
Nous sommes lundi.	Today is Monday.
Quelle est la date d'aujourd'hui?	What is today's date?
Nous sommes vendredi, le 5 juin.	Today is Friday, June 5.

LES JOURS DE LA SEMAINE — THE DAYS OF THE WEEK

lundi, mardi, mercredi, jeudi, vendredi, samedi, dimanche

LES MOIS DE L'ANNÉE — THE MONTHS OF THE YEAR

janvier, février, mars, avril, mai, juin, juillet, août, septembre, octobre, novembre, décembre

LES NOMBRES DE 0 À 60 — NUMBERS FROM 0 TO 60

zéro, un, deux, trois, quatre, cinq, six, sept, huit, neuf, dix, onze, douze, treize, quatorze, quinze, seize, dix-sept, dix-huit, dix-neuf, vingt, vingt et un… , trente… , quarante… , cinquante… , soixante

Combien font 2 et 3? 2 et 3 font 5. (How much is 2 and 3? 2 and 3 is 5.)

EXPRESSIONS

Tu aimes… ?	Do you like . . . ? (*fam.*)
Oui, j'aime…	Yes, I like . . .
Oui, j'adore…	Yes, I love . . .
Non, je déteste…	No, I hate . . .
Qui voudrait… ?	Who would like . . . ?
Moi, je voudrais…	*I* would like . . . (*Lit.*, Me, I would like . . .)
c'est…	it's . . .
il y a	there is, there are
voici	here is, here are (*pointing out*)
voilà	there is, there are (*pointing out*)

La vie universitaire

Des étudiants en cours d'amphi.

ᴇsǫᴜɪssᴇs

Les cours

Courses

Les lettres

Humanities

la littérature

la philosophie

Les langues étrangères

Foreign Languages

l'anglais

le français

l'espagnol

l'italien

l'allemand

le russe

le chinois

le japonais

Les sciences

la biologie

la chimie

l'informatique

$x^n + y^n = z^n$
les mathématiques

$E = mc^2$
la physique

Les sciences humaines

Social Sciences

l'histoire

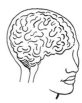

la psychologie

les sciences politiques

AIDE-MÉMOIRE

ASSOCIATIONS: The purpose of the drawings in the **Esquisses** section is to provide a context that will make learning new vocabulary easier. Try to see the new vocabulary in related groups of images rather than as abstract, individual words. Associate the words with the drawings and then pronounce them. Next, cover the words and identify what is represented by each drawing. The more images you can associate with new words as you study them, the easier it will be for you to remember them.

ÉTUDE DE MOTS

LINKING WORDS: As you begin to study French, you may feel that you can speak only in very simple sentences because your knowledge of French vocabulary and grammar seems limited. The following words can help you create more interesting sentences by linking together two or more words, phrases, or short sentences.

alors	*then, so*	mais	*but*
aussi	*also*	ou	*or*
donc	*therefore, so*	parce que	*because*
et	*and*		

Note how some of these words are used in the following examples:

J'aime le cours de japonais **parce que** j'adore les langues étrangères.
I like Japanese class because I love foreign languages.

J'aime le cours de psychologie, **mais** je déteste le cours de physique.
I like psychology class, but I hate physics class.

J'adore les sciences, **donc** j'aime le cours de chimie et le cours de biologie.
I love science, so I like chemistry class and biology class.

Activités

A Vrai ou faux? State your feelings about the following statements by responding **C'est vrai!** (*That's true!*) if you think they are true and **C'est faux!** (*That's false!*) if you think they are false.

1. La chimie, c'est compliqué.
2. Le cours de français est intéressant.
3. Les mathématiques, c'est facile (*easy*).
4. L'informatique, c'est très pratique.

5. Un cours le lundi à huit heures, c'est super.
6. Les langues étrangères sont utiles (*are useful*).
7. Le japonais, c'est difficile.
8. Quatre cours le vendredi, c'est fatigant.

B **Les cours et les professions.** Imagine what courses are required for the following professions.

MODÈLE: Pour être (*to be a*) pharmacien →
         la chimie, la biologie et les mathématiques

Pour être…

1. diplomate
2. professeur de langues
3. médecin

4. vétérinaire
5. ingénieur
6. historien

C **Vos cours.** With a classmate, choose three weekdays and give each other your class schedule for those days. Use the expression **Je suis en cours de/d'** _____ (*I am in _____ class*).

MODÈLE: Le lundi (*On Mondays**), je suis en cours de maths et en cours de français. Le mardi, je suis en cours de/d'…

À l'université
At the University

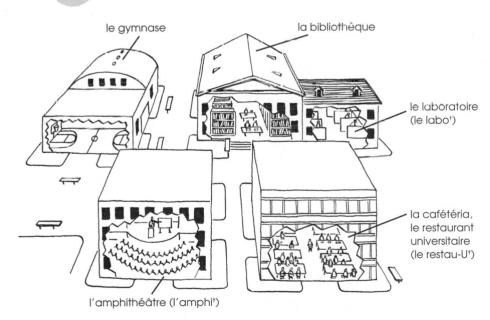

le gymnase

la bibliothèque

le laboratoire
(le labo†)

la cafétéria,
le restaurant
universitaire
(le restau-U†)

l'amphithéâtre (l'amphi†)

Present Tense of the Verb *être* (*to be*)†

je suis	*I am*
tu es	*you are*
il/elle est	*he/she/it is*

---

*Note how the English *on* + day(s) of the week is expressed in French:
      Je suis en cours lundi. *I am in class on Monday.*
      Je suis en cours le lundi. *I am in class on Mondays.*
†The grammar boxes in the **Esquisses** section foreshadow points that will be fully explained in **Grammaire essentielle**.
‡In casual conversation among French students, long words are often shortened. Other examples often heard at universities include **les maths** for **les mathématiques**, **sciences po** for **les sciences politiques**, and **le prof** for **le professeur**.

D'AUTRES MOTS ET EXPRESSIONS

après *after*
avant *before*
avec *with*
de *of, from, about*
maintenant *now*
où *where*
souvent *often*

ÉTUDE DE MOTS

PREPOSITIONS OF LOCATION: Use the following prepositions to discuss the location of people, objects, and places in French:

à *at, to, in*
dans *in*
derrière *behind*
devant *in front of*
entre *between, among*
sous *under*
sur *on*

ALAIN: Pardon, où est le laboratoire? Je suis perdu.°   *lost*

ANNE: Le labo? Il est à la bibliothèque, et la bibliothèque est derrière le restau-U.

ALAIN: Le restau-U? Mais où est-il?

ANNE: Tu es vraiment° étudiant à l'université?   *really*

ALAIN: Mais oui, je suis étudiant en langues étrangères. Je m'appelle Alain.

ANNE: Alors, viens° avec moi, Alain. Je m'appelle Anne. Maintenant, je vais° au* restau-U, et après, au labo.   *come / am going*

ALAIN: Merci beaucoup, Anne!

Activités

A **À l'université.** Change the sentences to reflect the dialogue.

1. Le laboratoire est au restau-U.
2. La bibliothèque est devant le restau-U.
3. Alain est étudiant en mathématiques.
4. Maintenant, Anne va (*is going*) au restau-U et après, à l'amphi.

B **La routine à l'université.** Complete the following statements about your daily routine and class schedule by choosing one of the lettered items.

---

*The preposition **à** (*to, at, in*) is contracted with **le** (*the*) to form **au**. A full explanation appears in Chapter 3.

1. Après le cours de français, je vais…
   - **a.** au gymnase.
   - **b.** à la bibliothèque.
   - **c.** à l'amphithéâtre.
   - **d.** au laboratoire.
   - **e.** à la cafétéria.

2. Je vais rarement (*rarely*)…
   - **a.** à la bibliothèque.
   - **b.** à la cafétéria.
   - **c.** au laboratoire.
   - **d.** au gymnase.

3. Je vais souvent…
   - **a.** à l'amphithéâtre.
   - **b.** à la bibliothèque.
   - **c.** au gymnase.
   - **d.** à la cafétéria.

4. J'aime le cours…
   - **a.** de biologie.
   - **b.** de littérature.
   - **c.** de psychologie.
   - **d.** de mathématiques.
   - **e.** de français.

5. Je déteste le cours…
   - **a.** d'informatique.
   - **b.** de mathématiques.
   - **c.** de philosophie.
   - **d.** de chimie.
   - **e.** d'histoire.

C Le plan de l'université. Working with another student, describe the location of various buildings on this campus. Take turns asking and answering questions, and use the expressions **devant**, **derrière**, **entre**, and **à** in your answers.

MODÈLE: VOUS: Où est la bibliothèque?
VOTRE CAMARADE: La bibliothèque est devant l'amphithéâtre.
VOUS: Où est… ?

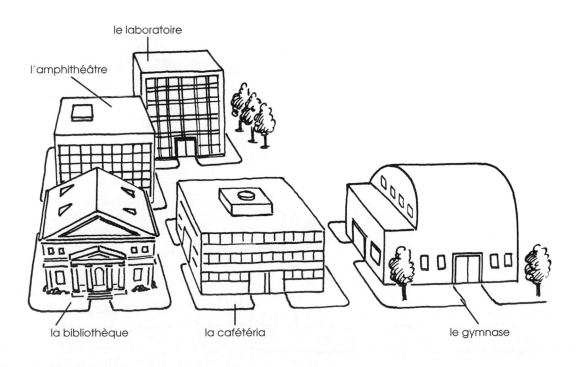

le laboratoire

l'amphithéâtre

la bibliothèque   la cafétéria   le gymnase

TABLEAU CULTUREL

COLLEGE LIFE IN FRANCE: In France, most college students attend the university nearest their home. All universities offer a similar course of study at the undergraduate level, so there is no real advantage to going further away for schooling.

Because more than half of all university students live at home, there is less emphasis on dormitory and campus life than there is at many North American universities and colleges. Students who wish to leave home can live in subsidized student housing or rent a studio or apartment.

Neither French nor foreign students pay tuition, but they do pay registration fees equivalent to about $300 per year.

The prospect of free tuition may sound appealing, but succeeding at the university level in France can be difficult. The system is very selective; many students do not pass the highly competitive exams held at the end of their first year, which means that they are not able to continue to their second year. These students have the option of taking make-up exams, repeating their entire first year of coursework, or pursuing another career path. The students who do pass the exams their first year, however, tend to complete their degrees successfully.

● ●

Mes loisirs préférés

My Favorite Leisure-time Activities

Le week-end, j'aime*...

On weekends, I like. . .

écouter de la musique

danser

dîner au restaurant

aller au cinéma

regarder la télévision (la télé)

étudier

Asking Questions†

Est-ce que tu voudrais... ?
   Would you like . . . ?
Pourquoi est-ce que tu aimes... ?
   Why do you like . . . ?

Negation

Je n'aime pas *I don't like . . .*
Tu n'aimes pas *You don't like . . .*

---

*In this section you are learning **j'aime** + the infinitive of a verb. The infinitive of a verb in French is the equivalent of the base form in English expressed with *to*, e.g., *to go, to dance, to watch*. You will learn more verbs in Chapter 2; for now, just learn these verbs as vocabulary items.
†The grammar boxes in the **Esquisses** section foreshadow points in **Grammaire essentielle**.

Pendant les vacances, j'aime...

During vacation, I like. . .

nager

jouer au tennis   voyager   travailler

STÉPHANIE: Bonjour, Paul. Est-ce que tu voudrais jouer au tennis?

PAUL: Non merci. Je n'aime pas jouer au tennis, mais après les cours, j'aime bien nager.

STÉPHANIE: Et le week-end aussi?

PAUL: Non, le week-end, j'aime dîner au restaurant, aller au cinéma, danser… et le dimanche, j'aime étudier.

STÉPHANIE: Moi aussi, j'aime sortir° le week-end, mais je déteste étudier! Pourquoi est-ce que tu aimes étudier?   *to go out*

PAUL: Parce que j'adore travailler et j'adore les cours!

STÉPHANIE: Oh là là! Quel° étudiant modèle! Eh bien, passe° un excellent dimanche, Paul!   *What a / have*

Activités

A **Paul et Stéphanie.** Fill in the blanks according to the information provided in the dialogue.

1. _____ aime jouer au tennis.
2. _____ aime nager après les cours.
3. Le week-end, Paul et Stéphanie aiment _____, _____ et _____.
4. Le dimanche, Paul aime _____, mais Stéphanie _____ étudier.
5. Paul adore _____ et il adore _____.

B **Les loisirs préférés.** After reading the brief descriptions of the following people, name some activities that they would probably enjoy.

MODÈLE: Paul: intelligent, sérieux → étudier et travailler

1. Anne: dynamique
2. Richard: sociable, intellectuel
3. Farah: sportive
4. Thomas: timide
5. Catherine: enthousiaste, amusante
6. Patrick: musicien

C **Moi, j'aime…** With a partner, take turns saying what you like to do at the following times.

1. après les cours
2. le week-end
3. pendant les vacances

PRONONCIATION

• •

Oral Vowels

French speakers hold their mouths tense and stationary when producing vowels. English speakers, on the other hand, tend to relax their mouths before finishing a vowel, thereby creating a blending of two or more sounds.

Compare the following French and English words, imitating your instructor.

FRENCH	ENGLISH		FRENCH	ENGLISH
dîne	dean		mai	May
qui	key		mot	mow

French vowel sounds have a variety of spellings, as shown in the table below.

Repeat the following words after your instructor, paying close attention to the vowels. Be careful when pronouncing words spelled with **u**, **eu**, and **œu**. These sounds have no close English equivalents.

MOST COMMON SPELLING

table, chat, salle, ami, à, là, château	a, à, â
ici, dîner, typique	i, î, y
chose, rôle, beau, faux (closed **o** sound)	o, ô, eau, au
homme, bonne, objet (open **o** sound)	o
université, unique, flûte	u, û
télévision, écouter, prononcez	é, er, ez
question, mère, être, seize, laid	e, è, ê, ei, ai
Europe, peu	eu
jeune, professeur, bœuf	eu, œu
vous, où, coûte	ou, où, oû

Compare the following groups of words as you repeat after your instructor.

1. Luc, vue, numéro, tu, sucre *vs.* soupe, tout, vous, rouge
2. deux, bleu, sérieux *vs.* fleur, heure, acteur

GRAMMAIRE ESSENTIELLE

1. Gender and Articles

La bibliothèque est derrière le restau-U.

Every noun in French, whether it refers to a person, animal, object, or idea, has gender; it is either masculine or feminine. The article that precedes the noun is also masculine or feminine. French has definite articles (corresponding to English *the*) and indefinite articles (corresponding to English *a, an*).

	DEFINITE ARTICLE	INDEFINITE ARTICLE
MASCULINE	**le** livre **l'**étudiant	**un** crayon
FEMININE	**la** chaise **l'**université	**une** table

1. The definite article is used to indicate a specific person, place, or thing.

    Le professeur est dans la salle de classe.

    The professor is in the classroom.

    le, la, l' = *the*
    un, une = *a, an*

2. The definite article is also used with abstract nouns such as **la liberté**. (In English, no definite article appears with abstract nouns.)

    La justice est le thème du cours de philosophie cette semaine.

    Justice is the theme in philosophy class this week.

    Use **le (l')** for masculine nouns.
    Use **la (l')** for feminine nouns.

3. Both **le** and **la** are contracted to **l'** before a noun beginning with a vowel sound.

    L'étudiant est en classe.

    The student is in class.

    le and **la** →
    l' before vowel sound

4. The indefinite article is equivalent to *a, an*, or sometimes *one* in English.

    Voici **un** cahier.

    Here is a notebook (one notebook).

    Use **un** for masculine nouns.
    Use **une** for feminine nouns.

AIDE-MÉMOIRE

LEARNING GENDER: There is no inherent quality that determines the gender of most nouns. When you learn a new noun, learn the article with it: **le russe**, **la biologie**. Here are a few guidelines.

Nouns that refer to males are usually masculine. Nouns that refer to females are usually feminine.

Some notable exceptions are the following nouns whose article and gender do not change, whether they refer to males or to females: **la personne** (*the person*), **le professeur** (*the professor*, male or female), and **le médecin** (*the doctor*, male or female).

A great majority of nouns ending in **-e** are feminine. Words with the following endings are generally feminine:

    -té la liberté, la fraternité
    -ence la différence
    -ie la pâtisserie
    -ure la littérature
    -ette la bicyclette

Words ending in **-sion** and **-tion** (**la télévision**, **la création**) are also usually feminine.

Nouns with the following endings are generally masculine:

    -eau le bureau
    -ment le département
    -age le voyage
    -isme le journalisme

Two exceptions to this rule are the feminine words **l'eau** (*water*) and **la page**.

English words used in French are also usually masculine: **le parking**, **le week-end**, **le Big Mac**, **le hot-dog**, **le Coca-Cola**.

Activités

Ⓐ Masculin ou féminin? Say each word with its definite article (**le**, **la**, or **l'**).

1. liberté
2. littérature
3. allure
4. féminisme
5. masculinité
6. étudiante
7. âge
8. compétence

Ⓑ L'article correct. Say each word with its indefinite article (**un** or **une**).

1. bureau
2. personne
3. voyage
4. Big Mac
5. département
6. majorette
7. proposition
8. étiquette

Ⓒ Dans la salle de classe. Describe to a classmate where certain items in a classroom are located. Create sentences with the items provided, following the model. He/She draws the classroom according to each sentence you make.

MODÈLE: stylo / sur / table → Il y a un stylo sur la table.

1. cahier / sous / bureau
2. étudiant / derrière / chaise
3. carte / devant / tableau
4. livre / sur / bureau
5. professeur / devant / carte
6. chaise / derrière / table
7. tableau / entre / fenêtre / et / porte

Now have your classmate describe his/her drawing to you (without letting him/her refer to the activity above!).

2. Plural Nouns and Articles

Après les cours, j'aime bien nager.

Plural nouns require plural articles.

	DEFINITE ARTICLE	**INDEFINITE ARTICLE**
MASCULINE	**les** professeurs	**des** professeurs
FEMININE	**les** tables	**des** tables

1. The plural form of the definite article is always **les.** The plural form of the indefinite article is **des;*** although it is often omitted in English, the indefinite article must be used in French.

les = plural of **le, la, l'**
des = plural of **un, une**

---

*After **il n'y a pas**, **des** becomes **de**.

le livre, **les** livres *the book, the books*
un étudiant, **des** étudiants* *a student, (some) students*

2. French nouns generally form their plural by adding **-s**: **le professeur** → **les professeurs, l'université** → **les universités.** If a word already ends in **-s**, **-x**, or **-z**, the plural is the same as the singular.

> le cour**s**, les cour**s** *the course, the courses*
> la voi**x**, les voi**x** *the voice, the voices*
> le ne**z**, les ne**z** *the nose, the noses*

3. French nouns are usually pronounced alike in the singular and the plural; in spoken French, it is the article that often signals whether the noun is singular or plural.

> le cahier, **les** cahiers *the notebook, the notebooks*
> la chaise, **les** chaises *the chair, the chairs*

4. Some noun endings take special plural forms.

-eau → **-eaux**	le bur**eau**	les bur**eaux**
	le chap**eau** (*hat*)	les chap**eaux**
-al → **-aux**	le chev**al** (*horse*)	les chev**aux**
	le journ**al** (*newspaper*)	les journ**aux**
-ail → **-aux**	le trav**ail** (*work*)	les trav**aux**

Activités

A **Au pluriel!** Give the plural of the following words.

1. une classe
2. le papier
3. le tableau
4. un étudiant
5. le mois
6. le stylo
7. un bureau
8. un crayon
9. la cafétéria
10. le mur
11. l'université
12. le temps (*time*)
13. le professeur
14. l'étudiante
15. un hôpital

B **Une description.** Working with a classmate, name as many objects as possible on this student's desk. Use indefinite articles.

MODÈLE: Il y a un/une/des _____ sur le bureau.

3. Subject Pronouns and the Verb *être*

Le labo? Il est à la bibliothèque.

---

*A final **s** is usually not pronounced in French: **des professeurs**. When the final **s** of an article is followed by a vowel sound, however, it is pronounced like a **-z** and begins the following syllable: **des‿étudiants, des‿amphithéâtres**. This is called *liaison*.

Like English verbs, verbs in French change form to correspond to their subject noun or pronoun. The forms of the English verb *to be* in the present tense, for example, are *I am, you are, he/she is*, etc. This set of forms is called the conjugation of the verb *to be*. In French, the verb **être** (*to be*) is conjugated as follows.

PRESENT TENSE OF *être* (*to be*)		
	SINGULAR	PLURAL
FIRST PERSON	je suis *I am*	nous sommes *we are*
SECOND PERSON	tu es *you are*	vous êtes *you are*
THIRD PERSON	il/elle/on est *he/she/one is*	ils/elles sont *they are*

1. The pronoun **je** is contracted to **j'** before a vowel sound. Note that **je** is not capitalized unless it starts a sentence.

> Pendant les vacances, **j'**aime voyager.
>
> *During vacation, I like to travel.*

2. French has two pronouns that express *you*. **Tu,** the singular, familiar form, is used among students and with family members, friends, children, and animals. Do not use **tu** with a French person unless you are invited to do so. **Vous** is the singular form for the polite *you* and the plural form for both polite and familiar *you*.

Use **tu** with your classmates and **vous** with your instructor.

> **Tu** es très sportive, Annie!
> **Vous** êtes dans le laboratoire, Monsieur Lebec.
> Julie et Georges, **vous** êtes responsables.
>
> *You are very athletic, Annie!*
> *You are in the laboratory, Mr. Lebec.*
> *Julie and George, you are responsible.*

3. The English pronouns *he, she, it* are expressed by **il** and **elle**. The pronoun *they* is expressed by **ils** and **elles. Ils** is used to refer to a group that includes all males or masculine objects, or a mix of males and females or masculine and feminine objects. **Elles** refers to a group of females or feminine objects only. Thus, **il(s)** and **elle(s)** can refer to both people and things.

> Le livre? **Il** est sur la table.
> Annick et Catherine sont à l'université, mais **elles** ne sont pas étudiantes.
> Émilie et Paul? **Ils** sont en classe.
>
> *The book? It is on the table.*
> *Annick and Catherine are at the university, but they are not students.*
> *Émilie and Paul? They are in class.*

4. **On**, which literally means *one*, is used very frequently in French. **On** can also mean *we, you* (plural), *they*, or *people*.

> **On** parle français à l'université.
>
> *They speak French at the university.*
>
> **On** va au labo?
>
> *Are we going (Shall we go) to the lab?*

Activités

A **Tu ou vous?** How would you address the following people?

MODÈLE: un cousin → tu

1. le professeur
2. votre mère (*your mother*)
3. un bébé
4. une cousine
5. le juge
6. le président
7. un oncle
8. Lassie
9. deux étudiantes
10. Gérard Depardieu

B **En classe.** Report that the following people are in class. Use the appropriate form of the verb **être** with its subject pronoun.

MODÈLE: Daniel → Il est en classe.

1. je
2. Richard
3. Claude et moi
4. les étudiants
5. vous
6. Paulette
7. Claire et Joséphine
8. Christine et Paul
9 tu
10. Alain et vous

C **La vie de Marie.** Complete this description of Marie's life by inserting the correct form of the verb **être**.

Marie _____¹ étudiante* à la Sorbonne, la célèbre université parisienne. Marie _____² américaine, mais ses (*her*) amis à l'université _____³ français. Un jour, elle demande à une amie, Sandra: —Est-ce que tu _____⁴ dans le cours de philosophie de Mme Lebel? Moi, je _____⁵ dans la classe de M. Dupont; il _____⁶ super. Nous _____⁷ contents parce qu'il _____⁸ dynamique et parce que le cours _____⁹ intéressant.

D **Questions personnelles.** Take turns asking and answering the following questions with a classmate.

1. Comment t'appelles-tu?
2. Est-ce que tu es calme ou dynamique?
3. Tu es timide ou sociable?
4. Est-ce que tu es optimiste ou pessimiste?
5. Tu es idéaliste ou réaliste?
6. Est-ce que tu es matérialiste ou altruiste?

Now give a report to the class about your classmate. Use the linking words from the **Étude de mots** on page 16.

MODÈLE: Mon camarade (*use* Ma camarade *for females*) s'appelle Karim. Il est calme, mais sociable. Il est optimiste parce qu'il est idéaliste. Il est…

---

*Unlike English, French does not generally use **un**, **une**, or **des** between the verb **être** and a profession: **Elle est étudiante. Il est professeur.**

4. Negation

Je n'aime pas jouer au tennis.

To make a statement negative in French, place **ne** before the verb and **pas** after it. If the verb starts with a vowel sound, **ne** is contracted to **n'**.

Use **ne/n'** + *verb* + **pas** to make a statement negative.

Je **ne** suis **pas** étudiant.
Tu **n'**es **pas** en classe le samedi.
Je **n'**aime **pas** nager.

I am not a student.
You are not in class on Saturdays.
I don't like to swim.

Activités

A Au contraire. Anne contradicts everything Charles says. What does Anne say?

MODÈLE: CHARLES: Le professeur est américain.
            ANNE: Non, le professeur n'est pas américain!

1. Le français est une langue compliquée.
2. Le dimanche est le premier jour de la semaine en France.
3. Le cours d'informatique est difficile.
4. Le laboratoire est au restau-U.
5. Le gymnase est entre le laboratoire et l'amphithéâtre.
6. La salle de classe est énorme.
7. Le livre de chimie est intéressant.
8. Le cahier est sous la table.

B La classe de français. One student will make a statement. Another will contradict and correct the original statement.

MODÈLE: le tableau / devant le bureau / derrière le bureau →
            VOUS: Le tableau est devant le bureau.
            VOTRE CAMARADE: Non, le tableau n'est pas devant le bureau. Il est
                        derrière le bureau.

1. le bureau / derrière les étudiants / devant les étudiants
2. le cours / difficile / facile
3. les chaises / devant le bureau / derrière la table
4. le livre / sur la table / sous le bureau
5. la carte / devant le tableau / au mur
6. la porte / entre la fenêtre et la carte / entre la carte et le tableau

C **Les préférences.** Choose three of the following activities that you like to do and three that you do not like to do. Tell a partner your preferences.

MODÈLE: J'aime danser, mais je n'aime pas nager.
J'aime…

aller à la bibliothèque	regarder la télé
aller au cinéma	être étudiant
nager	écouter de la musique
danser	jouer au tennis
travailler	étudier

5. Asking Questions

Pourquoi est-ce que tu aimes étudier?

There are several ways to ask questions in French.

1. **Rising intonation.** The pitch of the voice simply rises at the end of a sentence to create a vocal question mark. This type of question is not generally used in written French.

Tu aimes étudier?	*You like to study?*
Elles sont à la bibliothèque?	*They're in the library?*

2. **Est-ce que. Est-ce que** precedes the entire statement; before a vowel sound, **est-ce que** is contracted to **est-ce qu'**. This is an easy and very common way to ask a question in French.

Add **est-ce que** to the beginning of a statement to turn it into a question.

Tu aimes jouer au tennis.	*You like to play tennis.*
Est-ce que tu aimes jouer au tennis?	*Do you like to play tennis?*

Only interrogative (question) words, such as **pourquoi** (*why*), and linking words, such as **et** (*and*), can precede **est-ce que**.

Elles sont à la bibliothèque.	*They are in the library.*
Pourquoi est-ce qu'elles sont à la bibliothèque?	*Why are they in the library?*
Et est-ce qu'elles sont étudiantes?	*And are they students?*

3. **Confirmation.** If a speaker expects his/her listener to agree with a statement, the tag **n'est-ce pas** is sometimes added to the end of the statement.

Le cours de biologie est intéressant, **n'est-ce pas**?	*The biology class is interesting, isn't it?*

Les professeurs sont dynamiques, **n'est-ce pas**?

The professors are dynamic, aren't they?

4. **Inversion.** As in English, questions can be formed in French by reversing the order of the subject pronoun and the verb. A hyphen is added to link the two elements. Inversion is not usually used with **je**, where **est-ce que** is preferred.

Il est au gymnase.	*He is in the gymnasium.*
Est-il au gymnase?	*Is he in the gymnasium?*
Tu aimes voyager.	*You like to travel.*
Aimes-tu voyager?	*Do you like to travel?*
But: **Est-ce que je** suis à la cafétéria?	*Am I in the cafeteria?*

When asking a negative question with inversion, the **ne** (**n'** before a vowel sound) precedes the verb and **pas** follows the pronoun.

N'est-il pas au gymnase?	*Isn't he in the gymnasium?*
Si,* il est au gymnase.	*Yes, he is in the gymnasium.*
Ne sont-elles pas étudiantes?	*Aren't they students?*
Si, elles sont étudiantes.	*Yes, they are students.*

You will learn how to use inversion with subject nouns (rather than pronouns) in Chapter 5.

Activités

A **Questions/Réponses.** Ask the questions that elicit the following responses, first using rising intonation, then **est-ce que**, and then inversion.

MODÈLE: Elle est professeur. →
Elle est professeur?
Est-ce qu'elle est professeur?
Est-elle professeur?

1. Elles sont étudiantes.
2. Tu aimes nager.
3. Il est français.
4. Ils sont intelligents.
5. Vous êtes à la bibliothèque.
6. Elle est au laboratoire.
7. Ils sont dynamiques.
8. Tu aimes aller au cinéma.

B **Interview.** Ask questions using the elements provided. Your classmate will answer the questions.

MODÈLE: aimer / étudier le vendredi →
VOUS: Est-ce que tu aimes étudier le vendredi?
or
Aimes-tu étudier le vendredi?
VOTRE CAMARADE: Non, je n'aime pas étudier le vendredi!

---

*Note that **si** rather than **oui** is used when answering *yes* to a negative question or when contradicting a negative statement.

1. aimer / dîner au restaurant le samedi
2. détester / regarder la télé le lundi
3. aimer / aller au cinéma le week-end
4. aimer / nager après les cours
5. détester / travailler pendant les vacances
6. aimer / danser le vendredi

EN AVANT

Réalités

Nice is a large city in southern France, located on the **Côte d'Azur** (*the Riviera*), where the mild climate throughout the year attracts many travelers.

This poster advertises French classes at a school in Nice. Answer the following questions, using information from the poster.

1. Comment s'appelle le centre qui (*that*) offre les cours?
2. Comment s'appellent les cours?
3. Pendant quels (*During which*) mois est-ce qu'on offre les cours à Nice?
4. Lisez (*Read*) l'adresse du centre.
5. Est-ce que vous aimez étudier, travailler ou voyager en juillet et en août?

Bavardons un peu!

Opinions. The following is a questionnaire about life at your college or university. Ask a classmate to talk about the items from the questionnaire, then fill in his/her answers. Compare them to your own opinions: in general, do you agree or disagree with your classmate?

1. Nommez (*Name*) un cours intéressant.

_____

2. Nommez un cours difficile.

_____

3. Nommez deux cours qui (*that*) sont très populaires.

_____

4. Quel(s) (*Which*) cours est-ce que les étudiants n'aiment pas en général?

_____

CENTRE INTERNATIONAL D'ETUDES FRANÇAISES

NICE

LANGUE, LITTÉRATURE ET CIVILISATION FRANÇAISES

JUILLET - AOÛT

FACULTÉ DES LETTRES NICE

8 Boulevard Ed. Herriot 06200, NICE, FRANCE

5. Nommez un ou deux professeurs excellents.

_____

6. Nommez trois loisirs/activités populaires à l'université.

_____

7. En général, êtes-vous content(e) d'être à l'université?

_____ oui   _____ non

_Vidéo-Club_*

Thème 1 La vie universitaire[†]
Scène 1.2 Faire connaissance

Caroline and Bénédicte are on campus and have spotted one of Bénédicte's acquaintances, Paul. Caroline says she has a bad impression of him, but observe what happens by the end of the scene!

(Cue to 7:38.)

VOCABULAIRE UTILE

garçon	_boy, guy_
le grand avec la chemise bleue et le pantalon beige	_the tall one in the blue shirt and beige pants_
Il est énervant et prétentieux.	_He is annoying and pretentious._
mignon	_cute_
Je vais avec des amis au café après le déjeuner. Vous voulez venir?	_I'm going to the café with some friends after lunch. Do you (two) want to come?_
C'est dommage!	_That's too bad!_
volontiers	_gladly_
À tout à l'heure!	_See you later!_

L'histoire d'un rendez-vous. Put the following descriptions and events from the scene into the correct order. Number from 1 to 7.

_____ Bénédicte présente Paul à Caroline.

_____ Caroline et Bénédicte regardent Paul.

_____ Caroline et Paul ont rendez-vous (_have a date_) au café à une heure.

_____ Paul invite Caroline et Bénédicte au café.

_____ Caroline n'aime pas Paul.

_____ Selon (_According to_) Bénédicte, ce n'est pas possible. Elle va (_is going_) travailler à la bibliothèque.

_____ Caroline accepte volontiers.

---

*This section contains an activity for the Video to accompany _C'est ça!_ The theme and scene numbers here correspond to the ten themes and their respective scenes in the video (rather than to the chapter numbers in the book).

[†]An activity to accompany the **Vignette culturelle** video section under this topic appears in the Workbook/Laboratory Manual.

TABLEAU CULTUREL

THE *BAC* AND THE FRENCH UNIVERSITY SYSTEM: French secondary-school students who wish to continue their studies at the university level must pass the **Baccalauréat**, or **Bac**, a rigorous national exam. During secondary school (**le lycée**) they must choose an area of specialization; that emphasis determines which **Bac** they take. As of 1995, the **Bac** includes seven tracks, such as **Série L (littéraire)**, **Série S (scientifique)**, and **Série ES (économique et sociale)**.

The **Bac** is given in early June; it is a period of great tension for students and their families, because some 30% of students fail. Television crews interview students as they emerge from their exams, and results appear on **Minitel**, a home computer network. Test questions are published in newspapers and discussed all over the country.

Students with the highest scores on their **Bac** are eligible for admission into the **Grandes Écoles**, the most prestigious institutions of higher learning in France. Admission is extremely competitive; after the **Bac** students often take one or two years to prepare for the admissions exams. The **Grandes Écoles** specialize in business, philosophy, engineering, public administration, and military studies.

Most students who have passed their **Bac** go to universities. These are composed of schools called **facultés**, or **facs**, such as the **Faculté de Médecine**. Students are admitted directly into the **fac** for which their studies have prepared them, and they begin specialized courses in their very first year.

The **Université de Paris** is composed of numerous **facultés**, including **la Fac des Lettres**, better known as **la Sorbonne** in honor of its founder, Robert de Sorbon. In the Middle Ages, **la Sorbonne** offered classes in theology and philosophy; all classes were then taught in Latin. The neighborhood around **la Sorbonne**, full of cafés, bookstores, and shops, is called **le Quartier latin** (*the Latin Quarter*), recalling the days when students from various regions of Europe spoke Latin both in and outside of class.

La Sorbonne, l'université la plus célèbre de France.

VOCABULAIRE

● ●

Noms

LES COURS	COURSES
les lettres (*f.*)	humanities
la littérature	literature
la philosophie	philosophy
les langues étrangères (*f.*)	foreign languages
l'allemand (*m.*)	German
l'anglais (*m.*)	English
le chinois	Chinese
l'espagnol (*m.*)	Spanish
le français	French
l'italien (*m.*)	Italian
le japonais	Japanese
le russe	Russian
les sciences (*f.*)	sciences
la biologie	biology
la chimie	chemistry
l'informatique (*f.*)	computer science
les mathématiques (les maths) (*f.*)	mathematics
la physique	physics
les sciences humaines (*f.*)	social sciences
l'histoire (*f.*)	history
la psychologie	psychology
les sciences politiques (sciences po) (*f.*)	political science
À L'UNIVERSITÉ (*f.*)	AT THE UNIVERSITY
l'amphithéâtre (l'amphi) (*m.*)	lecture hall
la bibliothèque	library
la cafétéria	cafeteria
le gymnase	gymnasium
le laboratoire (le labo)	laboratory
le restaurant universitaire (le restau-U)	cafeteria
LES LOISIRS (*m.*)	LEISURE-TIME ACTIVITIES
Le week-end...	On the weekends . . .
Pendant les vacances...	During vacation . . .
aller au cinéma	to go to the movies
danser	to dance
dîner au restaurant	to have dinner in a restaurant
écouter de la musique	to listen to music
étudier	to study
jouer au tennis	to play tennis
nager	to swim
regarder la télévision (la télé)	to watch television (TV)
travailler	to work
voyager	to travel

Verbe

être	to be

Prépositions

à	at, to, in
après	after
avant	before
avec	with
dans	in
de	of, from, about
derrière	behind
devant	in front of
entre	between, among
sous	under
sur	on

D'autres mots et expressions

alors	then, so
aussi	also
donc	therefore, so
et	and
maintenant	now
mais	but
ou	or
où	where
parce que	because
souvent	often

2

Ma famille et ma maison

Une famille parisienne prend l'air au balcon.

ESQUISSES

Trois générations d'une famille

Three Generations of a Family

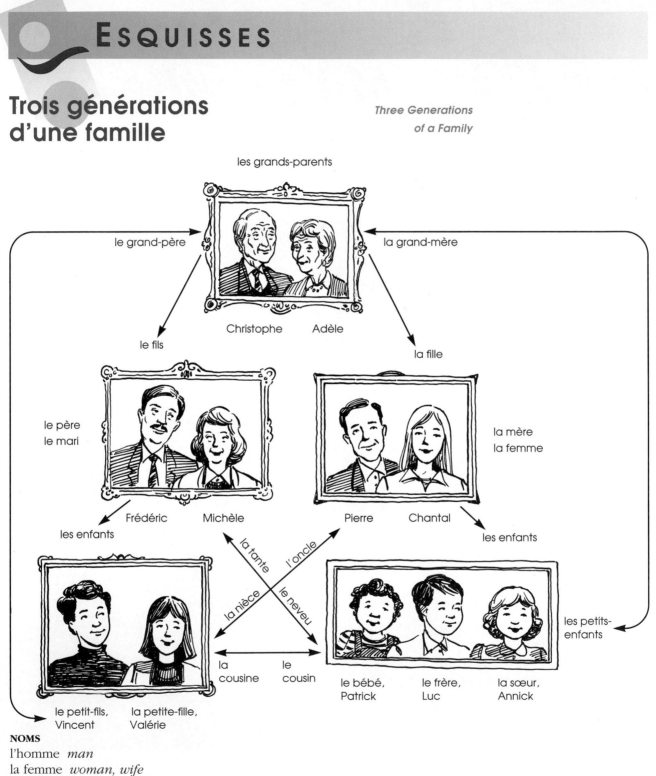

les grands-parents

le grand-père   la grand-mère

Christophe   Adèle

le fils   la fille

le père
le mari   la mère
                                         la femme

Frédéric   Michèle   Pierre   Chantal

les enfants   les enfants

la tante   l'oncle

la nièce   le neveu

la cousine   le cousin

les petits-enfants

le bébé,
Patrick   le frère,
Luc   la sœur,
Annick

le petit-fils,
Vincent   la petite-fille,
Valérie

NOMS

l'homme *man*
la femme *woman, wife*
le garçon *boy*
la fille *girl, daughter*
les parents *parents; relatives*

ÉTUDE DE MOTS

FAMILY RELATIONSHIPS: The prefix **beau-** can mean either *in-law* or *step-*, depending on the context.

> le **beau**-père *father-in-law, stepfather*
> le **beau**-fils *stepson (son-in-law* is **le gendre***)*
> le **beau**-frère *brother-in-law* (*stepbrother* is **le demi-frère**)

The feminine equivalent **belle-** is used with feminine nouns.

> la **belle**-mère *mother-in-law, stepmother*
> la **belle**-fille *daughter-in-law, stepdaughter*
> la **belle**-sœur *sister-in-law* (*stepsister* is **la demi-sœur**)

The plural **cousins** can refer to an all-male group or a group of both males and females, depending on the context.

The preposition **de** is used to indicate relationships between people.
Je suis le cousin de Luc. Luc est le frère de Patrick.

Activités

A **La famille de Christophe et d'Adèle.** Look at the drawing on page 36 and answer the questions, using the verb form in the question.

MODÈLE: Comment s'appelle* le fils de Christophe et d'Adèle? →
Le fils de Christophe et d'Adèle s'appelle Frédéric.

1. Comment s'appelle la tante de Luc? et l'oncle de Valérie?
2. Qui (*Who*) est le mari de Michèle? et le mari de Chantal?
3. Qui est la belle-sœur de Pierre?
4. Qui sont les enfants de Christophe et d'Adèle?
5. Qui est le frère de Valérie?
6. Comment s'appellent les cousins de Vincent?
7. Qui est le beau-frère de Michèle?
8. Qui est la grand-mère de Luc?

B **Une réunion de famille.** Fill in the blanks with the feminine equivalent of the underlined expressions.

MODÈLE: Voici l'oncle de Patrick et voilà _____ de Valérie. →
Voici l'oncle de Patrick et voilà la tante de Valérie.

1. Vincent est le cousin de Luc et Annick est _____ de Valérie.
2. Le gendre de Christophe et d'Adèle s'appelle Pierre et _____ s'appelle Michèle.
3. Le mari de Chantal est avec Frédéric et _____ de Frédéric est avec le bébé.
4. Voici le père de Luc et voilà _____ de Valérie.

---

*Il/Elle/On s'appelle and ils/elles s'appellent are the third person forms of the verb s'appeler; you have already learned the forms je m'appelle and tu t'appelles.

5. <u>Le fils</u> de Michèle est derrière la table et _____ de Chantal est devant la fenêtre.
6. Voilà <u>le grand-père</u> et _____ d'Annick.
7. <u>Le frère</u> et _____ de Patrick sont derrière le bureau.
8. Patrick est <u>le neveu</u> de Michèle; _____ de Michèle est Annick.

C **Votre famille.** Imagine you are one of the people in the family tree on page 36. Working with a partner, make statements about your relationship with the other members of your family. He/She will identify them as true (**C'est vrai!**) or false (**C'est faux!**). Then, switch roles.

MODÈLE: VOUS: Je m'appelle Vincent. Je suis le frère de Valérie.
        VOTRE CAMARADE: C'est vrai!
                  VOUS: Je suis le fils de Luc.
        VOTRE CAMARADE: C'est faux!

La maison

Les pièces de la maison   *Rooms of the House*

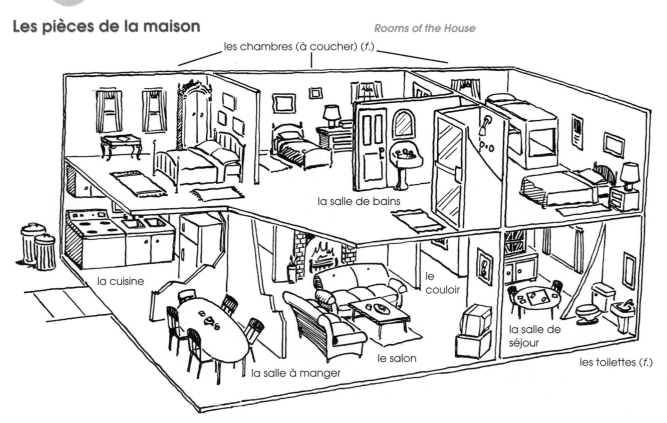

les chambres (à coucher) (f.)

la salle de bains

la cuisine

le couloir

le salon

la salle à manger

la salle de séjour

les toilettes (f.)

NOM

l'ami(e) (*m., f.*) *friend*

D'AUTRES MOTS ET EXPRESSIONS

chez *at the house of*   grand(e) *large*   pour *for*
ensemble *together*   petit(e) *small*   sympathique (sympa) *nice*

ÉTUDE DE MOTS

POSSESSION: To express possession, French uses **mon** (*my*) before a masculine singular noun, **ma** before a feminine singular noun, and **mes** before a plural noun. Likewise, *your* (informal) is **ton**, **ta**, **tes**. *Your* (formal) is expressed by **votre** before a masculine or feminine singular and by **vos** before a plural noun.

Mon frère s'appelle Luc.	*My brother's name is Luc.*
Ma sœur s'appelle Denise.	*My sister's name is Denise.*
Mes parents sont sociables.	*My parents are sociable.*
Ton père est intelligent.	*Your father is intelligent.*
Votre cousin est dynamique.	*Your cousin is dynamic.*
Vos grands-parents sont sincères.	*Your grandparents are sincere.*

You will learn the complete set of possessive adjectives in Chapter 5.

Present Tense: *-er* Verbs

habiter:	*to live*
j'habite	*I live*
tu habites	*you live*
il/elle/on habite	*he/she/one lives*
dîner:	*to have dinner*
je dîne	*I have dinner*
tu dînes	*you have dinner*
il/elle/on dîne	*he/she/one has dinner*
partager:	*to share*
je partage	*I share*
tu partages	*you share*
il/elle/on partage	*he/she/one shares*

AMINA: Où habites-tu, Michel?

MICHEL: Moi, j'habite chez mes parents, avec mes trois frères et mes deux sœurs.

AMINA: Dans une grande maison, n'est-ce pas?

MICHEL: Ah, oui. Il y a quatre chambres, un grand salon, une salle de séjour, une salle à manger et une cuisine. Je partage ma chambre avec mon frère David.

AMINA: Il est sympa, ton frère?

MICHEL: Oui, mais il m'énerve° parce qu'il adore écouter Metallica! Et ta famille, Amina?

AMINA: Elle est petite: je suis fille unique.° Mais j'ai des oncles, des tantes et des cousins. On dîne ensemble les week-ends chez mes grands-parents ou chez des amis.

MICHEL: Alors, pour vous, les week-ends sont comme° des jours de fête°!

AMINA: Mais oui…Vive les week-ends!

Present Tense: *avoir (to have)* *

j'ai	*I have*
tu as	*you have*
il/elle/on a	*he/she/one has*

gets on my nerves

fille… an only child

like / *jours… holidays*

Activités

A Questions personnelles. Discuss your family with a classmate. He/She will ask the following questions.

1. Est-ce que tu es fils/fille unique?
2. Est-ce que tu as des frères? des sœurs? Combien? (*How many?*) Comment s'appellent-ils?
3. Comment s'appellent tes parents?
4. Partages-tu ta chambre avec quelqu'un (*someone*)? Si oui, avec qui?
5. Est-ce que tu as des cousins? Combien? Comment s'appellent-ils?

---

*The grammar boxes in the **Esquisses** section foreshadow grammar points that will be fully presented in **Grammaire essentielle**.

B **Les familles de Michel et d'Amina.** Complete the chart, using **oui** or **non** to indicate whether the items listed apply to Michel or Amina. If the dialogue doesn't indicate one way or the other, leave the space blank.

LA FAMILLE DE L'AN 2000
LES TOUTALAMAISON

	MICHEL	AMINA
une petite famille		
une grande maison	oui	
des frères		non
des cousins		
des sœurs		
des oncles		
des amis		
des tantes		
dîner chez les grands-parents		
partager sa chambre		

AIDE-MÉMOIRE

LEARNING FRENCH SUCCESSFULLY: These three general principles will help you learn French. **1.** Begin using expressions in French right away; don't just learn rules or talk about French. **2.** Study in short but frequent sessions rather than for extended periods of time. If possible, study with a classmate. **3.** Above all, remember that a positive attitude is the first step toward learning a language!

Another suggestion is to familiarize yourself with the components of the *C'est ça!* program. First, examine the format of the text. (Don't forget the appendices and glossaries!) As the course progresses, use the Workbook/ Laboratory Manual regularly, checking your answers against those given in the answer section. In addition, regular use of the audiocassette program will help you develop facility in listening to and speaking in French. Take advantage of the computer software and video available with the program. A broad-based approach to the study of French will bring you the best results.

L'appartement et les meubles

Les meubles (*m.*)

Furniture

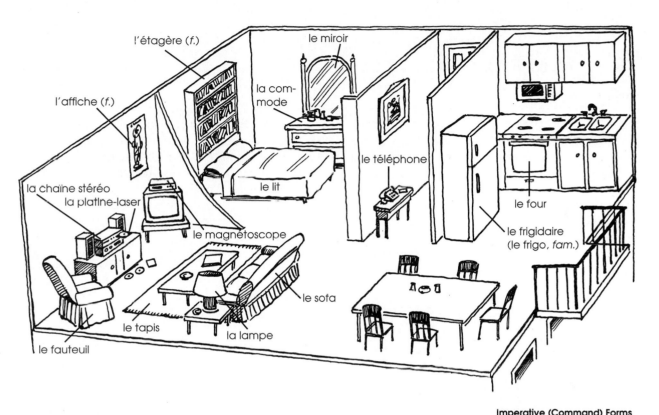

l'étagère (*f.*)
le miroir
l'affiche (*f.*)
la com-mode
la chaîne stéréo
la platine-laser
le téléphone
le lit
le magnétoscope
le four
le frigidaire
(le frigo, *fam.*)
le sofa
le tapis
la lampe
le fauteuil

L'APPARTEMENT

Apartment

l'immeuble (*m.*) *apartment building*
l'ascenseur (*m.*) *elevator*
l'escalier (*m.*) *staircase*
l'étage (*m.*) *floor* (*of a building*)
le rez-de-chaussée *street-level floor*

LA RÉSIDENCE UNIVERSITAIRE

Dormitory

la cité universitaire *dormitory complex*
le/la camarade de chambre *roommate*

NICOLE: Je déteste habiter à la cité universitaire! Je n'aime pas partager ma chambre.
SYLVIE: Alors, partageons mon appartement! Je n'ai pas de camarade de chambre en ce moment.
NICOLE: Ton appartement? Oui! Si ce n'est pas trop cher°…
SYLVIE: Non, le loyer° est raisonnable, mais ce n'est pas un grand appartement. Il y a deux chambres, un salon, une cuisine et une salle de bains.
NICOLE: C'est absolument parfait!

trop… *too expensive*
rent

Imperative (Command) Forms of -*er* Verbs*	
Partage!	*Share!* (*inform.*)
Partageons!	*Let's share!*₀
Partagez!	*Share!* (*form. and pl.*)

*The grammar boxes in the **Esquisses** section foreshadow points that will be fully explained in **Grammaire essentielle.**

SYLVIE: Pas exactement, Nicole. J'habite au quatrième étage, et il n'y a pas d'ascenseur dans mon immeuble!

NICOLE: Pas de problème! Après mon cours d'aérobic, les escaliers, ce n'est rien° pour moi!

ce... it's nothing

TABLEAU CULTUREL

FRENCH BUILDINGS AND HOMES: French buildings may hold certain surprises for a visitor. When you take an elevator, for example, and press *1*, you will find yourself on what in this country would be the second floor. In France, the street-level floor of a building is called **le rez-de-chaussée**. The first level above that is called **le premier étage** (*first floor*). So, if your French friends tell you that they live **au quatrième étage**, they are on the equivalent of the "fifth floor."

Another useful piece of information: If you ask for **la salle de bains**, you will find yourself in a room where you can take a bath, a shower, or wash your hands. If you have more pressing needs, you need to ask for **les toilettes**, or **les W.-C.** (from the British "water closet"), a closet-sized room containing only a toilet and sometimes a small sink. So remember, if you ask discreetly where to wash your hands, you'll be led to the **salle de bains**, which may not be where you want to go!

Le hall d'entrée de l'hôtel Crillon à Paris ressemble un peu à la Galerie des Glaces (Hall of Mirrors) de Versailles.

Activités

A L'intrus (*The intruder*). Eliminate the word that does not belong and say why.

1. le magnétoscope, le fauteuil, la chaîne stéréo, la télévision
2. la lampe, le sofa, la table, le frigidaire, le tapis
3. le lit, la chambre, l'affiche, le four, la commode
4. le sofa, la chaise, le fauteuil, le miroir
5. la cuisine, la salle à manger, le lit, la chambre, le salon

B **Un nouveau logement.** Complete the sentences according to the dialogue.

1. Nicole déteste habiter à la cité universitaire parce que/qu' _____.
2. Sylvie n'a pas de _____ en ce moment.
3. Il y a _____ chambres dans l'appartement de Sylvie.
4. Les autres (*other*) pièces de l'appartement sont _____, _____ et _____.
5. L'appartement n'est pas parfait parce qu'il n'y a pas d' _____.
6. Les escaliers ne représentent pas un problème pour Nicole parce qu'elle a un cours d' _____.

C **Le logement idéal.** With a classmate, draw a floor plan of your fantasy dorm, apartment, or house. Label the rooms and furniture, and be creative! Then, you and your partner will explain your plan to another pair of students.

MODÈLE: Dans ma maison idéale, il y a cinq chambres, cinq lits, cinq platines-laser et…

SAINT-PAUL DE VENCE

Les Peires du Malvan

4 magnifiques villas de 4 pièces avec jardin[1] et piscine[2] individuelle.

■ Terrains
de 835 m² à 1045 m²
■ Terrasses
de 19 m² à 56 m²
■ Garages
de 15 m² à 45 m²

■ Surface habitable
De 95 m² à 111 m²
■ Architecture
provençale
■ Belle exposition

[1]*garden*
[2]*pool*

PRONONCIATION

Nasal Vowels

In French, when the letter **m** or **n** follows a vowel or a combination of vowels, it frequently gives the pronunciation of the vowel a nasal quality. The **m** or **n** itself is not pronounced.

Pronounce the following words, imitating your instructor. Notice that *vowel* + **m** and *vowel* + **n** are pronounced the same way.

	MOST COMMON SPELLING
amphithéâtre, plan, français, employer, centre	am, an, em, en
nombre, combien, bonjour, oncle	om, on
faim, américain, bien, impatient, intéressant, sympathique, synthèse	aim, ain, (i)en, im, in, ym, yn,
parfum, un, brun*	um, un

M or **n** is not nasalized if it is followed by another vowel. The **m** or **n** is then pronounced: **banane**, **brune**. This is also true if the **m** or **n** after the vowel is doubled: **bonne**, **nommé**.

Pronounce the following words, imitating your instructor.

bon, bonne	brun, brune	canadien, canadienne
mexicain, mexicaine	an, Anne	fin, fine

Grammaire essentielle

1. The Verb *avoir*

Mais j'ai des oncles, des tantes et des cousins.

PRESENT TENSE OF *avoir* (to have)	
j'ai	nous avons
tu as	vous avez
il/elle/on a	ils/elles ont

---

*Many speakers of French do not make a distinction between **um/un** and **im/in**.

1. The verb **avoir** is frequently used both alone and in idiomatic expressions. It appears, for example, in the expression **il y a** (*there is* or *there are*).

J'**ai** une sœur.	*I have a (one) sister.*
Ils **ont** une grande maison.	*They have a big house.*
Il y **a** un sofa dans la salle de séjour.	*There is a sofa in the family room.*

2. **Avoir** is used in many expressions where English uses the verb *to be*.

avoir chaud *to be hot, warm*	avoir raison *to be right*
avoir froid *to be cold*	avoir tort *to be wrong*
avoir faim *to be hungry*	avoir… ans *to be . . . years old*
avoir soif *to be thirsty*	avoir de la chance *to be lucky*

More idiomatic phrases with **avoir** will be presented in later chapters.

3. In questions using inversion with **il**, **elle**, and **on**, a **-t** must be inserted between the verb and the subject pronoun:

A-t-il une platine-laser?	*Does he have a CD player?*
A-t-elle un magnétoscope?	*Does she have a VCR?*

A **-t** is also inserted when the expression **il y a** is inverted in a question:

Y a-t-il un salon au rez-de-chaussée?	*Is there a living room on the ground floor?*

4. The indefinite articles **un**, **une**, and **des** become **de** (**d'** before a vowel sound) when they appear after verbs in the negative. This also applies to the negative of the expression **il y a**: **il n'y a pas**.

un, une, des → de (d') after a verb in the negative.

J'ai **un** camarade de chambre.	*I have a roommate.*
Je n'ai pas **de** camarade de chambre.	*I don't have a roommate.*
N'a-t-il pas **de** fauteuil?	*Doesn't he have an armchair?*
Si, il a **un** fauteuil.	*Yes, he has an armchair.*
Il y a **une** chaise dans la cuisine, mais il n'y a pas **de** table.	*There is a chair in the kitchen, but there is no table.*

The only exception to this rule is the verb **être**; the indefinite articles do not change after **être** in the negative.

C'est **une** radio; ce n'est pas **une** chaîne stéréo.	*It's a radio; it's not a stereo.*

Activités

A **Une fête chez mon ami.** Talk about the birthday party, using forms of the verb **avoir**.

1. Nous _____ de la chance; il y _____ une fête chez mon ami Jean-Yves.
2. Jean-Yves _____ 20 ans.
3. Les parents de Jean-Yves _____ une grande maison près de l'université.
4. Est-ce que tu _____ un cadeau (*gift*) pour Jean-Yves?

5. Moi, comme cadeau, j'____ un disque compact pour sa platine-laser.
6. Il y ____ généralement vingt ou trente personnes aux fêtes chez Jean-Yves.

B **Votre réaction.** Use an idiomatic expression with the verb **avoir** to respond to the following situations.

> MODÈLE: Vous êtes dans la cuisine, devant le frigidaire. →
> J'ai faim.

1. Vous gagnez (*win*) un million de dollars à la loterie.
2. Vous désirez un Perrier.
3. Vous dites (*say*) que deux et trois font sept.
4. Vous dites que trois et quatre font sept.
5. Vous désirez un sandwich.
6. Le prof vous demande (*asks you*) «Quel âge avez-vous?»
7. En août, vous préparez le dîner dans la cuisine.
8. Vous êtes en l'Alaska en janvier.

C **Votre pièce préférée.** Describe your favorite room to a classmate.

> MODÈLE: Ma pièce préférée est la salle de séjour. Il y a un sofa et deux fauteuils dans la salle de séjour. Nous avons…

2. Adjectives: Agreement and Position

Il y a un grand salon.

Agreement

All adjectives must agree in gender (masculine or feminine) and number (singular or plural) with the noun they modify. This is true even when the adjective is separated from the noun by a verb.

1. A singular feminine adjective is generally created by adding an **-e** to the masculine adjective. Plural adjectives are created by adding an **-s** to the singular masculine and feminine forms.

> Add **-e** to most masculine adjectives to form the feminine adjective and add **-s** to make both plural.

ADJECTIVES		
	SINGULAR	PLURAL
MASCULINE	petit	petit**s**
FEMININE	petit**e**	petit**es**

Mon appartement est petit.	*My apartment is small.*
Les maisons sont petit**es**.	*The houses are small.*

2. If the masculine form of the adjective already ends in **-s**, there is no change for the masculine plural.

Alain est françai**s**.	*Alain is French.*
Les étudiants sont françai**s**.	*The students are French.*

3. If the masculine form of the adjective ends in an unaccented **-e**, the feminine singular remains the same. The masculine and feminine plural add an **-s**.

Paul est idéalist**e**.	*Paul is idealistic.*
Sa sœur est idéalist**e** aussi.	*His sister is also idealistic.*
Mes professeurs sont sympathique**s**.	*My professors are nice.*
Tes cousines ne sont pas sympathique**s**!	*Your cousins are not nice!*

4. The following is a list of frequently used adjectives, some of which you have already learned. Note that some adjectives, such as **bon**, have very different feminine forms. Other irregular adjectives will be presented in Chapter 5.

bon(ne) *good*
mauvais(e) *bad*

grand(e) *big, great, tall*
petit(e) *small, little, short*

jeune *young*
vieux/vieille *old*

joli(e) *pretty*
beau/belle *good-looking, beautiful*
laid(e) *ugly*

riche *rich*
pauvre *poor*

content(e) *happy*
triste *sad*

vrai(e) *true, real*
faux/fausse *false*

autre *other*
chaque *each, every*
même *same*
préféré(e) *favorite, preferred*
seul(e) *alone, only*
sympathique *nice, friendly, like-able*

Le tapis est **joli**, mais la lampe est **laide**.	*The carpet is pretty, but the lamp is ugly.*
En général, Caroline est **contente**, mais aujourd'hui elle est **triste**.	*Caroline is generally happy, but today she is sad.*

ÉTUDE DE MOTS

COUNTRIES AND NATIONALITIES: Here is a useful list of countries (**pays**) and adjectives of nationality. Note that in French the countries begin with a capital letter but that the adjectives of nationality begin with a lower-case letter.

PAYS	ADJECTIF		PAYS	ADJECTIF
Allemagne	allemand(e)		France	Français(e)
Angleterre	anglais(e)		Haïti	haïtien/haïtienne
Belgique	belge		Italie	italien/italienne
Canada	canadien/canadienne		Japon	japonais(e)
Chine	chinois(e)		Maroc	marocain(e)
Espagne	espagnol(e)		Mexique	mexicain(e)
États-Unis	américain(e)		Russie	russe
			Suisse	suisse

Activités

A Chez vous. Describe the items and people in your house, apartment, or dorm room.

MODÈLE: la commode / grand / petit →
La commode est grande.
or
La commode est petite.

1. les tapis / joli / laid
2. la chaîne stéréo / américain / japonais
3. le frigidaire / grand / petit
4. les camarades de chambre / pauvre / riche
5. les amis / sympathique / antipathique
6. les affiches / intéressant / bizarre

B Le couple idéal. Marc and Malika are very similar. Compare them, using the following adjectives.

MODÈLE: haïtien →
Marc est haïtien. Et Malika?
Elle est haïtienne aussi.

1. grand	4. sympathique	7. intelligent	
2. jeune	5. indépendant	8. charmant	
3. beau	6. dynamique		

C Un autre couple. Yves and Sabrina are a different type of couple. Compare them by providing the opposites of the following adjectives.

MODÈLE: laid →
Yves est laid, mais Sabrina est belle.

1.	petit	**4.**	riche	**7.**	triste
2.	vieux	**5.**	calme	**8.**	beau
3.	antipathique	**6.**	pessimiste		

D **La famille.** Describe two or three members of your family to a classmate, using adjectives from the lists of the previous activities.

> MODÈLE: Ma sœur Christine a dix-huit ans. Elle est grande, jolie et intelligente. Elle est aussi sympathique et dynamique. Elle n'est pas pessimiste, et elle n'est pas…

Position

1. Most descriptive adjectives directly follow the noun in French, unless they are separated by a form of the verb **être**.

Élise est une femme **intelligente**.	*Elise is an intelligent woman.*
Élise est **intelligente**.	*Elise is intelligent.*
Paul est un ami **sincère**.	*Paul is a sincere friend.*
Paul est **sincère**.	*Paul is sincere.*

2. A few common short adjectives normally precede the noun. These can be remembered with the acronym BAGS: adjectives describing Beauty, Age, Goodness, and Size usually precede the noun.

> Beauty: **joli**, **beau**
> Age: **jeune**, **vieux**
> Goodness: **bon**, **mauvais**
> Size: **grand**, **petit**

A few others, such as **autre**, **chaque**, **même**, **seul**, **vrai**, and **faux**, also generally precede the noun.

J'ai un **petit** salon.	*I have a small living room.*
Mes cousins habitent une **grande** maison.	*My cousins live in a big house.*
C'est un **jeune** homme.	*He is a young man.*
Il y a un **autre** sofa dans la salle de séjour.	*There is another sofa in the family room.*
Il y a une lampe dans **chaque** pièce.	*There is a lamp in each room.*

Activités

A **Le bon ordre.** Create sentences from the elements provided, making sure that the adjective is in the correct form and position.

> MODÈLE: une platine-laser / japonais →
> C'est une platine-laser japonaise.
> un homme / jeune →
> C'est un jeune homme.

1.	une table / grand	**3.**	amie / sympathique
2.	chaise / petit	**4.**	un livre / bon

5. un tapis / vieux   **7.** un restaurant / mexicain
6. un sofa / joli   **8.** une femme / riche

B **Descriptions.** A classmate will ask you questions about some of your possessions and relatives. Use the verb **avoir** and the opposite of the original adjective in your answers.

MODÈLE: ta cuisine / petit →
               VOTRE CAMARADE: Ta cuisine est petite, n'est-ce pas?
                      VOUS: Mais non, j'ai une grande cuisine!

1. ton sofa / laid   **4.** ta chambre / grand
2. ton grand-père / vieux   **5.** ton magnétoscope / mauvais
3. ta cousine / pauvre   **6.** ton salon / petit

3. C'est versus il est

Ce n'est pas un grand
appartement.

Like **il(s)** and **elle(s)**, the invariable word **ce (c')** (*this* or *that*, and also *he, she,*
or *it*) is a third-person subject pronoun. With the verb **être**, there are certain
cases where **ce** is used, and others where **il(s)** and **elle(s)** are used.

1. **Ce (C')** is used with the verb **être** (**c'est** or **ce sont**) in the following cases.

    when **être** is followed by an article + a noun:

    > **c'est** ⎫
    > **ce sont** ⎭ + *article + noun*

    C'est une étagère.   *It's a bookshelf.*
    C'est une bonne amie.   *She's a good friend.*
    Ce sont des étudiants marocains.   *They are Moroccan students.*

    when **être** is followed by a proper noun:

    > **c'est** ⎫
    > **ce sont** ⎭ + *proper noun*

    C'est Nicole!   *It's Nicole!*
    Ce sont les Dupont.*   *It's the Duponts.*

    to describe a general situation or idea, using an adjective:

    > **c'est** + *general idea*

    Le français? **C'est** facile.   *French? It's easy.*
    C'est amusant.   *It's fun.*

---

*Note that an **-s** is not added to proper names in the plural.

2. **Il(s)** or **elle(s)** is used in the following cases.

when **être** is followed by an adjective referring to a specific person(s) or thing(s):

il/elle est
ils/elles sont } + *adjective*

Il est américain.	*He is American.*
Le fauteuil? **Il est** joli.	*The armchair? It's pretty.*
Elles sont intelligentes.	*They are intelligent.*

when **être** is followed by a preposition:

il/elle est
ils/elles sont } + *preposition*

| **Ils sont** en France. | *They are in France.* |
| La chaise? **Elle est** dans la cuisine. | *The chair? It is in the kitchen.* |

when **être** is followed by an unmodified noun referring to professions or occupations:

il/elle est
ils/elles sont } + *professions*

Elle est médecin.	*She is a doctor.*
Il est pilote.	*He is a pilot.*
Ils sont professeurs.	*They are professors.*
but: **C'est** un bon médecin.	*He/She is a good doctor.*

Activités

Ⓐ **La famille Duvivier.** Fill in the blanks to describe the Duvivier family and their home, using either **il/elle est**, **ils/elles sont**, **c'est**, or **ce sont**.

1. M. Duvivier est médecin. _____ médecin.
2. Mme Duvivier est professeur. _____ professeur.
3. Leurs fils sont beaux. _____ beaux.
4. Robert et Patrick sont de bons étudiants. _____ de bons étudiants.
5. La maison des Duvivier est grande. _____ grande.
6. La maison est jolie. _____ une jolie maison.

ÉTUDE DE MOTS

ADVERBS: A few adverbs used with adjectives will allow you to be more descriptive as you speak and write.

| assez *somewhat, rather* | peu *hardly* |
| très *very* | un peu *a little* |

| L'appartement est **peu** grand, mais il est **très** joli. | *The apartment is hardly big, but it is very pretty.* |
| Paul est **assez** sympathique, mais il est **un peu** timide. | *Paul is rather nice, but he is a little shy.* |

Ⓑ **Deux amis.** Describe Sandrine and Bruno by completing the sentences with an expression from the list on the right. Remember to use **c'est** and **il/elle est** appropriately.

Voici Sandrine.

C'est…	française / une jeune femme dynamique /
Elle est…	très intelligente / une bonne étudiante /
	peu idéaliste / toujours sympathique /
	individualiste / assez riche /
	une femme originale / un peu pessimiste

Voici Bruno.

C'est…	un jeune homme sociable / beau et grand /
Il est…	une personne sincère / très optimiste /
	un bon étudiant / suisse /
	assez intellectuel / assez modeste /
	un homme sportif

C Mon ami(e). Describe one of your friends. Tell the class what your friend is like, and what he/she is not like. Use at least six sentences in your description.

Expressions utiles: optimiste, pessimiste, dynamique, sympathique, intelligent(e), prudent(e), riche, sincère, enthousiaste, réaliste, idéaliste, sociable, individualiste, excentrique, calme, amusant(e), original(e), intéressant(e)…

MODÈLE: Mon amie s'appelle Thuy. C'est une amie sincère et
sympathique…

Now describe yourself to a classmate, using at least eight adjectives.

4. Regular -er Verbs

David

Je partage ma chambre avec mon frère David.

There are three major groups of French verbs that follow predictable patterns in their conjugation: verbs with infinitives ending in **-er** (**habiter**), **-ir** (**finir**, *to finish*) and **-re** (**répondre**, *to answer*). The infinitive is the form of the verb listed in dictionaries. It is expressed with *to* in English: **parler** = *to speak*. About 90% of French infinitives end in **-er**. In this section we will look at the formation and use of regular **-er** verbs. (Irregular and stem-changing **-er** verbs will be considered in later chapters.)

PRESENT TENSE OF *habiter* (*to live*)	
j'habit**e**	nous habit**ons**
tu habit**es**	vous habit**ez**
il/elle/on habit**e**	ils/elles habit**ent**

1. You are already familiar with a number of regular **-er** verbs: **danser**, **dîner**, **écouter**, **étudier**, **jouer**, **nager**, **regarder**, **travailler**, and **voyager**. Here are some more useful verbs to know:

Present tense endings for **-er** verbs:

-e	-ons
-es	-ez
-e	-ent

aider *to help*
commencer *to begin*
donner *to give*
effacer *to erase*
manger *to eat*

parler *to speak*
partager *to share*
poser (une question) *to put, place; to ask (a question)*
rester *to stay*

2. Note that the conjugated form of any present-tense verb can be interpreted in English in three ways.

   J'habite à Paris. *I live in Paris. / I am living in Paris. / I do live in Paris.*

3. All conjugated forms generally retain the sound of the stem of the infinitive. (The stem of a verb results from dropping the **-er**, **-ir**, or **-re** ending of the infinitive.) For stems ending in **-c** (e.g., **commencer**, *to begin*), a spelling change occurs before the **-ons** ending of the **nous** form. A **-c cédille** (**ç**) replaces the **-c** to retain the soft sound of the **-c** of the infinitive.*

   commencer nous commen**ç**ons
   effacer nous effa**ç**ons

   In the case of a stem ending in **-g** (e.g., **manger**, *to eat*), an **-e** is added before the **-ons** ending to retain the soft sound of the **-g** of the infinitive.

   manger nous mang**e**ons
   partager nous partag**e**ons

   Other spelling changes in **-er** verbs will be presented as they occur in later chapters.

Activités

A **Les camarades de chambre.** Describe the daily life of the roommates by filling in the blanks with the appropriate form of the verbs in parentheses.

1. Claude, Ariane, Sylvie, Mohamed et Denise _____ (partager) une maison près de l'université.
2. Le week-end, Claude _____ (travailler) au restau-U.
3. Après les cours, Ariane et Mohamed _____ (jouer) au tennis.
4. Claude et Sylvie _____ (étudier) l'anglais à l'université.

---

*A **-c** or **-g** followed by **-e** or **-i** is soft: **cité**, **gentil**.
A **-c** or **-g** followed by **-a**, **-o**, or **-u** is hard: **calme**, **galerie**.

5. Le soir, Denise _____ (écouter) la radio dans sa chambre.
6. Les autres camarades de chambre _____ (regarder) la télé dans la salle de séjour.
7. Moi, je/j' _____ (aimer) regarder des films de science-fiction à la télé.
8. Nous _____ (commencer) à préparer le dîner dans la cuisine.
9. Généralement, nous _____ (manger) dans la salle à manger.
10. _____ (Habiter)-vous près de l'université?

B **La salle de séjour.** Say what the following people are doing in the family room. Choose a verb from the list at the right for each paragraph.

Carole _____¹ de la musique, Thomas et Jean _____² la télé et nous _____³ des sandwichs. Toi, tu es très sérieuse: tu _____⁴ avec Didier.

manger
étudier
regarder
écouter

Vous _____⁵ à un ami au téléphone. Moi, je _____⁶ au Monopoly avec Nicolas. Fatima _____⁷ Nicolas avec la stratégie et ils _____⁸ à gagner (*win*).

aider
commencer
parler
jouer

C **Questions personnelles.** With a classmate, take turns asking and answering the following questions. Take notes on the answers and then report them to the class (**Paul habite à la cité universitaire. Il parle…**).

1. Où habites-tu?
2. Quelles (*What*) langues est-ce que tu parles?
3. Qu'est-ce que tu étudies à l'université?
4. Où est-ce que tu aimes étudier?
5. Où est-ce que tu manges pendant la semaine? et pendant le week-end?
6. Est-ce que tu écoutes souvent de la musique? À la radio, sur une chaîne stéréo ou une platine-laser?
7. Quelle sorte (*What type*) de musique aimes-tu? le rock? le rap? le blues? le jazz? la musique classique?
8. Est-ce que tu aimes danser? Est-ce que tu danses bien ou mal (*badly*)?

5. Imperative (Command) Forms of -*er* Verbs

Alors, partageons mon appartement!

1. For all regular **-er** verbs, the imperative, or command, forms are the same as the conjugated forms without the subject pronoun. The **tu** form, however, drops the final **-s**.

Écoute, maman!	*Listen, Mom!* (**tu** form)	
Écoutons!	*Let's listen!* (**nous** form)	
Écoutez, Monsieur Lemarchand!	*Listen, Mr. Lemarchand!* (**vous** form)	

Endings for command forms with **-er** verbs:
- **-e**
- **-ons**
- **-ez**

2. To form a negative command, **ne** is placed before the verb and **pas** after it.

Ne regarde **pas** la télé maintenant, Sylvie!	*Don't watch TV now, Sylvie!*

3. The verbs **être** and **avoir** have irregular command forms.

être	*avoir*
sois (tu) soyons (nous) soyez (vous)	aie (tu) ayons (nous) ayez (vous)

Ne **sois** pas triste, Marc!	*Don't be sad, Marc!*
N'**ayez** pas peur, Nicolas et Sandra!	*Don't be afraid, Nicolas and Sandra!*

Activité

Soyez le prof! Decide which of the following you want your classmates to do and which not to do, then give commands accordingly.

MODÈLE: parler en classe → Parle en classe, David!
  or
  Ne parlez pas en classe, David et Patrick!

1. manger en classe
2. arriver en retard
3. étudier au labo
4. regarder le tableau
5. avoir de la patience
6. donner les livres au chien (*dog*)
7. être prudent
8. travailler sérieusement
9. écouter la radio en classe
10. poser beaucoup de questions

EN AVANT

Réalités

On page 56 you will find an advertisement for customized housing from HabitAlp. Look at the advertisement and answer the following questions.

1. Quelles sont (*What are*) les pièces de la maison d'HabitAlp? Sont-elles grandes ou petites?

2. Est-ce que les plans de la maison sont personnalisés?
3. Est-ce que la maison d'HabitAlp est bonne pour la santé? Pourquoi?
4. Quels autres avantages a la maison d'HabitAlp?
5. À votre avis (*opinion*), est-ce que la maison d'HabitAlp est bien conçue (*designed*)? Pourquoi ou pourquoi pas?

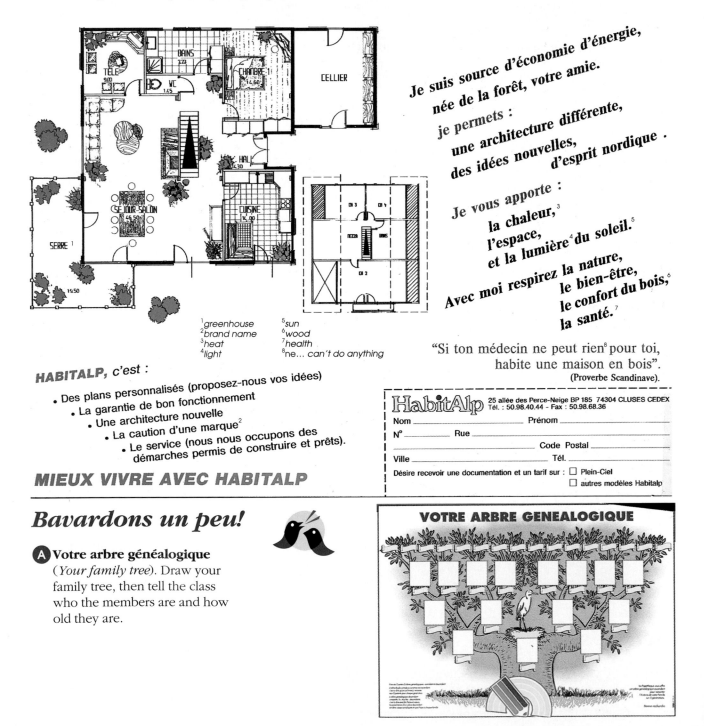

Je suis source d'économie d'énergie,
née de la forêt, votre amie.

je permets :
une architecture différente,
des idées nouvelles,
d'esprit nordique .

Je vous apporte :
la chaleur,[3]
l'espace,
et la lumière[4] du soleil.[5]

Avec moi respirez la nature,
le bien-être,
le confort du bois,[6]
la santé.[7]

"Si ton médecin ne peut rien[8] pour toi,
habite une maison en bois".
(Proverbe Scandinave).

[1]*greenhouse*   [5]*sun*
[2]*brand name*   [6]*wood*
[3]*heat*   [7]*health*
[4]*light*   [8]*ne... can't do anything*

HABITALP, c'est :

• Des plans personnalisés (proposez-nous vos idées)
  • La garantie de bon fonctionnement
    • Une architecture nouvelle
      • La caution d'une marque[2]
        • Le service (nous nous occupons des démarches permis de construire et prêts).

MIEUX VIVRE AVEC HABITALP

HabitAlp   25 allée des Perce-Neige BP 185 74304 CLUSES CEDEX
Tél. : 50.98.40.44 - Fax : 50.98.68.36

Nom _____ Prénom _____

N° _____ Rue _____

Code Postal _____

Ville _____ Tél. _____

Désire recevoir une documentation et un tarif sur : ☐ Plein-Ciel
    ☐ autres modèles Habitalp

Bavardons un peu!

Ⓐ Votre arbre généalogique
(*Your family tree*). Draw your family tree, then tell the class who the members are and how old they are.

VOTRE ARBRE GENEALOGIQUE

B **Une fête.** With a classmate, describe the following scene.

*Vidéo-Club**

(Cue to 13:43.)

Thème 2   La famille†
Scène 2.1   Une famille nombreuse

Bénédicte and Paul discuss their families and living situations: Bénédicte has a very large family and lives at home, whereas Paul is from a small family and lives alone in an apartment.

VOCABULAIRE UTILE

faire la cuisine *to cook*   le chien   *dog*
aîné   *older*   l'ordinateur (*m.*) *computer*

Les familles de Bénédicte et de Paul. Fill in the blank with the letter corresponding to the correct answer.

1. _____ habite avec la famille de Bénédicte.
   a. Le grand-père   **b.** La grand-mère   **c.** La tante
2. _____ de Paul habite dans un studio.
   a. La sœur   **b.** La cousine   **c.** Le frère
3. Les activités préférées des frères et sœurs de Bénédicte sont _____.
   a. parler au téléphone, jouer au bridge et nager
   b. parler au téléphone, voyager et danser
   c. parler au téléphone, regarder la télévision et jouer avec l'ordinateur
4. La grand-mère de Bénédicte voyage, écoute de la musique et joue _____.
   a. au tennis   **b.** au bridge   **c.** au golf
5. Le dimanche, Bénédicte est avec _____.
   a. la famille   **b.** les amis   **c.** Paul

---

*This section contains an activity for the Video to accompany *C'est ça!* The theme and scene numbers here correspond to the ten themes and their respective scenes in the video (rather than to the chapter numbers in the book).
†Activities tied to two additional scenes and a **Vignette culturelle** under this video topic appear in the Workbook/Laboratory Manual.

TABLEAU CULTUREL

THE FRENCH WAY OF LIFE: The average French family has only two children. The family unit is generally quite strong, and the extended family is very much a part of modern French life. French families traditionally spend a great deal of time together; children, parents, grandparents, siblings, and cousins meet frequently for family dinners, outings, and celebrations. Young people often live at home until they marry.

French people often remain in the area where they were raised, in order to stay close to their relatives. A recent poll showed that if given the choice of remaining where they were or receiving a substantial raise and promotion in exchange for accepting a job five hundred miles away, a large majority of French people would in fact choose to turn down the raise and promotion. No amount of money could compensate them for the loss of quality of life.

For some French people, quality of life also means owning a house in the suburbs. This is true for the 55% of French families who live in one-family homes. Of the remaining population, 15% live in **HLM**s (**habitations à loyer modéré**)—subsidized apartment houses—where apartments are rented according to the size of the family and rents are adjusted to the family's income.

Proportionately, the French have the largest number of vacation homes of any country, many of these being the original family farm. About two-thirds of these homes are located in the countryside, and a third are in the mountains or at the seashore.

VOCABULAIRE

Noms

LA FAMILLE	FAMILY
le bébé	baby
le cousin	cousin (*male*)
la cousine	cousin (*female*)
l'enfant (*m. & f.*)	child
la femme	woman; wife
la fille	girl; daughter
le fils	son
le frère	brother
le garçon	boy
le gendre	son-in-law
la grand-mère	grandmother
le grand-père	grandfather
les grands-parents (*m.*)	grandparents

l'homme (*m.*)	man
le mari	husband
la mère	mother
le neveu	nephew
la nièce	niece
l'oncle (*m.*)	uncle
les parents (*m.*)	parents; relatives
le père	father
le petit-enfant	grandchild
le petit-fils	grandson
la petite-fille	granddaughter
la sœur	sister
la tante	aunt

le beau-fils, le beau-frère, le beau-père, la belle-fille, la belle-mère, la belle-sœur, le demi-frère, la demi-sœur

LA MAISON	HOUSE
la chambre	bedroom
le couloir	corridor
la cuisine	kitchen
la pièce	room (*of a house*)
la salle à manger	dining room
la salle de bains	bathroom
la salle de séjour	family room
le salon	living room
les toilettes (*f.*)	half-bathroom

L'APPARTEMENT (*m.*)	APARTMENT
l'ascenseur (*m.*)	elevator
l'escalier (*m.*)	staircase
l'étage (*m.*)	floor (*of a building*)
l'immeuble (*m.*)	apartment building
le rez-de-chaussée	ground floor

LA RÉSIDENCE UNIVERSITAIRE	DORMITORY
l'ami(e)	friend
le/la camarade de chambre	roommate
la cité universitaire	dorm complex

LES MEUBLES (*m.*)	FURNITURE
l'affiche (*f.*)	poster
la chaîne stéréo	stereo
la commode	chest of drawers
l'étagère (*f.*)	bookshelf
le fauteuil	armchair
le four	oven
le frigidaire (le frigo, *fam.*)	refrigerator
la lampe	lamp
le lit	bed
le magnétoscope	VCR
le miroir	mirror
la platine-laser	CD player
le sofa	sofa
le tapis	rug
le téléphone	telephone

Verbes

aider	to help
avoir	to have
avoir... ans	to be . . . years old
avoir de la chance	to be lucky
avoir chaud	to be warm
avoir faim	to be hungry
avoir froid	to be cold
avoir raison	to be right
avoir soif	to be thirsty
avoir tort	to be wrong

commencer	to begin
donner	to give
effacer	to erase
habiter	to live
manger	to eat
parler	to speak
partager	to share
poser (une question)	to put, place; to ask (*a question*)
rester	to remain

Adjectifs

autre	other
beau/belle	beautiful
bon/bonne	good
chaque	each, every
content(e)	happy
faux/fausse	false
grand(e)	large
jeune	young
joli(e)	pretty
laid(e)	ugly
mauvais(e)	bad
même	same
pauvre	poor
petit(e)	small
préféré(e)	favorite, preferred
riche	rich
seul(e)	alone
sympathique (sympa)	nice, friendly, likeable
triste	sad
vieux/vieille	old
vrai(e)	true, real

Adjectifs de nationalité

allemand(e), américain(e), anglais(e), belge, canadien/canadienne, chinois(e), espagnol(e), français(e), haïtien/haïtienne, italien/italienne, japonais(e), marocain(e), mexicain(e), russe, suisse

D'autres mots et expressions

assez	somewhat, rather
chez	at (in) the house of
ensemble	together
mon/ma/mes	my
peu	hardly
pour	for
ton/ta/tes	your
très	very
un peu	a little
votre/vos	your

Entracte (*Intermission*) appears after every two chapters in *C'est ça!* and features three main sections:

1. **Lecture** (*Reading*) develops your ability to read in French. Readings include cultural pieces, authentic texts from contemporary French magazines and newspapers, and a selection from literature. Each reading selection is preceded by **Avant de lire** (*Before Reading*), which presents reading strategies designed to enhance your reading skills in French. The reading itself is accompanied by notes and glosses to help you understand new words and expressions. **Après la lecture** (*After the Reading*) contains activities that allow you to check your comprehension of the reading.
2. **Par écrit** (*In Writing*) is an activity designed to improve your writing skills and help you express yourself more fully in French.
3. **Mise en scène** (*Performance, Production*) is a drawing-based activity that reinforces vocabulary and structures presented in the two previous chapters.

LECTURE

Avant de lire

ANTICIPATING CONTENT: You can often anticipate the content of a text by identifying the *type* of text it is. For example, is the text an advertisement, a weather report, or an interview with a politician? You know that any of these examples will likely contain certain words, expressions, or themes common to that particular type of text. When reading in French, this general knowledge will help you to decipher unfamiliar vocabulary and abbreviations.

In this **Lecture**, you are going to read a personal ad and one of its responses. In preparation for the reading, answer the following questions in English, alone or in a small group. Try to come up with a list of things you already know about ads placed in personals columns.

1. Who places personal ads? Why?
2. What kinds of things do people say in these ads? Are there abbreviations, clichés, or other kinds of jargon that you associate with personal ads? Make a list of examples in English.
3. How do you contact a person who has placed a personal ad?

When you have finished, share your findings with your classmates. You will most likely discover that your answers to the above questions have much in common.

Now, read the personal ad placed by Sophie, applying what you know about this kind of ad. Then, read Jean-Luc's response to her ad.

La lettre de Jean-Luc

JF,[1] 22 ans, blonde, étudiante en médecine. Sincère, calme, grande, belle. Aime anglais, musique classique et cinéma. Ch.[2] JH[3] même âge/intérêts. Écrire à Sophie, BP[4]1077.

[1] Jeune femme
[2] (Je) Cherche = *I am looking for*
[3] Jeune homme
[4] Boîte postale = *P.O. Box*

Chère Sophie,

Je réponds à ton annonce. Je m'appelle Jean-Luc. Moi aussi, j'ai 22 ans. Je suis brun et je suis étudiant en philosophie. Je suis assez grand, intelligent, raisonnable et idéaliste. Selon° mes amis, je suis très sympa! Je suis calme et j'aime la solitude. Comme° passe-temps, j'écoute souvent de la musique classique. Mon compositeur préféré est Berlioz. J'adore aller au cinéma aussi.

J'habite un studio dans le même immeuble que° mes parents: ils habitent au premier étage et moi, j'habite au deuxième étage. J'aime mon appartement, mais il est très petit: il y a juste la place pour mon lit, une petite table et un fauteuil. Au mur, j'ai une carte de l'Afrique (j'adore voyager!). J'ai aussi une platine-laser, une super collection de disques compacts, une télé et, bien sûr, un magnétoscope. Je loue° souvent des cassettes vidéo.

Dans ton annonce tu dis que° tu aimes l'anglais. C'est parfait parce que, moi aussi, j'aime l'anglais. J'ai besoin de parler anglais avec quelqu'un.° Si tu désires me parler, téléphone-moi au 43.38.05.26. À bientôt, j'espère.°

Amicalement,

Jean-Luc

According to

As

as

rent

dis... say that
someone
I hope

Après la lecture

A **Une description de Jean-Luc.** Complete the sentences in the passage below by selecting the correct item to the right of each paragraph.

Comme Sophie, Jean-Luc a 22 ans. Il est _____¹ en philosophie et il _____² la musique classique. Son compositeur _____³ est Berlioz. Il aime l'_____⁴ et il adore _____.⁵

aime
anglais
aller au cinéma
étudiant
préféré

Physiquement, Jean-Luc est _____⁶ et assez _____.⁷ Il est _____⁸ et il aime donc la _____.⁹ Selon ses _____,¹⁰ il est très _____¹¹!

calme
amis
solitude
grand
brun
sympa

Il _____¹² un studio dans le même _____¹³ que ses parents. Dans son studio, il a une petite _____,¹⁴ un lit et un _____.¹⁵ Il a une _____,¹⁶ une collection de CD, une télévision et un _____.¹⁷ Il loue souvent des cassettes-vidéo.

fauteuil
platine-laser
habite
magnétoscope
table
immeuble

B **Jean-Luc et Sophie.** Answer the following questions in French, using complete sentences.

1. Quel âge a Jean-Luc? Et Sophie?
2. Qu'est-ce que Jean-Luc étudie? Et Sophie?
3. Décrivez (*Describe*) Jean-Luc et Sophie.
4. Jean-Luc et Sophie ont les mêmes intérêts, n'est-ce pas? Qu'est-ce qu'ils aiment?
5. Où est-ce que Jean-Luc habite? Décrivez son appartement.

PAR ÉCRIT

L'homme/La femme de vos rêves (*dreams*)**.** Write a composition about yourself and the man or woman of your dreams by replacing the underlined items in each paragraph with your own responses. Staying within the scope of this outline, express yourself using the vocabulary and structures familiar to you.

Bonjour. Je m'appelle <u>Michelle</u> et j'ai <u>22</u> ans. Je suis <u>haïtienne</u> et j'habite à <u>Port-au-Prince</u>. Je suis étudiante en <u>langues étrangères</u>. Je suis <u>intelligente</u>, <u>très dynamique</u> et <u>assez jolie</u>. J'aime <u>nager</u>, <u>danser</u>, <u>écouter de la musique</u> et <u>dîner au restaurant</u>.

    <u>L'homme</u> de mes rêves s'appelle <u>Éric</u>. <u>Il</u> est <u>étudiant en médecine</u>. <u>Il</u> est <u>amusant</u>, <u>sympa</u>, <u>intelligent</u>, <u>optimiste</u> et <u>beau</u>. Et, bien sûr, <u>il</u> est <u>grand</u> et <u>très riche</u>! <u>Il</u> parle <u>français et créole</u>. <u>Il</u> aime <u>le sport</u> et <u>la musique rock</u>. <u>Il</u> habite <u>un appartement</u> à <u>Port-au-Prince</u>. Dans mes rêves, <u>Éric</u> et moi, nous sommes très contents!

MISE EN SCÈNE

● ●

Au jardin public

In the Park

A **Qui** (*Who*) **est-ce?** Look at the drawing and answer the questions.

1. Qui est étudiant(e)?
2. Qui adore manger?
3. Qui est professeur?
4. Qui représente la France aux Jeux olympiques?
5. Qui travaille pour une société (*company*) multinationale?
6. Qui ne travaille probablement pas?
7. Qui est peut-être marié(e)? célibataire (*single*)? divorcé(e)?
8. Qui aime écouter de la musique?
9. Qui aime étudier?
10. Qui a faim? chaud? soif?
11. Qui joue au tennis?

B **Une description.** Choose one of the characters from the drawing and describe him/her as fully as possible. What is he/she like? What does he/she like to do? Where does he/she live? Use your imagination in your description.

3

Le shopping et la mode

La haute couture à Paris: une collection printemps-été.

ESQUISSES

Les vêtements

Clothing

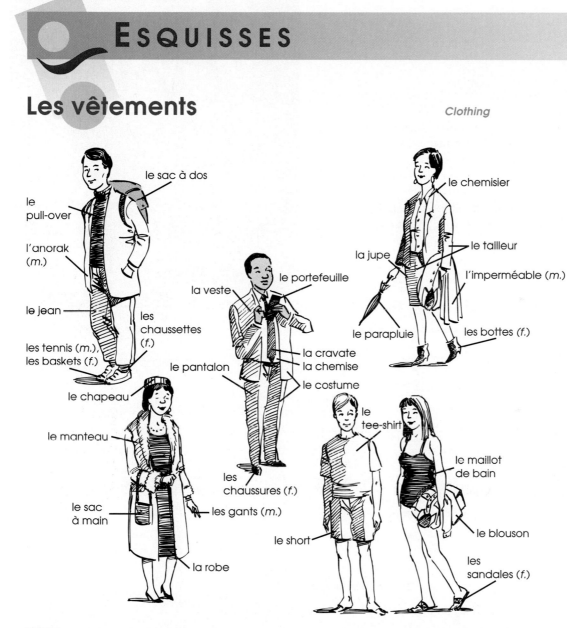

le sac à dos
le pull-over
l'anorak (*m.*)
le jean
les tennis (*m.*), les baskets (*f.*)
le chapeau
le manteau
le sac à main
la robe
la veste
le portefeuille
le pantalon
la cravate
la chemise
le costume
les chaussures (*f.*)
les gants (*m.*)
le short
le tee-shirt
le chemisier
le tailleur
la jupe
l'imperméable (*m.*)
le parapluie
les bottes (*f.*)
le maillot de bain
le blouson
les sandales (*f.*)

VERBE

porter *to wear*

AIDE-MÉMOIRE

LEARNING VOCABULARY: Try to use as many methods as possible to learn vocabulary. Say the words aloud, write them down, copy them onto flash cards for rapid recognition, or have a friend say them to you. In addition, try to visualize and mimic actions that involve the vocabulary words. By expanding your study techniques and concentrating on those that fit your particular learning style, you'll find it easier to remember new vocabulary.

TABLEAU CULTUREL

LES JEANS: Les jeans are worn in great numbers in France and throughout the world, but do you know the origin of the English words *denim* and *jeans?*

The blue canvas was called **chambray de Nîmes**, after the city in southern France where the fabric was first manufactured. Exported to the United States by way of the Italian port city of Genoa (**Gênes**), the rolls of cloth got their names from the shipping labels on the bolts: **de Nîmes** became *denim* and **Gênes** became *jeans.*

Activités

A Pour qui? Say whether the following items are for men, for women, or for both.

MODÈLES: la jupe → pour les femmes

la cravate → pour les hommes

le pantalon → pour les deux (*both*)

1. le costume
2. le pull-over
3. les chaussettes
4. le tailleur
5. le tee-shirt
6. la robe
7. le jean
8. les chaussures

B J'aime porter… Describe what you like to wear while doing the following activities.

MODÈLE: regarder la télévision → Pour regarder la télévision, j'aime porter un jean, un tee-shirt et des chaussettes.

1. dîner au restaurant
2. aller à une soirée (*party*)
3. skier
4. nager
5. aller au cinéma
6. étudier à la bibliothèque
7. aller à un concert
8. avoir une entrevue pour un job

Les couleurs et le shopping

Present Tense: *aller*

je vais	*I go*
tu vas	*you go*

NOMS

la boutique *shop*
le cuir *leather*
le (grand) magasin (*department*) *store*
le prix *price*

ADJECTIFS

cher/chère *expensive*

VERBES

acheter *to buy*
essayer *to try, try on*

EXPRESSIONS

À tout à l'heure *See you later* (*on same day*)
avoir besoin de *to need*
avoir envie de (+ *inf.*) *to feel like* (*doing something*); *to want to*
d'accord *OK*
faire du shopping *to go shopping*
Génial! *Fantastic!* (*Cool!*)

STÉPHANIE: Tu as une très belle mini-jupe, Alexandra!
ALEXANDRA: Merci, Stéphanie. Maintenant j'ai besoin d'acheter une robe bleue
pour la fête chez Nicolas samedi. Tu as envie de faire du shopping
avec moi?

---

*Colors that take their names from nouns (in these cases, an orange and a chestnut) are invariable
adjectives; that is, they have no feminine or plural form.

STÉPHANIE: Mais oui! Je voudrais essayer des pull-overs et des blousons de cuir noir. Tu vas à la boutique devant le campus ou dans un grand magasin?

ALEXANDRA: Dans un grand magasin. Les vêtements sont très chers dans les boutiques. Les prix sont scandaleux!

STÉPHANIE: Bon, d'accord. On va à Printemps après les cours. Mais y a-t-il des blousons de cuir à Printemps?

ALEXANDRA: Oui, on va regarder° les blousons de cuir au premier étage. Ils sont super!

STÉPHANIE: Génial! À tout à l'heure, Alexandra!

on… we're going to look at

TABLEAU CULTUREL

LE LOOK: Young people in France are less concerned with high fashion (**haute couture**) than with **le look**, which reflects a more personal outlook and expresses their individual taste. The most popular contemporary looks fall into the following groups.

- BCBG (**bé-cé-bé-gé**), **Bon Chic Bon Genre**, is a rather British-looking, wealthy, conservative sense of style. It is roughly equivalent to *preppie* dress in this country. The latest update of the BCBG style is the CPCH (**cé-pé-cé-ache**), **collier de perles, carré Hermès** (*pearl necklace, Hermès scarf*)—Hermès being a very chic specialty shop.
- **Les babas** are nonconformists who wear bulky sweaters, jeans, boots, and sheepskin coats. A throwback to the 60s and 70s, the look might be referred to as *bohemian* in English. In France, as in this country, styles from those decades have recently enjoyed a comeback.
- **Les punks** sport a look similar to punks in England, Germany, and other countries. They wear black leather, trenchcoats, chains, and have dyed or spiked hair or shaved heads.
- **Les minets** copy the American style of jeans and T-shirts and are fans of American culture.

Other recent looks from North America, such as **le grunge** and **le rasta**, are popular in France as well.

« *Les bcbg vivent entre eux.*[1] *Ils ont leur*[2] *quartier, leurs bars, leurs boîtes.*[3].. »

[1]*vivent… live among themselves* [2]*their* [3]*nightclubs*

Activités

A **On fait du shopping?** Fill in the blanks according to the dialogue.

1. Alexandra porte une _____ aujourd'hui.
2. Alexandra a besoin d'acheter une _____ parce qu'il y a une fête chez Nicolas samedi.
3. Stéphanie a aussi _____ de faire du shopping.
4. Stéphanie voudrait essayer des _____ et des _____ de cuir _____.
5. Alexandra n'aime pas les _____ parce que les _____ sont scandaleux.
6. À Printemps, les blousons de cuir sont au _____.

B **La description et le look.** Describe as fully as possible what the following people are wearing. What look would you ascribe to them?

Alexandra	Stéphanie	Jacques
1.	2.	3.

C **Le shopping.** With a classmate, take turns asking and answering the following questions.

1. Aimes-tu faire du shopping? Quand tu fais du shopping, préfères-tu être seul(e) ou être avec un ami (une amie)?
2. Est-ce que tu préfères acheter des vêtements ou des accessoires (des chaussures, un chapeau, etc.)? Pourquoi?
3. As-tu besoin de nouveaux vêtements? De quoi (*What*), par exemple?
4. Est-ce que tu préfères faire du shopping dans les petites boutiques ou dans les grands magasins? Pourquoi?

ÉTUDE DE MOTS

LE SHOPPING: When shopping, the following words and expressions will come in handy.

C'est combien? *How much is it?*
Combien? *How much?*
De quelle couleur? (*In*) *what color?*
Ça coûte trop cher. *It costs too much.*
C'est bon marché. *It's cheap* (*inexpensive*).
Bon, je le prends. *Okay, I'll take it.*

Les parties du corps

Parts of the Body

la tête
l'oreille (*f.*)
la bouche
le nez
le visage
le dos
le doigt
la main
la jambe
le pied

les cheveux (*m.*)
l'oeil (*m.*), les yeux
les lèvres (*f.*)
les dents (*f.*)
la gorge
le cou
le coeur
le bras
le ventre
le genou

ADJECTIFS

court(e) *short (used for objects and body parts, not people)*
gros(se) *big, fat*
long(ue) *long*
lourd(e) *heavy*
mince *thin*

EXPRESSIONS

à la mode *in fashion*
avoir mal à (+ *body part*) *to hurt, to have pain in (a body part)*

Present Tense: -re Verbs

je vends	*I sell*
il/elle/on vend	*he/she/one sells*

BRIGITTE: Ton sac à dos est vraiment génial. Est-ce qu'il est pratique?

JÉRÔME: Pratique? Pas vraiment. Il est lourd et j'ai souvent mal au dos. Mais il va bien avec mon anorak.

BRIGITTE: Oui, souvent il faut souffrir° pour être à la mode! Regarde mes bottes: elles sont jolies, mais j'ai mal aux pieds! Après deux heures—aïe!°

JÉRÔME: C'est dommage.° On vend ce° style de bottes dans tous° les magasins!

il... *one must suffer*

ouch!

too bad / that / all

ÉTUDE DE MOTS

PHYSICAL DESCRIPTIONS: The following terms will be useful when you want to describe someone's physical appearance.

Hair color: J'ai les cheveux blonds.　　　　*I have blond hair.*
　　　　　　　　　　　　bruns.　　　　　　*brown hair.*
　　　　　　　　　　　　noirs.　　　　　　*black hair.*
　　　　　　　　　　　　roux.　　　　　　*red hair.*

Eye color: J'ai les yeux bleus.　　　　　*I have blue eyes.*
　　　　　　　　　　　marron.　　　　　*brown eyes.*
　　　　　　　　　　　verts.　　　　　*green eyes.*

Height: Je suis grand(e).　　　　　　　*I am tall.*
　　　　　　　petit(e).　　　　　　　*short.*
　　　　　　　de taille moyenne.　　　*of average height.*

Activités

A La mode, c'est difficile! Fill in the blanks with information from the new vocabulary and the dialogue.

1. Un sac à dos avec beaucoup de livres est _____.
2. Quand on porte (*carries*) beaucoup de livres on a souvent _____ _____ _____.
3. Le sac à dos de Jérôme va bien avec son _____.
4. Brigitte porte des _____.
5. Elle a mal _____ _____.
6. On _____ ce style de bottes dans tous les _____.

B **Les accessoires.** With what part(s) of the body do you associate the following?

1. un chapeau
2. un gant
3. un pull-over
4. une botte
5. un pantalon
6. une cravate

C **Qui** (*Who*) **est-ce?** Describe one of your classmates to the class without naming him/her; the class will guess who it is.

MODÈLE: Il est assez grand. Il a les cheveux noirs et les yeux marron. Il porte un jean noir, une chemise blanche et des baskets rouges…

PRONONCIATION

Liaison

In French, a silent consonant that occurs at the end of a word is sometimes linked to the following word if it begins with a vowel sound: **vous‿allez**; **les‿amis.** This linking is called *liaison.*

Pronounce the following examples of liaison, imitating your instructor. Note that the pronunciation of the final consonant sometimes changes when a liaison is made: **s** and **x**, for example, usually sound like **z** (as in **vous‿allez**).

Liaison occurs in the following cases:

between a pronoun and a verb	**ils‿ont**
between an inverted verb and a pronoun in a question	**vont‿elles?**
between a preceding adjective and a noun	**de bons‿étudiants**
between short adverbs and adjectives	**très‿intéressant**
between articles and nouns	**les‿amis**
between articles and adjectives	**les‿autres livres**
between numbers and nouns	**huit‿étudiants**
between a preposition and its object	**avec‿elle, aux‿États-Unis**

Liaison does *not* take place in the following cases:

after a noun	**un étudiant américain**
between a subject noun and a verb	**les étudiants écoutent**
after **et**	**il est jeune et intelligent**
before certain words beginning with **h***	**un héros, en haut**

In informal conversation, some liaisons are often omitted.

---

*Because most words beginning with **h** require a liaison, such as **un homme**, it is best to learn any exceptions on a case-by-case basis. **H**-words that do not take liaison are usually indicated with an asterisk in dictionaries.

GRAMMAIRE ESSENTIELLE

1. The Verb *aller*

Tu vas à la boutique devant le campus ou dans un grand magasin?

Alexandra   Stéphanie

PRESENT TENSE OF *aller* (*to go*)	
je vais	nous allons
tu vas	vous allez
il/elle/on va	ils/elles vont

1. The verb **aller** is irregular in all forms in the present tense.

    Je **vais** à l'université.   *I go to the university.*
    Marie et Paul **vont** dans un grand   *Marie and Paul are going to a*
       magasin.   *department store.*

    je vais = *I go*
    tu vas = *you go*

2. The verb **aller** can be used to inquire or comment about someone's health or about conditions in general

    —Comment **vas**-tu? / Comment   *How are you?* (*fam.*) / *How are*
       allez-vous?   *you?* (*form.*)
    —Je **vais** bien.   *I am fine.*
    —Comment **vont** les cours?   *How are classes going?*
    —Assez bien.   *Pretty well.*

    Use the verb **aller** to ask how someone is doing.

3. As with **-er** verbs, a **t** must be inserted after the verb and before the pronouns **il**, **elle**, and **on** in questions using inversion.

    —Va-**t**-il à Paris?   *Is he going to Paris?*

4. The imperative forms of **aller** follow the rules for regular **-er** verbs.

    Jean-Marie, **va** dans ta chambre!   *Jean-Marie, go to your room!*
    Allons à la boutique, Amina.   *Let's go to the boutique, Amina.*
    Allez-y, monsieur!   *Go ahead, sir!*

Activités

A **Où allez-vous?** Fill in the blanks with the appropriate forms of the verb **aller**.

1. Je _____ au cours de français.
2. Paul _____ dans un grand magasin.
3. Marc et Jeanne _____ dans une boutique.
4. Est-ce que tu _____ à la cafétéria?
5. Après, Jeanne et moi, nous _____ à l'université.
6. Mohamed _____ à la bibliothèque.
7. _____-on au cinéma ce soir?
8. _____-elle faire du shopping avec Denise?
9. Est-ce que tu _____ en Europe?
10. On ne _____ pas en classe le week-end.

B **Les destinations.** Working with a classmate, find out to which of the possible locations he/she goes in the following circumstances. Then, switch roles.

MODÈLE: VOUS: Tu as faim.
       VOTRE CAMARADE: Je vais au restaurant.

Possibilités: dans un grand magasin, au court de tennis, à Paris, à Dakar, au café, au restaurant, à l'amphithéâtre, au cinéma, à la bibliothèque.

1. Tu as besoin d'étudier.
2. Tu as envie de voyager.
3. Tu as soif.
4. Tu as envie de regarder un film.
5. Tu détestes tes vêtements.
6. Tu portes un short et tu as une raquette.

2. The Verb *aller* to Express the Future

On va regarder les blousons de cuir au premier étage. Ils sont super!

1. The present tense of **aller** is used as an auxiliary in combination with the infinitive form of another verb to express a future event, usually in the near future (**futur proche**). This usage is very similar to English.

aller + *inf.* = *to be going to do something*

Tu **vas acheter** une chemise.   *You are going to buy a shirt.*
Nous **allons essayer** des bottes.   *We are going to try on some
                                        boots.*

Elles **vont manger**.   *They are going to eat.*

2. To make a **futur proche** statement negative, place the **ne/n'** and **pas** around the auxiliary verb **aller**.

Je **ne** vais **pas** aller à la boutique.   *I am not going to go to the
                                                boutique.*

Nous **n'**allons **pas** dîner au   *We are not going to have dinner
restaurant.   in the restaurant.*

Activités

A **Le week-end.** Use a form of the verb **aller** plus an infinitive to say what these people are going to do on the weekend.

MODÈLE: je → Je vais étudier.

1. nous

2. ils

3. vous

4. Alain

5. Ariane

6. elle

7. on

8. ils

9. tu

B **Pas moi!** Using the drawings in **Activité A**, say which activities you are *not* going to do this weekend.

MODÈLE: je → Je ne vais pas étudier.

C **Le shopping.** Find out a classmate's plans for his/her next shopping trip (real or imaginary!), then reverse roles.

1. Est-ce que tu vas aller dans un grand magasin ou dans une boutique?
2. Est-ce que tu vas acheter un jean? un pantalon? un tee-shirt? De quelle couleur?
3. Est-ce que tu vas acheter une jupe? un pull-over? un blouson? De quelle couleur?
4. Est-ce que tu vas acheter des bottes? des chaussures? des baskets? Quel look est-ce que tu préfères: BCBG, punk, baba, grunge ou rasta?

3. The Prepositions *à* and *de*

1. The preposition **à** means *to, at,* or *in.* The preposition **de** means *of, from,* or *about.*

Mon ami va **à** la boutique.	*My friend is going to the boutique.*
J'habite **à** Montréal.	*I live in Montreal.*
Khalid a beaucoup **de** vêtements.	*Khalid has a lot of clothes.*
Marina parle **de** ses nouvelles chaussures.	*Marina is talking about her new shoes.*

2. With the names of cities, the prepositions **à** and **de** are usually used alone.

Paul va **à** Paris.	*Paul is going to Paris.*
Il est **de** Bruxelles.	*He is from Brussels.*

3. **À** and **de** can be used with definite articles (**le**, **la**, **l'**, and **les**).

Jean reste **à la** maison.	*John is staying home.*
Marie arrive **de l'**université.	*Marie is arriving from the university.*

When **à** or **de** precedes the definite articles **le** or **les**, a contraction is formed.

à AND *de* CONTRACTED WITH THE DEFINITE ARTICLES *le* AND *les*	
à + le = **au**	à + les = **aux**
de + le = **du**	de + les = **des**

Le lundi, je vais **au** magasin.	*I go to the store on Mondays.*
Nguyet donne les tee-shirts **aux** enfants.	*Nguyet is giving the T-shirts to the children.*
Annick téléphone **du** restaurant.	*Annick is calling from the restaurant.*
Les étudiants parlent **des** examens.	*The students are talking about the exams.*

4. **De** is part of the following prepositional phrases that indicate location:

à côté de *next to*
à droite de *to the right of*
à gauche de *to the left of*
en face de *across from*
loin de *far from*
près de *near* (*to*)

La boutique est **en face du** campus.	*The boutique is across from the campus.*
J'habite **loin de l'**université.	*I live far from the university.*

5. **De** is used to express possession in French; there is no possessive apostrophe.

de (+ *article*) + *noun* expresses possession

le costume **d'**Alain *Alain's suit*
les chaussures **du** garçon *the boy's shoes*
les manteaux **des** enfants *the children's coats*

ÉTUDE DE MOTS

AVOIR MAL À: You will see **à la**, **à l'**, **au**, or **aux** used with the expression **avoir mal** to indicate that a specific body part hurts.

J'**ai mal à la** tête.	*I have a headache.* or *My head hurts.*
Elle **a mal au** dos.	*She has a backache.* or *Her back hurts.*

Activités

A En visite. Where would you be in the following situations? Match the situation on the left with the place on the right, using **à**, **au**, **à l'**, or **à la** in your answer.

MODÈLE: Nous regardons l'Arc de Triomphe. →
Nous sommes à Paris.

1. Nous regardons la tour Eiffel.	**a.** le musée du Louvre
2. Nous étudions la littérature française à Paris.	**b.** Paris
3. Nous regardons la Joconde (*Mona Lisa*).	**c.** l'université
4. Nous admirons le pont Golden Gate.	**d.** la Maison-Blanche
5. Nous écoutons du Beethoven.	**e.** le cinéma
6. Nous avons beaucoup de cours.	**f.** le restaurant japonais
7. Nous regardons un film.	**g.** le gymnase
8. Nous parlons avec le président.	**h.** le concert
9. Nous mangeons du sushi.	**i.** la Sorbonne
10. Nous jouons au basket-ball.	**j.** San Francisco

B **Anne-Sophie fait du shopping.** Anne-Sophie feels like buying many things on her shopping trip. Where does she go to get them? Use **à** + definite article in your answer.

MODÈLE: Elle a envie d'un fauteuil. →
Elle va au magasin de meubles.

Elle a envie	Elle va…
1. de chaises	le restaurant
2. de fruits	le magasin de meubles
3. de parfum	la pharmacie
4. d'une bière	les Galeries Lafayette (un grand magasin)
5. d'une robe	le Vidéo-Club
6. d'un sofa	la bibliothèque
7. d'un tailleur	le café
8. d'une pizza	le supermarché
9. de vidéos	
10. d'aspirine	
11. d'un livre	

C **Où ont-ils mal?** Say where the following people are likely to be feeling pain!

MODÈLE: Ton camarade de chambre va à un concert de Megadeth. → Il a mal aux oreilles.

1. Les chaussures de Nathalie sont très petites.
2. Le sac à dos de Fabien est très lourd.
3. Claude et Ahmed jouent de la guitare pendant (*for*) trois heures.
4. La cravate d'Yves est très serrée (*tight*).
5. Je mange un kilo de chocolat.
6. Christelle va chez le dentiste.

LA CRAVATE

DOU
LOU
REUSE[1]
QUE TU
PORTES
ET QUI T'
ORNE O CI
VILISÉ
OTE-   TU VEUX
LA[2]   BIEN
SI   RESPI
RER

[1] *painful*
[2] *ôte… take it off*

*«Calligrammes» de
Guillaume Apollinaire*

4. Telling Time

1. To answer the question **Quelle heure est-il?** (*What time is it?*), use **il est** with the hour.

Il est _____ heure(s). = *It is _____ o'clock.*

Il est une **heure**.

Il est dix **heures**.

2. To express *minutes after the hour*, add the number of minutes.

Il est une heure **dix**.

Il est dix heures **vingt**.

À la gare Saint-Lazare à Paris.

3. To express *a quarter after the hour*, add **et quart** to the hour. For *half past*, add **et demie**.

Il est une heure **et quart**.

Il est dix heures **et demie**.

4. For minutes past thirty, French usually subtracts the minutes (using **moins**) from the next hour.

Il est deux heures **moins dix**.

Il est onze heures **moins vingt**.

5. For *a quarter to the hour*, use **moins le quart**.

Il est onze heures **moins le quart**.

Note that the article **le** appears in the expression **moins le quart** (but not in the expression **et quart**).

6. Special expressions are used for *noon* (**midi**, *m.*) and *midnight* (**minuit**, *m.*).

Il est **midi** et demi.

Il est **minuit** et demi.

Note the spelling: **demi** after **midi** and **minuit**, because they are masculine, and **demie** after the feminine **heure/heures**.

7. To be more specific as to time of day, French adds to the time **du matin** (*in the morning*); **de l'après-midi** (*in the afternoon*); and **du soir** (*in the evening*). Use **À quelle heure... ?** to ask *At what time . . . ?*

—**À quelle heure** vas-tu à l'université?

At what time do you go to the university?

—Je vais à l'université à huit heures **du matin**.

I go to the university at eight in the morning (8 A.M.).

Je regarde la télé à neuf heures **du soir**.

I watch TV at nine in the evening (9 P.M.).

If there is no hour specified, French simply uses the following expressions:

le matin *in the morning*
l'après-midi (*m.*) *in the afternoon*
le soir *in the evening*

Je fais du shopping **l'après-midi.**

I go shopping in the afternoon.

8. The French use the twelve-hour time system to answer the question **Quelle heure est-il**? In other situations, such as for railroad or plane timetables, television schedules, theater presentations, or appointments, they use the twenty-four-hour clock. A theatrical presentation might start at **vingt heures trente** (**20h 30** or 8:30 P.M.). National TV news shows are broadcast at 8 P.M. and are commonly called **Le Journal de 20 heures**.

Activités

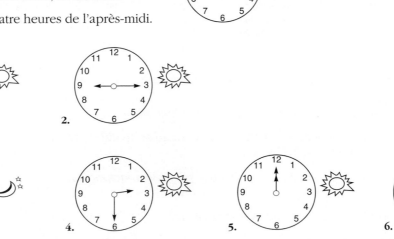

A **Quelle heure est-il?** State the time, adding **du matin**, **de l'après-midi**, or **du soir**.

MODÈLE: Il est quatre heures de l'après-midi.

1.

2.

3.

4.

5.

6.

7.

8.

9.

10.

B **À quelle heure?** At what time do you do the following activities? State the exact hour and whether you mean in the morning, afternoon, or evening.

MODÈLE: aller à l'université →
          Je vais à l'université à neuf heures du matin.

1. aller au laboratoire de langues
2. commencer à étudier
3. retourner à la maison
4. préparer le dîner
5. dîner
6. regarder la télé

5. -re Verbs

On vend ce style de bottes dans tous les magasins!

Jérôme   Brigitte

Like regular **-er** verbs, verbs with infinitives ending in **-re** follow a regular pattern of conjugation.

PRESENT TENSE OF *vendre* (to sell)	
je vend**s**	nous vend**ons**
tu vend**s**	vous vend**ez**
il/elle/on vend	ils/elles vend**ent**

Present tense endings for **-re** verbs:

-s	-ons
-s	-ez
—	-ent

Chantal **vend** des chaussures à   *Chantal sells shoes at Printemps.*
   Printemps.
Est-ce que vous **vendez** la maison?   *Are you selling the house?*

1. Note that the **-d** is not pronounced in the third person singular. In the inverted form, however, the **-d** is pronounced like a **t**.

Vend-on des blousons de cuir à   *Do they sell leather jackets at*
   Monoprix?   *Monoprix?*

2. Other commonly used verbs conjugated like **vendre** are:

attendre *to wait for; to expect*
descendre (de) *to go down (from)*
entendre *to hear*
perdre *to lose*
rendre *to return, give back*
rendre visite à *to pay a visit to (someone), visit (a person)*
répondre (à) *to answer*

3. The imperative of **-re** verbs follows the same rules as regular **-er** verbs, with one exception: The **tu** form retains the **-s**.

Vends la robe, Ginette!   *Sell the dress, Ginette!*
Vendons la maison.   *Let's sell the house.*
Vendez le magnétoscope, Paul et   *Sell the VCR, Paul and Marc!*
    Marc!

ÉTUDE DE MOTS

TO VISIT: Both **rendre visite à** and **visiter** mean *to visit,* but these two expressions can never be interchanged.
    Rendre visite à means *to pay a visit to a person.*

Je **rends visite à** ma grand-   *I visit my grandmother on*
    mère le samedi matin.   *Saturday mornings.*

Visiter means *to visit a city, monument, or place.*

Quand je vais à Paris, je **visite**   *When I go to Paris, I visit*
    Notre-Dame et l'Arc de   *Notre-Dame and the Arc de*
    Triomphe.   *Triomphe.*

Activités

A Au grand magasin. The following people have jobs in a large department store. Complete the sentences with the correct forms of the verb **vendre** to say what they're selling.

1. Salima _____ des robes.
2. Nous _____ des maillots de bain, des tee-shirts et des shorts.
3. Tu _____ des chaussures.
4. Christophe et Bruno _____ des costumes.
5. Vous _____ des chapeaux.
6. Je _____ des jeans et des pantalons.

B Marie-Christine et Sandrine font du shopping. Fill in the blanks with the correct forms of the appropriate verbs on the right to tell the story of the mishap during the shopping trip.

Marie-Christine _____[1] Sandrine devant les Galeries Lafayette. Sandrine _____[2] de l'autobus. On _____[3] des robes au deuxième étage. Sandrine et Marie-Christine regardent les robes. Sandrine _____[4] son sac à main au deuxième étage.

descendre
vendre
attendre
perdre

Marie-Christine et Sandrine vont au quatrième étage pour regarder les chaussures. Elles _____[5] une annonce au quatrième étage: Quelqu'un a perdu (*lost*) un sac à main. Elles _____[6] du quatrième étage au deuxième étage. La vendeuse (*saleswoman*) au deuxième étage _____[7] le sac à main à Sandrine.

rendre
descendre
entendre

C **La vérité** (*truth*). Find out whether you are or a classmate is the more responsible person by taking turns asking and answering the following questions.

1. Est-ce que tu réponds toujours au téléphone quand il sonne (*rings*)?
2. Rends-tu toujours tes livres à la bibliothèque à temps (*on time*)?
3. Est-ce que tu perds souvent des objets?
4. Attends-tu toujours des amis avec patience?
5. Est-ce que tu réponds toujours aux lettres de tes amis?

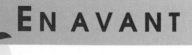

EN AVANT

Réalités

Mario Dessuti. The advertisement on page 83 comes from a men's clothing store in Paris.

1. Que porte* l'homme sur la photo?
2. Quelles pièces constituent un costume?

———————————————

*The verb **porter** means *to carry* as well as *to wear*.

3. Quels autres vêtements est-ce que Mario Dessuti vend?
4. Est-ce que les vêtements de Mario Dessuti sont chers ou bon marché?

Bavardons un peu!

Dans un grand magasin. You are doing holiday shopping for several friends
and relatives, and you are not sure what to buy; your classmate will play the role
of the helpful salesperson. You will describe each friend or relative, then your
classmate will suggest some appropriate clothing as gifts. Listen to the ideas, then
say which item you are going to buy.

MODÈLE: VOUS: Mon ami Phu est très dynamique et individualiste. Il aime le look punk. Il est grand et mince. Il
a les cheveux noirs et les yeux marron.

VOTRE CAMARADE: Je suggère le blouson de cuir noir, le pull gris ou
le chapeau noir.

VOUS: Merci. Je vais acheter le chapeau noir.

Vocabulaire utile: timide, excentrique, amusant(e), sympathique, sportif/
sportive, indépendant(e), charmant(e), jeune, calme, vieux/vieille, beau/belle,
riche, pauvre, grand(e), petit(e), mince…

Je suggère… (*I suggest . . .*)

TABLEAU CULTUREL

PARIS AND FASHION: Paris is one of the great centers of high fashion, or **la haute couture**. Walk down **avenue Montaigne** and you will see the houses of the **grands couturiers**: Dior, Yves Saint Laurent, Chanel, and many others. The presentations of winter and spring collections are considered major events, and they receive extensive worldwide media coverage. Admission to the shows is by invitation only; buyers come from all parts of the globe to select styles for their stores and to copy models for mass distribution. Original designs cost thousands of dollars.

Perhaps the most famous of all designers was Gabrielle "Coco" Chanel, the first great **couturière**. She began her career as a hatmaker, and she later designed the first modern clothes for women: simple, easy to wear, and very elegant. Her purses, with the leather strap running through a chain, have been imitated everywhere. Her signature perfume, **Chanel N° 5**, is one of the most famous perfumes in the world.

Other **couturiers**, such as Christian Dior, Christian Lacroix, Yves Saint Laurent, and Claude Montana, have followed her lead and developed their own perfumes. The scents of flowers grown over thousands of aromatic acres in southern France are extracted into various **essences de parfum**, which are then sent on to Paris. There, master **parfumeurs** (called **les nez**) blend them secretly to make up the **parfums**, **eaux de toilette**, and **eaux de cologne** that are prized throughout the world.

*Vidéo-Club**

Thème 3   Le shopping[†]
Scène 3.1   De nouveaux vêtements

Bénédicte needs a new outfit to wear to Michel's party this weekend, so Caroline goes shopping with her to help her find something. As you will see, Bénédicte is not easy to please!

(Cue to 23:15.)

VOCABULAIRE UTILE

Quelle taille fais-tu?	*What size are you?*
Que penses-tu de ce chemisier?	*What do you think of this blouse?*
Trop habillé.	*Too dressy.*
Tu dois l'essayer!	*You have to try it on!*
Ne t'inquiète pas pour moi!	*Don't worry about me!*

---

*This section contains an activity for the Video to accompany *C'est ça!* The theme and scene numbers here correspond to the ten themes and their respective scenes in the video (rather than to the chapter numbers in the book).

[†]An introduction to the **Vignette culturelle** video section under this topic appears in the Workbook/Laboratory Manual.

Les préférences de Bénédicte. Fill in the blanks with the letters corresponding to the correct answers.

1. En général, Bénédicte fait du _____ comme taille.
   a. 28 **b.** 38 **c.** 36

2. Comme couleur, Bénédicte aime porter du _____, beaucoup de _____, du _____ et du _____.
   a. noir, bleu, blanc, rouge **c.** noir, marron, blanc, rouge
   b. noir, jaune, blanc, orange

3. La jolie robe noire est sexy, mais elle est aussi _____.
   a. BCBG **b.** trop habillée **c.** chère

4. Bénédicte va _____ la robe noire parce qu'elle est superbe.
   a. essayer **b.** rendre **c.** vendre

VOCABULAIRE

● ●

Noms

LES VÊTEMENTS	CLOTHING
l'anorak (*m.*)	anorak, ski jacket
les baskets (*f.*)	sneakers
le blouson	windbreaker, denim jacket
les bottes (*f.*)	boots
le chapeau	hat
les chaussettes (*f.*)	socks
les chaussures (*f.*)	shoes
la chemise	shirt
le chemisier	blouse
le costume	man's suit
la cravate	necktie
les gants (*m.*)	gloves
l'imperméable (*m.*)	raincoat
le jean	jeans
la jupe	skirt
le maillot de bain	bathing suit
le manteau	coat
le pantalon	pants
le parapluie	umbrella
le portefeuille	wallet
le pull-over	sweater
la robe	dress
le sac à dos	backpack, knapsack
le sac à main	purse
les sandales (*f.*)	sandals
le short	shorts
le tailleur	woman's suit
le tee-shirt	T-shirt
les tennis (*m.*)	tennis shoes, sneakers
la veste	(suit) jacket

LES PARTIES (**f.**) DU CORPS	PARTS OF THE BODY
la bouche	mouth
le bras	arm
les cheveux (*m.*)	hair
le cœur	heart
le cou	neck
les dents (*f.*)	teeth
le doigt	finger
le dos	back
le genou	knee
la gorge	throat
la jambe	leg
les lèvres (*f.*)	lips
la main	hand
le nez	nose
l'œil (les yeux) (*m.*)	eye(s)
l'oreille (*f.*)	ear
le pied	foot
la tête	head
le ventre	abdomen; belly
le visage	face

D'AUTRES NOMS	
la boutique	boutique
le (grand) magasin	(department) store
le prix	price

Verbes

acheter	to buy
aller	to go
attendre	to wait for
coûter	to cost

descendre (de)	to go down (from)
entendre	to hear
essayer	to try, try on
montrer	to show
perdre	to lose
porter	to wear; to carry
rendre	to return, give back
rendre visite à	to visit (*someone*)
répondre (à)	to answer
vendre	to sell
visiter	to visit (*a place*)

Adjectifs

cher/chère	expensive; dear
court(e)	short
gros(se)	big, fat
long(ue)	long
lourd(e)	heavy
mince	thin

LES COULEURS

blanc(he)	white
bleu(e)	blue
gris(e)	gray
jaune	yellow
marron (*invariable*)	brown
noir(e)	black
orange (*invariable*)	orange
rose	pink
rouge	red
vert(e)	green
violet(te)	purple

Prepositional phrases (indicating location)

à côté de	next to
à droite de	to the right of
à gauche de	to the left of

en face de	across from
loin de	far from
près de	near (to)

D'autres mots et expressions

Quelle heure est-il?	What time is it?
À quelle heure?	At what time?
Il est cinq heures.	It is five o'clock.
Il est cinq heures moins le quart.	It is a quarter to five.
Il est cinq heures et demie.	It is five-thirty.
Il est cinq heures et quart.	It is a quarter after five.
l'après-midi	afternoon
le matin	morning
midi (*m.*)	noon
minuit (*m.*)	midnight
le soir	evening
à la mode	in fashion
À tout à l'heure.	See you later. (*on same day*)
avoir besoin de	to need
avoir envie de	to feel like
avoir mal (à + *body part*)	to hurt, to have pain (*in a body part*)
Bon, je le prends.	Okay, I'll take it.
Ça coûte trop cher.	It costs too much.
C'est bon marché.	It's cheap (inexpensive).
C'est combien?	How much is it?
Combien?	How much?
D'accord	OK
faire du shopping	to go shopping
Génial!	Fantastic! (Cool!)
J'ai les cheveux blonds (bruns, noirs, roux)	I have blond (brown, black, red) hair.
J'ai les yeux bleus (marron, verts).	I have blue (brown, green) eyes.
Je suis grand(e), petit(e), de taille moyenne.	I am tall, short, of average height.

4

La cuisine

Il est toujours agréable de déjeuner sur la terrasse en été.

ESQUISSES

Au marché

At the Market

Boucherie-Charcuterie
LES VIANDES (f.) le jambon
le bifteck
le pâté le porc
le poulet le veau
l'agneau (m.) le saucisson
le bœuf

Épicerie
le chocolat
le café le thé
l'eau (f.) minérale
le lait
le riz le sucre

Fruits Légumes
les haricots verts* (m.)
la banane la carotte
les petits pois la tomate la laitue
la pomme de terre la fraise
l'orange (f.) la pomme

Poissonnerie
le poisson

Fromagerie-Crémerie
le yaourt le fromage
l'œuf (m.) le beurre

Boulangerie-Pâtisserie
le pain au chocolat le pain
la tarte le gâteau
le croissant

Activités

A **L'intrus.** Eliminate the word that does not belong.

1. la pomme de terre, la carotte, les haricots verts, l'orange
2. le bœuf, le porc, le veau, le poisson, le bifteck
3. l'orange, la tomate, les petits pois, le pain, la fraise
4. le café, le thé, le lait, le croissant, l'eau minérale
5. la laitue, l'agneau, le saucisson, le jambon
6. la banane, le gâteau, la pomme, la tomate, la fraise

---

*As the **h** in **haricots** is an "aspirated h," there is no liaison between it and the **s** in **les**. See Chapter 3, **Prononciation**, page 71.

B **Au marché.** In which type of French store does one buy the following foods? (Note the use of the partitive here: **du** and **des**. You will learn more about this form later.)

MODÈLE: du lait → On achète du lait à l'épicerie.

1. du sucre
2. des tomates
3. du pain
4. du pâté
5. du chocolat
6. du bœuf
7. un gâteau
8. des pommes de terre
9. des croissants
10. du poisson

C **Vos préférences.** Find a person in your class to fit each one of the following descriptions and write down his/her name next to it. You may have to ask several classmates before getting the answer you are looking for!

MODÈLE: aime la viande → Est-ce que tu aimes la viande?
Moi, j'adore la viande.
or
Moi, je n'aime pas la viande.

Trouvez quelqu'un qui… (*Find someone who . . .*)

1. est végétarien. _____
2. déteste le poisson. _____
3. aime les desserts. _____
4. adore le café. _____
5. mange beaucoup de fruits. _____
6. aime les sardines. _____
7. adore la bière. _____
8. déteste le lait. _____

TABLEAU CULTUREL

SHOPPING FOR FOOD IN FRANCE: Because **la cuisine** is one of their passions, the French have a number of options for food shopping.

When in a hurry, people do their daily shopping in a **supermarché**, the equivalent of a North American supermarket. They often do their weekly shopping in a **hypermarché**, a very large store with lower prices and a vast selection of food and other products. But if they have time, or for special occasions when they want better quality, the French will still go to their small, local specialty shops. In large cities such as Paris, there is a **boulangerie** on nearly every block. The **boucherie** sells beef, chicken, lamb, veal, and even horse meat. The **charcuterie** sells pork and prepared pork products, such as sausages, ham, salami, and pâtés of many types, as well as salads,

quiches, and meat pies. An **épicerie** is a little grocery store. A **poissonnerie** sells fish and seafood. A **fromagerie** (or **crémerie**) sells fresh eggs, yogurt, and some of the 340 varieties of cheeses produced throughout France. Milk is generally sold in an **épicerie** or **supermarché**; it is often packaged in **UHT** (**ultra haute température**) "bricks"—small, rectangular boxes that need no refrigeration until after they are cut open.

Because French shoppers especially value fresh ingredients, they like to frequent outdoor farmers' markets which are held weekly or, in some locations, even daily. In large cities, the **marché** is on a street lined with open-façade stores. In smaller towns, it is on a square where the merchants set up tables and shout their offerings. Vegetables, fruit, meat, cheeses, flowers, housewares, and clothing are a few of the great variety of goods available. The sounds, the scents, and the ambience are a feast for all the senses.

Un repas à la maison

A Meal at Home

NOMS

la chose *thing*
la recette *recipe*
la salade *salad*

VERBE

ajouter *to add*

EXPRESSIONS

beaucoup (de) *a lot* (*of*), *many*
un peu (de) *a little* (*of*)

déjà *already*
il faut + *inf. it is necessary to* (*do something*), *one must* (*do something*)
il faut + *noun one needs* (*something*)
pas du tout *not at all*
pour + *inf. in order to* (*do something*)
quand *when*

PARTITIVE ARTICLE

du beurre (*some*) *butter*
de la farine (*some*) *flour*
des œufs (*some*) *eggs*

STÉPHANE: Ce soir, je prépare une quiche lorraine.

JOAN: Qu'est-ce qu'il y a° dans une quiche lorraine?

Qu'est-ce... What is there

STÉPHANE: Beaucoup de bonnes choses.

VANESSA: Il faut du beurre et des œufs, n'est-ce pas?

STÉPHANE: Oui, et de la farine et du jambon.

JOAN: Est-ce que c'est difficile à préparer?

STÉPHANE: Non, pas du tout. La recette est facile. Pour préparer la pâte,° il faut de la farine, du beurre et un peu d'eau.

crust

VANESSA: Après, il faut ajouter deux œufs, de la crème et du jambon.

STÉPHANE: Un peu de fromage aussi et du sel et du poivre. C'est très facile. Et avec la quiche, nous allons manger de la salade.

JOAN: J'ai déjà faim! Quand est-ce qu'on mange?

Activités

A **Vrai ou faux?** Say whether the statements are true or false, and correct the false ones, basing your answers on the dialogue.

1. Il faut de la farine et du fromage pour préparer une quiche lorraine.
2. Il n'y a pas d'œufs dans une quiche.
3. Selon (*According to*) Stéphane, une quiche est difficile à préparer.
4. Stéphane prépare un bon dîner pour ses amies.
5. Si on est végétarien, on ne mange pas de quiche lorraine.
6. Joan ne va pas manger de quiche parce qu'elle n'a pas faim.

B **Les recettes.** Say what ingredients are found in the following dishes.

MODÈLE: un sandwich au jambon →
pain, jambon, moutarde, laitue

1. une salade
2. une tarte aux pommes
3. une omelette
4. un gâteau au chocolat
5. une sauce pour les spaghettis

C **Interview: les repas.** Working with a classmate, find out about each other's preferences in food and eating.

1. Où manges-tu le week-end? chez toi? chez des amis? au restaurant?
2. Qui (*Who*) prépare les repas chez toi? Est-ce que tu aides? Comment (*How*)?
3. Est-ce que la cuisine est bonne à la cafétéria de l'université? Quel (*Which*) plat (*dish*) préfères-tu?
4. Es-tu végétarien(ne)? Quand on est végétarien, quels plats est-ce qu'on évite (*avoid*)?
5. Quels condiments utilises-tu en général? Est-ce que tu aimes le ketchup ou est-ce que tu préfères la moutarde?
6. Quelle sorte de cuisine aimes-tu? la cuisine américaine? chinoise? japonaise? indienne? italienne? mexicaine? française?

Au restaurant

NOMS

le petit déjeuner *breakfast*
le déjeuner *lunch*
le dîner *dinner*

l'entrée (*f.*) *first course*
le plat (principal) (*main*) *dish*
le plat (du jour) *specialty* (*of the day*)
le dessert *dessert*

l'addition (*f.*) *check* (*in a restaurant*)
la boisson *drink, beverage*
les frites (*f.*) *French fries*
la glace *ice cream*
le serveur/la serveuse *waiter/waitress*
le vin (blanc, rouge) (*white, red*) *wine*

VERBES

apporter *to bring* (*things*)
commander *to order* (*food and drink*)

D'AUTRES MOTS ET EXPRESSIONS

comme entrée (plat principal, etc.)
  as a first course (*main dish, etc.*)
tout *everything*
tout de suite *immediately, right*
  away

Present Tense: *prendre*

je prends	*I take*
nous prenons	*we take*

MICHEL: La carte, s'il vous plaît.

LE SERVEUR: Tout de suite, Monsieur.

HÉLÈNE: Oh, j'ai très faim! Commandons une entrée, un bon plat, du fromage, de tout!

MICHEL: Le pâté maison est très bon ici. Tu en° voudrais?   *some* (*of it*)

HÉLÈNE: Oui, j'adore le pâté.

MICHEL: Bon, nous prenons du pâté maison et après, du poulet à l'estragon.°   *tarragon*

LE SERVEUR: Ce° poulet est une spécialité de la maison. Avec le poulet, il y a des   *That*
frites et des haricots verts.

HÉLÈNE: C'est parfait.°   *perfect*
LE SERVEUR: Et comme boisson?
  MICHEL: Apportez-nous un bon petit vin blanc…
  HÉLÈNE: Et une carafe d'eau, s'il vous plaît!
  MICHEL: Et comme dessert, je vais prendre une glace à la fraise. Toi aussi,
          Hélène?
  HÉLÈNE: Merci.* Moi, je préfère la glace au chocolat.
LE SERVEUR: Très bien. Merci!

Activités

A **Hélène et Michel au restaurant.** Answer according to the dialogue.

1. Est-ce qu'Hélène a faim?
2. Qu'est-ce que (*What do*) Michel et Hélène prennent (*have*) comme entrée?
    comme plat principal?
3. Qu'est-ce qu'il y a avec le poulet?
4. Qu'est-ce qu'ils désirent comme boisson? et comme dessert?

B **Et vous?** Find out what and where your classmate likes to eat.

1. Vas-tu souvent au restaurant? Dans quel restaurant vas-tu le plus (*the
    most*) souvent? Avec qui?
2. Préfères-tu déjeuner ou dîner au restaurant?
3. En général, quand tu déjeunes au restaurant, combien coûte ton déjeuner?
    Et quand tu dînes au restaurant, combien coûte ton dîner?
4. Prends-tu le petit déjeuner au restaurant? Quel jour de la semaine? À
    quelle heure?

PRONONCIATION

Consonants

Final Consonants

You have noticed that final consonants are generally silent in French: **le pain au
chocolat**, **le poulet**, **le vin**.

There are, however, a number of exceptions: the final consonant is pro-
nounced in many words that end in the letters **c**, **r**, **f**, and **l**: **le lac**, **le soir**, **le
chef**, and **l'hôtel**. (One way to remember them is to think of the word *careful*.)
Even this tendency has its own exceptions, though: **le tabac**, **le dîner**, **la clef**
(*key*), **gentil**, and infinitives ending in **-er**. It is best to learn the pronunciation of
final consonants on a case-by-case basis.

---

*Merci** can mean *No, thank you* when one is declining something.

The French *r*

There is no similarity between the English *r* sound and the French one. The English *r* is produced at the front of the mouth, using the tongue. The French **r** is made at the back of the mouth, with the tongue almost immobile at the bottom or back of the mouth.

Compare the following:

FRENCH	ENGLISH
riz	rice
arriver	arrive
pour	pour

Pronounce the following words, imitating your instructor.

  rose, rouge, arrive, Paris, garage, Marie, rentre, sports, soir, parle, répond

---

AIDE-MÉMOIRE

STUDYING WITH A PARTNER: Try to study with a classmate whenever you can. Systematic teamwork has a variety of benefits. It keeps you on a regular study schedule and makes study a social event. It also helps with listening comprehension, one of the most difficult skills to master, since you and your partner can take turns reading sentences, paragraphs, and questions aloud to each other. One of the most important benefits is that both of you have the opportunity to act as the instructor. When you can teach something to someone else, you really have mastered it yourself!

GRAMMAIRE ESSENTIELLE

1. *-er* Verbs with Spelling Changes

Moi, je préfère la glace au chocolat.

Hélène

A few regular **-er** verbs have spelling changes in the present-tense stem. Most of these changes correspond to changes in pronunciation that occur when the verb has an ending that is not pronounced. Most of these verbs fall into three categories.

1. Verbs such as **appeler**: The final consonant of the verb's stem is doubled in all but the **nous** and **vous** forms.

These verbs are often called "shoe verbs," because the spelling changes occur in places that create the shape of a shoe.

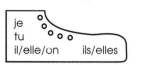

PRESENT TENSE OF *appeler* (to call)	
j' appelle	nous appelons
tu appelles	vous appelez
il/elle/on appelle	ils/elles appellent

Another verb that follows this pattern is **jeter**, *to throw*: **je jette**, **nous jetons**.

2. Verbs such as **acheter**: The final **e** of the verb's stem changes to **è** in all but the **nous** and **vous** forms.

PRESENT TENSE OF *acheter* (to buy)	
j' ach**è**te	nous achetons
tu ach**è**tes	vous achetez
il/elle/on ach**è**te	ils/elles ach**è**tent

Another verb that follows this pattern is **emmener**, *to take along*: **j'emmène**, **nous emmenons**.

3. Verbs such as **préférer**: The final **é** of the verb's stem changes to **è** in all but the **nous** and **vous** forms.

PRESENT TENSE OF *préférer* (to prefer)	
je préf**è**re	nous préférons
tu préf**è**res	vous préférez
il/elle/on préf**è**re	ils/elles préf**è**rent

Other verbs that follow this pattern are **espérer**, *to hope* (**j'espère**, **nous espérons**), and **répéter**, *to repeat* (**je répète**, **nous répétons**).

Activités

Ⓐ **La préparation d'un repas.** Say why the following people buy the items listed by creating sentences with the verb **acheter**.

MODÈLE: je / de la farine / préparer une quiche →
J'achète de la farine pour préparer une quiche.

1. nous / du beurre / préparer une tarte
2. tu / de la laitue et des tomates / préparer une salade
3. on / du jambon / préparer un sandwich
4. Marc et Malika / du sucre / préparer un gâteau
5. vous / des œufs / préparer une omelette
6. Sylvie / des pommes de terre / préparer des frites

B **L'anniversaire de Stéphane.** Complete the sentences in this story and dialogue by inserting the correct form of one of the following verbs: **préférer**, **espérer**, **répéter**, **acheter**, **appeler**.

Denise _____¹ Claire au téléphone…

CLAIRE: C'est l'anniversaire de Stéphane demain. Est-ce que tu lui (*him*) _____²
un cadeau (*gift*)?

DENISE: Non, mais je vais préparer un excellent dîner de fête chez moi! Je
t'invite (*am inviting you*) aussi.

CLAIRE: Merci! Tu _____³ préparer une nouvelle recette?

DENISE: Non, je/j' _____⁴ préparer ma spécialité: les spaghettis. Mes camarades
de chambre _____⁵ les ingrédients au supermarché.

CLAIRE: Alors, à quelle heure dînons-nous?

DENISE: À huit heures. Je/J' _____⁶: chez moi à huit heures. À demain, Claire!

2. The Partitive Article

In addition to the definite and indefinite articles, French uses a third kind of article, called the partitive, to express the idea of *some* (*a portion of*).

Voudriez-vous **du** vin?   *Would you like some wine?*

FORMS OF THE PARTITIVE ARTICLE		
	SINGULAR	PLURAL
MASCULINE	**du** beurre **de l'**agneau	**des** œufs
FEMININE	**de la** glace **de l'**eau	**des** carottes

1. The idea of the partitive can be expressed as *some* or *any* in English. Often, however, English uses no article at all. In French, the partitive article is obligatory.

> Il mange **des** œufs. — *He is eating (some) eggs.*
> J'achète souvent **du** poisson. — *I buy fish often.*

In general, use the partitive article with the verbs **manger**, **acheter**, **boire**, and **prendre**, and the definite article with the verbs **aimer**, **adorer**, **préférer**, and **détester**.

2. When buying, ordering, or eating food, the distinction between the indefinite article (**un**, **une**, **des**) and the partitive article is an important one. The indefinite article is usually used with countable nouns or to indicate that one is buying a specific item. The partitive is used when the item cannot be counted, or to indicate an unspecified amount of the item. Contrast the following sentences:

> J'achète **un** gâteau à la pâtisserie. — *I am buying a cake (meaning an entire cake) at the pastry shop.*

but

> Comme dessert, je prends souvent **du** gâteau au chocolat. — *I often have (some) chocolate cake for dessert.*
> Je voudrais **un** pain, s'il vous plaît. — *I would like a loaf of bread, please.*

but

> Je mange **du** pain au déjeuner et au dîner. — *I eat (some) bread at lunch and dinner.*

3. Another contrast occurs between the uses of the partitive article and the definite article (**le**, **la**, **l'**, **les**). As you have seen, the partitive refers to a portion of something that one is buying or consuming. The definite article, however, is used with verbs expressing preferences for or dislikes of a general nature such as **aimer**, **adorer**, **détester**, and **préférer**.

> Nous mangeons **du** poulet ce soir. — *We are eating chicken tonight.*

but

> Latifa déteste **le** poulet. — *Latifa hates chicken.*
> Tu voudrais **du** chocolat? — *Would you like some chocolate?*

but

> Oui, j'adore **le** chocolat! — *Yes, I love chocolate!*

4. In negative sentences, partitive articles become **de** (**d'**).*

—Y a-t-il **du** fromage dans le frigidaire?	*Is there any cheese in the refrigerator?*
—Non, il n'y a pas **de** fromage dans le frigidaire.	*No, there isn't any cheese in the refrigerator.*
Je mange **des** oranges chez ma grand-mère.	*I eat oranges at my grandmother's house.*
Je ne mange pas **d'**oranges chez moi.	*I don't eat oranges at home.*

5. With the following expressions of quantity, only **de** (**d'**) is used.

assez de *enough* (*of*)
beaucoup de *a great deal of, a lot of, many*
un peu de *a little* (*of*)
trop de *too much, too many* (*of*)
un verre de *a glass of*
une bouteille de *a bottle of*
une tasse de *a cup of*
un kilo de *a kilo of*

Donnez-moi **un peu de** lait, s'il vous plaît.	*Give me a little milk, please.*
Je prends **un verre de** vin au dîner.	*I have a glass of wine with dinner.*

Activités

A **Au marché.** Using the partitive and **Je voudrais...** , tell the shopkeeper what you would like to have.

MODÈLE: pommes → Je voudrais des pommes, s'il vous plaît.

1. bœuf	**5.** jambon	**9.** fromage
2. oranges	**6.** café	**10.** haricots verts
3. beurre	**7.** huile	
4. œufs	**8.** farine	

B **Au restaurant.** The waiter has brought you the menu. Give your order, using either the partitive article or **de**, as appropriate, and **Je voudrais...**

MODÈLE: _____ fraises avec un peu _____ sucre →
          Je voudrais des fraises avec un peu de sucre.

1. un verre _____ vin blanc.
2. une bouteille _____ eau minérale.
3. _____ agneau avec beaucoup _____ frites.
4. _____ fromage et _____ pain.

---

*The only exception is after the verb **être**, where the partitive article does not change:
     —**C'est** *du* **fromage?**
     —**Non, ce n'est pas** *du* **fromage. C'est** *du* **beurre**.

5. un verre _____ cognac.

6. une tasse _____ café avec _____ sucre.

C **Les habitudes.** Name an item that you like to eat or drink in general, but that you don't usually have at the specific times or places given here.

MODÈLE: chez tes grands-parents →
J'aime le vin, mais je ne prends pas de vin chez mes grands-parents.

1. au petit déjeuner
2. au restaurant
3. à midi
4. à la cafétéria

5. à minuit
6. au dîner
7. au café
8. à un pique-nique

3. The Pronoun *en*

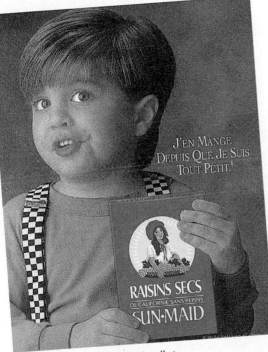

J'EN MANGE DEPUIS QUE JE SUIS TOUT PETIT.[1]

[1]Depuis... *Since I was little*

A l'heure de la collation,
offrez à vos enfants le bon goût sucré naturel
des raisins secs Sun-Maid[MD].

LES RAISINS SECS PRÉFÉRÉS À TRAVERS LE MONDE

1. To avoid repeating a noun, a pronoun can be used. The pronoun **en** is used to replace a noun with its partitive article (**du, de la, de l', des**). **En** is placed directly before the verb.

J'ai **des pommes**.   *I have (some) apples.*
J'**en** ai.   *I have some.*

Use the pronoun **en** to replace the partitive article + a noun:
Je prends *du gâteau*. →
J'*en* prends.
Nous mangeons *des bananes*.
→ Nous *en* mangeons.

—Voudriez-vous **du café**?	*Would you like some coffee?*
—Oui, merci, je voudrais **du** café.	*Yes, thank you, I'd like some coffee.*
—Oui, merci, j'**en** voudrais.	*Yes, thank you, I'd like some.*

2. **En** is also used to replace a noun modified by an expression of quantity, such as **beaucoup de**, **un kilo de**, **trop de**, **deux**, etc. The **de** + *noun* is dropped, but the expression of quantity remains.

—As-tu **beaucoup de verres**?	*Do you have a lot of glasses?*
—Oui, j'**en** ai **beaucoup**.	*Yes, I have a lot (of them).*
—**Combien de tasses** as-tu?	*How many cups do you have?*
—J'**en** ai **six**.	*I have six (of them).*

3. In a negative sentence, **ne** (**n'**) precedes **en**.

—Prends-tu **du vin**?	*Are you having some wine?*
—Non, je **n'en** prends **pas**.	*No, I'm not having any.*
—Y a-t-il **du sucre**?	*Is there any sugar?*
—Non, il **n'**y **en** a **pas**.	*No, there isn't any.*

Activités

A **Un déjeuner au restau-U.** Respond using the pronoun **en.**

MODÈLES: —Prends-tu de l'eau?
—Oui, j'en prends.

—Y a-t-il du sel sur la table?
—Non, il n'y en a pas.

1. Voudrais-tu de l'eau? Oui, _____.
2. Voudrais-tu de la salade? Non, _____.
3. Apportes-tu des sandwichs? Oui, _____.
4. Y a-t-il de la viande dans les sandwichs? Oui, _____.
5. Voudrais-tu des frites? Oui, _____.
6. Est-ce que tu prends du thé avec le déjeuner? Non, _____.
7. Est-ce qu'il y a des repas végétariens au restau-U? Oui, _____.
8. Est-ce qu'il y a des desserts intéressants aujourd'hui? Non, _____.

B **On prépare un repas.** With a partner, plan a meal for guests. Answer each other's questions, using the pronoun **en.**

MODÈLE: Combien d'assiettes est-ce qu'il y a?
Il y en a six.

1. Combien de personnes est-ce que nous invitons?
2. Combien de verres y a-t-il déjà sur la table?
3. As-tu un peu de moutarde pour le jambon?
4. Y a-t-il beaucoup de fruits dans le frigo?
5. J'adore le chocolat. Est-ce qu'il y a assez de chocolat dans ce gâteau?
6. Est-ce que nous prenons du vin?

4. The Verbs *prendre* and *boire*

Bon, nous prenons du pâté maison et après, du poulet à l'estragon.

Michel

Hélène

The verbs **prendre** and **boire** are irregular in their conjugations.

PRESENT TENSE OF *prendre* (to take, to have)	
je prends	nous prenons
tu prends	vous prenez
il/elle/on prend	ils/elles prennent

PRESENT TENSE OF *boire* (to drink)	
je bois	nous buvons
tu bois	vous buvez
il/elle/on boit	ils/elles boivent

je prends = *I take, have*
je bois = *I drink*

Est-ce que tu **prends** le petit déjeuner au café?	*Do you have (eat) breakfast in a café?*
Buvez-vous du café?	*Do you drink coffee?*

1. Two verbs conjugated like **prendre** are **apprendre**, *to learn* (**apprendre à**, *to learn how to*), and **comprendre**, *to understand*.

Vanessa **apprend à** préparer une quiche lorraine.	*Vanessa is learning how to prepare a quiche lorraine.*
Elle **comprend** bien les instructions de Stéphane.	*She understands Stéphane's instructions well.*

2. As with most verbs, the imperative (command) forms of **prendre** and **boire** are the **tu**, **nous**, and **vous** forms minus the subject pronouns.

Prends du pâté, Julien.	*Have some pâté, Julien.*
Buvons de l'eau minérale.	*Let's drink mineral water.*

Activités

A **À table.** The French style of eating is somewhat different from the American style. Fill in the blanks with a form of the verb **prendre**.

1. Les Français _____ la fourchette avec la main gauche et mangent de la main gauche.
2. Nous _____ la fourchette avec la main gauche pour couper (*cut*) la viande, mais nous mangeons de la main droite.
3. Mon ami français, Christophe, qui est gaucher (*left-handed*), _____ la fourchette avec la main droite.
4. Moi, j'aime le style français: je _____ la fourchette avec la main gauche pour manger.
5. Avec quelle main _____-tu la fourchette pour manger?
6. Avec quelle main _____-vous un verre d'eau?

B **Vive la différence!** Fill in the blanks using the appropriate form of **boire**, **apprendre**, or **comprendre**.

1. Adil _____ du café presque tous les jours.
2. Qu'est-ce que vous _____ avec les repas?
3. Je _____ de l'eau minérale.
4. Est-ce que tu _____ beaucoup de lait?
5. Marie et Jean-Yves _____ à faire la cuisine (*to cook*).
6. Quand on est intelligent, généralement on _____ vite.
7. Les étudiants _____ le prof parce qu'il parle lentement.
8. Nous _____ la leçon.
9. On _____ à parler français quand on parle avec les autres étudiants.
10. Je ne _____ pas le russe.

C **Des suggestions.** A classmate will describe his/her situation. Offer advice by giving a friendly command with one of the following expressions.

    prendre l'autobus
    prendre un sandwich
    apprendre à parler japonais
    boire beaucoup de café
    apprendre à skier
    boire de l'eau minérale
    prendre un taxi
    apprendre bien le français

MODÈLE: VOTRE CAMARADE: Je vais aller au Colorado.
                 VOUS: Apprends à skier!

1. J'ai faim.
2. Je voudrais rendre visite à un ami mais je n'ai pas beaucoup d'argent.
3. J'ai soif.
4. Je vais habiter à Tokyo.
5. Il est minuit et je veux rentrer (*go home*).
6. J'ai un cours à huit heures du matin.
7. Je voudrais visiter Paris.
8. Je n'aime pas le vin.

5. *Quel* and *ce*

Ce poulet est une spécialité de la maison.

THE INTERROGATIVE ADJECTIVE *quel*		
	SINGULAR	PLURAL
MASCULINE	**quel**	**quels**
FEMININE	**quelle**	**quelles**

Quel is an interrogative adjective meaning *which* or *what*. It may precede either a noun or a form of the verb **être**. Like all adjectives, it must agree in gender and number with the word it modifies.

Quels desserts préférez-vous?   *Which (What) desserts do you prefer?*

Quels sont vos desserts préférés?   *What (Which) are your favorite desserts?*

quel/quelle quels/quelles = *which, what*

THE DEMONSTRATIVE ADJECTIVE *ce*		
	SINGULAR	PLURAL
MASCULINE	**ce** (**cet** *before a noun beginning with a vowel sound*)	**ces**
FEMININE	**cette**	**ces**

Ce is a demonstrative adjective, one that points out someone or something. It is the equivalent of *this* or *that*. The demonstrative adjective must agree with the noun it modifies.

ce/cet/cette = *this, that*
ces = *these, those*

Ce serveur s'appelle Jamal.   *This (That) waiter's name is Jamal.*
Cet homme attend l'addition.   *This (That) man is waiting for the check.*
Ces oranges sont bonnes.   *These (Those) oranges are good.*

If the actual person or object being pointed out is not clear from context or if it is necessary to distinguish *this* from *that*, **-ci** (*this*) or **-là** (*that*) is added to the noun.

Ce chef-ci s'appelle Bernard.	*This chef's name is Bernard.*
Ce chef-là s'appelle Jean-Louis.	*That chef's name is Jean-Louis.*
Cette orange-ci est bonne; **cette orange-là** est verte.	*This orange is good; that orange is green.*

Activités

A **Mes préférences.** Ask the questions that elicit the following answers. Use a form of **quel** in each question.

MODÈLE: Je préfère le jus d'orange. →
         Quel jus préfères-tu?

1. Je préfère le vin blanc.
2. J'aime les oranges et les pommes.
3. Je préfère le restaurant Le Procope.
4. Comme condiments pour une salade, je préfère le sel, le poivre, l'huile et le vinaigre.
5. Je préfère le bœuf et le porc.
6. Je préfère le supermarché Casino.

B **Au supermarché.** Use a form of **ce** to specify which items you are buying.

MODÈLE: une bouteille de vin →
         J'achète cette bouteille de vin.

1. une tarte
2. des haricots verts
3. un croissant
4. des pommes de terre
5. une bouteille de ketchup
6. un saucisson
7. un dessert
8. des tomates

C **Préparons le dîner.** Using **quel**, ask a classmate which of the following foods to serve. Your classmate will choose between the paired items, using a form of **ce** and explaining his/her preference.

MODÈLE: salade → Quelle salade va-t-on servir?
         On va servir cette salade-là; je préfère la laitue. (*pointing to the salad farther away*)

         or
         On va servir cette salade-ci; je préfère les tomates. (*pointing to the closer one*)

1. viande   2. vin   3. pain   4. légumes   5. desserts

EN AVANT

Réalités

To save time in the kitchen, the French have as many choices in convenience foods as we do. Read the **Lustucru** advertisement and answer the questions.

Avec du riz et des ingrédients naturels soigneusement sélectionnés, Lustucru a composé Brin de Malice, trois délicieuses recettes pour varier les plaisirs du riz : un Riz cantonais, un Riz sauvage aux champignons[1] et un Riz Basmati aux épices. En dix minutes, Brin de Malice est prêt à déguster,[2] en plat complet pour deux personnes, ou en accompagnement pour quatre. Brin de Malice, c'est vraiment ce qu'on appelle une bonne idée!

[1]Riz... *wild rice with mushrooms*

[2] prêt... *ready to taste, savor*

1. Combien de recettes est-ce que la compagnie Lustucru prépare avec le riz? Comment s'appellent-elles?
2. En combien de minutes est-ce qu'on prépare le riz Brin de Malice?
3. Combien de personnes est-ce que le riz Brin de Malice sert (*serves*) en plat complet? et en accompagnement?
4. Est-ce que vous aimez le riz, ou est-ce que vous préférez les pommes de terre ou les spaghettis? Avec quels plats principaux mange-t-on du riz?
5. Comment est-ce que vous préparez le riz? avec des champignons? avec des oignons? avec du fromage? ou nature (*plain*)?

Bavardons un peu!

Une réunion d'anniversaire. It is your best friend's birthday and you and several other friends are preparing a surprise party. Discuss the preparations with several classmates.

Mentionnez:

1. où vous allez fêter (célébrer) l'anniversaire.
2. quelles entrées vous allez servir.
3. quelles boissons vous allez servir.
4. le plat principal ou les sandwichs que vous allez préparer.
5. le dessert que vous allez préparer.
6. dans quels magasins il faut aller pour acheter les provisions.

Vidéo-Club *

Thème 4   Bon appétit!†
Scène 4.1   Au marché

Chantal and Pierre, a married couple, are at the market shopping for a dinner party they are hosting. They decide on what type of fish to serve, then move on to purchase some fruits and vegetables.

(Cue to 32:46.)

VOCABULAIRE UTILE

les truites aux amandes	*trout almondine*
les langoustines à la mayonnaise	*prawns with mayonnaise*
le thon frais grillé	*grilled fresh tuna*
les soles meunières	*sole meunière (sole dipped in flour, browned in butter, sprinkled with lemon juice, parsley)*
les poires	*pears*
Je vous dois combien?	*How much do I owe you?*

Les achats. Circle the food items that Chantal and Pierre purchase (or have already purchased) at the market.

des croissants	des oranges
du riz	des petits pois
du fromage	du sucre
du saucisson	des pommes
des poires	du poisson
des baguettes (du pain)	des tomates
du poulet	du pâté
des haricots verts	des pommes de terre

---

*This section contains an activity for the Video to accompany *C'est ça!* The theme and scene numbers here correspond to the ten themes and their respective scenes in the video (rather than to the chapter numbers in the book).

†Activities tied to two additional scenes and a **Vignette culturelle** under this video topic appear in the Workbook/Laboratory Manual.

TABLEAU CULTUREL

FRENCH MEALTIME: Brillat-Savarin, the famous epicure of the nineteenth century, said that the discovery of a new recipe did more for the happiness of humanity than the discovery of a new star. His statement reflects an attitude about the preparation and presentation of good food and drink that is widespread in France, and deeply rooted in French history and culture. Eating is an art form, and the chef an artist. The great chefs of France are famous, and often receive state decorations for their art. This is a country where people talk about other great meals while eating, where menus of state dinners are published in the press, and where people can argue vehemently about the proper seasoning of a sauce.

A typical French meal starts before sitting down at the table, with an **apéritif** and some **amuse-gueule**, a simple snack. At the table, the first course is the **entrée**, often **crudités** (*raw vegetables in a vinaigrette*), **charcuterie** (*pâté, ham, and salami*), or quiche. The main dish consists of either fish or meat with fresh vegetables or potatoes. Then come three more courses: a green salad with vinaigrette, a selection of cheeses, and the dessert. Throughout the meal the famous **baguette** will be on the table, as well as a bottle of wine and one of mineral water. Coffee is never served during meals, but espresso is served after dessert. This is a fairly standard home meal.

On the other hand, the French have a very light breakfast: usually **café au lait** or **chocolat chaud**, with a **tartine au beurre et à la confiture** (*bread and butter and jam*).

Meals are generally served around noon and 8 P.M. Most restaurants are closed at other times of the day. Children have a snack at 4 P.M., usually a **chocolat chaud** with a **tartine**.

The pleasures of gastronomy are an integral part of daily life for people of all ages. Children are taught to savor specialties and to appreciate the culinary heritage of their region. Some French elementary schools organize visits to restaurants and professional kitchens to instill pride in and appreciation of **la cuisine française** at an early age. They learn that eating in France is an opportunity to enjoy life.

Jacques Gravet, chef à l'école supérieure de cuisine française, montre aux élèves la manière de préparer et de présenter des repas gastronomiques.

VOCABULAIRE

● ●

Noms

LE MARCHÉ	MARKET
la boucherie	butcher shop
la boulangerie	bakery
la charcuterie	pork shop, deli
la crémerie	dairy store
l'épicerie (*f.*)	corner grocery store
la fromagerie	cheese shop
la pâtisserie	bakery
la poissonnerie	fish shop
LES VIANDES (*f.*)	MEATS
l'agneau (*m.*)	lamb
le bifteck	steak
le bœuf	beef
le jambon	ham
le pâté	pâté
le porc	pork
le poulet	chicken
le saucisson	sausage, salami
le veau	veal
LES FRUITS ET LES LÉGUMES (*m.*)	FRUITS AND VEGETABLES
la banane	banana
la carotte	carrot
la fraise	strawberry
les haricots verts (*m.*)	green beans
la laitue	lettuce
l'orange (*f.*)	orange
les petits pois (*m.*)	peas
la pomme	apple
la pomme de terre	potato
la salade	salad
la tomate	tomato
À LA BOULANGERIE	AT THE BAKERY
le croissant	croissant
le gâteau	cake
le pain	bread
la tarte	pie
AU SUPERMARCHÉ	AT THE SUPERMARKET
le beurre	butter
le café	coffee
le chocolat	chocolate
l'eau minérale (*f.*)	mineral water
la farine	flour
les frites (*f.*)	French fries
le fromage	cheese

la glace	ice cream
l'huile (*f.*)	oil (*for cooking*)
le ketchup	ketchup
le lait	milk
la moutarde	mustard
l'œuf (*m.*)	egg
le poivre	pepper
le riz	rice
le sel	salt
le sucre	sugar
le thé	tea
le vin (blanc, rouge)	(white, red) wine
le vinaigre	vinegar
AU RESTAURANT	AT THE RESTAURANT
l'addition (*f.*)	check
l'assiette (*f.*)	plate
la boisson	drink
la bouteille	bottle
la carafe	decanter
la carte	menu
la chose	thing
le couteau	knife
le couvert	table setting
la cuillère	spoon
le déjeuner	lunch
le dîner	dinner
l'entrée (*f.*)	first course
la fourchette	fork
le petit déjeuner	breakfast
le plat du jour	specialty (of the day)
le plat (principal)	(main) dish
la recette	recipe
le repas	meal
le serveur/la serveuse	waiter/waitress
la serviette	napkin
la tasse	cup
le verre	glass

Verbes

acheter	to buy
ajouter	to add
appeler	to call
apporter	to bring
apprendre (à)	to learn (how to)
boire	to drink
commander	to order
comprendre	to understand
emmener	to take along
espérer	to hope (to)

inviter (à)	to invite (to)
jeter	to throw
préférer	to prefer
prendre	to take

D'autres mots et expressions

assez de	enough (of)
beaucoup de	a great deal, a lot of, many
déjà	already
il faut + *noun*	one needs

il faut + *verb*	it is necessary to, one must
un kilo de	a kilo of (*2.2 lbs.*)
pas du tout	not at all
un peu de	a little (of)
pour + *inf.*	in order to
quand	when
tout	everything
tout de suite	immediately, right away
trop de	too much, too many (of)
le chien	dog

Des produits de qualité,
directement de la vache
au consommateur!

ENTRACTE 2

LECTURE

Avant de lire

GUESSING MEANING FROM CONTEXT. A form of guessing that you probably use when you encounter unfamiliar words in English is to look at the context (the surrounding words) to determine their meaning. Making "educated guesses" about words in this way will be an important part of your reading strategy in French.

What is the meaning of the underlined words in these sentences?

1. Tu vas faire du shopping? Attends-moi! Je voudrais <u>venir</u> avec toi.
2. Si j'achète du <u>tissu</u> pour faire une robe, je préfère du coton ou de la <u>soie</u>. Je n'aime pas le *polyester*.
3. Du <u>thon</u> ou de la <u>truite</u> comme plat principal? Non, merci, je n'aime pas le poisson.

The following **Lecture** is about a party that Jacques is having at his friend Bertrand's apartment. Some of the words in the reading are underlined. Try to guess their meaning from context.

Une surprise

Jacques voudrait organiser une <u>soirée</u> samedi, mais son° studio est trop petit pour inviter trente personnes. Alors, il téléphone à son <u>copain</u> Bertrand pour lui° <u>demander</u> si la soirée <u>peut se passer</u> chez lui, comme il a un grand appartement.

Bertrand est <u>d'accord</u> et il demande à Jacques d'inviter Christelle, une amie de Jacques. Comme Bertrand et Jacques, Christelle étudie à la <u>fac</u> de médecine de l'université de Nantes. Bertrand admire Christelle <u>de loin</u>, mais il est trop timide <u>pour le dire</u>. Jacques hésite, puis° il dit que Christelle n'est pas <u>disponible</u>: elle va à Nîmes pour le week-end. Tant pis° pour Bertrand!

À 6 h samedi soir, Jacques et Bertrand vont au supermarché pour acheter les boissons (des jus de fruits, de l'eau minérale, de la bière et du vin) et les <u>amuse-gueule</u> (des chips, des mini-pizzas et des petits gâteaux). Après le shopping, Jacques <u>rentre</u> chez lui pour <u>s'habiller</u>. Il va porter son nouveau jean noir. Bertrand rentre aussi chez lui afin de° <u>finir</u> les préparations pour la soirée.

his

him

then

Too bad

afin... in order to

Vers 10 h, il y a une <u>vingtaine</u> de personnes chez Bertrand et on <u>s'amuse</u> <u>bien</u>. Les <u>invités</u> aiment les boissons et les amuse-gueule. Mais où est Jacques? C'est sa soirée, après <u>tout</u>. <u>Soudain</u>, Bertrand entend deux <u>voix</u> dans le couloir. Quelle surprise—c'est Jacques et... Christelle! Comme Bertrand, Christelle est timide, mais elle a de l'imagination. <u>C'était</u> son idée de <u>suggérer</u> à Jacques de faire sa fête chez Bertrand!

Après la lecture

A La soirée. Each series of statements below corresponds to a paragraph in the reading. Choose the statement which *best* summarizes that paragraph. Before making your choice, read each statement carefully, paying special attention to the details supplied.

Paragraphe 1
   a. Jacques organise une soirée chez Bertrand parce que l'appartement de Bertrand est assez grand pour inviter une vingtaine de personnes.
   b. Bertrand et Jacques ont beaucoup d'amis, et ils parlent souvent au téléphone.
   c. Jacques pense que son appartement est trop petit. Alors, il demande à Bertrand de lui prêter (*lend*) son appartement pour le week-end.

Paragraphe 2
   a. Jacques, Bertrand et Christelle sont médecins.
   b. Christelle refuse l'invitation: elle va à Nîmes.
   c. Bertrand est d'accord pour que la soirée se passe dans son appartement et il veut (*wants*) que Jacques invite Christelle à la soirée.

Paragraphe 3
   a. Jacques et Bertrand ont faim. Ils achètent donc des amuse-gueule au supermarché.
   b. Jacques et Bertrand aiment faire des courses au supermarché.
   c. Jacques et Bertrand font ensemble les dernières préparations pour la soirée.

Paragraphe 4
   a. Bertrand n'est pas content: il n'y a pas assez de personnes chez lui.
   b. La soirée est réussie (*a success*), et on apprend que c'était l'idée de Christelle d'organiser cette soirée chez Bertrand.
   c. Les invités mangent beaucoup.

B Jacques, Bertrand et Christelle. Answer the following questions in French, using complete sentences.

1. Pourquoi Jacques a-t-il besoin de l'appartement de Bertrand?
2. Qu'est-ce que Bertrand, Jacques et Christelle étudient? Où étudient-ils?
3. Pourquoi est-ce que Bertrand n'invite pas Christelle à la soirée?
4. Selon (*According to*) Jacques, où va Christelle?
5. Qu'est-ce que Bertrand et Jacques achètent comme boissons? et comme amuse-gueule?
6. Comment va la soirée? Combien d'invités y a-t-il à 10 h?
7. Pourquoi Bertrand est-il surpris?

PAR ÉCRIT

• •

Un super week-end. You're invited to spend the weekend at your French friend's country home. The activities planned include a party on Saturday night and lunch in a nice restaurant on Sunday.

Write about your upcoming weekend by using the questions below as a guideline.

1. Où allez-vous? Chez qui? Décrivez cette personne.
2. Quelles activités allez-vous faire chez votre ami(e)?
3. Quels vêtements allez-vous porter pour ces activités?
4. Quels vêtements allez-vous porter pendant la soirée?
5. Dimanche, au restaurant, qu'est-ce que vous allez commander? Quels vêtements allez-vous porter?

MISE EN SCÈNE

• •

1. Comment s'appellent les personnes dans cette scène? (À vous de les nommer!) Quel âge ont-elles? À votre avis (*opinion*), quelle est leur profession ou leur activité? Décrivez ces personnes. Décrivez les vêtements qu'elles portent.
2. Regardez les deux personnes à gauche (*left*). Combien coûtent les pulls du monsieur? Et ses chemises? Qu'est-ce que la femme préfère: les pulls ou les chemises? Qu'est-ce qu'il y a dans le filet (*shopping net*) de la femme?
3. Regardez les trois personnes au milieu (*middle*). Qu'est-ce que les deux touristes mangent? Pourquoi mangent-ils? Qu'est-ce que la jeune femme boit? Pourquoi boit-elle? Regardez les deux touristes. À votre avis, pourquoi portent-ils un short et un tee-shirt?
4. Regardez à droite (*right*). Qu'est-ce que l'homme achète? Qu'est-ce que son fils mange? Qu'est-ce que les deux jeunes filles vont probablement acheter?

5

Le temps et les sports

À chaque étape du Tour de France, les cyclistes se battent pour le maillot jaune.

ESQUISSES

Quel temps fait-il?

What's the Weather Like?

Les saisons et le temps

Seasons and Weather

En hiver (*m.*):
  Il fait froid. *It's cold.*
  Il neige. *It's snowing.*
  Il fait mauvais. *The weather's bad.*

Au printemps (*m.*):
  Il pleut. *It's raining.*
  Il fait frais. *It's cool.*

En été (*m.*):
  Il fait chaud. *It's hot.*
  Il fait beau. *It's nice out.*
  Il fait du soleil. *It's sunny.*

En automne (*m.*):
  Il fait du vent. *It's windy.*
  Il fait gris. *It's cloudy.*

Activités

A Associations. What season do you associate with the following? What months?

1. le ski
2. le football américain
3. le soleil
4. le vent
5. les cadeaux (*gifts*)
6. le base-ball
7. les vacances
8. la rentrée (*back-to-school*)

B Les saisons et le temps. Discuss the seasons and weather with a classmate. Use the following questions as a guide.

1. Quel temps fait-il ici (*here*) en été? en automne? en hiver? au printemps? Est-ce que le climat est différent dans ta ville d'origine (*hometown*)?
2. Qu'est-ce que tu aimes manger et boire quand il fait froid? quand il fait chaud?
3. Quel temps est-ce que tu préfères pendant les vacances: le soleil (pour nager) ou la neige (pour skier)?

TABLEAU CULTUREL

LA RENTRÉE: The term **rentrée** (literally, *the return*) was originally used for **la rentrée des classes**, the beginning of the school year, when children got a new wardrobe and school supplies.

La rentrée now means the beginning of the work year as well. Since all French workers get five weeks of annual paid vacation and usually go to the beaches, mountains, or countryside, the months of July and August are often called **l'exode** (*the exodus*). Therefore, September is **la rentrée**. Besides signalling the return to school and business, it also refers to the new cultural season: Fall fashion collections are presented, new books are published, and plays and films make their debuts in Paris.

¹*Ready*

ÉTUDE DE MOTS

THE WORD TIME: Although **le temps** means *weather*, it can also mean *time* in a general sense. **Temps** is used to express duration or an extended period of time. Note the use of **temps** in the expression **longtemps**, (*for*) *a long time*.

Je n'ai pas le **temps**.	*I don't have time.*
Les Laurent restent **longtemps** en Suisse.	*The Laurents are staying in Switzerland for a long time.*

To express the idea of *time* in the sense of *an occasion or occurrence*, use the word **fois** (*f.*). **Fois** is found in the expression **quelquefois**, *sometimes*. It is also used in mathematics to indicate multiplication (like "times" in English).

Je vais au labo trois **fois** par semaine.	*I go to the lab three times a week.*
Quelquefois il pleut.	*Sometimes it rains.*
Quatre **fois** deux font huit.	*Four times two is eight.*

Use **heure** (*f.*) to talk about the time of day.

Quelle **heure** est-il?	*What time is it?*
À quelle **heure** nage-t-on aujourd'hui?	*What time are we swimming today?*

À la plage ou dans le parc? *To the Beach or the Park?*

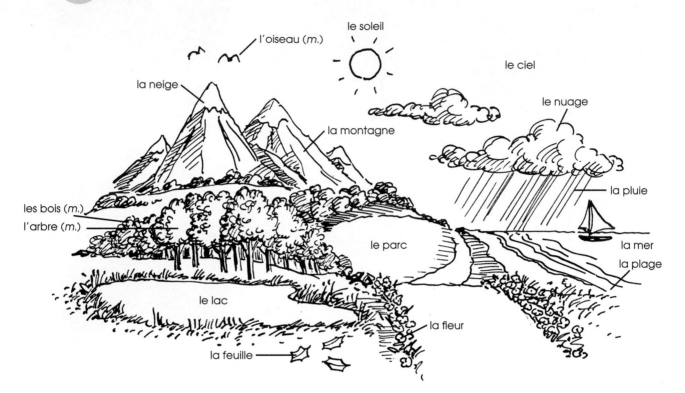

le soleil

l'oiseau (*m.*)

le ciel

la neige

le nuage

la montagne

les bois (*m.*)

l'arbre (*m.*)

le parc

la pluie

la mer

la plage

le lac

la fleur

la feuille

VERBE

passer *to pass; to go past*

ADJECTIF

sportif/sportive *athletic; interested in sports*

D'AUTRES MOTS ET EXPRESSIONS

puis *then, afterward, next; besides*
  et puis *and then; and besides*
tellement *so*
trop *too*
vers *around, towards*

Present Tense: -*ir* Verbs

je chois**is**   *I choose*
tu chois**is**   *you choose*

ANNICK: Quelle belle journée!° Pas un nuage dans le ciel. Il fait trop chaud pour jouer au tennis. Qu'est-ce que° tu as envie de faire°?

CHANTAL: Un pique-nique, peut-être?

ANNICK: Bonne idée! Où est-ce qu'on va? à la plage? dans le parc? Tu choisis cette fois.

CHANTAL: Allons dans le parc. Il fait assez frais sous les arbres; et puis, les cyclistes du Tour de France vont passer vers deux heures.

ANNICK: Ah bon? Super! J'ai tellement envie de les° voir.

CHANTAL: Moi aussi! Vive le sport!

Quelle... *What a beautiful day!*
Qu'est-ce... *What/to do*

them

Activités

A **Une belle journée.** Answer the questions using a word or expression from the dialogue.

1. Quel temps fait-il?
2. Où est-ce que les deux amies vont aller?
3. Pourquoi est-ce que Chantal choisit le parc?
4. Quand est-ce que les cyclistes vont passer?

B **La nature.** Using the vocabulary from the previous drawing, name the things you associate with the following colors.

1. jaune
2. bleu
3. blanc
4. gris
5. vert
6. marron
7. rouge

C **Un sondage** (*poll*)**.** Complete the following poll then exchange the completed version with a partner. Look at your partner's answers and decide whether he/she is **très sportif/sportive**, **moyennement** (*moderately*) **sportif/sportive** or **non-sportif/sportive**.

1. Quand vous avez une heure de liberté, vous choisissez de _____.
    a. faire du jogging
    b. faire une promenade dans les bois
    c. regarder la télé
    d. ?*

2. Quand vous apprenez à faire un nouveau sport, _____.
    a. vous réussissez (*succeed*) immédiatement
    b. vous avez besoin de beaucoup de leçons
    c. vous êtes assez nerveux/nerveuse
    d. ?

3. Avec vos amis, vous parlez _____ de sports et d'équipes.
    a. souvent
    b. de temps en temps
    c. rarement
    d. ?

4. Avant de faire du sport, vous finissez _____ vos devoirs (*homework*).
    a. rarement
    b. en général
    c. toujours
    d. ?

5. Quand vous apprenez un nouveau sport, _____.
    a. vous commencez tout de suite à jouer
    b. vous lisez (*read*) des livres avant de commencer
    c. vous préférez regarder une cassette vidéo
    d. ?

---

*The question mark allows you to provide your own answer.

TABLEAU CULTUREL

LE TOUR DE FRANCE: Second only to the soccer championships, the **Tour de France** is an immensely important sporting event in France. For three weeks every July, most people follow the race on their television sets. If the **Tour** should pass through their area, they line up to watch the racers vie for the coveted **maillot jaune** (*yellow jersey*), worn by the race's leader. The grueling race covers an average of 3200 kilometers (2000 miles) on roads through mountains and valleys, cities and countryside. It ends on the **Champs-Élysées** in Paris to the fanfare of bands and a greeting by the Prime Minister in person. Sponsors give over five million francs (approximately one million dollars) to various winners.

The **Tour de France** has been run year after year since 1903, excluding the years of the two world wars. French, Belgian, and Italian cyclists have traditionally dominated the event, but the United States' Greg LeMond has won three times since 1986. Luckily, he learned French as a member of a French racing team! A women's **Tour** was started in 1984 and has become quite popular, thanks in part to France's Jeannie Longo, a pioneer in women's cycling and an athlete known worldwide.

C'est un Espagnol, Miguel Indurain, qui a gagné le Tour de France en 1993.

Vive le sport!

faire de la natation

faire une randonnée

faire du jogging

faire du camping

faire du vélo

faire de la voile

faire de la planche à voile

faire de l'aérobic

faire du patin à glace

faire du ski (alpin)

faire du ski de fond

faire du ski nautique

jouer au base-ball

jouer au football, au foot

jouer au football américain

jouer au basket-ball, au basket

NOMS

l'équipe (*f.*) *team*
le match *game, match*
la météo *weather report*

ADJECTIFS

amusant *fun, amusing*
passionnant *exciting*

Present Tense: *faire*

je **fais**	*I do, make*
tu **fais**	*you do, make*

D'AUTRES MOTS ET EXPRESSIONS

faire du sport *to play sports*
ne… que *only*
plus (+ *adj. or adv.*) *more* (+ *adj. or adv.*)

JOËL: La météo annonce de la neige pour ce soir et demain!

CHRISTIANE: Super! S'il neige, je vais faire du ski dans le parc avec mes amis!

JOËL: Dans le parc? Mais il n'y a pas de montagnes dans le parc!

CHRISTIANE: Je n'ai pas besoin de montagnes. Mon sport préféré, c'est le ski de fond.

JOËL: Tu fais du ski de fond? Moi, je ne fais que du ski alpin. C'est plus passionnant!

CHRISTIANE: Mais il faut essayer le ski de fond. C'est amusant et aussi, c'est bon pour la santé!

Activités

A Vrai ou faux? Answer according to the information in the dialogue, and correct the false statements.

1. Il va neiger ce soir.
2. Christiane fait du ski quand il pleut.
3. Il y a des montagnes dans le parc.
4. On n'a pas besoin de montagnes pour faire du ski de fond.
5. Joël préfère le ski de fond parce que c'est plus passionnant.
6. Le ski de fond est mauvais pour la santé.

B Où va-t-on? Match the activity in column A with the place in column B on page 120. Create a sentence. You may use a place more than once.

MODÈLE: On fait du ski en montagne.

A	B
1. du camping	à la maison
2. de la planche à voile	au gymnase
3. du ski	sur le lac
4. du jogging	dans les bois
5. de l'aérobic	dans le parc
6. du vélo	dans la rue (*street*)
7. une randonnée	sur le campus
8. du basket	en montagne
9. du patin à glace	à la mer
10. de la voile	à la plage

C **Fais-tu du sport?** Find out about a classmate's sporting activities by asking the following questions.

1. Quel(s) sport(s) est-ce que tu fais en hiver? en automne? en été? au printemps? Combien de fois par semaine est-ce que tu fais ces sports? avec qui (*whom*)?
2. Est-ce que tu préfères aller nager à la mer, dans un lac ou à la piscine (*pool*)?
3. Est-ce que tu fais de l'aérobic? Quand?
4. Quelles équipes y a-t-il à l'université? Quelle(s) équipe(s) est-ce que tu regardes jouer?
5. Es-tu membre d'une équipe sportive? de quelle équipe?
6. Quel sport fais-tu quand il pleut? quand il fait beau?

PRONONCIATION

Intonation

Intonation refers to the rise and fall of the voice in speaking. Changes in intonation tell the listener that an utterance is a question, a statement, or an exclamation. You have seen, for example, that you can change a statement into a yes/no question simply by raising your voice at the end. Compare: **Vous allez en France.   Vous allez en France?**

Here are the basic intonation patterns in French.

1. In declarative sentences, the intonation rises within each breath group (group of words pronounced in one breath), and falls at the end of the sentence.

   Je m'appelle Marie-France. Bonjour, mademoiselle.

2. In yes/no questions the intonation rises at the end of the question.

   Est-ce que c'est ton père? Il aime le football?

3. In information questions, the intonation starts high and falls at the end of the question.

   Comment allez-vous? Pourquoi apprenez-vous trois langues?

Note that changes in intonation in French are indicated by changes in pitch, not in loudness. The best way to learn French intonation patterns is to listen carefully and to imitate your instructor and the tapes. Using the wrong intonation pattern can convey an unintended meaning and confuse your listener.

GRAMMAIRE ESSENTIELLE

1. The Verb *faire*

Moi, je ne fais que du ski alpin.
C'est plus passionnant!

PRESENT TENSE OF *faire* (to do, make)	
je fais	nous faisons
tu fais	vous faites
il/elle/on fait	ils/elles font

Note the most irregular form of the verb **faire**: **vous faites**.

1. **Faire** is a commonly used verb found in many idiomatic expressions.
    a. weather

    Il **fait** beau au printemps.   *The weather is nice in the spring.*
    Il **fait** mauvais en hiver.   *The weather is bad in the winter.*

    b. sports

    Je **fais** du sport tous les jours.   *I play sports every day.*
    Martin **fait** du tennis en été.   *Martin plays tennis in the summer.*

    c. many other activities and expressions

    faire la connaissance de *to meet (for the first time), make the
                                    acquaintance of*
    faire des courses *to do errands, go shopping*
    faire la cuisine *to cook*
    faire ses devoirs *to do (one's) homework*
    faire des économies *to save money*
    faire un voyage *to take a trip*

    Annick voudrait **faire la**   *Annick would like to meet the
      connaissance** du nouveau   new biology professor.*
      prof de biologie.

Nous **faisons des courses** avant de faire la cuisine.	*We go shopping before cooking.*
Paul **fait des économies** parce qu'il va faire un voyage au printemps.	*Paul is saving money because he is going to take a trip in the spring.*

2. The imperative forms of **faire** follow the rules for regular verbs.

Fais du sport, Nathalie!	*Play sports, Nathalie!*
Faites vos devoirs, Émilie et Jean!	*Do your homework, Emily and John!*

ÉTUDE DE MOTS

USES OF *faire* AND *jouer*: The verb **faire** is often used to indicate participation in an activity or sport: **je fais du ski, tu fais une promenade, nous faisons du football.**

Jouer à means *to play a competitive sport or game.*

Il aime jouer au foot, au tennis, au poker et au bridge.

Jouer de means *to play a musical instrument.*

Il joue de la flûte. Elle joue du piano.

Activités

A **Activités sportives.** Fill in the blanks with the correct forms of the verb **faire**.

Quand il _____¹ beau, Annick et moi _____² du jogging ensemble. Quand il pleut, Annick _____³ de l'aérobic, et moi, je _____⁴ du tennis au gymnase. Les camarades de chambre d'Annick ne _____⁵ pas de sport. Qu'est-ce que vous _____⁶ quand vous ne travaillez pas?

B **Le temps et les passe-temps (***Pastimes***).** Use a form of **faire** or **jouer** to say what sports or activities you do in the following weather conditions.

MODÈLE: Qu'est-ce que vous faites quand il fait très froid? →
          Quand il fait très froid, je fais mes devoirs.

Qu'est-ce que vous faites quand… ?

1. il fait gris
2. il neige
3. il fait très chaud
4. il pleut
5. il fait très beau
6. il fait du vent
7. il fait du soleil
8. il fait très mauvais

C **La logique.** React to a classmate's statement by using an expression with the verb **faire**.

MODÈLE: VOTRE CAMARADE: J'ai envie de visiter le Québec.
          VOUS: Alors, fais un voyage!

1. J'invite des amis à dîner ce soir.
2. J'ai besoin d'exercice.

3. J'ai beaucoup de travail pour mon cours de chimie.
4. J'ai envie de prendre mon sac à dos et d'aller en montagne.
5. Mon frigidaire est vide (*empty*).
6. J'ai besoin d'argent (*money*) pour faire un voyage à Bruxelles.

2. More About Asking Questions

Où est-ce qu'on va? à la plage? dans le parc?

1. Inversion with nouns

   a. You already know three ways to ask questions in French

   - simply raising your pitch at the end of a statement

     Annick joue au tennis?

   - adding **est-ce que/qu'** to the beginning of a statement

     Est-ce qu'Annick joue au tennis?

   - inverting the verb and subject pronoun

     Joue-t-elle au tennis?

   b. When you want to ask a question using inversion with a *noun* subject (e.g., **Annick** rather than **elle**), you need to include both the noun subject *and* the inverted pronoun. The **-t** still needs to be inserted.

Ta sœur joue-t-**elle** au tennis?	*Does your sister play tennis?*
Patrick achète-t-**il** une raquette de tennis?	*Is Patrick buying a tennis racket?*

   For inverted questions with noun subjects, use this construction:
   noun + verb + the corresponding pronoun

2. Information questions using interrogative adverbs

   a. You have already encountered some of the following interrogative adverbs and expressions

à quelle heure	*at what time*	où	*where*
combien de	*how much, how many*	quand	*when*
comment	*how**	pourquoi	*why*

---

*When used with the verb **être** (e.g., **Comment est-il/elle?**), **comment** asks the question *What is he/she like?*, referring to someone's looks and/or personality.

These expressions can be used with **est-ce que** or inversion. The interrogative expression is placed at the beginning of the question.

Où est-ce qu'elle joue au tennis?
Où joue-t-elle au tennis?
Where does she play tennis?

Pourquoi est-ce qu'il achète une raquette de tennis?
Pourquoi achète-t-il une raquette de tennis?
Why is he buying a tennis racket?

> Use the interrogative expressions (**où**, **quand**, etc.) before a question with **est-ce que** or inversion.

b. When interrogative expressions are used in inverted questions with *noun subjects*, the questions *do not* require the noun *and* the pronoun, except in the case of **pourquoi**.

Où habite **Chantal**?
Where does Chantal live?
Comment va **Chantal** aujourd'hui?
How is Chantal today?
Combien de cours a **Chantal**?
How many classes does Chantal have?

but

Pourquoi Chantal étudie-t-**elle** trois langues?
Why is Chantal studying three languages?

It is simpler and, in casual conversation, preferable just to use **est-ce que**.

À quelle heure commence le match?
À quelle heure **est-ce que** le match commence?
What time does the game start?

Pourquoi Joël préfère-t-il le ski alpin?
Pourquoi **est-ce que** Joël préfère le ski alpin?
Why does Joel prefer downhill skiing?

Activités

A **Questions de sport.** Change the statements into questions using inversion.

MODÈLE: Les Américains adorent le Tour de France. →
Les Américains adorent-ils le Tour de France?

1. Le jogging est un bon exercice.
2. Les étudiants aiment regarder le sport à la télé.
3. Les Scandinaves préfèrent le ski de fond.
4. Les cyclistes passent à Paris.
5. Le champion du Tour de France porte le maillot jaune.
6. Les Français apprécient le base-ball.
7. Une randonnée en montagne coûte cher.
8. Le golf est une détente pour tous (*relaxing for everyone*).

B **Un chat gourmand.** Ask a classmate questions about the cat in the drawing, using the verb **manger** and the interrogative expressions indicated.

le chat

MODÈLE: comment →
                    VOUS: Comment mange le chat?
     VOTRE CAMARADE: Il mange bien!

1. où   **2.** combien de fois   **3.** à quelle heure   **4.** pourquoi

C **Qui** (*Who*) **sont-ils?** Ask a classmate questions using an interrogative word to find out as much information as possible about the following sports figures. Then present a short report to the class.

MODÈLE: Comment est-il/elle?
              Où habite-t-il/elle?
              Quel sport fait-il/elle?

1. Joe Montana   **2.** Nancy Lopez   **3.** Barry Bonds   **4.** Charles Barkley
5. Wayne Gretzky   **6.** Martina Navratilova

3. The Interrogative Pronouns *qui* and *que*

Qu'est-ce que tu as envie
de faire?

Some common interrogative words are **qui** and **que** (or **qu'est-ce que**).

1. **Qui** (*who, whom*) refers to people. It can be a subject or object in a question.

QUI AS A SUBJECT

When **qui** is a subject, the verb following **qui** is always singular; the only exception occurs with the verb **être**, which can be in the singular or plural.

Qui regarde les matchs* de foot à la télé?	*Who watches soccer games on TV?*
Qui est ce skieur-là?	*Who is that skier?*
Qui sont ces skieurs-là?	*Who are those skiers?*

Qui requires a singular verb except in the case of **être** (which can be singular or plural after **qui**).

Qui is never abbreviated in form.

Qui a ma raquette?	*Who has my racket?*

---

*Note that the plural of **match** is **matchs**.

QUI **AS AN OBJECT**

As with other information questions, **est-ce que** or inversion may be used after **qui** when it is the object of the statement.

> **Qui** est-ce que vous regardez?
> **Qui** regardez-vous? — *Who(m) are you watching?*

> **Qui** est-ce que Jean-Paul regarde?
> **Qui** Jean-Paul regarde-t-il? — *Who(m) is Jean-Paul watching?*

2. **Que (Qu'est-ce que)** (*what*) refers to things or ideas and is always the object of the verb in the question. **Que** is followed by inversion.

> **Que** fait Joël?
> **Qu'est-ce que** Joël fait? — *What is Joel doing?*

Que becomes **qu'** in front of a word beginning with a vowel sound.

> **Qu'**aimez-vous faire le vendredi soir? — *What do you like to do on Friday evenings?*

> **Qui** can be used as a subject or object in a question, but **que** (**qu'est-ce que**) is always the object of the verb in the question.

3. If **qui** or **que** is the object of a preposition, it follows the preposition; **que** becomes **quoi**. **Est-ce que** or inversion may be used.

> **Avec qui** jouez-vous au tennis? Avec Christophe. — *Who do you play tennis with? (With whom do you play tennis?) With Christophe.*

> **Avec quoi** est-ce que vous jouez au tennis? Avec une raquette. — *What do you play tennis with? (With what do you play tennis?) With a racket.*

Activités

A Les vacances. Ask questions using **qui** to replace the underlined words.

MODÈLES: Les Dupuy voyagent en Italie. → Qui voyage en Italie?
Ils invitent les Tarrière. → Qui invitent-ils?
or
Qui est-ce qu'ils invitent?

1. Christophe regarde la télé.
2. Christophe regarde les skieurs à la télé.
3. Paule-Andrée invite François à faire du ski.
4. Elle invite aussi Jean-Claude.
5. François téléphone à Paule-Andrée pour accepter l'invitation.
6. Les étudiants de l'université font du ski en février.

B Préparatifs de voyage. Ask questions based on the following sentences, using **que** or **qu'est-ce que** to replace the underlined words.

MODÈLE: François achète un anorak. → Qu'est-ce que François achète?
or
Qu'achète François?

1. Paule-Andrée achète <u>des skis</u>.
2. Les amis achètent <u>les billets (*tickets*) de train</u>.
3. Jean-Claude choisit <u>l'hôtel</u>.
4. Il fait <u>les réservations</u>.
5. Ils apportent <u>des vêtements chauds</u> pour porter après le ski.

C **Une joueuse de tennis.** Here is a magazine interview with an aspiring pro-fessional tennis player from France. Her answers are here, but the questions are missing. Ask the questions using the appropriate interrogative words given.

Mots utiles: que/qu'est-ce que, où, avec qui, qui

1. _____? J'habite à Nice.
2. _____? En général, je joue au tennis avec mon entraîneur (*coach*).
3. _____? C'est l'ancien (*the former*) entraîneur de Yannick Noah.*
4. _____? Comme loisir, j'aime aller à des concerts.

Mots utiles: que/qu'est-ce que, de quoi, pourquoi, quand

5. _____? Je joue au tennis le matin et l'après-midi.
6. _____? Pendant les matchs, j'ai besoin de beaucoup d'énergie—et de calme!
7. _____? Parce que c'est une tradition dans ma famille. Et parce que j'adore ce sport!
8. _____? Après le tennis, je voudrais voyager et étudier des langues étrangères.

D **Une interview.** Interview a classmate, asking questions to find out:

1. where and with whom he/she lives
2. what courses he/she prefers
3. whether he/she is working and where
4. what he/she likes to do on the weekend or during vacation
5. what sports he/she likes to play

4. Possessive Adjectives

Mon sport préféré, c'est le ski de fond.

You have already learned the possessive adjectives **mon/ma/mes** (*my*), **ton/ta/tes** (*your, fam.*), and **votre/vos** (*your, pol. or pl.*). Here is the complete group of these adjectives.

---

*A tennis player from Cameroon, Noah won the French Open in 1983.

POSSESSIVE ADJECTIVES			
SINGULAR		**PLURAL**	
MASCULINE	FEMININE	MASCULINE OR FEMININE	
mon	ma	mes	my
ton	ta	tes	your (fam.)
son	sa	ses	his/her/its/one's
notre	notre	nos	our
votre	votre	vos	your (pol. or pl.)
leur	leur	leurs	their

1. Possessive adjectives indicate to whom something or someone belongs. They agree in gender and number with the person or object possessed, *never* with the possessor. This is an important contrast with English.

> Hélène? **Son** frère est en Afrique et **sa** mère est au Canada.
> Marc? **Son** père est dentiste et **sa** mère est médecin.

> *Hélène? Her brother is in Africa and her mother is in Canada.*
> *Marc? His father is a dentist and his mother is a doctor.*

Son, **sa**, and **ses** can mean either *his*, *her*, *its*, or *one's*. The meaning is made clear by the context.

2. When a feminine noun begins with a vowel sound, **ma**, **ta**, and **sa** become **mon**, **ton**, and **son**.

> Est-ce que **ton** amie s'appelle Christine?
> **Mon** héroïne préférée est la Mère Teresa.

> *Is your friend's name Christine?*
> *My favorite heroine is Mother Teresa.*

Activités

A Leurs sports préférés. Create sentences with the appropriate possessive adjectives.

MODÈLE: le tennis / Marc →
          Le tennis est son sport préféré.

1. le vélo / Paul
2. la natation / Anne et Sylvie
3. le foot / vous
4. le volley-ball / moi
5. la voile / Claude et Dominique
6. le jogging / toi
7. le ski / nous
8. la planche à voile / Chantal
9. le basket-ball / Pierre et Marianne
10. le ski de fond / Nicole

B Un week-end à la campagne. Fill in the blanks with the possessive adjectives corresponding to the subjects.

1. Nous allons rendre visite à _____ parents ce week-end.
2. Marie et _____ frère Marc vont rendre visite à _____ mère, qui habite le même village.
3. Je connais (*know*) Marc parce que nous allons à la même université. _____ université s'appelle la Sorbonne.

4. Marc prend _____ raquette de tennis.
5. Je prends _____ maillot de bain.
6. Marc, est-ce _____ idée d'aller au match de foot?
7. Marie, as-tu _____ billet (*ticket*)?
8. Marc et Marie adorent le foot. C'est _____ sport préféré.
9. Monsieur Leblanc, est-ce que _____ femme va vous accompagner? et _____ enfants?
10. Et vous, quels sont _____ projets pour le week-end?

C **Une partie passionnante de pelote basque** (*An exciting game of jai alai*).
Fill in the blanks with the appropriate forms of the possessive adjective.

La pelote basque est très populaire dans le sud-ouest de la France. Monique et Simone vont à une partie avec _____^{1} ami Jean-Pierre. Ils trouvent _____^{2} sièges (*seats*) juste au moment où l'on annonce: «Messieurs Dames, prenez _____^{3} places. On va commencer. L'équipe rouge est déjà à _____^{4} place (*f.*) et les bleus sont aussi de _____^{5} côté (*side*).» Jean-Pierre explique à _____^{6} amies: «C'est _____^{7} sport préféré parce que c'est le sport le plus (*most*) rapide du monde (*world*).» Monique dit: «Quelle est _____^{8} équipe préférée, Jean-Pierre et Simone?» Simone répond: «Je ne parle pas pour Jean-Pierre, mais _____^{9} équipe préférée à moi, c'est l'équipe bleue, et nous allons perdre si nous mettons (*put*) _____^{10} argent (*money*) sur l'équipe rouge!»

5. Irregular Adjectives

Quelle belle journée!

There are several adjectives in French that have irregular forms.

1. You have already learned several adjectives that precede the noun (e.g., **autre**, **bon**, **chaque**, **mauvais**). The adjectives **beau** (*good-looking, beautiful*), **nouveau** (*new*), and **vieux** (*old*) also precede the noun but have special forms in the masculine before a vowel sound and in the feminine.

	SINGULAR	PLURAL
MASCULINE	beau nouveau vieux	beaux nouveaux vieux
MASCULINE BEFORE A VOWEL SOUND	bel nouvel vieil	beaux nouveaux vieux
FEMININE	belle nouvelle vieille	belles nouvelles vieilles

Use the special forms **bel**, **nouvel**, and **vieil** before masculine singular nouns starting with a vowel sound.

J'ai un **nouveau** vélo et Jean-
    Claude a un **nouvel** anorak.
Il y a un **bel** arbre à côté de cette
    vieille maison.

I have a new bike and Jean-
    Claude has a new ski jacket.
There is a beautiful tree next to
    that old house.

2. A number of adjectives have irregular feminine forms.

MASCULINE ENDING	FEMININE ENDING	EXAMPLES
-if	-ive	sportif, sportive; actif, active
-el	-elle	naturel, naturelle
-il	-ille	gentil, gentille *(nice)*
-ien	-ienne	ancien, ancienne *(former; ancient, antique)*
-on	-onne	bon, bonne
-er	-ère	cher, chère
-et	-ète	secret, secrète
-eur	-euse	travailleur, travailleuse *(hardworking)*
-eux	-euse	paresseux, paresseuse *(lazy)*
-os	-osse	gros, grosse

Le ski est très **cher**; la natation
    n'est pas **chère**.
Jean est **actif** mais sa femme est
    peu **active**.

Skiing is very expensive;
    swimming is not expensive.
Jean is active but his wife is
    hardly active at all.

3. There are a few adjectives that may either precede or follow a noun, but their meaning depends on their position. Generally, the adjectives have a figurative meaning when they precede a noun and a literal meaning when they follow it.

	PRECEDING A NOUN	FOLLOWING A NOUN
ancien(ne)	*former*	*ancient, antique*
cher/chère	*dear*	*expensive*
grand(e)	*great*	*big, tall*
pauvre	*poor (unfortunate)*	*poor (not rich)*

C'est l'**ancien** entraîneur de
    Yannick Noah.
Ce sont des chaises **anciennes**.

He's the former coach of Yannick
    Noah.
They are antique chairs.

4. When two or more adjectives modify a single noun, they take their usual place. If both follow or precede the noun, they are often connected by **et**.

> une **vieille** jupe **bleue** *an old blue skirt*
> un **jeune** et **beau** garçon *a young, handsome boy*
> un sport **rapide** et **passionnant** *a fast, exciting sport*

Activités

A Les jumeaux (*Twins*). Joseph and Joséphine are identical twins; so are their cousins, Martin and Martine. Martin and Martine are the opposites of their cousins. Complete the series below.

Joseph est grand, beau, courageux, actif, gentil et travailleur. Il est intellectuel et sportif aussi!

Comme Joseph, sa sœur Joséphine est _____,[1] _____,[2] _____,[3] _____,[4] _____[5] et _____.[6] Elle est aussi _____[7] et _____[8]!

Martin est petit, laid, désagréable et paresseux. Et il n'est pas très intelligent!

Comme Martin, sa sœur Martine est _____,[9] _____,[10] _____[11] et _____.[12] Et elle n'est pas très _____[13]!

B Descriptions. Describe the following things and people, putting the adjective in its proper position and form.

MODÈLES: (vieux) une femme → C'est une vieille femme.
(bleu) des jupes → Ce sont des jupes bleues.

1. (petit) un arbre
2. (vieux) un château
3. (jaune) un maillot
4. (mauvais) une idée
5. (passionnant) un match
6. (beau) un hôtel
7. (intéressant) des livres
8. (autre) un sport
9. (vieux) des hommes
10. (actif) une femme

C La pétanque, c'est pour tous les âges. (Similar to Italian **bocce**, **pétanque** is a very popular French sport, especially in the south of France.) Fill in each blank with an adjective from the list, making the adjective agree with the noun.

Nous sommes à Aix-en-Provence dans le sud de la France. C'est une _____[1] journée; pas un _____[2] nuage dans le ciel _____.[3] Près de l'église _____,[4] un groupe d'hommes joue à la pétanque. Ils ne sont pas d'accord sur la distance entre les boules. Quelques _____[5] enfants jouent avec leur père.

bleu
beau
petit
ancien
seul

La pétanque n'est pas un _____[6] jeu, mais sa popularité atteint (*reaches*) maintenant un Français sur trois. La pétanque est considérée comme un sport _____.[7] Il y a même une Fédération de la Pétanque; la ville de Marseille, capitale de la pétanque, compte déjà 3 000 clubs. Une _____[8] dame de soixante-quinze ans dit: «C'est mon sport _____.[9] Je ne suis pas jeune mais je m'amuse à la pétanque comme une enfant.»

national
nouveau
préféré
vieux

D **Comment êtes-vous?** (*What are you like?*) Using adjectives from this (and previous) chapter(s), describe yourself to a classmate. He/She will take notes, then you will reverse roles. When both of you have finished describing yourselves and taking notes, join another pair of students. Each person will present his/her partner to the other students.

6. *-ir* Verbs

À la plage? Dans le parc? Tu choisis cette fois.

1. The third and final group of regular verbs ends in **-ir** in the infinitive.

PRESENT TENSE OF *finir* (*to finish*)			
je fin**is**	*I finish*	nous fin**issons**	*we finish*
tu fin**is**	*you finish*	vous fin**issez**	*you finish*
il/elle/on fin**it**	*he/she/one finishes*	ils/elles fin**issent**	*they finish*

Present tense endings for regular **-ir** verbs:

-is **-issons**
-is **-issez**
-it **-issent**

Other verbs conjugated like **finir** are:

choisir *to choose*
(dés)obéir à *to (dis)obey*
réfléchir à *to reflect, think about* (*something*)
remplir *to fill* (*in*), *fulfill*
réussir à *to succeed* (*in*); *to pass* (*a test*)

2. Many **-ir** verbs are derived from descriptive adjectives and have the meaning of *to get* or *to become*. Can you guess the meaning of the following verbs?*

grandir, brunir, rougir, vieillir, grossir, maigrir

3. The imperative forms of **-ir** verbs follow the rules for regular verbs.

Finis tes devoirs, Didier!   *Finish your homework, Didier!*
Finissez la leçon, s'il vous plaît!   *Finish the lesson, please!*

---

* *Answers: to grow up; to get a tan, to blush, turn red, to grow old, to get fat(ter), gain weight; to get thin(ner), lose weight.*

Activités

A **Les activités.** Say what the following people are finishing up before the end of the day by matching items from the two columns.

1. tu
2. nous
3. vous
4. Daniel et Lucie
5. je
6. Isabelle

a. finit ses devoirs
b. finis mon livre
c. finissons notre match de tennis
d. finis ta lettre
e. finissent leur repas
f. finissez votre bière

B **Vous travaillez bien?** Provide the correct forms of the appropriate verbs to complete these sentences.

choisir, réfléchir, remplir, réussir

1. En septembre, je _____ mes cours pour le semestre.
2. En général, mes camarades et moi, nous _____ des cours difficiles mais intéressants.
3. Je _____ avant de donner ma réponse en classe.
4. J'étudie beaucoup, alors je _____ à mes examens.
5. _____-vous toujours aux examens?
6. Est-ce que vous _____ correctement les blancs dans cet exercice?

C **Une interview.** Using the following suggestions, interview a classmate and report your findings to the class.

MODÈLE: brunir / au soleil → Est-ce que tu brunis au soleil?
Non, je ne brunis pas, je rougis.

1. finir / toujours / les devoirs / à temps
2. dans quelles circonstances / rougir
3. en général / réfléchir à / problèmes mondiaux (*world problems*)
4. obéir à / règlements / de l'université
5. choisir / sports d'après (*according to*) les camarades qui les (*them*) pratiquent

EN AVANT

Réalités

Au vieux campeur. Here is an advertisement for a camping and sporting goods store in Paris. Look at the list of sports mentioned and answer the questions on page 134.

[1]rope-climbing, rappelling [2]mountain-climbing [3]paragliding [4]spelunking (*caving*) [5]horseback-riding [6]diving [7]map collection

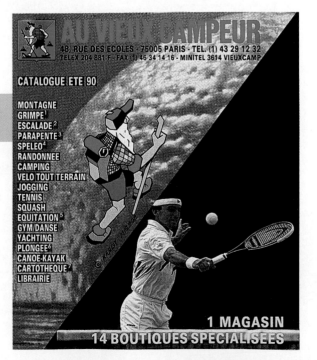

1. Dans cette liste, quels sports faites-vous?
2. Quels sports préférez-vous regarder à la télé?
3. Quelles activités ne sont pas des sports?
4. Quelles activités sont les plus dangereuses?

Bavardons un peu!

Un sondage. Working in groups of four or five, find out what each group member's favorite sport is, and why he/she likes it. Then, a member of each group will report the group's findings to the class. The class should determine which are the most popular sports and the reasons people like them.

*Vidéo-Club**

Thème 5   Les loisirs
Scène 5.1   Une promenade dans le parc

(Cue to 45:37.)

Caroline and Paul are enjoying a walk through a typically French park, watching the people, when Caroline realizes they need a real getaway. They discuss where they should go for their little trip: to **Bretagne** (the region of Brittany, in the northwest of France), **Alsace** (an eastern region next to Germany), the **Côte d'Azur** (the Riviera, in the south of France), or **Biarritz** (a city in the southwest corner of France, near Spain).

VOCABULAIRE UTILE

se promener	*to walk*
Les gens flânent.	*People are strolling.*
chanter	*to sing*
un bateau	*a boat*
Tu sais ce qu'on devrait faire?	*You know what we should do?*
des bonnes crêpes	*good crepes* (*thin, French-style pancakes*)
pour goûter leurs petits vins et manger une bonne choucroute	*to taste their nice wines and eat some good sauerkraut* (*with smoked meat*)
prendre des couleurs	*to get some color* (*to get a tan*)
il n'y a pas trop de monde	*there aren't too many people*

Des mini-vacances. Vrai (V) ou faux (F)?

1. _____ Dans le parc, les enfants chantent et un homme joue de la guitare.
2. _____ Sur le petit lac, il y a un voilier et un bateau à moteur.
3. _____ Paul n'aime pas l'idée d'un petit voyage.
4. _____ En Bretagne, on boit du vin et on mange souvent une bonne choucroute.
5. _____ Il y a deux avantages sur la Côte d'Azur en cette saison: beaucoup de soleil et pas trop de monde.
6. _____ Caroline et Paul décident d'aller à Biarritz pour jouer au golf et aller au casino.

---

*This section contains an activity for the Video to accompany *C'est ça!* The theme and scene numbers here correspond to the ten themes and their respective scenes in the video (rather than to the chapter numbers in the book).

TABLEAU CULTUREL

SPORTS AND FRANCOPHONE COUN-TRIES: Many French people consider themselves to be **sportifs**, whether they participate in sports or simply watch them. The most common activities include walking, bicycling, and swimming. The average French person walks approximately eight kilometers (five miles) a day, which helps to explain why the French tend to be thinner than Americans!

French people tend to favor individual rather than team sports, so sailing, golf, paragliding, skiing, and mountain climbing are popular. The more competitive sports of soccer, rugby, tennis, and bicycle racing are often left to television, where they are watched with great excitement. The most popular team sport, **le foot**, is followed enthusiastically in both France and francophone Africa. Basketball has become the latest favorite of many young people; the government has built more courts so that a greater number of people can participate in the sport of their NBA idols.

Les Canadiens de Montréal rencontrent les Sabers de Buffalo lors d'un match de hockey sur glace.

Unlike the American system, sports play a minor-to-nonexistent role in French higher education; there are no sports teams or programs at the university level. Gym facilities are available on most modern campuses, however, and physical education is obligatory in primary and secondary schools. In the 1960s, the government instituted the **classes de neige** program in the public schools, sending thousands of children on school-sponsored trips to the ski resorts of the Alps, Vosges, and Pyrenees mountains during the January winter vacation. This program has greatly contributed to the popularity of downhill skiing, now practiced by many French people.

In French Canada, the cold climate has fostered the sports of snowshoeing and kayaking, originally practiced by Native Americans and adopted by the French colonists. On ice, curling (in which two teams compete in sliding curling stones towards the center of a circle) and hockey are extremely popular. Both sports have their origins in Canada, but hockey is the one known throughout the world as the Canadian sport *par excellence*. **Québécois** players have dominated the sport and play on numerous American teams. The French Canadian NHL teams are the Québec Nordiques and the Montréal Canadiens.

VOCABULAIRE

• •

Noms

l'arbre (*m.*)	tree
l'automne (*m.*)	fall
les bois (*m.*)	woods
le ciel	sky
l'équipe (*f.*)	team
l'été (*m.*)	summer
la feuille	leaf
la fleur	flower
la fois	time (*occasion*)
l'hiver (*m.*)	winter
le lac	lake
le match	game, match
la mer	sea
la météo	weather report
la montagne	mountain
la neige	snow
le nuage	cloud
l'oiseau (*m.*)	bird
le parc (national)	(national) park
la plage	beach
la pluie	rain
le printemps	spring
la saison	season
le soleil	sun
le temps	weather, time (*duration*)

Verbes

brunir	to get a tan
choisir	to choose
(dés)obéir	to (dis)obey
faire	to do, make
faire…	
la connaissance de	to meet (*for the first time*), make the acquaintance of
des courses	to do errands
la cuisine	to cook
ses devoirs	to do (one's) homework
des économies	to save money
un voyage	to take a trip
finir	to finish
grandir	to grow up
grossir	to get fat(ter), gain weight
jouer à	to play (*a game or sport*)
jouer de	to play (*a musical instrument*)
maigrir	to get thin(ner), lose weight
réfléchir à	to reflect, think about (*something*)

remplir	to fill, fill out
réussir à	to succeed (in)
rougir	to blush, turn red
vieillir	to grow old

LE TEMPS

Il fait beau.	It's nice out.
Il fait chaud.	It's hot, warm.
Il fait frais.	It's cool.
Il fait froid.	It's cold.
Il fait gris.	It's cloudy.
Il fait mauvais.	The weather's bad.
Il fait du soleil.	It's sunny.
Il fait du vent.	It's windy.
Il neige.	It's snowing.
Il pleut.	It's raining.
Quel temps fait-il?	What's the weather like?

LE SPORT

faire…	
de l'aérobic	to do aerobics
du camping	to go camping
du jogging	to go jogging
de la natation	to swim
du patin (à glace)	to (ice) skate
de la planche à voile	to windsurf
une randonnée	to hike
du ski (alpin)	to (downhill) ski
du ski de fond	to cross-country ski
du ski nautique	to water-ski
du sport	to play sports
du vélo	to bicycle
de la voile	to sail
jouer…	to play . . .
au base-ball	baseball
au basket-ball, au basket	basketball
au football, au foot	soccer
au football américain	football
au volley-ball, au volley	volleyball

Adjectifs

actif/active	active
amusant(e)	fun, amusing
ancien(ne)	former; old, ancient
beau, bel(le)	good-looking, beautiful
cher/chère	expensive; dear
gentil(le)	nice
naturel(le)	natural
nouveau, nouvel(le)	new
paresseux/paresseuse	lazy
passionnant(e)	exciting

secret/secrète	secret	**plus**	more
sportif/sportive	athletic, interested in sports	**puis**	then; afterward; next
travailleur/travailleuse	hardworking	**et puis**	and then; and besides
vieux, vieil(le)	old	**Pourquoi?**	Why?
		que/qu'est-ce que	what
		quelquefois	sometimes
		qui	who, whom
		tellement	so
		trop	too
		vers	around (*in time*); towards

D'autres mots et expressions

À quelle heure?	At what time?
Comment?	How?
longtemps	(for) a long time
ne... que	only

CHAPITRE

6

La technologie et les transports

DANS CE CHAPITRE...

Esquisses
La technologie au bureau
L'ordinateur ou la machine à
   écrire?
Les moyens de transport

Grammaire essentielle
1. The Verb **venir**
2. Direct Object Pronouns
3. The **passé composé**
4. Adverbs
5. Numbers Above 60

*Les voitures électriques, comme la Zoom de Matra,
sont les voitures de demain.*

ESQUISSES

La technologie au bureau

Technology at the Office

l'ordinateur (*m.*)

le télécopieur, le fax

le magnétophone

le répondeur

le photocopieur

la calculatrice

VERBES

composer un numéro *to dial a number*
donner un coup de fil *to call* (*on the telephone*)
sonner *to ring*
téléphoner à *to telephone*

EXPRESSIONS

Allô, (Paul) à l'appareil. *Hello, this is* (*Paul*).
Qui est à l'appareil? *Who's calling?*
Ne quittez pas, s'il vous plaît. *Please hold.*

Activités

A **Associations.** Match the following items logically.

1. le télécopieur   **a.** nécessaire pour donner un coup de fil
2. la calculatrice   **b.** utile pour faire des copies exactes
3. l'ordinateur   **c.** essentiel pour vos amis quand vous n'êtes pas chez vous
4. le photocopieur   **d.** pratique pour vos devoirs de maths
5. le magnétophone   **e.** utile pour envoyer vite une lettre
6. le répondeur   **f.** pratique pour écouter des cassettes
7. le téléphone   **g.** essentiel pour l'informatique

MAIS, MOI, JE NE L'ENTENDS PAS DE CETTE OREILLE!...

B Vrai ou faux? Say whether the statements are true or false, and correct each false statement.

1. Pour téléphoner à quelqu'un, il faut composer le numéro.
2. Un télécopieur est moins (*less*) cher qu'une (*than a*) calculatrice.
3. Généralement, aux États-Unis, on paie chaque mois la note (*bill*) de téléphone.
4. On joue des vidéocassettes sur un magnétophone.
5. On trouve plus de (*more*) photocopieurs que de (*than*) répondeurs dans les résidences américaines.

C La technologie chez vous. Working with a classmate, name three objects from the drawings on page 139 that you cannot live without, and say why. Then, compare your choices and reasons with your partner's. What are the most popular technological devices in the class?

VOCABULAIRE UTILE

communiquer *to communicate*
copier *to copy*
écrire *to write*
envoyer *to send*
enregistrer *to record* (*e.g., cassettes*)
indispensable *indispensable, necessary*

MODÈLE: À mon avis (*In my opinion*), le répondeur est indispensable. J'en ai besoin pour communiquer avec mes amis et avec ma famille.

● TABLEAU CULTUREL

LE MINITEL: In France it is possible to reserve an airline seat, shop by catalogue, participate in a survey, do your banking, obtain the latest political, financial, and sports information, and find out the results of your latest college exam—without ever leaving your home! These are just a few of the thousands of services available in France through the **Minitel**, a small home computer connected to a telephone and distributed free by **France-Télécom**, the French phone company. First produced in 1984, the **Minitel** has become a household word and can be seen in millions of French homes, places of business, and post offices. An even more modern system, the **Numéris**, is now appearing on the market.

LA TÉLÉCARTE: Phone booths in France that accept coins have become virtually obsolete; they have been replaced by public telephones using **télécartes**. Sold in post offices, cafés, **bureaux de tabac** (tobacconists), and by mail, these small plastic cards have a microchip with a credit of 50 or 100 units. Every time you use your **télécarte**, the call is automatically deducted from your remaining units. When the units are gone, you purchase another **télécarte**. Often used to publicize various products, some of the cards have attractive designs and have become collectors' items. A thriving trade in used cards, comparable to stamp collecting, has developed in recent years. Collectors pay prices in the hundreds of dollars for some of the **télécartes**.

L'ordinateur ou la machine à écrire?

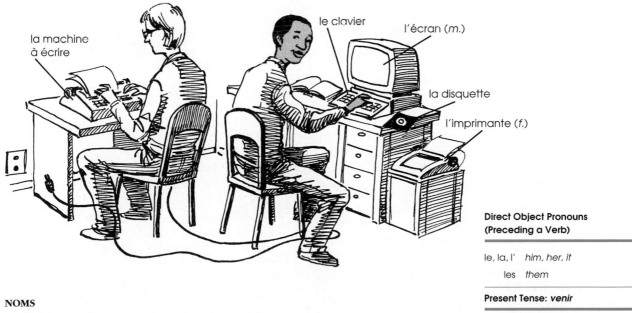

la machine à écrire

le clavier

l'écran (*m.*)

la disquette

l'imprimante (*f.*)

Direct Object Pronouns
(Preceding a Verb)

le, la, l'	*him, her, it*
les	*them*

Present Tense: *venir*

je **viens**	*I come*
tu **viens**	*you come*

NOMS

la dissertation *paper, composition*
la faute *mistake*
le logiciel *software*

VERBES

brancher/débrancher *to plug in/to unplug*
copier *to copy*
corriger *to correct*
imprimer *to print*
taper (à la machine) *to type*
venir de + *inf.* *to have just* (*done something*)

D'AUTRES MOTS ET EXPRESSIONS

encore *still, yet*
Pas de problème! *No problem!*

ANDRÉ: Je n'aime pas l'ordinateur—c'est trop compliqué! Moi, je préfère taper à la machine.

BENOÎT: Pourquoi? Quand tu fais une faute, c'est difficile de la corriger. Regarde l'écran—avec l'ordinateur, je corrige très facilement ma dissertation.

ANDRÉ: Attention!°—ton pied! Tu viens de débrancher ton ordinateur! Oh, là, là! Tu viens de perdre ta dissertation…   *Watch out!*

BENOÎT: Pas de problème! Je viens de la copier sur une autre disquette. Je vais l'imprimer maintenant et, après, je vais aller à la fête de Stéphanie. Tu viens?

ANDRÉ: Euh, non! J'ai encore sept pages à taper. Tu as raison—l'ordinateur est plus pratique que° la machine à écrire! Je te retrouve à minuit!°   *plus… handier than / Je… I'll see you at midnight!*

Activités

A **Les problèmes d'André et de Benoît.** Try to complete the following sentences without looking at the dialogue.

1. Au début, André préfère _____.
2. Avec l'ordinateur, Benoît corrige facilement _____.
3. Avec le pied, Benoît débranche _____.
4. Benoît a une copie de sa dissertation sur _____.
5. Après son travail, Benoît va aller _____.
6. André a encore beaucoup de pages à _____.

B **Les ordinateurs.** In which of the following areas are computers used today? Classify the following using one of these statements: **On les utilise souvent; On les utilise de temps en temps; On les utilise rarement; On ne les utilise jamais** (*never*).

1. pour le contrôle du trafic (aérien)
2. pour consulter les tarifs de voyage en train
3. pour vérifier un solde (*balance*) en banque
4. pour prendre des photos
5. pour traduire (*to translate*) un livre
6. pour jouer au tennis
7. pour calculer des statistiques
8. pour faire la cuisine
9. pour préparer une dissertation
10. pour comprendre les émotions

C **Vous et l'ordinateur.** With a classmate, discuss the role of computers in your life, using the following questions.

1. Quel rôle joue l'ordinateur dans ton travail scolaire?
2. As-tu absolument besoin d'un ordinateur? Si non, comment fais-tu tes devoirs? à la main? à la machine à écrire?
3. Pour quels cours est-il préférable d'avoir un ordinateur? Pourquoi?

Les moyens de transport

Means of Transportation

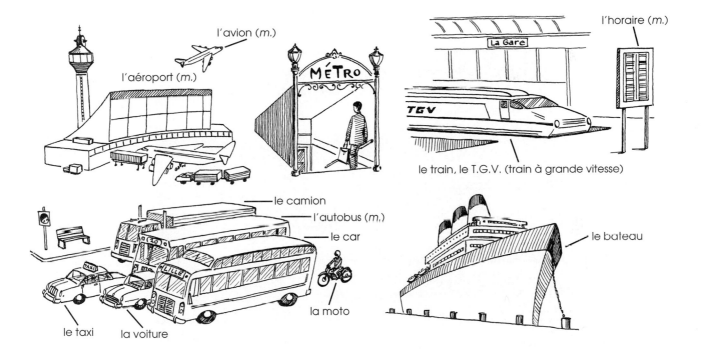

l'avion (*m.*)

l'aéroport (*m.*)

MÉTRO

l'horaire (*m.*)

La Gare

TGV

le train, le T.G.V. (train à grande vitesse)

le camion

l'autobus (*m.*)

le car

le bateau

la moto

le taxi   la voiture

NOMS

l'agence de voyages (*f.*) *travel agency*
le billet (aller-retour) (*round-trip*) *ticket*
le vol *flight*

D'AUTRES MOTS ET EXPRESSIONS

la semaine dernière *last week*
sans (+ *noun or inf.*) *without*

THOMAS: Salut, Myriam! Comment ça va?
MYRIAM: Très bien! Et toi?
THOMAS: Bien. J'ai rendu visite à mes grands-parents la semaine dernière.
MYRIAM: Ah oui? Où est-ce qu'ils habitent, tes grands-parents?
THOMAS: Dans un petit village pas loin de Tours.

le passé composé

J'**ai rendu** visite	*I visited (a person)*
tu **as rendu** visite	*you visited*
j'**ai visité**	*I visited (a place)*
tu **as visité**	*you visited*
j'**ai pris**	*I took*
tu **as pris**	*you took*

MYRIAM: Alors, tu as visité les châteaux de la Loire?

THOMAS: Non, pas cette fois. Je n'ai pas pris ma voiture; j'ai pris le métro et le train.

MYRIAM: Oui, c'est bien plus simple comme ça. On fait ses réservations par Minitel, sans aller à l'agence de voyages, et on prend ses billets à la gare.

THOMAS: Et, en plus, le train est très rapide!

TABLEAU CULTUREL

LE T.G.V. The French **T.G.V.**s, the world's fastest trains, have been running at speeds up to 186 miles per hour since 1981. Their maximum design speed of 223 miles per hour makes them an alternative to local airlines at a fraction of the cost. The trains run on modern tracks with sound barriers, and through tunnels lined with rubber cushions to protect the vineyards and wine cellars they cross. They run so smoothly that one can easily write a letter or enjoy a five-course meal. The **T.G.V.**s run through the "Chunnel" (the 31-mile-long tunnel under the English Channel) and are being extended to serve Belgium, Holland, Germany, and Spain.

Activités

A **Moyens de transport.** You overhear several snippets of conversation. Name the means of transportation that each person is talking about.

MODÈLE: Deux billets aller-retour Montréal–Québec, s'il vous plaît. →
On parle du train.

1. Vite, s'il vous plaît, emmenez-moi à la place d'Italie.
2. J'aimerais faire une croisière en Méditerranée. Avez-vous des brochures?
3. Il faut aller à la gare.
4. À quelle heure arrive le vol de Dakar?
5. À quelle station faut-il aller pour visiter la tour Eiffel?

B **Interview: Les moyens de transport et les voyages.** Ask a classmate the following questions about traveling and transportation.

1. Pour venir à l'université, est-ce que tu viens à pied? en voiture? en métro? en bus? Et pour faire les courses?
2. Quel mode de transport préfères-tu pour un long voyage? Pourquoi?
3. Comment fais-tu les réservations quand tu voyages? par téléphone ou dans une agence de voyages?
4. Quel moyen de transport associes-tu avec les adjectifs suivants?
   a. rapide   d. efficace   g. polluant
   b. confortable   e. économique
   c. luxueux   f. désagréable

GRAMMAIRE ESSENTIELLE

1. The Verb *venir*

Tu viens de débrancher ton ordinateur!

André   Benoît

The verb **venir** is irregular.

PRESENT TENSE OF *venir* (to come)	
je viens	nous venons
tu viens	vous venez
il/elle/on vient	ils/elles viennent

Tu **viens** à la fête de Stéphanie?   *Are you coming to Stephanie's party?*

Mes cousins **viennent** me rendre visite.   *My cousins are coming to visit me.*

1. Verbs conjugated like **venir** include the following.

   devenir *to become*   tenir *to hold*
   revenir *to come back*

   Le T.G.V. **devient** un moyen de transport très important.   *The **T.G.V.** is becoming a very important means of transportation.*

   Tina **revient** de Paris mardi.   *Tina is coming back from Paris on Tuesday.*

   Marc **tient** son billet dans la main.   *Marc is holding his ticket in his hand.*

2. When used with **de (d')** + an infinitive, **venir** expresses the immediate past, *to have just done something.*

   Nous **venons de faire** des réservations par Minitel.   *We (have) just made reservations through Minitel.*
   Mon ami **vient d'arriver**.   *My friend (has) just arrived.*

   venir + de + *inf. = to have just done something*

3. The imperative forms of **venir** are the same as the present tense without the subject pronouns.

   Viens, Fatima, on est déjà en retard.   *Come (on), Fatima, we're already late.*

ÉTUDE DE MOTS

THE VERB tenir: Although **tenir** means *to hold*, **Tiens**! said once or twice expresses surprise or astonishment.

   Tiens! Tiens! Le Minitel ne fonctionne pas aujourd'hui.   *How about that! The Minitel isn't working today.*

Oh, là, là! expresses dismay.

   Oh, là, là! L'autobus n'arrive pas ce matin.   *Darn! The bus isn't coming this morning.*

Activités

A **Un nouvel ordinateur.** Say what Marie-Christine and Richard have just done. Use the appropriate forms of **venir de**.

Marie-Christine _____¹ acheter un nouvel ordinateur et nous _____² l'admirer. Elle _____³ utiliser le nouveau logiciel. Son ami Richard _____⁴ essayer l'ordi-nateur et il _____⁵ imprimer une lettre. Il est curieux parce qu'il _____⁶ acheter une nouvelle imprimante. Maintenant ils vont faire leurs devoirs ensemble.

B **Les activités.** Based on what the following people have just done, say where they are returning from.

MODÈLE: Paul vient d'écrire une dissertation. → Il revient de la bibliothèque.

1. Nicole et Claire viennent de manger un excellent repas.
2. Nous venons de regarder un film.
3. Vous venez de prendre le train.
4. Jean-Claude vient d'acheter du pain.
5. Je viens d'arriver en avion.
6. Stéphane et Bruno viennent de regarder des brochures et d'acheter des billets aller-retour pour Tahiti.

C **Biographie.** Interview a classmate using the following questions about his or her life, then present the brief biography to the class.

1. De quelle ville (*city*) viens-tu?
2. De quel pays (*country*) viennent tes ancêtres?
3. Qu'est-ce que tu voudrais devenir dans la vie: célèbre (*famous*)? riche? président(e) ou premier ministre? un grand voyageur/une grande voyageuse? un inventeur/une inventrice? Pourquoi?

2. Direct Object Pronouns

> Ma dissertation? Je vais l'imprimer maintenant et, après, je vais à la fête de Stéphanie.

A direct object receives the action of a verb. It usually answers the question *whom?* or *what?* In the sentence *I use the Minitel*, for example, the *Minitel* is the direct object noun of the verb *use*.

Direct object pronouns replace direct object nouns. In the previous example, the word *Minitel* can be replaced with the direct object pronoun *it*: *I use it*. Here is the complete set of direct object pronouns in French.

DIRECT OBJECT PRONOUNS	
SINGULAR	PLURAL
me (m') *me* te (t') *you* le (l') *him, it* (m.) la (l') *her, it* (f.)	nous *us* vous *you* les *them*

Before a vowel sound, **me**, **te**, and **le**, **la** become **m'**, **t'**, and **l'**, respectively.

1. Direct object pronouns replace proper nouns (names) or nouns that refer to specific people, objects, places, or situations: nouns that have a definite article (**le livre**), a possessive adjective (**mon livre**), or a demonstrative adjective (**ce livre**). Direct object pronouns cannot replace nouns with indefinite or partitive articles (**un**, **une**, **du**, **de la**, **de l'**, or **des**); remember that the pronoun **en** is used to replace nouns with these articles.

Caroline **me** consulte.	*Caroline consults me.*
Paul **vous** admire.	*Paul admires you.*
Mes billets? Je **les** vends.	*My tickets? I'm selling them.*

2. Like **en**, direct object pronouns are placed before the verb.

Je tape ma dissertation. Je **la** tape.	*I am typing my paper. I am typing it.*

3. In a negative sentence, the direct object pronoun keeps its position directly in front of the verb.

Je n'utilise pas le logiciel. Je ne **l'**utilise pas.	*I am not using the software. I am not using it.*

4. If the pronoun is the direct object of an infinitive, it precedes the infinitive.

Je vais regarder la télé. Je vais **la** regarder.	*I am going to watch TV. I am going to watch it.*
Je ne vais pas acheter le billet. Je ne vais pas **l'**acheter.	*I am not going to buy the ticket. I am not going to buy it.*

5. The very common verbs **regarder**, **chercher** (*to look for*), **écouter**, and **attendre** take direct objects in French, even though their English counterparts require a preposition.

Tu regardes l'ordinateur. Tu **le** regardes.	*You are looking at the computer. You are looking at it.*
Nous cherchons le téléphone. Nous **le** cherchons.	*We are looking for the telephone. We are looking for it.*
Il écoute la cassette. Il **l'**écoute.	*He is listening to the cassette. He is listening to it.*
J'attends le train. Je **l'**attends.	*I am waiting for the train. I am waiting for it.*

6. In an affirmative command, a direct object pronoun follows the verb, and **me** becomes **moi**. A hyphen connects the pronoun to the verb. In a negative command, the direct object pronoun keeps its position directly in front of the verb.

Aidez-**moi** à brancher le
répondeur, s'il vous plaît.
L'ordinateur? Vends-**le** à Jean-
Jacques!
Ne **me** regarde pas!

*Please help me plug in the
answering machine.*
*The computer? Sell it to Jean-
Jacques!*
Don't look at me!

Activités

A **Au téléphone.** Answer the following questions.

MODÈLE: Tu m'entends? →
Oui, je t'entends.
or
Non, je ne t'entends pas!

1. Tu me comprends?
2. Tu m'invites à dîner?
3. Tu me cherches à la bibliothèque?
4. Tu m'écoutes?
5. Tu me rappelles demain?
6. Tu m'aimes?

B **Préparatifs de vacances.** Create new sentences by replacing the underscored nouns with the appropriate pronouns.

MODÈLE: Je regarde <u>les brochures</u>. → Je les regarde.

1. Je décide que je vais visiter <u>la Belgique</u>.
2. Ensuite, je visite <u>l'agence de voyages</u>.
3. Puis je consulte <u>l'horaire des trains</u>.
4. J'achète <u>les billets</u>.
5. Je cherche <u>mon argent</u> (*money*) dans mon sac.
6. Je donne <u>l'argent</u> à l'agent de voyages.
7. Je prends <u>le métro</u> jusqu'à la gare.
8. À la gare, j'attends <u>le train</u>.
9. Enfin, je suis en route. Je regarde <u>mon magazine</u>.
10. Je ne fais pas attention et je rate <u>mon arrêt</u> (*miss my stop*) à Bruxelles. Oh,
là, là, quel voyage!

C **Une visite au parc de La Villette: la Cité des Sciences et de l'Industrie.**
Working with a classmate, make up a plan for Paulette's day at the science
museum. Answer the questions affirmatively or negatively, and replace the
underscored nouns with direct object pronouns.

MODÈLE: VOUS: Est-ce que Paulette va visiter <u>la Cité des
Sciences et de l'Industrie</u>?
VOTRE CAMARADE: Oui, elle va la visiter.

1. Va-t-elle inviter <u>sa mère</u> à l'accompagner?
2. Va-t-elle inviter <u>son ami Richard</u> à l'accompagner?
3. Prennent-ils <u>le métro</u>?
4. Prennent-ils <u>la voiture</u>?
5. Est-ce qu'ils visitent ensemble <u>les grands salons de biologie</u>?
6. Est-ce qu'ils regardent <u>le film</u> dans la Géode?
7. Visitent-ils <u>le jeu d'échecs</u> (*chess*) dans le salon d'intelligence artificielle?
8. Est-ce qu'ils aiment <u>les expositions du musée</u>?

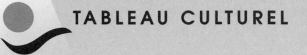

TABLEAU CULTUREL

LA CITÉ DES SCIENCES ET DE L'INDUSTRIE DE LA VILLETTE: This museum outside of Paris is one of the largest and most original science centers in the world. The huge facility is a "hands-on," interactive museum with special events and exhibits; it is organized so that visitors can proceed at their own speed, according to their particular interests. In front of the museum and next to a reflecting pool is the polished steel spherical **Géode**, housing a movie projection room unique in Europe. Viewers in the **Géode** have the impression of being surrounded by the film and actually taking part in the action, from diving through the sky with a fighter plane to rappelling down the side of a cliff.

La Géode du parc de La Villette

3. The *passé composé*

J'ai pris le métro et le train.

French has several past tenses. The tense most commonly used to tell what happened in the past (that is, to report past *actions*) is the **passé composé**. It is composed of two parts: a conjugated auxiliary, or helping verb, and a past participle. Most often the auxiliary verb is **avoir**.

PASSÉ COMPOSÉ OF *parler* (to speak)	
j' ai parlé	nous avons parlé
tu as parlé	vous avez parlé
il/elle/on a parlé	ils/elles ont parlé

1. There are three possible English translations of the **passé composé**.

    J'ai parlé. = *I spoke.   I have spoken.   I did speak.*

L'année dernière, j'**ai voyagé** en France.	*Last year I traveled to (in) France.*
J'**ai** souvent **voyagé** en France.	*I have often traveled to (in) France.*
Avez-vous jamais **voyagé** en France?	*Did you ever travel to France?*

> To form the **passé composé** of most verbs, use a conjugated form of **avoir** as the auxiliary verb and add the past participle.

2. French verbs, with few exceptions, follow regular patterns to form the past participle.
    Infinitives ending in **-er** drop the **-er** and add **-é**.
    Infinitives ending in **-ir** drop the **-r**.
    Infinitives ending in **-re** drop the **-re** and add **-u**.

INFINITIVE	PAST PARTICIPLE
parl**er**	parl**é**
chois**ir**	chois**i**
vend**re**	vend**u**

    Most irregular verbs have irregular past participles.

INFINITIVE	PAST PARTICIPLE	INFINITIVE	PAST PARTICIPLE
avoir	eu	apprendre	appris
être	été	comprendre	compris
faire	fait	boire	bu
prendre	pris		

3. To form the negative of the **passé composé**, **ne... pas** surrounds the conjugated form of **avoir**. If there is an object pronoun, **ne** will precede it.

Je **n**'ai **pas** pris l'autobus.	*I didn't take the bus.*
Les livres? Je **ne** les ai **pas** achetés.*	*The books? I didn't buy them.*

4. In questions with inversion, only the auxiliary verb and the subject pronoun are inverted. As with the present tense, **est-ce que** may be used instead.

A-t-il choisi ses cours?	*Has he chosen (Did he choose) his courses?*
Pascal **a-t-il** utilisé son ordinateur?	*Did Pascal use his computer?*
Est-ce que nous avons fini la bouteille de vin?	*Did we finish the bottle of wine?*

---

*If a pronoun is the direct object of a verb in the **passé composé**, it is placed directly before the auxiliary verb. The past participle will then agree in gender and number with the preceding pronoun.
J'ai acheté la fleur; je l'ai achetée.

ÉTUDE DE MOTS

EXPRESSIONS OF TIME: The following expressions are useful for discussing events in the past.

hier *yesterday*
hier soir *last night*
(lundi) dernier *last (Monday)*
la semaine dernière *last week*
l'année dernière *last year*

Hier soir, j'ai regardé un film.	*Last night, I watched a movie.*
L'année dernière, j'ai voyagé en Suisse.	*Last year, I traveled to (in) Switzerland.*

Activités

Ⓐ L'été dernier. Say what these people did by using the **passé composé**.

MODÈLE: je / nager → J'ai nagé.

1. Ahmed / voyager en Belgique
2. nous / jouer au tennis
3. Estelle et Adeline / travailler dans un grand magasin
4. Sébastien / étudier l'arabe
5. vous / dîner au restaurant le week-end dernier
6. tu / jouer au base-ball

Ⓑ À la gare. Contradict the commands by saying you have already done what was asked.

MODÈLE: Achète le billet. →
          J'ai déjà acheté le billet.

1. Téléphone à Jacques.
2. Demande le numéro de sa sœur.
3. Apprends le numéro par (*by*) cœur.
4. Consulte le Minitel.

5. Cherche l'horaire.
6. Choisis ton voyage préféré.
7. Prends ton bic.
8. Donne l'argent à l'employé.

Ⓒ Un voyage en T.G.V. Fill in the blanks with the appropriate **passé composé** forms of the verbs in parentheses.

1. L'été dernier j'_____ (avoir) l'occasion d'aller à Bordeaux.
2. Mon amie Patricia _____ (vendre) sa voiture et m'_____ (inviter) à l'accompagner en train.
3. Et quel train! Nous _____ (faire) le voyage en T.G.V.
4. Est-ce que tu _____ déjà _____ (voyager) en T.G.V.?
5. Nous _____ (prendre) nos billets à la gare Montparnasse et nous _____ (manger) un sandwich avant de partir.
6. Le voyage _____ (être) formidable.
7. Nous _____ (traverser) de très jolies régions en un temps record.
8. Des amies de Patricia _____ (visiter) notre hôtel à Bordeaux.

D **Aimez-vous voyager?** Find out about a classmate's travels by asking him/her questions. Share the most interesting response with the class.

1. As-tu visité une autre région de ce pays (*country*)? quelle région? avec qui?
2. As-tu visité des sites historiques? quels sites?
3. Où as-tu passé tes vacances récemment (*recently*)?
4. As-tu voyagé dans un autre pays? quel pays? quand?

4. Adverbs

Avec l'ordinateur, je corrige très facilement ma dissertation.

An adverb modifies a verb, an adjective, or another adverb. It tells *how, where, when, how much*, etc., and is invariable in form. You already know some adverbs such as **très**, **un peu**, **beaucoup**, and **assez**.

1. Formation of adverbs: Many adverbs can be recognized by the suffix **-ment** (corresponding to *-ly* in English). These follow regular patterns and are formed as follows.
   a. If the adjective ends in a consonant, add **-ment** to its feminine form.

   attentif → attentive → **attentive**ment
   lent (*slow*) → lente → **lente**ment

Les étudiants écoutent **attentivement**.	*The students listen attentively.*
Le professeur parle **lentement**.	*The professor speaks slowly.*

   b. Most adjectives (of more than one syllable) ending in **-ant** or **-ent** drop the **-nt** ending and double the **-m** of **-ment**.

Many French adverbs are easily recognizable because they end in **-ment**: **rapidement, vraiment, activement**.

évident → évide- → évid**emment**
patient → patie- → pati**emment**
constant → consta → const**amment**

Évidemment, il écoute **patiemment**.	*Obviously, he is listening patiently.*

c. If the adjective ends in a vowel, **-ment** is added directly to the masculine form.

vrai → **vrai**ment

Yves est **vraiment** beau.	*Yves is really good-looking.*

Occasionally an **accent aigu** is added before **-ment**.

énorme → énorm**ément**

Une Ferrari est **énormément** chère.	*A Ferrari is enormously expensive.*

2. Placement of adverbs with present tense verbs:
   a. An adverb modifying a verb usually follows the verb directly.

La classe écoute **attentivement**.	*The class listens attentively.*

   b. If the adverb tells time or place it may come at the beginning or the end of a sentence.

Charles va à Paris **aujourd'hui**.	*Charles is going to Paris today.*
Ici on parle français.	*French is spoken here.*

3. Placement of adverbs with the **passé composé:**

Short adverbs are usually placed between the auxiliary verb and the past participle. The time adverb **puis** usually is placed at the beginning of a phrase. Adverbs longer than two syllables or multiple adverbs may follow the past participle.

Thomas a **déjà** fini ses devoirs.	*Thomas has already finished his homework.*
Estelle a composé le numéro et **puis** elle a parlé à David.	*Estelle dialed the number and then spoke to David.*
Nous l'avons écouté **longuement** et **patiemment**.	*We listened to him long and patiently.*

Activités

A **Un rendez-vous entre amis.** Change the adjective in the first sentence to an adverb in the second sentence.

MODÈLE: Marc prend un train rapide. Le voyage passe _____. →
Le voyage passe rapidement.

1. Marc est déjà au restaurant. Il attend Nadège. Il est impatient. Il l'attend _____.
2. Nadège arrive à 6 h. Elle porte une robe élégante. Elle est habillée _____.
3. Au restaurant, le service est lent. Ils servent _____ les repas.
4. Pendant le dîner, le serveur est très poli. Il parle _____ à Marc et à Nadège.

5. Marc est très <u>attentif</u> quand Nadège parle. Il l'écoute _____.
6. Marc est <u>amoureux</u> de Nadège. Il la regarde _____.

B **Un avenir** (*future*) **éventuel** (*possible*), **probable, certain?** Ask a classmate the following questions; he/she will answer using an adverbial form of one of the adjectives in this activity's title.

MODÈLE: VOUS: Est-ce que tout le monde (*everyone*) dans ce pays
                       va avoir un Minitel?

    VOTRE CAMARADE: Tout le monde va éventuellement (probablement,
                       certainement) avoir un Minitel.

1. Est-ce que les ordinateurs vont parler?
2. Est-ce que l'énergie solaire va chauffer (*heat*) nos maisons?
3. Est-ce que les êtres humains vont habiter sur la lune (*moon*)?
4. Est-ce qu'on va avoir des T.G.V. dans ce pays?
5. Est-ce qu'on va regarder les gens sur un écran pendant une conversation téléphonique?

5. Numbers Above 60

1. Numbers from 60 to 99. The French use a system of numbering by ten from 1 to 59 but by twenties from 60 to 99. Numbers from 60 to 79 are based on 60 (**soixante**) and from 80 to 99 on 80 (**quatre-vingts**).

60 soixante	70 soixante-dix	80 quatre vingts
61 soixante et un	71 soixante et onze	81 quatre-vingt-un
62 soixante-deux	72 soixante-douze	82 quatre-vingt-deux
63 soixante-trois	73 soixante-treize	83 quatre-vingt-trois
64 soixante-quatre	74 soixante-quatorze	84 quatre-vingt-quatre
etc.	etc.	etc.
		90 quatre-vingt-dix
		91 quatre-vingt-onze
		92 quatre-vingt-douze
		93 quatre-vingt-treize
		94 quatre-vingt-quatorze
		etc.

Note that the final **s** of **quatre-vingts** is dropped when another number is added. Note also that **et** appears in 61 and 71 but not in 81 or 91.

2. Numbers above 100. One hundred (100) is expressed as **cent** alone. Multiples of one hundred add an **-s** unless followed by another number.

100	cent	200	deux cents
101	cent un	207	deux cent sept
102	cent deux		

One thousand (1,000) is expressed as **mille** (1 000). **Mille** does not add **-s** in multiples of one thousand. In dates it is shortened to **mil**.

1 000	mille
2 000	deux mille
1995	mil neuf cent quatre-vingt-quinze

Un million (1 000 000) and **un milliard** (*a billion*) are followed by **de**, as in **un million d'habitants**. Unlike **mille**, **million** and **milliard** take **-s** in the plural: **10 milliards de francs**.

Note that French uses a space where English uses a comma, and a comma (**virgule**) where English uses a period.

4 500	quatre mille cinq cents
4,5%	quatre virgule cinq pour cent

Activité

Êtes-vous fort(e) en maths? Ask a classmate to solve the following problems, with or without a calculator.

MODÈLE: 78 + 45 →

VOUS: Combien font soixante-dix-huit et quarante-cinq?
VOTRE CAMARADE: Soixante-dix-huit et quarante-cinq font cent vingt-trois.

30 × 100 →

VOUS: Combien font trente fois cent?
VOTRE CAMARADE: Trente fois cent font trois mille.

1. 96 + 85   **2.** 177 + 93   **3.** 200 + 182   **4.** 750 + 975   **5.** 342 × 44
6. 1 000 000 × 74

EN AVANT

Réalités

3615 glamour

Here is a list from *Glamour* magazine that describes the offerings and features that its readers can access through **Minitel**.

1. Quel numéro sur le Minitel est-ce que vous composez pour *Glamour*?
2. Si vous avez l'intention de préparer un repas original, quel service est-ce que vous choisissez?
3. *Glamour* est un magazine de mode. Si vous aimez faire du shopping, quel service sur le Minitel vous est utile?

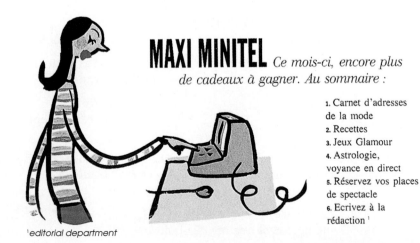

MAXI MINITEL *Ce mois-ci, encore plus de cadeaux à gagner. Au sommaire :*

1. Carnet d'adresses de la mode
2. Recettes
3. Jeux Glamour
4. Astrologie, voyance en direct
5. Réservez vos places de spectacle
6. Ecrivez à la rédaction [1]

¹*editorial department*

4. Votre meilleur ami (meilleure amie) est Sagittaire et vous êtes Capricorne. Quel service est-ce que vous allez probablement appeler?
5. Vous pensez qu'il y a une erreur dans un article de *Glamour*. Quel service est-ce que vous choisissez?
6. Vous avez envie d'aller à un concert. Si vous n'avez pas acheté vos billets, quel service vous est utile?

Bavardons un peu!

Un voyage à Monaco. Working with a classmate, use the **passé composé** to describe a trip (real or imaginary) to Monaco. This principality on the Mediterranean (*see* maps at the front of the book) is noted not only for the Monte Carlo casino, but also for its aquarium and magnificent tropical gardens. The following words may help you in your description.

NOMS

les vacances	les brochures	le jardin	le bateau
l'agence de voyages	les billets	exotique	l'autobus
l'aéroport	l'avion	le Minitel	
les restaurants	le casino de	le taxi	
la mer	Monte Carlo	l'hôtel	
	le musée		
	océanographique		

VERBES

acheter	prendre	regarder
voyager	visiter	avoir
faire	choisir	dîner

*Vidéo-Club**

Thème 5   Les loisirs
Scène 5.2   Le champion de ski

Caroline has called Paul to discuss the final preparations for the ski trip they have planned with Michel and Bénédicte. Paul claims he won't need any lessons on the slopes because he is an expert skier—or is he?

(Cue to 48: 45.)

VOCABULAIRE UTILE

Ils vont nous retrouver dimanche, comme prévu.	*They are going to meet us on Sunday, as planned.*
Je nous vois déjà sur les pistes.	*I already see us on the slopes.*
louer	*to rent*
Comme je n'ai pas skié depuis des années…	*Since I haven't skied in years . . .*
Ils sont même déjà compostés.	*They (The tickets) are already date-stamped.*

---

*This section contains an activity for the Video to accompany *C'est ça!* The theme and scene numbers here correspond to the ten themes and their respective scenes in the video (rather than to the chapter numbers in the book).

non-fumeurs	*nonsmoking*
ces sacrées béquilles	*these darn crutches*
un plâtre	*a cast*

Leur voyage. Identify which person did the following things on or before the ski trip; C = Caroline, P = Paul.

1. _____ a réservé des chambres à Chamonix.
2. _____ a pris les billets de train.
3. _____ a loué ses skis.
4. _____ a composté les billets.
5. _____ a enregistré les skis.
6. _____ a pris des places non-fumeurs.
7. _____ a eu un accident!

TABLEAU CULTUREL

FRENCH TECHNOLOGY: When people around the world talk about French exports, they are often referring to fashion, perfume, food, and wine, yet these popular products actually account for less than a hundred million dollars in sales per year. At the multi-billion-dollar end of the scale are the high-technology products.

The French aerospace industry produces the highly successful line of **Airbus** commercial jets as well as armaments such as the **Dassault** attack fighter, the **AMX** tank, and the **Exocet** missile. The **Ariane** satellite launchers are another symbol of this enormous and lucrative industry.

The **T.G.V.** is being sold to Spain, South Korea, and the United States, beating out Japanese, German, and Swedish competitors on the world market.

Telecommunications systems, such as the **Minitel** and **Numéris**, have been the model for other countries.

In the medical field, the world-famous **Institut Pasteur** and the private **Institut Mérieux** lead the way in the development of vaccines and gene therapies against some of the world's most serious diseases, such as AIDS, cancer, and malaria.

So, although **le vin de Champagne**, **le fromage de Brie**, and **Chanel No. 5** are world-famous, they are far from the most important products that France sells to the world at the dawn of the twenty-first century.

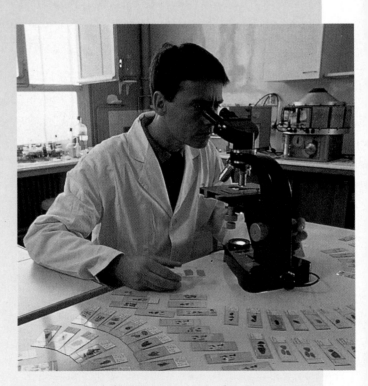

Les chercheurs de l'Institut Pasteur ont fait de nombreuses découvertes et ont reçu neuf prix Nobel depuis 1900.

VOCABULAIRE

Noms

LA TECHNOLOGIE AU BUREAU	TECHNOLOGY AT THE OFFICE
la calculatrice	calculator
le clavier	keyboard
la disquette	computer disk(ette)
l'écran (m.)	screen
l'imprimante (f.)	printer
le logiciel	software
la machine à écrire	typewriter
le magnétophone	tape player
l'ordinateur (m.)	computer
le photocopieur	photocopier
le répondeur	answering machine
le télécopieur, le fax	fax machine

LES MOYENS (m.) DE TRANSPORT (m.)	MEANS OF TRANSPORTATION
l'aéroport (m.)	airport
l'agence (f.) de voyages	travel agency
l'autobus (m.)	bus
l'avion (m.)	airplane
le bateau	boat
le billet (aller-retour)	(round trip) ticket
le camion	truck
le car	intercity bus
la gare	train station
l'horaire (m.)	timetable
le métro	subway
la motocyclette, la moto	motorcycle, motor bike
le quai	platform (at a station)
la station de métro	metro station
le taxi	taxi
le train; le T.G.V. (train à grande vitesse)	train; high-speed train
la voiture	car

D'autres noms

la dissertation	paper, composition
la faute	mistake

Verbes

LA TECHNOLOGIE	
brancher	to plug in
débrancher	to unplug
composer un numéro	to dial a number
copier	to copy
corriger	to correct
donner un coup de fil	to call
imprimer	to print
sonner	to ring
taper (à la machine)	to type
téléphoner à	to telephone

D'autres verbes

devenir	to become
revenir	to come back
tenir	to hold
venir	to come
venir de + inf.	to have just (done something)

EXPRESSIONS DE TEMPS	
l'année (f.) dernière	last year
hier	yesterday
hier soir	last night
(lundi) dernier	last (Monday)
la semaine dernière	last week

D'autres mots et expressions

Allô, (Paul) à l'appareil.	(Paul) speaking.
Ne quittez pas, s'il vous plaît.	Please hold.
Qui est à l'appareil?	Who's calling?
encore	still, yet
Oh, là, là!	Darn!; Oh, no!
Pas de problème!	No problem!
sans (+ noun or inf.)	without
Tiens!	Well!; How about that!

Les nombres (m.)

soixante, soixante-dix, quatre-vingts, quatre-vingt-dix, cent, mille, un million, un milliard

LECTURE

Avant de lire

RECOGNIZING COGNATE PATTERNS. You have already learned that cognates are words that are identical or similar in form and meaning in two or more languages: for example, French **théâtre** and English *theater*. The more cognates you recognize, the more quickly and easily you will read French. Some cognates can be identified by their endings. Here are a few of the most common similarities between French and English word endings.

FRENCH	ENGLISH
-ment	-ly
-iste	-ist
-el, elle	-al
-eux	-ous
-ion	-ion
-ie, -é	-y
-ique	-ical or -ic

What are the English equivalents of the following words?

1. caractéristique
2. unité
3. transformation
4. théorie
5. politique
6. typiquement
7. écologiste
8. courageux

Now try to deduce the meaning of these words taken from the reading:

1. maternelle
2. culturelles
3. commentaires
4. pratiqué (*from* pratiquer)
5. nautiques
6. énormes

In this **Lecture** taken from *Rivages*, a Moroccan magazine, you will read about a summer camp (**une colonie de vacances**) in the city of Mohammedia, on the coast of Morocco. This camp is for children of Moroccan immigrants living in Europe; it allows them to stay in touch with their culture as well as to enjoy traditional summer sports and activities. One of the activities you will read about is a day trip to the historic city of El Jadida, occupied by the Portuguese from 1502 to 1769.

Une colonie de vacances pas comme les autres *

*L*e but° de la colonie de vacances à Mohammedia, c'est de faire redé-couvrir aux enfants d'émigrés° le Maroc de leurs parents, l'histoire de leurs ancêtres, leur langue maternelle et leurs racines° culturelles. Est-ce que les enfants aiment la colo°? Voici une description d'une journée typique et leurs commentaires à ce sujet.

goal
de... to have the children of immigrants rediscover
roots
camp (abbreviation of colonie)

Aujourd'hui, les grands (13–14 ans) ont pratiqué des sports nautiques au port de Mohammedia. Explique Ibtisam de Bordeaux, 13 ans: «En fait, on n'a pas fait de la vraie planche à voile, mais plutôt de la planche sans voile.» Les moyens (11–12 ans) ont visité la ville historique d'El Jadida. Ahmed de Strasbourg, 12 ans, raconte leur belle aventure.

«C'était° super! Après le petit déjeuner, nous avons pris le car pour El Jadida. Nous avons visité la plage de Sidi Bouzid. Il y avait° d'énormes vagues.° On s'est bien amusé. On a fait des châteaux de sable.° C'était tellement génial qu'on n'avait pas envie de partir°! Ensuite on a visité un ancien fort portugais. Nous avons vu° d'anciens fusils° et d'anciens canons. On a regardé des enfants d'El Jadida plonger dans l'eau de hauteurs incroyables.° Sur le chemin de retour, on a visité Azemmour pour acheter des souvenirs du Maroc. On a vu une femme qui avait° de très beaux décors au henné† sur les mains et sur les pieds. C'était très beau à voir.»

it was
Il... There were / waves
sand
leave / avons... saw
guns
hauteurs... incredible heights
had

Ajoute Fatiha de Paris: «Même si je suis née° en France, je suppose que ce n'est pas notre pays. Chez nous, c'est le Maroc, et nous sommes fiers° d'être marocains!»

suis... was born
proud

Après la lecture

La journée d'Ibtisam, d'Ahmed et de Fatiha. Answer the following questions in French, using complete sentences.

1. Quel âge ont «les grands» de cette colonie de vacances? Et «les moyens»?
2. Quelle sorte de sport est-ce que les grands ont pratiqué au port?
3. Quelle ville historique est-ce que les moyens ont visité? Quel moyen de transport ont-ils pris?
4. Avant de visiter l'ancien fort portugais, où est-ce que les moyens ont joué? Et qu'est-ce qu'ils ont fait?
5. Qu'est-ce que les enfants ont vu au fort portugais?
6. Qu'est-ce qu'ils ont acheté sur le chemin du retour? Et la femme qu'ils ont vue: qu'est-ce qu'elle avait sur les mains et les pieds?
7. Est-ce que Fatiha se (*herself*) considère française ou marocaine? Pourquoi?

PAR ÉCRIT

Des vacances mémorables. Write a paragraph about memorable activities you've enjoyed in past vacations. Use the vocabulary and questions as a guide.

---
*Adapted from an article in *Rivages*, a Moroccan magazine.
†In Muslim countries, henna is often used as a powder to tint the eyelids, hair, hands, and feet.

VOCABULAIRE UTILE

Quand j'avais _____ ans,… *When I was _____ years old, . . .*
Je suis allé(e)… *I went . . .**

1. Quel(s) endroit(s) (*place[s]*) avez-vous visité(s) pendant vos vacances? Et avec qui?
2. Quels moyens de transport avez-vous pris pour arriver à votre destination?
3. Avez-vous dormi (*sleep*) dans un hôtel? chez des amis? dans une tente? sur un bateau?
4. Où avez-vous pris vos repas? Qu'est-ce que vous avez mangé?
5. Avez-vous fait du sport? Quel(s) sport(s)?
6. Quelles autres sortes d'activités avez-vous faites? des excursions à des sites historiques? de la culture (festivals, musées, concerts)? de la lecture? du shopping? de l'aventure?

MISE EN SCÈNE

Les vacances de Christophe. Look at the drawings, then tell the story of Christophe's preparations for his vacation in Antibes, a resort town in the south of France on the Mediterranean. Describe each scene as fully as possible, and use the **passé composé.**

VOCABULAIRE UTILE

l'agent de voyages (*m.*) *travel agent*   Il est allé… *He went . . .*
la valise *suitcase*   les lunettes (*f.*) de soleil *sunglasses*

> MODÈLE: Christophe est allé à l'agence de voyages pour organiser ses vacances. Il a regardé une affiche d'Antibes…

Verbs requiring **être rather than **avoir** in the **passé composé** will be presented in Chapter 7.

CHAPITRE

7

Les divertissements

DANS CE CHAPITRE...

Esquisses
Le théâtre
La musique
Le cinéma

Grammaire essentielle
1. Irregular **-ir** Verbs
2. Indirect Object Pronouns
3. The Pronoun **y**
4. The **passé composé** with **être**

On donne beaucoup de concerts à l'Olympia,
une grande salle de spectacle à Paris.

ESQUISSES

Le théâtre

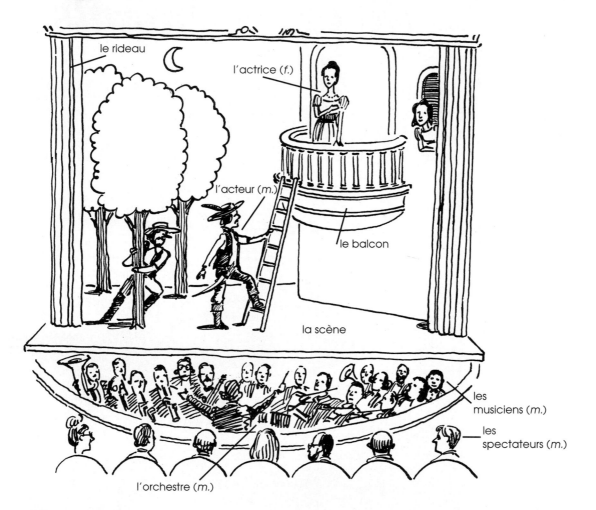

le rideau

l'actrice (f.)

l'acteur (m.)

le balcon

la scène

les musiciens (m.)

les spectateurs (m.)

l'orchestre (m.)

NOMS

la comédie *comedy*
le drame *drama*
la lumière *light*
le personnage *character* (*in a play*)
la pièce *play* (*theater*)
le spectacle *performance, show*
la tragédie *tragedy*

EXPRESSION

avoir lieu *to take place*

Activités

A **Associations.** Nommez (*Name*) trois choses qu'on associe avec…

1. la scène
2. la pièce

B **La comédie.** Regardez les deux programmes. L'un est de Montréal, l'autre de Paris.

¹s'en… *to hold one's sides*
²à… *running*

1. Dans quel théâtre est-ce qu'on joue *Broue*? Dans quelle ville?
2. Dans quel théâtre est-ce qu'on joue *Couac*?
3. Quelle sorte de pièce est *Broue*? Quelle sorte de spectacle est *Couac*?
4. Et dans *Couac*, à part (*besides*) la pièce, quel aspect intéressant y a-t-il? Est-ce que vous aimez les spectacles musicaux? Pourquoi ou pourquoi pas?
5. Ce soir, vous allez au théâtre. Quel spectacle allez-vous choisir? Pourquoi?

C **Opinions personnelles.** Avec un(e) camarade, donnez votre préférence et expliquez vos raisons.

1. le théâtre ou le cinéma
2. les tragédies ou les comédies
3. les comédies musicales ou les pièces sérieuses
4. les pièces modernes ou classiques
5. les costumes simples ou élégants

TABLEAU CULTUREL

LE BOVRGEOIS GENTIL-HOMME, Comedie-Ballet, Donné par le Roy à toute fa Cour dans le Chafteau de Chambort, au mois d'Octobre 1670.

A PARIS, Chez ROBERT BALLARD, feul Imprimeur du Roy pour la Mufique. M. DC. LXX. AVEC PRIVILEGE DE SA MAIESTE.

LE BOURGEOIS GENTILHOMME

LA TRADITION DU THÉÂTRE: En France, les trois coups (*knocks*) annoncent le commencement d'une pièce. On baisse (*dims*) les lumières, tout le monde est assis (*seated*), les ouvreurs (*ushers*) ont déjà vendu les programmes et on attend l'ouverture (*opening*) du rideau.

La Comédie-Française, une troupe prestigieuse qui visite le monde (*world*) entier, présente des pièces classiques. Des pièces plus modernes sont présentées par d'autres troupes comme le Tréteau de Paris. Il y a toujours des billets bon marché pour les étudiants.

Le style dramatique de la Comédie-Française s'est développé avant l'invention du microphone; cela explique le fait que le jeu des acteurs n'est pas très naturel: ils parlent fort (*loudly*) et font des gestes exagérés. De plus, comme l'électricité n'existait pas à l'époque, on utilisait des bougies (*candles*). Voilà pourquoi les scènes et les actes sont si courts.

À VOUS!

1. Quelle troupe française présente des pièces classiques? Et quelle troupe présente des pièces plus modernes?
2. Pourquoi est-ce que le style des acteurs de la Comédie-Française n'est pas très naturel? Pourquoi est-ce que les scènes et les actes sont courts?

La musique

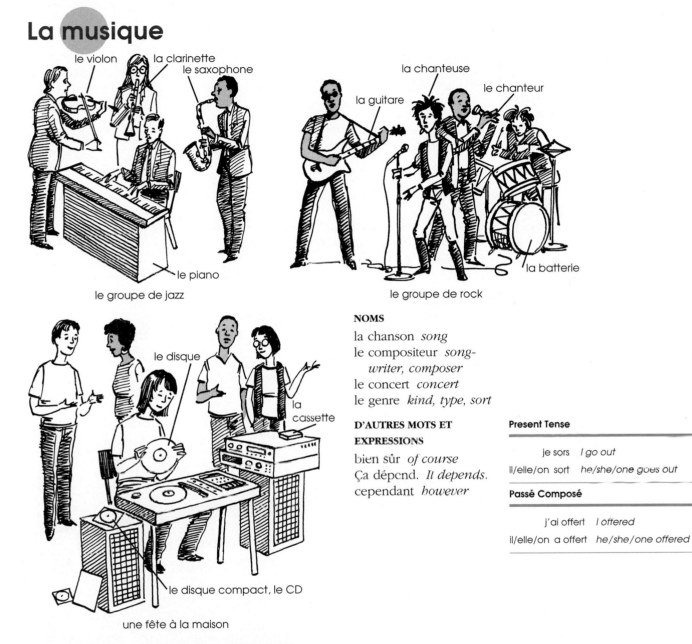

le violon
la clarinette
le saxophone
le piano
le groupe de jazz

la chanteuse
la guitare
le chanteur
la batterie
le groupe de rock

le disque
la cassette
le disque compact, le CD
une fête à la maison

NOMS

la chanson *song*
le compositeur *song-writer, composer*
le concert *concert*
le genre *kind, type, sort*

D'AUTRES MOTS ET EXPRESSIONS

bien sûr *of course*
Ça dépend. *It depends.*
cependant *however*

Present Tense

je sors	*I go out*
Il/elle/on sort	*he/she/one goes out*

Passé Composé

j'ai offert	*I offered*
il/elle/on a offert	*he/she/one offered*

LAURENT: Quel genre de musique préfères-tu?

CHANTAL: Ça dépend. Quand j'étudie, j'aime écouter de la musique classique, et quand je danse, je préfère le rock.

LAURENT: Et le jazz, tu aimes? Parce que je t'invite au Festival de Jazz samedi. Mon ami Mustapha m'a offert deux billets. Il est musicien et compositeur, et il va jouer du saxophone au Festival.

CHANTAL: Ah, non merci. Je n'aime pas le jazz... et je sors avec Patrick! On va à un concert de Sting. J'adore les chansons de son nouveau disque compact.

LAURENT: Ah! Sting et Patrick! Bien sûr! Alors, je vais inviter Nicole au Festival. Cependant, après les concerts, allons tous les quatre° danser au Club 99, d'accord?

tous... *all four*

CHANTAL: D'accord, si on y° joue de la musique rock!

there

Activités

A **Vrai ou faux?** Si la phrase est fausse, corrigez-la.

1. Chantal aime écouter du jazz quand elle étudie.
2. Chantal ne danse pas.
3. L'ami de Laurent, Mustapha, aime le jazz.
4. Chantal va avec Patrick à un concert de musique classique.
5. Laurent va inviter Nicole au concert de jazz.

B **Vos goûts (*tastes*) en musique.** Répondez aux questions personnelles.

1. Est-ce que vous écoutez de la musique quand vous étudiez? Pourquoi ou pourquoi pas?
2. Quel groupe de rock préférez-vous? Que(le) chanteur/chanteuse?
3. Jouez-vous d'un instrument de musique? De quel instrument?
4. Est-ce que vos parents apprécient vos goûts en musique? Pourquoi ou pourquoi pas?

C **Les préférences musicales de vos camarades.** Faites un sondage (*survey*) d'opinion de cinq camarades de classe et présentez les résultats à la classe.

Renseignez-vous (*Get information*) sur les sujets suivants:

1. le genre de musique qu'ils aiment
2. leur chanteur/chanteuse préféré(e)
3. leur groupe préféré
4. leur album préféré
5. le concert qu'ils ont aimé le plus (*the most*)
6. leur instrument préféré

● TABLEAU CULTUREL

LA SCÈNE MUSICALE EN FRANCE: Les jeunes Français aiment beaucoup la musique rock et la musique pop. Ils écoutent les groupes et les chanteurs français, américains et anglais. Les grands artistes jouent à l'Olympia ou à Bobino à Paris, les deux salles (*performance halls*) prestigieuses de la musique populaire. Les Français peuvent (*can*) regarder les vidéo-clips de ces artistes européens et américains sur leur version de MTV.

Les chanteurs-compositeurs francophones sont aussi très écoutés. Leurs chansons illustrent la diversité française et reflètent les problèmes sociaux de notre temps. Puisque (*Since*) les immigrés africains sont très nombreux en France, ils ont une grande influence dans le domaine musical. Le Sénégalais Youssou N'Dour, par exemple, a un énorme succès en France. Il a fait ses

enregistrements (*recordings*) dans son propre studio au Sénégal, et il a aussi enregistré une chanson populaire avec Peter Gabriel.

Le jazz et le blues sont très appréciés en France, même par les étudiants universitaires. En ce qui concerne la musique classique, beaucoup de villes ont un orchestre. L'opéra est très populaire; le nouvel Opéra-Bastille a ouvert (*opened*) à Paris au milieu d'une grande polémique (*controversy*), mais il a eu beaucoup de succès. Georges Bizet (*Carmen*) est probablement le compositeur d'opéra le plus (*the most*) célèbre de langue française.

À VOUS!

1. Quels genres de musique est-ce que les jeunes Français aiment? Où est-ce qu'on peut (*can*) regarder les artistes populaires?
2. Nommez les autres genres de musique écoutés en France. Quel artiste africain influence beaucoup la musique française?
3. Parmi (*Among*) les genres de musique mentionnés ici, lesquels (*which ones*) préférez-vous?

Le cinéma

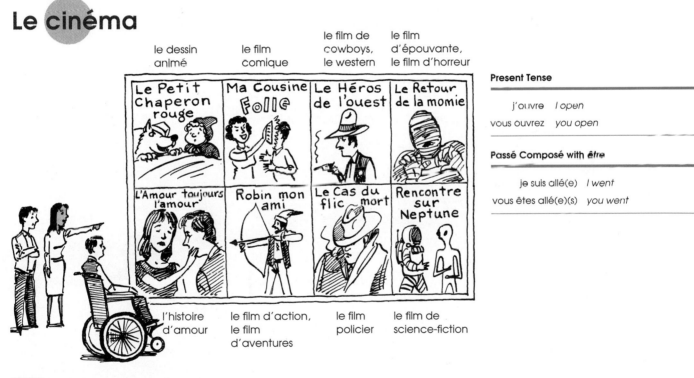

le dessin animé | le film comique | le film de cowboys, le western | le film d'épouvante, le film d'horreur

l'histoire d'amour | le film d'action, le film d'aventures | le film policier | le film de science-fiction

Present Tense

j'ouvre	*I open*
vous ouvrez	*you open*

Passé Composé with *être*

je suis allé(e)	*I went*
vous êtes allé(e)(s)	*you went*

NOMS

le réalisateur (*film*) *director*
le sous-titre *subtitle*
la vedette *star* (*refers to men or women*)

EXPRESSION

selon *according to*

VINCENT: J'ai envie de sortir ce soir. Le nouveau western de Clint Eastwood vient de sortir et il passe° au Cinéma Gaumont.

MARIAMA: Je suis allée voir° un de ses films l'année passée. Ses films sont trop violents. Allons voir autre chose.

is showing

to see

KÉVIN: Veux-tu voir un film d'action? Il y a un nouveau film avec Van Damme… et c'est mon acteur préféré.

MARIAMA: Je préfère un film de science-fiction. Peut-être un Spielberg?

KÉVIN: C'est un excellent réalisateur, mais je n'aime pas les sous-titres.

VINCENT: Pourquoi n'allons-nous pas voir un film classique? On passe *La Grande Illusion* de Renoir à la Cinémathèque.

MARIAMA: Très bonne idée. Selon les critiques, c'est un film formidable! J'ai toujours eu envie de le voir. En plus, la Cinémathèque ouvre de bonne heure et les billets ne sont pas chers.

KÉVIN: Allons-y!

Activités

Ⓐ Une soirée au cinéma. Donnez le synonyme de l'expression soulignée.

1. Vincent <u>désire</u> sortir ce soir.
2. Vincent suggère le nouveau <u>western</u> de Clint Eastwood.
3. Kévin n'aime pas <u>les phrases en français sur l'écran</u>.
4. Selon Mariama, *La Grande Illusion* est un film <u>excellent</u>.
5. Les billets de la Cinémathèque <u>sont bon marché</u>.

Ⓑ Classement. Quel est le genre des films suivants? Justifiez votre réponse.

1. *Les Trois Mousquetaires*
2. *Autant en emporte le vent* (avec Vivien Leigh et Clark Gable)
3. *Psychose* (d'Alfred Hitchcock)
4. *2001: l'Odysée de l'espace*
5. *Crocodile Dundee*
6. *Le Dernier des Mohicans*
7. *Blanche-Neige et les Sept Nains*
8. *Madame Doubtfire*

Ⓒ Le cinéma. Discutez vos préférences avec un(e) camarade de classe.

1. Vas-tu souvent au cinéma? Avec qui?
2. Quel genre de film préfères-tu? Quel genre détestes-tu? Pourquoi?
3. Quelle est ta vedette favorite? Dans quels films a-t-il/elle joué?
4. Quel film as-tu aimé récemment?
5. As-tu déjà regardé un film français? Quel film? L'as-tu aimé?

TABLEAU CULTUREL

LE CINÉMA FRANÇAIS ET FRANCOPHONE: Le cinéma a été inventé en 1895 par deux frères français, Louis et Auguste Lumière. C'est maintenant une très grande industrie en France. Le pays est connu (*known*) dans le monde entier pour la qualité de ses films. Dans les années 50 et 60, les réalisateurs de la Nouvelle Vague (*New Wave*) ont créé un art cinématographique moderne d'un style très personnel. Les plus grands réalisateurs de la Nouvelle Vague sont François Truffaut, Claude Chabrol et Jean-Luc Godard; leurs films sont maintenant des classiques.

Quand les Français vont au cinéma, ils choisissent souvent le film pour le réalisateur, pas pour les acteurs. Voici le genre des films de quelques réalisateurs français ou francophones:

Bertrand Tavernier Bertrand Blier Louis Malle	des drames psychologiques
Claude Berri	les romans (*novels*) de Marcel Pagnol (*Jean de Florette, Manon des sources*)
Éric Rohmer	des comédies de mœurs (*manners*)
Claude Chabrol	des films policiers
Claude Zidi	des films comiques
Idrissa Ouedraogo Youssef Chahine Ousmane Sembène	l'expérience africaine

Le tournage d'un film à Aix-en-Provence dans le sud de la France.

À VOUS!

1. Pourquoi y a-t-il une longue histoire du cinéma en France?
2. Quels réalisateurs français et francophones est-ce que vous reconnaissez (*recognize*)? Vous voudriez regarder des films de quel(s) réalisateur(s)?

GRAMMAIRE ESSENTIELLE

1. Irregular -ir Verbs

Mariama: La Cinémathèque ouvre de bonne heure et les billets ne sont pas chers.

Vincent   Kévin

1. The verb **ouvrir** is irregular because it is conjugated like an **-er** verb, even though it ends in **-ir**. The imperative, or command, forms follow the **-er** pattern as well.

Present tense endings for verbs like **ouvrir**:

-e	-ons
-es	-ez
-e	-ent

ouvrir (*to open*)	
j 'ouvre	nous ouvr**ons**
tu ouvr**es**	vous ouvr**ez**
il/elle/on ouvr**e**	ils/elles ouvr**ent**
but Past participle: **ouvert**	

Valérie **ouvre** la porte.	*Valerie opens the door.*
Ouvrez vos livres à la page 89.	*Open your books to page 89.*
La Cinémathèque a déjà **ouvert**.	*The Cinematheque has already opened.*

Other verbs conjugated like **ouvrir** are the following:

couvrir *to cover*
découvrir *to discover*
offrir *to offer, to treat (someone to)*

Nous **couvrons** la page de photos.	*We cover the page with photos.*
Adil a **découvert** le cinéma français.	*Adil has discovered French cinema.*
Estelle et Denise **offrent** des billets à leurs amis.	*Estelle and Denise are treating their friends to tickets.*

2. The verb **partir** has an irregular conjugation.

partir (*to leave*)	
je par**s**	nous par**tons**
tu par**s**	vous par**tez**
il/elle/on par**t**	ils/elles par**tent**
Past participle: **parti***	

Je pars à 6 h.	*I'm leaving at 6:00.*

Some commonly used verbs conjugated like **partir** are the following:[†]

dormir *to sleep*	servir *to serve*
mentir *to tell a lie*	sortir *to go out*
sentir *to feel, to smell*	

Jacques **dort** au cinéma mais ses amis **dorment** à la maison.	*Jacques sleeps at the movies but his friends sleep at home.*
Le dîner **sent** bon.	*The dinner smells good.*

---

*You will learn the **passé composé** of **partir** in grammar section 4 of this chapter.
[†]For **dormir** and **servir**, the **-m** and the **-v** are restored in the plural forms: **nous dormons, vous servez**.

Mes amis **sortent** souvent mais je **sors** seulement le week-end.	*My friends go out often but I go out only on weekends.*

ÉTUDE DE MOTS

THREE VERBS THAT MEAN *TO LEAVE*: Sortir means *to leave* as in *to go out*. Used with **avec**, it means *to go out with* in the sense of *to date someone*.

Stéphane **sort** de l'université à 8 h.	*Stéphane leaves the university at 8:00.*
Éric **sort avec** Juliette.	*Eric is going out with Juliette.*

Partir means *to leave* as in *to depart*.

Monique **part** pour l'Europe vendredi.	*Monique is leaving for Europe on Friday.*

Quitter also means *to leave*, but it always takes a direct object. It can also mean to take off a piece of clothing.

Je **quitte** le travail pour aller au théâtre.	*I am leaving work to go to the theater.*
Quittez votre veste.	*Take off your jacket.*

Activités

A **Grand drame d'amour en trois actes.** Quelle confusion! Remplacez les infinitifs par la forme correcte du verbe (au présent) entre parenthèses.

Premier acte. Claude (sortir) avec Dominique. Dominique (sortir) avec Louis le vendredi. Mais le samedi soir Dominique (sortir) avec Claude.

Acte deux. Claude (découvrir) que Dominique (sortir) avec Louis. Il est jaloux et (partir) en voyage. Quand il (revenir), Dominique (mentir) à Claude; elle dit qu'elle ne (sortir) plus avec Louis. Elle est toujours amoureuse de Claude.

Acte trois. Claude la croit (*believes*). Tout (finir) bien et Claude et Dominique (partir) ensemble, mais Louis les suit (*follows them*)!

B **Une soirée au concert.** Rachel et sa camarade de chambre, Denise, dînent dans leur restaurant préféré et ensuite elles vont à un concert de rock. Choisissez le verbe qui convient dans la liste à droite. Puis donnez la forme correcte de chaque verbe (au présent) pour raconter leur soirée.

Rachel et Denise _____[1] de très bonne heure pour dîner dans leur restaurant préféré, Aux Délices du Viêt-nam. Le restaurant _____[2] à six heures précises et les deux jeunes femmes arrivent à temps. Le propriétaire M. Nguyen _____[3] un apéritif aux deux camarades. Puis, il leur _____[4] une soupe au crabe et du poisson. Oh, que le dîner _____[5] bon! Elles _____[6] immédiatement après le repas pour être à l'heure au concert.	sentir offrir servir ouvrir partir sortir

C'est un concert du groupe Jockeys, et juste à l'entrée de la salle de concert, elles _____[7] que leur camarade Julien est assis (*seated*) tout près. Les trois camarades s'amusent beaucoup au concert et après ils _____[8] ensemble. Julien _____[9] un coca à ses amies. Ensuite, il dit bonne nuit à Rachel et à Denise. Elles rentrent et _____[10] bien, rêvant (*dreaming*) de l'agréable soirée qu'elles ont passée.

offrir
découvrir
dormir
sortir

C **La vérité, s'il vous plaît.** Faites un sondage (*survey*) de cinq de vos camarades et donnez les résultats à la classe. Demandez à chacun(e) (*each one*) s'il/si elle…

1. sort du lit quand il/elle entend le réveil-matin (*alarm clock*).
2. part de bonne heure pour arriver à l'heure.
3. ment quelquefois à ses parents.
4. sert le dîner de temps en temps à sa famille.
5. offre souvent d'aider ses parents à la maison.

2. Indirect Object Pronouns

Mon ami Mustapha m'a offert deux billets pour le Festival de Jazz.

Indirect object nouns and pronouns usually answer the question *to whom?* or *for whom?* In English, the word *to* is often omitted: *I give the book to John,* or *I give John the book. John* is the indirect object. In French, the word **à** is always used before an indirect object noun: **Je donne le livre à Jean.**

Use indirect object pronouns to replace **à** + *a person* or *an animal.*

1. The following indirect object pronouns replace **à** + nouns referring to people or animals.

SINGULAR		PLURAL	
me, m'	*(to, for) me*	**nous**	*(to, for) us*
te, t'	*(to, for) you*	**vous**	*(to, for) you*
lui	*(to, for) him, her*	**leur**	*(to, for) them*

Je sers le dîner **à Samuel**. Je **lui** sers le dîner.

I serve dinner to Samuel. I serve dinner to him. (I serve him dinner.)

Mustapha offre deux billets **à Laurent et à Chantal**. Il **leur** offre deux billets.	*Mustapha offers two tickets to Laurent and Chantal. He offers two tickets to them. (He offers them two tickets.)*
Viviane **me** donne sa guitare.	*Viviane gives her guitar to me. (Viviane gives me her guitar.)*

2. Certain French verbs take only an indirect object. These include **téléphoner à**, *to call* (*on the telephone*); **répondre à**, *to answer*; **parler à**, *to speak to*; and **obéir à**, *to obey*.

Je réponds **à Louise**. Je **lui** réponds.	*I answer Louise. I answer her.*
Charles téléphone **à ses amis**. Il **leur** téléphone.	*Charles calls his friends. He calls them.*

3. As with direct object pronouns, all indirect object pronouns immediately precede the verb or infinitive to which they refer. In the case of the **passé composé**, they precede the auxiliary verb.

Nous **te** donnons un CD.	*We are giving you a CD.*
Nous allons **te** donner un CD.	*We are going to give you a CD.*
Nous **t'**avons donné un CD.	*We gave you a CD.*

Activités

A Une invitation au théâtre. Remplacez les mots soulignés par des pronoms indirects.

MODÈLE: Thomas parle <u>à Julie</u>. → Il lui parle.

1. Thomas téléphone <u>à Julie</u>.
2. Il offre <u>à Julie</u> un billet pour l'Opéra-Comique.
3. Julie répond <u>à Thomas</u> qu'elle a envie de voir le spectacle.
4. L'ouvreuse (*usher*) montre <u>à Julie et à Thomas</u> où sont leurs places.
5. Ils donnent un pourboire <u>à l'ouvreuse</u> et s'amusent bien au spectacle.

B Une visite au Lapin agile à Montmartre. Complétez la phrase par un pronom indirect.

1. Est-ce que vous avez téléphoné à Jean-Luc pour l'inviter à écouter les chanteurs au Lapin agile? Oui, je _____ ai téléphoné.
2. Qu'est-ce qu'il vous a répondu? Il _____ a répondu: «Avec plaisir.»
3. Est-ce qu'on vous a servi du vin au Lapin agile? Oui, on _____ a servi du vin rouge.
4. Avez-vous parlé aux autres spectateurs? Oh, oui, nous _____ avons beaucoup parlé.
5. Est-ce qu'on vous a offert des CD des chanteurs célèbres? Oui, on _____ a offert des CD.
6. Comment allez-vous envoyer ces CD à vos amis? Je vais _____ envoyer ces CD par avion.

C Est-ce que vous sortez beaucoup? Parlez de votre vie mondaine (*social life*) avec un(e) camarade de classe. Utilisez les pronoms indirects dans vos réponses aux questions suivantes.

1. Téléphones-tu souvent à tes amis? À qui as-tu téléphoné la semaine dernière?
2. Aimes-tu écrire (*to write*) à tes amis ou préfères-tu leur téléphoner? Qui t'écrit des lettres? Qui te téléphone souvent?
3. Est-ce que tu rends souvent visite à tes amis? Qu'est-ce qu'ils te servent comme repas et comme boisson pendant ta visite?
4. Qu'est-ce tu offres à tes amis quand ils viennent chez toi?
5. Si tu vas au café, parles-tu aux gens que tu ne connais (*know*) pas? En général, est-ce qu'ils te parlent avant que tu ne leur parles, ou vice versa?

3. The Pronoun *y*

Danser au Club 99? D'accord,
si on y joue de la musique rock!

1. The pronoun **y** is used to replace a prepositional phrase referring to a place. Its English equivalent is *there*.

Use **y** to replace **à** (**en**, **chez**, **dans**, etc.) + *a place*.

Éléonore va **au théâtre**. Elle **y** va.   *Éléonore is going to the theater. She is going there.*

Vas-tu souvent **au cinéma**?   *Do you go to the movies often?*
Oui, j'**y** vais souvent.   *Yes, I go (there) often.*
Est-ce que Marc va **en Belgique**?   *Is Marc going to Belgium?*
Non, il n'**y** va pas.   *No, he's not going there.*
Allez-vous **chez Denise** ce soir?   *Are you going to Denise's (house) tonight?*

Oui, nous **y** allons.   *Yes, we're going there.*

2. **Y** also replaces the combination **à** + *noun* when the noun refers to a thing. (You have seen that an indirect object pronoun is used when the noun refers to a person or an animal.)

Use **y** to replace **à** + *a thing*.

Je réponds **à ta lettre**. J'**y** réponds.   *I answer your letter. I answer it.*
Nous obéissons toujours **aux lois**.   *We always obey the laws. We*
Nous **y** obéissons toujours.   *always obey them.*

Activités

A **Allons au Ciné-Club.** On passe au Ciné-Club un film classique que Jamal et Nathalie ont envie de voir. Complétez les phrases.

JAMAL: Tu sais quel film on passe au Ciné-Club ce soir? *Casablanca*, mon film préféré. On _____¹ va tous les deux?

NATHALIE: Malheureusement, j'ai un examen demain. Tu veux _____² aller demain soir?

JAMAL: Oui. En fait, c'est préférable. J'ai reçu une lettre de mon grand-père en Algérie, et je devrais (*should*) _____³ répondre ce soir. Bon, alors, c'est arrangé. On _____⁴ va demain.

B **Au Festival du cinéma au Burkina-Faso.** Le cinéma africain jouit d'un (*is enjoying*) grand succès en ce moment. Lisez les phrases suivantes et remplacez les mots soulignés par des pronoms directs, par des pronoms indirects ou par le pronom **y**, selon le cas.

1. Le cinéma est en pleine évolution <u>au Burkina-Faso</u>.
2. Beaucoup de films africains reflètent <u>la simplicité des temps passés</u>.
3. Le réalisateur sénégalais Ousmane Sembène a participé <u>au Festival</u>.
4. On a dédié (*dedicated*) le Festival <u>à M. Sembène</u>.
5. Les réalisateurs ont présenté <u>les nouveaux films</u> au Festival et des prix ont été attribués <u>aux meilleurs acteurs</u>.
6. Le public français apprécie les films qui sont faits <u>en Afrique</u>.

4. The *passé composé* with *être*

Je suis allée voir un de ses films l'année passée.

There are a number of French verbs that are conjugated with **être**, rather than **avoir**, in the **passé composé**. Many of these verbs involve motion or a change in location or status.

je suis allé(e) = *I went*
tu es allé(e) = *you went*

PASSE COMPOSÉ OF *aller* (*to go*)	
je suis all**é(e)**	nous sommes all**é(e)s**
tu es all**é(e)**	vous êtes all**é(e)(s)**
il, on est all**é**	ils sont all**és**
elle est all**ée**	elles sont all**ées**

1. The most common verbs conjugated with **être**, with their past participles, are:

aller: allé *to go*

arriver: arrivé *to arrive; to happen*

descendre: descendu *to go down; to get off*

devenir: devenu *to become*

entrer: entré *to enter*

monter: monté *to go up, to climb*

mourir: mort *to die*

naître: né *to be born*

partir: parti *to leave*

passer (par): passé *to pass (by)*

rentrer: rentré *to return (home)*

rester: resté *to remain, stay*

retourner: retourné *to return (to some place); to go back*

revenir: revenu *to come back*

sortir: sorti *to go out*

tomber: tombé *to fall*

venir: venu *to come*

These verbs express motion, either literally (coming and going) or figuratively (being born and dying).

Catherine **est allée** au Lido. *Catherine went to the Lido.*

Ils **sont rentrés** très tard. *They returned home very late.*

Daniel, **es-tu sorti** hier soir? *Daniel, did you go out last night?*

2. In the **passé composé** with **être**, the past participle agrees in gender and number with the subject.

Paulette **est devenue** actrice. *Paulette became an actress.*

Elle **est allée** au Canada. *She went to Canada.*

Ses parents **sont restés** en France. *Her parents stayed in France.*

For feminine subjects, add an **e** to the past participle.

For plural subjects, add an **s** to the past participle.

For plural feminine subjects, add **es** to the past participle.

Activités

A **La musique pop de Céline Dion.** Vous aimez la musique pop de la chanteuse québecoise Céline Dion. Elle donnait (*was giving*) un concert à Rennes, en Bretagne, et vous avez quitté Marseille pour aller à ce concert. Utilisez le passé composé pour dire ce qui est arrivé (*what happened*).

MODÈLE: Je _____ (partir) à 7 h.
Je suis parti(e) à 7 h.

1. Je _____ (descendre) à la gare de Marseille.
2. Avec mon ami Bertrand, je _____ (monter) dans le T.G.V. pour aller à Paris, et ensuite à Rennes, le plus vite possible.
3. Nous _____ (passer) par la Haute-Savoie et la Bourgogne.
4. Nous _____ (entrer) dans le wagon-restaurant pour prendre un casse-croûte (*snack*).
5. Nous _____ (arriver) à Rennes à temps pour le concert. Il était formidable!
6. J'y _____ (rester) trois jours, mais Bertrand _____ (partir) après le concert.
7. Des amis _____ (venir) me rendre visite à l'hôtel.
8. Nous _____ (aller) au théâtre aussi.
9. Malheureusement, j'ai eu de mauvaises nouvelles. Mon grand-père _____ (mourir).
10. Je _____ (retourner) à Marseille immédiatement.

B **Cyrano de Bergerac.** Edmond Rostand a composé cette pièce en vers (*verse*) au dix-neuvième siècle. L'histoire est basée sur la vie d'un vrai Cyrano qui a vécu (*lived*) au dix-septième siècle. Il est tombé amoureux de Roxanne mais il ne lui a pas fait la cour (*courted*) parce qu'il avait honte de (*was ashamed of*) son long nez, qui «le précédait d'un quart d'heure.» Mettez les verbes du passage suivant au passé composé.

Cyrano et son ami Christian, qui allait faire la cour à Roxanne à la place de Cyrano, entrent[1] sur scène. La belle Roxanne arrive[2] sur le balcon. Christian monte[3] pour lui parler mais il descend[4] vite,* parce que sa servante arrive[5] sur scène. Christian revient[6] pour parler à Cyrano. Mais Cyrano reste[7] derrière l'arbre. Cyrano passe[8] devant le balcon pour regarder Roxanne de loin mais il retourne[9] vite derrière l'arbre. Les deux hommes sortent[10] de scène et Roxanne rentre[11] dans sa chambre. C'est Christian qui s'est enfin marié avec Roxanne. Cyrano devient[12] très triste. Mais peu de temps après son mariage avec Roxanne, Christian meurt[13] (*dies*) dans une bataille.

C **Un concert à Genève.** Robert Charlebois, l'idole canadienne de la chanson, donne un concert à Genève. Mettez le paragraphe suivant au passé composé. Commencez par *Hier soir…*

1. Le célèbre chanteur Robert Charlebois arrive à Genève pour donner un concert. 2. Tout le monde y va. 3. Mon ami Patrick passe à la maison à 7 h. 4. Il vient me chercher et nous partons tout de suite pour avoir de bonnes places. 5. Le concert commence à 20 h 30. 6. Charlebois chante des chansons folkloriques et du rock. 7. Il chante vraiment bien et le public est très enthousiaste. 8. Nous sortons de la salle vers 11 h. 9. Nous prenons un café dans un petit restaurant. 10. Puis nous rentrons après minuit. Quelle belle soirée!

D **Entrevue.** Vous cherchez un emploi dans un studio de cinéma à Paris. Qu'est-ce qu'on vous demande? Avec un(e) camarade de classe, jouez les rôles du chercheur (*seeker*) et de l'offreur d'emploi. Utilisez les éléments suivants et à la page 180 pour l'entrevue.

1. naître (où, quand)
2. venir de quelle ville/quel pays

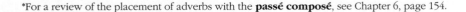

*For a review of the placement of adverbs with the **passé composé**, see Chapter 6, page 154.

3. arriver en France (quand)
4. travailler avant (où)
5. aller à l'université (où, quand)

6. faire quelles études (études cinématographiques)
7. chercher quelle sorte de travail

EN AVANT

Réalités

Laissez les bons temps rouler (*Let the good times roll*)! Voici une publicité pour le Festival International de Louisiane à Lafayette. Lisez la «pub» et répondez aux questions.

Une célébration des arts plastiques et de la scène.

Le 6ème Festival s'annonce comme la fête la plus vibrante des cultures francophones du monde. Plus de 600 artistes seront[1] présents avec du jazz canadien, afro-pop, musique bretonne, reggae, gwo ka, cabaret, musique antillaise, entre autres, et des acrobates et jongleurs, spectaculaires expositions d'art, danse, théâtre, cinéma sans oublier l'exquise cuisine française, créole et cadjine. Un grand divertissement pour toute la famille. Pour tous renseignements, s'adresser au bureau du Festival (318) 232-8086, et pour des billets d'avion à tarif réduit: 800-462-8119.

[1] will be

6e Festival
INTERNATIONAL
de LOUISIANE™
Discovering the Americas
April 21 - 26, 1992 ● Lafayette, Louisiana USA
Du 21 Au 26 Avril 1992 ● Lafayette, Louisiana USA

1. Quelles cultures le Festival célèbre-t-il?
2. Combien d'artistes vont assister au Festival? D'où viennent-ils?
3. Quels genres de musique vont être représentés?
4. Quels autres spectacles vont être présentés?
5. Est-ce qu'il va y avoir aussi des arts plastiques?
6. Qu'est-ce qu'on va manger?
7. À votre avis (*opinion*), est-ce que tous les membres d'une famille peuvent (*can*) s'y amuser?
8. Est-ce qu'on aime ce genre de festival chez vous?

TABLEAU CULTUREL

LA TRADITION MUSICALE CADJINE: *Cadjin* (*Cajun*) est une déformation du mot *Acadien*, un terme utilisé pour parler des Français qui sont arrivés en Louisiane de la Nouvelle-Écosse (*Nova Scotia*) vers le milieu du dix-huitième siècle. Les musiques cadjine et zydeco sont basées sur des chansons françaises traditionnelles; la musique cadjine a été influencée par le style créole, alors que la musique zydeco vient de la communauté noire et a été influencée par le blues. Les instruments qu'on emploie généralement sont l'accordéon et le «crincrin» (*fiddle*).

La popularité des musiques cadjine et zydeco, qui ont leurs origines en Louisiane et au Texas, se répand (*is spreading*) dans le reste des États-Unis. Une des raisons de cette popularité est le CO-DOFIL (Conseil pour le développement du français en Louisiane), créé en 1968, qui a encouragé la préservation de l'héritage français. On enseigne à présent le français dans les écoles de la Louisiane et on espère par la suite faire revivre une culture qui est le symbole d'un riche passé.

À VOUS!

1. Où se trouve La Nouvelle-Orléans? Y êtes-vous déjà (*ever*) allé(e)?
2. Avez-vous jamais écouté de la musique cadjine? du zydeco? Si oui, aimez-vous ces genres de musique? Quels groupes avez-vous écoutés?
3. Êtes-vous jamais allé(e) dans un restaurant cadjin? antillais? créole? Qu'est-ce qu'on sert dans ces restaurants? Aimez-vous ces cuisines?

Buckwheat Zydeco au Festival de jazz de la Nouvelle-Orléans.

Bavardons un peu!

Les super-idoles. Interviewez la super-idole de votre choix—un(e) camarade va jouer le rôle de la super-idole. Posez-lui des questions sur sa vie professionnelle, ses ambitions, ses loisirs, sa vie (*life*) privée, s'il/si elle aime jouer d'un instrument, danser, chanter, etc.

*Vidéo-Club**

Thème 6   Les médias[†]
Scène 6.1   La publicité: Quelques opinions

Whether on the **métro**, at the movies, or watching TV, the French are surrounded by **la publicité** ("**la pub**"). In this scene, Michel and Bénédicte are discussing advertisements and their influence on consumers.

(Cue to 57:34.)

VOCABULAIRE UTILE

éviter	*to avoid*
C'est bien pire.	*It's much worse.*
C'est pénible.	*It's annoying.*
les acheteurs	*purchasers*
le consommateur	*consumer*
Si j'achetais ce produit, je pourrais avoir ce mode de vie.	*If I bought that product, I could have that kind of life.*
drôle	*funny*

Les opinions de Michel et de Bénédicte. Vrai (V) ou faux (F)?

1. _____ Michel dit qu'on ne peut pas éviter la publicité.
2. _____ Selon Bénédicte, la publicité utilise des stéréotypes.
3. _____ Michel dit que la publicité à la télévision est pire en France qu'aux (*than in*) États-Unis.
4. _____ Michel aime la publicité pour la bière parce que les filles sont jolies.
5. _____ Bénédicte et Michel aiment la pub pour Perrier parce qu'elle est drôle et originale.

---

*This section contains an activity for the Video to accompany *C'est ça!* The theme and scene numbers here correspond to the ten themes and their respective scenes in the video (rather than to the chapter numbers in the book).

†An activity tied to an additional scene and a **Vignette culturelle** under this video topic appear in the Workbook/Laboratory Manual.

VOCABULAIRE

●●

Noms

LE THÉÂTRE	THEATER
l'acteur/actrice	actor/actress
le balcon	balcony
la comédie	comedy
le drame	drama
la lumière	light
le personnage	character (*in a play*)
la pièce	play (*theater*)
le rideau	curtain
la scène	scene, stage
le spectacle	performance, show
les spectateurs (*m.*)	audience
la tragédie	tragedy
LA MUSIQUE	MUSIC
la cassette	tape, cassette
la chanson	song
le chanteur/la chanteuse	singer
le compositeur	songwriter, composer
le concert	concert
le disque	record
le disque compact, le CD	CD
la fête à la maison	party at home
le groupe de rock	rock group
les musiciens/ musiciennes	musicians
l'orchestre (*m.*)	orchestra
LES INSTRUMENTS DE MUSIQUE	MUSICAL INSTRUMENTS
la batterie	drums
la clarinette	clarinet
la guitare	guitar
le piano	piano
le saxophone	saxophone
le violon	violin
LE CINÉMA	MOVIES
le dessin animé	cartoon
le film d'action, d'aventures	adventure movie
le film comique	comedy
le film de cowboys, le western	western
le film d'épouvante, d'horreur	horror movie
le film policier	detective story, mystery
le film de science-fiction	science fiction movie
le genre	kind, type, sort
l'histoire (*f.*) d'amour	love story
le réalisateur	director
le sous-titre	subtitle
la vedette	star

Verbes

arriver	to arrive; to happen
avoir lieu	to take place
couvrir	to cover
découvrir	to discover
dormir	to sleep
entrer	to enter
mentir	to tell a lie
monter	to go up
mourir	to die
naître	to be born
offrir	to offer, to treat (someone to)
ouvrir	to open
partir	to leave, depart
passer (par)	to pass (by)
quitter	to leave
rentrer	to return (*home*)
retourner	to return (*to some place*); to go back
sentir	to feel; to smell
servir	to serve
sortir	to go out
tomber	to fall

D'autres mots et expressions

bien sûr	of course
Ça dépend.	It depends.
cependant	however
selon	according to

La francophonie

Des étudiants à l'école normale supérieure de Bamako, au Mali.

ESQUISSES

Les pays africains francophones

French-Speaking African Countries

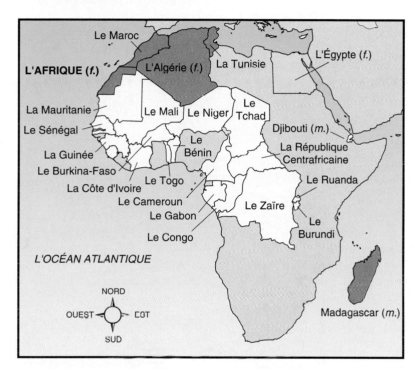

NOMS

la colonie *colony*
la côte *coast*
la guerre *war*
l'île (*f.*) *island*
le monde *world*
le pays *country*
le paysage *landscape, scenery*
le siècle *century*

VERBES

garder *to keep*
vouloir dire *to mean*

ADJECTIFS

propre (*preceding a noun*) *own*
suivant(e) *following*

TABLEAU CULTUREL

LA FRANCOPHONIE EN AFRIQUE: Que **veut dire** «la francophonie»? C'est l'ensemble des peuples qui ont le français comme langue maternelle ou comme seconde langue. Le **monde** de la francophonie est très vaste. On parle français sur cinq continents, surtout en Afrique, où c'est la langue officielle de dix-huit **pays** d'Afrique noire et la langue utilisée couramment au nord du continent dans plusieurs (*several*) pays, comme ceux du Maghreb (la Tunisie, l'Algérie, le Maroc).

L'histoire de la francophonie a commencé avec la colonisation de l'Afrique par les Français et les Belges au

Le symbole de la francophonie.

XIXème **siècle**. Ils ont imposé leur langue dans les **colonies**, et des instituteurs (professeurs) sont venus de France et de Belgique pour enseigner la langue dans les écoles. Beaucoup d'Africains sont aussi allés faire leurs études en France.

Juste avant la Deuxième **Guerre** mondiale, la France était (*was*) la seconde puissance (*power*) coloniale du monde. Pendant les années 50 et 60, cependant, les pays africains ont proclamé leur indépendance. Ces pays ont essayé de retrouver leur **propre** identité, mais ils ont **gardé** la langue française pour résoudre le problème de la grande diversité des langues locales et ethniques. Le français facilite aussi les relations politiques et commerciales avec le reste du monde.

La France a perdu son vaste empire, mais elle a encore des possessions en Asie, en Océanie, en Amérique et en Afrique. On les appelle les DOM-TOM: Départements d'outre-mer (*overseas*) et Territoires d'outre-mer. Quelques exemples des DOM-TOM sont la Guadeloupe et la Martinique (aux Antilles), Saint-Pierre-et-Miquelon (en Amérique du Nord), la Guyane (en Amérique du Sud) et la Polynésie française (au milieu du Pacifique).

Activités

A **La francophonie en Afrique.** Regardez la carte à la page 185 et le Tableau culturel, puis répondez aux questions.

1. Qu'est-ce que la francophonie?
2. Nommez les pays francophones d'Afrique du Nord.
3. Quels sont les pays francophones de la côte ouest?
4. Quelles sont les îles de l'océan Indien où l'on parle français?
5. Pourquoi a-t-on parlé français en Afrique au XIXème siècle?
6. Pourquoi est-ce que dans ces pays africains, on a continué à parler français?
7. Est-ce que la France a encore des possessions dans le monde? Où?

B **La francophonie aux Antilles.** La Guadeloupe et la Martinique sont des îles splendides. Dites pourquoi ces deux départements attirent beaucoup de touristes nord-américains en hiver. Travaillez avec un(e) camarade de classe, et utilisez les éléments suivants.

MODÈLE: la cuisine → La cuisine des Antilles est excellente. On y sert beaucoup de poisson…

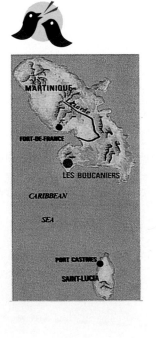

1. le climat 2. le paysage 3. les hôtels 4. les sports

ÉTUDE DE MOTS

THREE WORDS THAT MEAN *people*: Le mot *peuple* a un sens politique: *le peuple américain.* Il est utilisé aussi pour différencier: *l'aristocratie, la bourgeoisie et le peuple.*

Le peuple français a une longue tradition culinaire.	*The French people have a long culinary tradition.*
Le peuple a pris la Bastille le 14 juillet 1789.	*The people (commoners) took over the Bastille on July 14, 1789.*

Le mot *gens* (*m.*) désigne les humains en général.

J'ai parlé avec des gens sympathiques à Dakar.	*I spoke with some nice people in Dakar.*

Le mot *personnes* (*f.*) désigne des humains qu'on peut compter.

Il y a trois personnes qui attendent le bus.	*There are three people (who are) waiting for the bus.*

Retour d'Algérie: À l'aéroport

Back from Algeria: At the Airport

Present Tense: *voir*

je vois	*I see*
tu vois	*you see*

Passé composé: *dire*

j'ai dit	*I said*
il/elle/on a dit	*he/she/one said*

Imparfait

je croyais	*I thought*
tu croyais	*you thought*
j'avais	*I had*
tu avais	*you had*

NOMS

le copain/la copine *friend, pal* (*fam.*)

VERBES

déclarer *to declare*
rapporter *to bring back*
vérifier *to check*

D'AUTRES MOTS ET EXPRESSIONS

à cause de *because of*
C'est dommage. *It's too bad.*
il y a (+ *time period*) *ago*
ne… rien *nothing*

YVETTE: Te voilà déjà! Je croyais que ton avion était arrivé° il y a seulement un   *était… had arrived*
quart d'heure!

HASSAN: Mes valises sont arrivées très vite sur le carrousel, et on n'a pas vérifié
mon passeport.

YVETTE: Pas de problèmes à la douane?

HASSAN: Je n'avais rien à déclarer. On m'a dit de ne pas rapporter de plantes ou
d'aliments° périssables. C'est dommage, parce que ma grand-mère avait   *foods*
préparé un excellent couscous à rapporter à mes copains français. J'ai dû
le manger à Alger!

YVETTE: Je vois… à cause de la douane, tu ne nous as rien rapporté de ton pays.
Très bonne excuse, Hassan!

Activités

A **Le retour au pays.** Répondez selon le texte.

1. Comment Hassan a-t-il voyagé?
2. Yvette l'a-t-elle attendu longtemps à l'aéroport?
3. Qu'est-ce qu'on déclare normalement à la douane?
4. Pourquoi Hassan n'a-t-il rien rapporté à ses copains?

B **Vos voyages.** Posez des questions à un(e) camarade de classe. Ensuite,
répétez quelques-unes de ses réponses à la classe.

1. As-tu de la famille dans un autre état ou dans un autre pays? Leur rends-tu
visite de temps en temps? Comment et quand y vas-tu? Quelle est la
dernière fois que tu leur as rendu visite?
2. Est-ce que tu aimes voyager? Comment aimes-tu voyager: avec beaucoup
de valises ou avec un sac à dos et un sac de couchage (*sleeping bag*)?
3. Qu'est-ce que tu préfères visiter pendant un voyage: les grandes villes, la
campagne (*countryside*), les plages, les montagnes, les forêts? Pourquoi?
4. Est-ce que tu rapportes des cadeaux pour ta famille et tes amis quand tu
voyages? Si oui, quel genre de cadeaux achètes-tu?
5. As-tu déjà voyagé dans un autre pays? Si oui, qu'est-ce que tu as fait de
spécial pour faire ce voyage? (**Expressions utiles:** l'agence de voyages,
le passeport, les valises, la douane, etc.)

Un séjour en Belgique

A Stay in Belgium

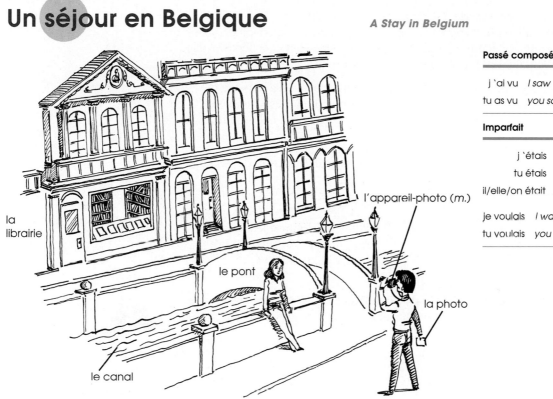

la librairie

le pont

le canal

l'appareil-photo (*m.*)

la photo

Passé composé

j'ai vu	*I saw*
tu as vu	*you saw*

Imparfait

j'étais	*I was*
tu étais	*you were*
il/elle/on était	*he/she/one was*
je voulais	*I wanted*
tu voulais	*you wanted*

NOM

l'endroit (*m.*) *place*

VERBES faire un tour *to take a short trip*
revoir *to see again*

YVETTE: Pendant que tu étais en Algérie, je suis allée faire un tour en Belgique.

HASSAN: En Belgique? Ça, c'est un endroit que je ne connais° pas. Pourquoi est-ce   *know*
que tu y es allée?

YVETTE: J'y suis allée parce que je voulais revoir ma vieille copine Marieke à
Bruxelles. Elle est bilingue: elle parle français et flamand, une sorte de
néerlandais.

HASSAN: Vous avez visité d'autres villes?

YVETTE: Oui, nous avons passé un week-end à Bruges, une ville ancienne et vraiment charmante. J'ai vu des châteaux et beaucoup de canaux.

HASSAN: Alors, ton séjour était génial?

YVETTE: Ah oui! Le temps était splendide, la cuisine belge est merveilleuse et on
n'a pas de problèmes avec la langue!

Activités

A Les vacances d'Yvette. Choisissez les réponses qui conviennent.

1. Yvette est allée (en Suisse / en Algérie / en Belgique).
2. La Belgique se trouve (en Afrique / en Europe / près du Canada).
3. On y parle (français et anglais / français et italien / français et flamand).

4. Bruges est une ville (laide / pittoresque / nouvelle).

5. Yvette y est allée pour voir (son frère / ses parents / une copine).

6. Yvette a aimé la Belgique parce que/qu' (la cuisine était excellente / elle aime parler flamand / elle aime faire du shopping).

B **En Belgique.** Beaucoup de touristes font un tour au petit village belge de Redu (450 habitants), connu (*known*) pour ses trente librairies! Complétez chaque phrase de la colonne A par un élément logique de la colonne B.

A	B
Si on aime les livres rares,	on achète beaucoup de souvenirs.
Si on rapporte des livres d'un autre pays,	on est gourmet.
Si on est photographe,	il faut les déclarer à la douane.
Si on fait du tourisme,	on prend beaucoup de photos.
Si on apprécie les bons restaurants belges,	on est bibliophile.

C **Un endroit que vous avez envie de voir.** Parlez de cet endroit avec un(e) camarade de classe. Citez les choses suivantes:

1. où il se trouve
2. comment vous y arrivez
3. où vous logez
4. quel temps il fait là-bas
5. comment vous espérez passer la journée et la soirée
6. quelles sortes de gens vous espérez y rencontrer
7. combien de temps vous voulez y passer

GRAMMAIRE ESSENTIELLE

1. The Verbs *voir* and *croire*

Je vois...à cause de la douane, tu ne nous as rien rapporté de ton pays.

Hassan   Yvette

The irregular verbs **voir** and **croire** are conjugated similarly.

voir (*to see*)		croire (*to believe*)	
je vois	nous voyons	je crois	nous croyons
tu vois	vous voyez	tu crois	vous croyez
il/elle/on voit	ils/elles voient	il/elle/on croit	ils/elles croient
Past participle: **vu**		Past participle: **cru**	

These verbs are spelled with **i** in the "shoe" forms and **y** in the **nous** and **vous** forms.

Maxime **voit** ses amis le samedi.

Maxime sees his friends on Saturdays.

Je **crois** que Véronique va visiter l'Algérie cet été.

I think that Véronique is going to visit Algeria this summer.

1. *To believe in something* is **croire à.***

   croire à = *to believe in*

   Je **crois à** l'intelligence humaine.

   I believe in human intelligence.

2. **Revoir**, *to see again*, or *to review*, is conjugated like **voir**.

   Les délégués des pays francophones se **revoient** tous les trois ans.

   Delegates of Francophone countries meet (see each other again) every three years.

Activités

A Dans un parc national du Zaïre. Choisissez une personne de la première colonne et racontez ce qu'elle voit.

MODÈLE: Moïse / des touristes français. →
Moïse voit des touristes français.

Moïse	un arbre immense
je	trois éléphants
Moïse et moi	quinze zèbres
Matuku et Moïse	la belle savane
vous	une troupe de lions
tu	un aigle (*eagle*) dans le ciel

B À quoi croit-on? Complétez les phrases avec la forme correcte de **croire**.

1. Chantal _____ à la justice.
2. Tu _____ à la liberté.
3. Toi et Chantal _____ à l'indépendance de la femme.
4. Chantal et Maurice _____ à la bonté humaine.
5. Je _____ aux Droits de l'homme… et de la femme!

---

*An exception is **croire en Dieu**, *to believe in God*.

2. The Verbs *dire, lire,* and *écrire*

On m'a dit de ne pas rapporter de plantes ou d'aliments périssables.

The verbs **dire**, **lire**, and **écrire** have similar irregularities in their present tense forms.

dire (*to say*)		**lire** (*to read*)		**écrire** (*to write*)	
je dis	nous disons	je lis	nous lisons	j'écris	nous écrivons
tu dis	vous dites	tu lis	vous lisez	tu écris	vous écrivez
il/elle/on dit	ils/elles disent	il/elle/on lit	ils/elles lisent	il/elle/on écrit	ils/elles écrivent
Past participle: dit		Past participle: lu		Past participle: écrit	

Khalid **dit** qu'il va retourner à Marrakech.

Annick **lit** beaucoup de revues.

Phu **a écrit** une lettre à son cousin au Viêt-nam.

Khalid says that he is going to return to Marrakech.

Annick reads a lot of magazines.

Phu wrote a letter to his cousin in Vietnam.

Note the most irregular of these forms: **vous dites**.

2. The verb **décrire**, *to describe,* is conjugated like **écrire**.

Cécile **décrit** le paysage exotique de Tahiti à ses amis.

Cécile is describing the exotic landscape of Tahiti to her friends.

Activités

A **Une lettre de Madagascar.** Vous êtes en vacances et vous décrivez une lettre que vous écrivez à vos parents. Complétez les phrases avec les verbes **dire, lire, écrire** ou **décrire** au présent. Faites tous les changements nécessaires.

Je/J' _____[1] une longue lettre à mes parents cet après-midi. Dans ma lettre, je/j' _____[2] mes vacances à Madagascar. Je/J' _____[3] beaucoup de détails parce que mes parents sont très curieux. Ils sont aussi très sympathiques, alors je leur _____[4] la vérité (*truth*) sur mes activités pendant mon séjour ici. Avant de fermer l'enveloppe, je/j' _____[5] la lettre une dernière fois.

Maintenant racontez la même histoire, mais cette fois commencez par «mon/ma camarade de chambre», puis par «Rachel et Éric». Faites tous les changements nécessaires.

B **Le journal.** Posez ces questions à un(e) camarade de classe.

1. Est-ce que tu lis le journal tous les jours? Quel journal? Qu'est-ce que tu penses (*think*) de ce journal?
2. Est-ce que tu crois tout ce que (*everything that*) tu lis? Est-ce que les journaux disent toujours la vérité?
3. Qu'est-ce que tu préfères lire: des journaux, des magazines ou des livres? Pourquoi?
4. Est-ce que tu as jamais (*ever*) écrit pour un journal? As-tu jamais écrit une lettre à la rédaction (*editorial department*) pour exprimer ton opinion? Qu'as-tu écrit?
5. Est-ce que tu écris pour le journal de l'université? Si oui, qu'est-ce que tu écris? des articles? des critiques (de films, de livres, de concerts, etc.)? des éditoriaux?

3. The Verbs *vouloir* and *pouvoir*

Je voulais revoir ma vieille copine Marieke à Bruxelles.

The verbs **vouloir** and **pouvoir** have similar irregular forms in the present tense.

je veux = *I want*
je peux = *I can*

vouloir (*to want*)		**pouvoir** (*to be able*)	
je veux	nous voulons	je peux	nous pouvons
tu veux	vous voulez	tu peux	vous pouvez
il/elle/on veut	ils/elles veulent	il/elle/on peut	ils/elles peuvent
Past participle: voulu		Past participle: pu	

Je **veux** aller à la Martinique cet hiver.

Si je **peux**, je vais visiter la Guadeloupe aussi.

I want to go to Martinique this winter.

If I can, I am going to visit Guadeloupe, too.

1. As with the verb *to want*, **vouloir** can be followed by an infinitive or a noun.

   vouloir + *inf.* = *to want to do something*

   > Patrice **veut travailler** en Afrique.
   > Il **veut une expérience profes-sionnelle** dans un pays fran-cophone.

   > *Patrice wants to work in Africa.*
   > *He wants professional experience in a French-speaking country.*

   Pouvoir is followed by an infinitive.

   pouvoir + *inf.* = *to be able to do something*

   > Paulette **peut voyager** parce qu'elle a assez d'argent.

   > *Paulette can travel because she has enough money.*

2. As you have seen in the **Chapitre préliminaire**, **je veux** (*I want*) is usually softened to **je voudrais** (*I would like*) for requests. A softened form is used for **pouvoir** as well: **pourriez-vous** (*could you*). (The conditional expressions **voudriez-vous**, **voudrais-tu**, **pourrions-nous**, and **pourrais-tu** are also common.)

   > Je **voudrais** un café, s'il vous plaît.
   > **Voudriez**-vous me prêter votre journal, s'il vous plaît?
   > **Pourriez**-vous m'aider à ouvrir la fenêtre?

   > *I'd like a (cup of) coffee, please.*
   > *Would you lend me your news-paper, please?*
   > *Could you help me open the window?*

Activités

A Vacances en Côte-d'Ivoire. Créez des phrases avec les verbes **vouloir** et **pouvoir** et des éléments de chaque colonne pour décrire un voyage intéres-sant en Côte-d'Ivoire.

MODÈLE: Aujourd'hui nous voulons visiter les marchés pittoresques d'Abidjan. Nous pouvons y acheter des souvenirs.

PERSONNES	ACTIVITÉS
Yves et Christelle	visiter le musée
vous	visiter le port d'Abidjan
mon cousin	parler avec des gens
je	aller à la plage
tu	regarder les bateaux
nous	acheter des souvenirs
	jouer au tennis
	nager
	acheter de l'art africain
	dîner au restaurant
	manger du foutout (une spécialité ivoirienne)
	aller voir un film africain
	visiter l'université et voir la bibliothèque
	visiter les marchés pittoresques d'Abidjan
	aller dans une librairie
	faire de la planche à voile
	acheter des livres
	faire un pique-nique

TABLEAU CULTUREL

UNE CAPITALE AFRICAINE: On appelle Abidjan, la plus grande ville de la Côte-d'Ivoire, «le Paris noir» ou «la perle de l'Afrique». Située sur la côte, Abidjan est une grande ville moderne avec des gratte-ciel (*skyscrapers*), de longues avenues bordées d'arbres, mais aussi des marchés traditionnels. Abidjan a une université importante et un port actif. Il y a de grands hôtels, de bons restaurants et beaucoup de centres d'activités pour les sportifs.

Beaucoup d'Ivoiriens habitent toujours de petits villages, mais neuf personnes sur dix ne sont jamais (*never*) allés dans une réserve et n'ont jamais vu d'éléphant!

À VOUS!

Si vous avez l'occasion de visiter Abidjan, qu'est-ce que vous voulez y faire?

● ●

B **Les bonnes manières en classe.** Demandez poliment à un(e) camarade de classe de…

MODÈLE: vous prêter un bic →
Voudrais-tu me prêter un bic, s'il te plaît?
Pourrais-tu me prêter ton bic, s'il te plaît?

1. vous donner un livre **2.** vous prêter un cahier d'exercices **3.** vous donner une feuille de papier **4.** prendre des notes de cours pour vous

Maintenant demandez poliment au professeur de/d'…

MODÈLE: parler plus fort (*more loudly*) →
Voudriez-vous parler plus fort, s'il vous plaît?
Pourriez-vous parler plus fort, s'il vous plaît?

5. répéter la phrase **6.** parler plus lentement **7.** écrire la phrase au tableau **8.** expliquer les devoirs

C **Vouloir c'est pouvoir** (*Where there's a will there's a way*). Êtes-vous d'accord (*Do you agree*)? Commentez les phrases suivantes avec un(e) camarade de classe.

MODÈLE: je / travailler et suivre (*to take*) huit cours sans problèmes →
VOUS: Moi, je peux travailler et suivre huit cours sans problèmes.
VOTRE CAMARADE: Je ne suis pas d'accord. Huit cours, c'est déjà très difficile. Et travailler aussi? C'est impossible.

1. je / faire tout (*everything*) ce que je veux dans la société
2. je / avoir de bons résultats dans tous mes cours à l'université
3. dans une démocratie, le gouvernement / faire tout ce qu'il veut
4. les idées des professeurs / influencer les étudiants
5. on / gagner beaucoup d'argent sans avoir beaucoup de diplômes
6. dans ce pays, si on / réussir, on / réussir

4. The *imparfait*

Je croyais que ton avion était arrivé il y a seulement un quart d'heure!

You have already learned one past tense in French, the **passé composé**. Another important past tense is the **imparfait**.

In the **imparfait**, or imperfect tense, the continuity or repetition of an action in the past is stressed. The **imparfait** has several English equivalents.

je jouais
$\begin{cases} \textit{I used to play (I would play)} \\ \textit{I was playing} \\ \textit{I played} \end{cases}$

1. The **imparfait** is formed by dropping the **-ons** ending of the **nous** form of the present tense and adding the **imparfait** endings.

| nous jouons | jou- | nous vendons | vend- |
| nous finissons | finiss- | nous avons | av- |

IMPARFAIT OF *jouer* (*to play*)	
je jou**ais**	nous jou**ions**
tu jou**ais**	vous jou**iez**
il/elle/on jou**ait**	ils/elles jou**aient**

Endings for the **imparfait**:
- **-ais** **-ions**
- **-ais** **-iez**
- **-ait** **-aient**

Only the verb **être** is irregular in the **imparfait**.

IMPARFAIT OF *être* (*to be*)	
j'ét**ais**	nous ét**ions**
tu ét**ais**	vous ét**iez**
il/elle/on ét**ait**	ils/elles ét**aient**

As in the **nous** form of the present tense, verbs whose stems end in **c** change the **c** to **ç** (**je commençais**) in the singular and third-person plural forms of the

imparfait. Verbs whose stems end in **g** add an **e** (**je mangeais**) in those same forms.

Verbs whose **nous** stem ends in **i** (**étudier**) have a double **i** in the first- and second-persons plural of the **imparfait: nous étudiions, vous étudiiez**.

2. The **imparfait** is used to describe a habitual or repeated action in the past. The following adverbs are clues that the **imparfait** is the appropriate tense.

> Use the **imparfait** to describe a repeated action in the past.

chaque jour *each day*	toujours *always*
d'habitude *usually*	tous les jours *every day*
souvent *often*	

Je **sortais** de chez moi à huit heures **tous les jours**.	*I used to leave my house at eight o'clock every day.*
Nous **allions souvent** en Belgique quand **j'étais** jeune.	*We used to go to Belgium often when I was young.*

3. The **imparfait** is also used for description in the past.

> Use the **imparfait** for descriptions in the past and for setting a scene in the past.

Ibrahim **habitait** dans un petit village quand il **avait** huit ans.	*Ibrahim lived in a small village when he was eight years old.*
Le ciel **était** bleu ce matin.	*The sky was blue this morning.*

4. The **imparfait** is used as a backdrop or stage setting for a past event.

Dao **lisait** quand le téléphone a sonné.	*Dao was reading when the telephone rang.*
Nous **mangions** quand Charles est arrivé.	*We were eating when Charles arrived.*

You will learn more about using the **imparfait** and the **passé composé** in Chapter 10.

Activités

Ⓐ L'enfance de Claire. Claire était très sage (*good*) quand elle était petite. Décrivez son enfance en mettant les verbes à l'imparfait.

MODÈLE: finir ses devoirs avant de regarder la télé →
Claire finissait ses devoirs avant de regarder la télé.

1. jouer avec sa petite sœur
2. obéir à ses parents
3. rendre souvent visite à ses grands-parents
4. appeler sa cousine au téléphone tous les soirs
5. dire toujours la vérité
6. lire beaucoup de livres
7. écrire chaque semaine à sa tante
8. faire son lit avant de partir le matin
9. être tous les jours à l'heure à l'école
10. mettre un chapeau quand il faisait froid

Ⓑ Composition d'Ahmed: L'enfance de ma mère. Lisez le passage suivant et mettez les verbes à l'imparfait. Puis corrigez les phrases qui suivent, d'après ce que vous venez de lire.

Quand ma mère _____¹ (être) petite, elle _____² (habiter) à la campagne et il n'y _____³ (avoir) pas de télévision. Les enfants _____⁴ (passer) beaucoup de temps à l'école et ils _____⁵ (avoir) beaucoup de devoirs. Ma mère ne _____⁶ (pouvoir) pas sortir après 19 heures et ses parents _____⁷ (vouloir) la voir à la maison tout de suite après l'école, parce qu'elle _____⁸ (devoir) les aider dans les champs (*fields*). Le soir on _____⁹ (lire), on _____¹⁰ (écrire) des lettres ou on _____¹¹ (étudier). La vie de ma mère _____¹² (être) plus dure (*harder*) que la vie que je mène (*lead*) maintenant!

1. Au bon vieux temps les enfants faisaient ce qu'ils voulaient.
2. Les enfants faisaient du sport tous les jours après les cours.
3. Les enfants regardaient les dessins animés à la télé le samedi matin.
4. On ne donnait pas de devoirs aux élèves.
5. Les enfants travaillaient pour gagner de l'argent de poche.
6. Les enfants sortaient avec leurs camarades le soir.
7. On passait la soirée à parler au téléphone.
8. Les enfants n'aidaient pas leurs parents.

C **Votre jeunesse.** Répondez aux questions d'un(e) camarade de classe pour raconter votre vie à quinze ans.

1. Où habitais-tu?
2. À quelle école allais-tu? Est-ce que l'école était assez près de chez toi? Est-ce que c'était une grande école? Combien d'élèves y avait-il?
3. Étudiais-tu beaucoup? Pourquoi ou pourquoi pas?
4. Faisais-tu du sport, du théâtre ou d'autres activités?
5. Est-ce que tu avais beaucoup d'amis à cette époque-là?
6. Est-ce que tes parents te permettaient de sortir avec un petit ami (une petite amie) (*boyfriend/girlfriend*)? Est-ce qu'ils te permettaient de rentrer après minuit?
7. Est-ce que tu travaillais pour gagner de l'argent? Où? Aimais-tu ton job?
8. Regardais-tu beaucoup la télévision? Quelles émissions? Avais-tu ton propre téléviseur?

D **Et vos parents?** Parlez de leur vie avec un(e) camarade de classe.

1. Passaient-ils beaucoup de temps à la maison ou sortaient-ils quand tu étais petit(e)?
2. Est-ce que ton père et ta mère travaillaient? Où?
3. Est-ce que tu voyageais avec tes parents quand tu étais petit(e)?
4. Que faisiez-vous d'habitude en famille le dimanche?

5. Prepositions with Geographical Names

Pendant que tu étais en Algérie,
je suis allée faire un tour en Belgique.

1. In French, virtually all continents, countries, and provinces ending in **e** are feminine. (Some exceptions are **le Mexique**, **le Cambodge** [Cambodia], and **le Zaïre**.) Feminine place names take the preposition **en** to express *to* or *in*. They take the preposition **de** (**d'**) to express *of* or *from*.

> Most place names ending in **e** are feminine. Use **en** to express *in* or *to* and **de/d'** to express *from*.

Karim arrive **en** Afrique.	*Karim is arriving in Africa.*
Riccardo va **en** Italie.	*Riccardo is going to Italy.*
Il y a de bons vins rouges qui viennent **de** Bourgogne.	*Some good red wines come from Burgundy.*

2. Most countries ending in a consonant or a vowel other than **e** are masculine. They take **au** (**aux**) to express *to* or *in*, and **du** (**des**) *of* or *from*.

> For masculine countries, use **au** (**aux**) to express *in* and **du** (**des**) to express *from*.

Marie voyage **au** Canada.	*Marie is travelling to Canada.*
Paul arrive **des** États-Unis.	*Paul is arriving from the U.S.*
Guillaume va **au** Zaïre.	*Guillaume is going to Zaïre.*

Exceptions are countries starting with a vowel or vowel sound, which take **en** for *to* or *in*, and **de** (**d'**) for *of* or *from*.

Thomas voyage **en** Haïti.	*Thomas is travelling in Haiti.*
Albert revient **d'**Israël.	*Albert is returning from Israel.*

3. Cities take **à** for *to* or *in*, and **de** for *of* or *from*. If a city name has an article attached, it must be included.

> For cities, use **à** to express *in* and **de/d'** to express *from*.

Cet été, nous allons **à** Bruges.	*This summer, we are going to Bruges.*
Bertrand va **à La** Nouvelle-Orléans.	*Bertrand is going to New Orleans.*
«Les Vingt-Quatre Heures **du** Mans» est une célèbre course automobile.	*"The Twenty-four Hours of Le Mans" is a famous auto race.*

4. American states follow an irregular pattern of masculine and feminine. A few states ending in *a* end in **e** in French and follow the feminine pattern, although Nevada, Montana, Oklahoma, and Dakota are masculine. To avoid any problem, it is best to say **dans l'état de** (*in* or *to*) and **de l'état de** (*of* or *from*), a construction that does not include any article.

Paul est **de** Californie.	*Paul is from California.*
Ann vient **de l'état de** New York.	*Ann comes from New York State.*

Activités

Ⓐ Souvenirs. Vous avez fait un long voyage et vous rapportez des souvenirs. D'où revenez-vous?

MODÈLE: un appareil-photo ultra-moderne → Je reviens du Japon.

1. un masque en bois
2. une poupée (*doll*) qui dit: «Maman»
3. un vase chinois
4. de la poterie des Aztèques
5. des photos des chutes du Niagara

B **Êtes-vous fort(e) en géographie?** Dans quel pays se trouvent les villes suiv-antes? Choisissez les réponses de la liste à droite.

MODÈLE: Munich → Munich est en Allemagne.

1.	Londres	a.	Mexique
2.	Rome	b.	Portugal
3.	Lisbonne	c.	Égypte
4.	Acapulco	d.	France
5.	Los Angeles	e.	Belgique
6.	Montréal	f.	Haïti
7.	Dakar	g.	Suisse
8.	Jérusalem	h.	Canada
9.	Bruxelles	i.	États-Unis
10.	Genève	j.	Côte-d'Ivoire
11.	Port-au-Prince	k.	Italie
12.	Bordeaux	l.	Angleterre
13.	Abidjan	m.	Sénégal
14.	Le Caire	n.	Israël

Dans quelles villes mentionnées est-ce qu'on parle français?

C **Les monuments historiques.** En Europe, vous avez visité beaucoup de monuments. Maintenant, vous racontez votre voyage à un ami.

1. D'abord nous sommes allés _____ Rome _____ Italie pour voir les ruines. **2.** Ensuite nous avons fait une promenade à bicyclette _____ Rome _____ Florence pour voir le musée Uffizi. **3.** Puis, nous avons pris le train pour aller _____ France. **4.** Nous sommes arrivés _____ Nice où nous avons fait une excursion _____ Vence pour voir la Chapelle Matisse et _____ Villefranche pour voir la Chapelle Jean Cocteau. **5.** La superbe fondation Maeght est assez près de Nice, _____ Saint-Paul-de-Vence. **6.** Nous sommes revenus _____ France en septembre et nous sommes arrivés _____ États-Unis juste à temps pour la rentrée. Quel beau voyage!

EN AVANT

Réalités

A Lisez le texte à la page 201 et répondez aux questions.

1. Où est situé le Bénin?
2. Quelle est la réputation du Bénin d'aujourd'hui?
3. Quels animaux habitent les réserves du Bénin? Est-ce que ce sont des ani-maux qu'on voit tous les jours?
4. Où est situé l'hôtel Bénin Sheraton? Pourquoi est-il célèbre?
5. Quels sont les services offerts par cet hôtel?

EXPLOREZ LE NATUREL ET LE SAUVAGE[1] A TRAVERS LE LUXE

Pour vos affaires, séminaires et vacances à Cotonou, choisissez:

Benin Sheraton Hotel
The hospitality people of ITT

Le Bénin, petit pays de l'Afrique de l'Ouest entouré par le Togo, Le Burkina Faso, le Niger et le Nigéria, ouvre sur l'Océan Atlantique. Berceau[2] même du culte vaudou et jadis[3] Côte des Esclaves, la République du Bénin est aujourd'hui réputée pour ses magnifiques plages, son village lacustre[4] entièrement sur l'eau: Ganvié, "La Venise" Africaine, ses parcs et réserves de la Pendjari et du W avec ses hippopotames, rhinocéros et gros félins. La découverte du Bénin à travers l'authencité et la diversité des paysages, ses sites, son histoire mais surtout l'hospitalité légendaire de sa population donnent à ses hôtes toutes les opportunités pour passer d'inoubliables moments. Le Bénin Sheraton Hotel Cotonou, avec son profil ondulant comme une vague est situé sur la plage même du Golfe de Guinée et répond parfaitement aux besoins des hommes d'affaires,[5] des vacanciers et des conférenciers aspirant à une atmosphère raffinée. Avec ses 200 chambres, il offre plus de sept (7) restaurants, cafés et bars, ses multiples facilités et possibilités de loisirs, notamment son Business Center, son terrain de Golf, sa piscine, son night club et l'accueil[6] aimable de son personnel hautement qualifié, font de cet hôtel l'un des plus fréquentés de la Côte.

[1]wild [2]Cradle [3]formerly [4]lakeside [5]hommes... businessmen [6]welcome

Bavardons un peu!

Une interview. Modibo, un étudiant du Mali, va à une université américaine. Un(e) camarade de classe va jouer le rôle de Modibo. Quelles questions posez-vous pour obtenir les réponses suivantes? Ensuite, utilisez les questions de cette activité et parlez avec votre camarade de classe de votre propre enfance.

MODÈLE: Je suis né au Mali.
Où es-tu né?

1. J'habitais dans un petit village près de la frontière sénégalaise.
2. À la maison, nous parlions malinké, une langue du sud du pays, mais à l'école, nous parlions français.
3. Nous avons appris le français dès (*from*) l'école primaire.
4. Oui, nous apprenions l'anglais à l'école aussi.
5. Après les cours, nous jouions quelquefois au football. Tu sais, on joue beaucoup au football au Mali.
6. Non, nous n'avions pas de télévision, et les émissions de radio n'étaient pas très intéressantes.
7. Le soir, nous étudiions et nous lisions. Je jouais de la musique avec mon frère et mes sœurs.
8. Nous jouions de la flûte et nous dansions quelquefois.
9. Nous partions pour l'école à 7 h du matin!
10. En été, nous aidions notre famille et nous travaillions dans les champs.

*Vidéo-Club**

Thème 7   Les vacances et les voyages
Vignette culturelle   Le Sénégal

You will see a tour of Senegal presented by **Air Afrique**. Among other sights and scenes, you will be introduced to the following: the modern city of Dakar; the majestic national park at the Saloum delta; small villages such as Joal, the birthplace of the Senegalese poet and former president, Léopold Sédar Senghor; and the historic city of Ziguinchor, with its famous outdoor market.

(Cue to 1:14:56.)

TABLEAU CULTUREL

---

*This section contains an introduction to a **Vignette culturelle** from the Video to accompany *C'est ça!* The theme number here corresponds to one of the ten themes in the video (rather than to one of the chapter numbers in the book).

LA LITTÉRATURE FRANCOPHONE: Si la France métropolitaine domine toujours le monde de la littérature de langue française, de nombreux auteurs francophones contribuent aussi à la littérature et au cinéma. Antonine Maillet, romancière québécoise, Léopold Senghor, poète et homme politique sénégalais, et Patrick Chamoiseau, romancier martiniquais, font partie d'une multitude d'auteurs francophones qui ont eu un grand succès en France. Certains ont reçu de prestigieux prix littéraires (Patrick Chamoiseau, Prix Goncourt 1992), et d'autres, comme Léopold Senghor, ont été élus à l'Académie française. Dans le monde francophone, on peut aussi compter des auteurs comme Eugène Ionesco (de Roumanie), Julien Green (des États-Unis) et Samuel Beckett (d'Irlande) qui ont choisi d'écrire leurs grandes œuvres en français.

À VOUS!

Nommez quelques auteurs francophones. Est-ce que vous voudriez lire des œuvres de ces auteurs? De quels auteurs?

VOCABULAIRE

Noms

l'appareil-photo (*m.*)	camera
le canal	canal
la colonie	colony
le copain, la copine	pal
la côte	coast
la douane	customs
l'endroit (*m.*)	place
les gens (*m.*)	people
la guerre	war
l'île (*f.*)	island
le journal	newspaper
la librairie	bookstore
le magazine	magazine
le monde	world
le passeport	passport
le pays	country
le paysage	landscape, scenery
les personnes (*f.*)	people
le peuple	people
la photo	photograph
le pont	bridge
la revue	magazine
la séjour	stay
le siècle	century
la valise	suitcase

Verbes

croire	to believe
déclarer	to declare
décrire	to describe
dire	to say
écrire	to write
faire un tour	to take a short trip
garder	to keep
lire	to read
pouvoir	to be able
rapporter	to bring back
revoir	to see again, review
vérifier	to check
voir	to see
vouloir	to want
vouloir dire	to mean

Adjectifs

africain(e)	African
francophone	French-speaking
propre (*before a noun*)	own
suivant(e)	following

D'autres mots et expressions

à cause de	because of
C'est dommage.	It's too bad.
chaque jour	each (every) day
d'habitude	usually
il y a (+ *time period*)	ago
ne... rien	nothing
souvent	often
toujours	always
tous les jours	every day
nord	north
sud	south
est	east
ouest	west

LECTURE

Avant de lire

SKIMMING FOR THE GIST: When reading authentic French texts, you will improve your comprehension if, prior to an in-depth reading, you skim the text for an overall idea of its content. This will make more difficult passages easier to understand.

The following movie review comes from *Télérama*, a French TV guide. Look at the title and the three headings. What do they tell you about the organization of the article and about the film itself? Does the photo set the scene in any way?

Now quickly read each paragraph. If you do not understand a word, read ahead. Remember that your goal is just to get the gist of each section. When you have finished, skim the review once more, this time jotting down the main point(s) of each section. Finally, read the entire review carefully to find out what happens when an inspector from the health department tries to shut down the residence of a group of Africans living in Paris.

Black micmac[1]*

*Excerpted from *Télérama*.

Film français de Thomas Gilou (1986). Précédente diffusion[2]: mai 1991.
Jacques Villeret : Michel Le Gorgues.
Isaak de Bankolé: Lemmy. **Félicité Waoussi:** Anisette. **Khoudia Seye :** Amina. **Cheik Doukouré:** Mamadou. **Mohamed Kamara:** Samba. **Sidy Lamine Diarra:** Ali.
Fiche technique.[3] Scénario : Monique Annaud, Patrick Braoudé, Cheik Doukouré et Thomas Gilou. Images : Claude Agostini. Musique : Ray Lema. Critique : Tra 1893. 87 mn.
Le genre. Comédie satirique et burlesque, riche en couleurs et en mouvement.
L'histoire. Un foyer[4]d'Africains situé dans le XVIIIe arrondissement de Paris est menacé[5]

[1]*Funny Business; Mix-up* [2]*telecast*
[3]*Fiche... Technical credits* [4]*home, residence* [5]*threatened*

de fermeture par les services d'hygiène. Ainsi[6] en a décidé l'inspecteur desdits[7] services, le brave mais têtu[8] Michel. Pour conjurer le sort[9] et faire échec à cette funeste décision,[10] les locataires[11] du foyer convoquent les dieux,[12] en l'occurrence un marabout,[13] qu'ils font venir d'Afrique. Dans l'avion, le marabout rencontre un jeune Noir dynamique, sympathique truand[14] nommé Lemmy, à qui il raconte naïvement la raison de son voyage. Lemmy va se substituer au saint homme pour toucher la prime rondelette convenue.[15]

Ce que j'en pense.[16] Le succès remporté par cette jolie petite comédie était mérité. D'habitude, les films qui traitent de la communauté noire et dénoncent le racisme latent, ordinaire ou déclaré des Blancs, sont des pamphlets ou des témoignages graves.[17] Il en

faut. Mais il faut aussi des comédies comme celles-ci qui disent les mêmes choses sur le ton plaisant du vaudeville et du burlesque. On est ici délicieusement malmené dans[18] une succession de situations hilarantes, on sourit et on rit,[19] on comprend les raisons des uns et des autres[20] et on admire le rythme, le tempo, la frénésie de ces astucieuses combinaisons où gentils truands, grands naïfs et fonctionnaires[21] consciencieux dansent une drôle de sarabande.[22] L'interprétation des Noirs est globalement épatante[23] et Jacques Villeret, comme toujours, parfait.

Gilbert Salachas

[6] *That's what*
[7] *the above-mentioned*
[8] *brave... nice but stubborn*
[9] *conjurer... evade ill fortune*
[10] *faire... to foil, thwart this disastrous decision*
[11] *tenants*
[12] *gods*
[13] *en... in this case a holy man*
[14] *criminal*
[15] *se... to substitute himself for the holy man in order to get the tidy agreed-upon sum (of money)*
[16] *Ce... What I think of it.*
[17] *témoignages...serious testimonials, accounts*
[18] *malmené... led into*
[19] *sourit... smiles and laughs*
[20] *des uns... everybody's*
[21] *bureaucrats*
[22] *hullabaloo*
[23] *great, splendid*

Après la lecture

A Black Micmac. Est-ce que les phrases suivantes sont vraies ou fausses? Si la phrase est fausse, rectifiez-la.

1. *Black Micmac* est un film africain.
2. C'est un film comique.
3. À Paris, les services d'hygiène veulent fermer un immeuble habité par des Africains.
4. Les Africains font venir (*send for*) un saint homme (*holy man*) pour les aider.
5. Dans l'avion, le saint homme rencontre un jeune truand. Ensemble, ils vont aider les Africains qui vivent à Paris.
6. Ce film a été un succès.
7. Le critique aime ce film parce qu'on parle d'un sujet grave, le racisme, dans un contexte burlesque.
8. Selon (*According to*) le critique, les acteurs ne sont pas très bons.

B Parlons du film. Répondez aux questions suivantes.

1. Qui veut fermer le foyer d'Africains? Pourquoi, à votre avis?
2. Qui est Lemmy? Décrivez-le.
3. Qu'est-ce que Lemmy va faire? Pourquoi?
4. Selon le critique, d'habitude (*usually*), comment sont les films qui traitent du racisme? Dans quelle mesure ce film est-il différent?

PAR ÉCRIT

C'est vous le critique! Using the critique of *Black Micmac* as a model, review a film, play, or television show that you've recently seen. Use the elements below to organize your review.

- le titre (du film, de la pièce, de l'émission)
- le genre

- l'histoire (Use the present tense. Your plot synopsis should give your reader only a general idea of what the film is about. Do not attempt to relate the entire plot.)
- votre réaction («Ce que j'en pense»)

MISE EN SCÈNE

• •

Une soirée à la Comédie-Française

Look at the drawings, name the characters, and then describe the events prior to, during, and after the play. Describe each scene as fully as possible, using the **passé composé** (with **avoir** and **être**) and the imperfect, where appropriate. Try to come up with a minimum of four sentences for each scene.

VOCABULAIRE UTILE

aller chercher *to pick up*
discuter de *to discuss*
à cause de *because of*
d'abord *first, first of all*
puis, ensuite *next, then*
arriver en retard *to arrive late*
les heures (*f.*) de pointe *rush hour*
l'embouteillage (*m.*) *traffic jam*

Un voyage dans le temps

Plusieurs rois de France ont habité le château de Chambord,
dans la vallée de la Loire.

ESQUISSES

Vignettes de l'histoire de France

NOMS

la caverne *cave*
la chute *fall*
le dessin *drawing*
l'empire (*m.*) *empire*
la grotte *cave, grotto*
le roi/la reine *king, queen*

VERBES

brûler *to burn*
créer *to create*

ADJECTIFS

célèbre *famous*
celte *Celtic*
vif/vive *alive*

Ordinal Numbers

premier, première *first*
deuxième *second*
cinquième *fifth*

L'histoire de France est très ancienne. Il y avait en France des hommes des **cavernes** il y a plus de 100 000 ans. On trouve dans certaines **grottes**, comme celles (*those*) de Lascaux, de magnifiques **dessins** d'animaux vieux de 17 000 ans.

Il y a 2 500 ans la France était le territoire des Gaulois et s'appelait la Gaule. Les Gaulois, peuple **celte**, étaient un peuple d'agriculteurs et de commerçants. Ils faisaient déjà du commerce avec les Grecs et les Phéniciens.

Jules César et les Romains ont conquis la Gaule il y a 2 000 ans, et en cinq siècles de cohabitation avec les Gaulois, ont **créé** une nouvelle culture, la civilisation gallo-romaine. Les Gallo-romains ont construit (*built*) les premières grandes villes en Gaule, avec des routes, des aqueducs pour apporter l'eau, et même des égouts (*sewers*).

Après la **chute** de **l'empire** romain, au cinquième siècle, des troupes germaniques sont arrivées en Gaule: c'étaient les Francs, qui ont donné leur nom à la France. Les plus **célèbres** des Francs étaient Clovis, le premier **roi** des Francs, et Charlemagne, le plus grand empereur d'Europe.

Charlemagne a unifié l'Europe pendant qu'il était roi des Francs (768–814) et empereur d'Occident (800–814), un empire comparable à l'empire romain.

Née en 1412, Jeanne d'Arc a été la grande héroïne de la guerre de Cent Ans. Inspirée par des voix à mener (*to lead*) l'armée française contre les Anglais, elle a libéré la ville d'Orléans en 1429 et a battu (*defeated*) l'armée anglaise à Patay. Plus tard, elle a été condamnée pour hérésie et a été **brûlée vive** à l'âge de 19 ans. Jeanne d'Arc est maintenant le symbole du patriotisme français.

L'autre unificateur de l'Europe, 1 000 ans après Charlemagne, a été Napoléon. Il a modernisé les institutions sociales, établi un code civil, et causé de grandes guerres en entreprenant des conquêtes territoriales massives.

Activités

A L'histoire de France. Répondez aux questions.

1. Quand y avait-il des hommes des cavernes en France?
2. Avec qui est-ce que les Gaulois faisaient du commerce?
3. Comment s'appelait le général romain qui a conquis la Gaule?
4. Quelle civilisation a résulté de la cohabitation des Gaulois et des Romains? Qu'est-ce qu'ils ont construit?
5. Qui était le plus grand empereur d'Europe?
6. Qu'est-ce que Jeanne d'Arc a fait pendant sa courte vie? Comment est-elle morte?
7. Qu'est-ce que Napoléon a fait pendant son règne?

B L'histoire des États-Unis. Testez vos connaissances.

1. Quelles sont les dates que vous associez avec l'histoire des États-Unis? Et quels personnages associez-vous avec ces dates?
2. Quels sites historiques connaissez-vous aux États-Unis? Pourquoi sont-ils célèbres? Lesquels (*Which ones*) avez-vous visités?
3. Quand la guerre civile a-t-elle eu lieu? Quelles en étaient les causes? Qui était le président pendant la guerre?
4. Que savez-vous de l'histoire de la ville où vous êtes né(e)? Est-ce une ville ancienne?

Deux personnages historiques

l'aviateur/
l'aviatrice

le stade
Roland Garros

le soldat

l'aéroport Charles de Gaulle

NOMS

le chef *head, leader*
le héros/l'héroïne *hero/heroine*
la Résistance *French resistance* (*against the Nazis in World War II*)

VERBE

traverser *to cross*

ADJECTIFS

libre *free, unoccupied*
mondial *worldwide*

EXPRESSION

contre *against*

Present Tense: *savoir* (*to know*)	
je sais	I know
vous savez	you know

JACK: Quand je suis venu en France, je suis arrivé à l'aéroport Charles de Gaulle. Sais-tu qui était Charles de Gaulle?

THIERRY: C'était un général, chef de la France libre pendant la Deuxième Guerre mondiale, et le premier président de la Cinquième République. Pendant sa présidence, l'Algérie, qui était une colonie française, a obtenu son indépendance.

JACK: Ah bon? Pourquoi a-t-on donné son nom à l'aéroport?

THIERRY: Parce que c'était le grand héros français de la Résistance contre les Nazis.

JACK: Et puis, samedi dernier, j'ai vu un match de tennis au stade Roland-Garros. Dis-moi, qui était Roland Garros?

THIERRY: C'était un aviateur du début° du siècle. Il a été le premier homme à traverser la Méditerranée en avion. *beginning*

JACK: Alors, on a donné le nom d'un soldat à un aéroport et celui° d'un aviateur à un stade? Moi, je ne comprends pas! *that*

TABLEAU CULTUREL

La mosquée de la Pêcherie et la chambre de commerce d'Alger, la capitale d'Algérie.

L'ALGÉRIE. Après une longue période comme colonie française (occupée dès 1830), l'Algérie a gagné son indépendance en 1962. Le pays du Maghreb (*North Africa*) le plus riche en ressources, l'Algérie a pour devise (*motto*) «La révolution par le peuple et pour le peuple». Sa langue officielle est l'arabe, mais on utilise le français comme langue administrative. Deux millions d'habitants (sur une population totale de 26 000 000) parlent berbère, une langue indigène. Quatre-vingt-quinze pourcent des Algériens ont pour religion l'Islam.

À VOUS!

Nommez trois faits importants sur l'Algérie.

Activités

A **Des personnages historiques.** Répondez aux questions en vous basant sur le dialogue.

1. Qui était Charles de Gaulle?
2. Pendant quel siècle a-t-il vécu?
3. Sa présidence a marqué le début de quelle république? Qu'est-ce qu'il a fait pendant sa présidence?
4. Pourquoi Roland Garros est-il connu?
5. Pourquoi Jack trouve-t-il les noms des deux endroits surprenants (*surprising*)?

B **Quelques personnages historiques de la France et du monde francophone.** Choisissez dans la liste de droite la description de chaque personnage.

1. Jacques Cartier
2. Aimé Césaire
3. Toussaint-Louverture
4. Marie Curie
5. Louis Pasteur
6. Léopold Sédar Senghor
7. Pierre Trudeau

a. a été président du Sénégal de 1963 à 1980; c'est aussi un grand poète.

b. a découvert le radium et a gagné le prix Nobel de physique (1903) et de chimie (1911).

c. a été Premier ministre du Canada pendant les années 70 et 80.

d. a pris possession du Canada au nom de la France en 1534.

e. a été député communiste et maire de Fort-de-France, à la Martinique, mais c'est avant tout un grand écrivain.

f. était un ancien esclave qui a libéré Haïti à la fin du XVIIIème siècle.

g. a découvert les vaccins contre le choléra et la rage (*rabies*) en 1885.

C **Un peu d'histoire.** Connaissez-vous ces personnages historiques américains? Posez ces questions à un(e) camarade de classe.

1. Qui était Charles Lindbergh?
2. Quel Américain a été, comme Charles de Gaulle, un grand général pendant la Deuxième Guerre mondiale avant de devenir président?
3. Combien de présidents y a-t-il eu depuis votre naissance (*birth*)? Quel président admirez-vous le plus (*the most*)? Pourquoi?
4. Avez-vous visité la ville de Washington? Quels monuments y avez-vous vus?

Une visite au Mont-Saint-Michel

le sommet
l'église (*f.*)
l'abbaye (*f.*)
le rocher
l'auberge (*f.*)
l'île (*f.*)

VERBE

prétendre *to claim*

ADJECTIFS

bas(se) *low*
renommé *renowned*
rocheux/rocheuse *rocky*

La composition de Catherine

Quand j'avais dix ans, j'ai fait un voyage magnifique avec mes parents et mon frère: nous sommes allés en voiture au Mont-Saint-Michel. Nous sommes restés dans un hôtel sur le continent. Il y a une digue° qui va jusqu'à l'île. De l'hôtel, nous avons pu aller à pied jusqu'au Mont. Le piton° rocheux est très haut, et nous avons monté beaucoup d'escaliers pour arriver à l'abbaye qui est au sommet. Nous avons vu l'église, la bibliothèque, le cloître° et les cryptes. Il faisait très beau.

    Quand nous sommes redescendus de l'abbaye, nous avons visité le vieux village qui se trouve dans la partie basse de l'île. Nous avions très faim et nous sommes donc allés manger à l'auberge de la Mère Poulard. C'était une femme qui, au XIXème siècle, préparait des omelettes renommées dans des poêles en cuivre.° Son auberge existe toujours. En fait, il y a au Mont-Saint-Michel deux auberges différentes qui prétendent être la véritable° auberge de la Mère Poulard!

causeway

pinnacle

cloister

*poêles...
copper
frying
pans
real*

Activités

A **La composition de Catherine.** Avez-vous bonne mémoire? Complétez les phrases sans consulter le texte.

1. Le Mont-Saint-Michel est sur…
2. Pour arriver au Mont, la famille de Catherine a marché sur…
3. Au sommet du Mont, il y a…
4. Quand la famille est redescendue…
5. La famille est allée manger…
6. La Mère Poulard…

B **Vos voyages en famille.** Répondez aux questions avec un(e) camarade de classe.

1. Quand vous étiez petit(e) et que vous partiez en voyage avec votre famille, où alliez-vous généralement?
2. Quel mode de transport utilisiez-vous en général?
3. Où preniez-vous vos repas?
4. Que faisiez-vous pendant la journée?
5. Où dormiez-vous?
6. Combien de temps duraient vos voyages?

GRAMMAIRE ESSENTIELLE

1. The Verbs *savoir* and *connaître*

Sais-tu qui était Roland Garros?

The verbs **savoir** and **connaître** both correspond to the English verb *to know*, but they are used differently.

savoir (*to know*)	connaître (*to know*)
je sais nous savons tu sais vous savez il/elle/on sait ils/elles savent	je connais nous connaissons tu connais vous connaissez il/elle/on connaît ils/elles connaissent
Past participle: su	Past participle: connu

1. **Savoir** means *to know a fact, to know when, where, or why,* and *to know by heart* (**savoir par cœur**). **Savoir** can take a direct object, but it is often followed by a conjunction, adverb, or relative pronoun. **Savoir** used with an infinitive means *to know how to.*

Je **sais** que Jeanne d'Arc est morte à Rouen.	*I know that Joan of Arc died in Rouen.*
Savez-vous quand Napoléon est né?	*Do you know when Napoleon was born?*
Marc **sait** jouer de la guitare.	*Marc knows how to play the guitar.*

2. The **imparfait** of **savoir** means *knew.* The **passé composé** means *found out.*

Je **savais** la réponse.	*I knew the answer.*
J'**ai su** la réponse hier.	*I found out the answer yesterday.*

3. **Connaître** means *to know* or *to be acquainted with a person, place, or thing.* **Connaître** always has a direct object.

Connais-tu Ariane et Virginie?	*Do you know Ariane and Virginie?*

Savoir means *to know a fact.*
Connaître means *to know a person or a place.*

Paul **connaît** très bien Paris.

Je **connais** le poème «Souffles» du poète sénégalais Birago Diop.

Paul knows Paris very well.

I know (am familiar with) the poem "Souffles" by the Senegalese poet Birago Diop.

The verb **reconnaître**, *to recognize*, is conjugated like **connaître**.

4. The **imparfait** of **connaître** means *knew*. The **passé composé** means *met* or *made the acquaintance of*.

Je **connaissais** M. Dupont en Algérie.

J'**ai connu** M. Dupont en Algérie.

I knew Mr. Dupont in Algeria.

I met Mr. Dupont in Algeria.

É T U D E   D E   M O T S

THREE WAYS TO SAY *TO MEET*: *To make the acquaintance of someone,* (to meet him/her for the first time) is **faire la connaissance de**.

Simone **a fait la connaissance de** Jacques chez Robert.

Simone met Jacques at Robert's house.

To meet in the sense of *to run into* is **rencontrer**.

J'**ai rencontré** un ami au café.

I met a friend in the café.

To meet specifically *by prior arrangement* is **retrouver**.

Nous **avons retrouvé** nos cousins au restaurant.

We met our cousins at the restaurant.

Activités

Ⓐ Savoir ou connaître… La Révolution française. Complétez les phrases au temps présent en utilisant le verbe qui convient.

1. Que _____-vous de l'histoire de France?
2. Je _____ que la Révolution française a commencé en 1789.
3. _____-vous qui étaient les personnages principaux de la Révolution?
4. Je _____ Robespierre et Danton.
5. Je _____ qu'ils vivaient pendant le Règne de la Terreur.
6. Je _____ où se trouvait la prison de la Bastille.
7. _____-vous ce quartier de Paris?
8. Je _____ très bien Paris mais je ne _____ pas où se trouvait la Bastille.

Ⓑ Vos connaissances. Posez ces questions à un(e) camarade de classe.

1. Connais-tu un quartier intéressant de ta ville? Sais-tu où il se trouve? où?
2. Connais-tu quelqu'un d'important? qui? Sais-tu où il/elle habite? où?
3. Connais-tu l'art moderne? Sais-tu qui étaient Matisse et Picasso? Que sais-tu de leur vie?

4. Connais-tu un poème français? Sais-tu le réciter? Peux-tu le réciter maintenant?

5. Connais-tu la musique classique? Quel genre de musique est-ce que tu aimes? Quels sont tes musiciens préférés?

Les Belles Familles

Louis Ier
Louis II
Louis III
Louis IV
Louis V
Louis VI
Louis VII
Louis VIII
Louis IX
Louis X (dit le Hutin)
Louis XI
Louis XII
Louis XIII
Louis XIV
Louis XV
Louis XVI
Louis XVIII
et puis plus personne plus rien
Qu'est-ce que c'est que ces gens-là
Qui ne savent pas
compter jusqu'à vingt?

Adapted from Jacques Prévert, *Paroles*

2. The *imparfait* vs. the *passé composé*

Nous avions très faim et nous sommes donc allés manger à l'auberge de la Mère Poulard.

When speaking about the past in English, you choose which past tense forms to use in a given context: *We visited Algeria, we were visiting Algeria, we used to visit Algeria,* and so on. Usually only one of these options will convey exactly the meaning that you want to express. Similarly in French, the choice between the **passé composé** and the **imparfait** depends on the kind of past action or condition that is being conveyed, and sometimes on the speaker's standpoint with respect to past events.

1. The **imparfait** is the tense that describes a *past situation*, whereas the **passé composé** reports *what happened*. A habitual activity with the emphasis on its repetition rather than on the action of the verb takes the **imparfait**. Time in the past, the state of the weather, and descriptions of physical or mental health also require the **imparfait**.

> Use the **imparfait** to describe a habitual or repeated action in the past. Use it also to describe the time, weather, and physical or mental health conditions expressed in a past situation.

J'**allais** souvent au cinéma le samedi quand j'**étais** jeune.	*I often went (used to go, would go) to the movies on Saturday when I was young.*
Hier j'**étais** fatigué.	*Yesterday I was tired.*

2. The **passé composé** focuses on the completion of an action within a given time frame, even if the action occurred several times.

> Use the **passé composé** to talk about a completed event or an action in the past.

Babette **est allée** au musée trois fois la semaine dernière.	*Babette went to the museum three times last week.*

but

Babette **allait** au musée tous les jours quand elle **était** en France.	*Babette used to go to the museum every day when she was in France.*

3. The **passé composé** interrupts an ongoing action. The **imparfait** is used as the backdrop for the action.

Je **finissais** la lettre quand mon ami **est arrivé**.	*I was finishing the letter when my friend arrived.*
Il **faisait** beau quand nous **avons visité** le Mont-Saint-Michel.	*The weather was beautiful when we visited Mont-Saint-Michel.*

In summary, the **imparfait** is generally used for descriptions in the past, and the **passé composé** is generally used for the narration of specific events that occurred in the past. The **imparfait** also often sets the stage for an event expressed with the **passé composé**. The following passages illustrate the use of these two tenses.

IMPARFAIT

Il **faisait** beau; le ciel **était** bleu; les terrasses des cafés **étaient** pleines (*filled*) de gens. C'**était** un beau jour d'été à Paris.

PASSÉ COMPOSÉ

J'**ai quitté** l'hôtel et j'**ai traversé** le boulevard de Port-Royal. J'**ai pris** l'autobus jusqu'à la porte d'Auteuil, puis **je suis entré** au stade Roland-Garros. J'**ai vu** un super match entre Michael Chang et Henri Leconte.

Activités

Ⓐ **Paris à la Belle Époque.** Imaginez que vous avez vécu à Paris au début du vingtième siècle. Créez des phrases pour décrire votre vie.

MODÈLES: nous / aimer / l'actrice Sarah Bernhardt →
Nous aimions l'actrice Sarah Bernhardt.

nous / aller / une fois / son théâtre →
Nous sommes allés une fois à son théâtre.

1. nous / habiter / la Rive gauche
2. le dimanche / je / passer une partie de la journée / jardin des Tuileries
3. nous / prendre / souvent / métro
4. le dimanche / nous / aller dans / «guinguettes»* / au bord de la Seine
5. je / aller / une fois / le Moulin de la Galette
6. les artistes / fréquenter / régulièrement / cafés de Montmartre
7. chaque soir / nous / prendre un dernier verre / Café de la Paix
8. un soir / je / voir Toulouse-Lautrec qui / faire un tableau

B **Une invitation à une fête.** Un ami (Une amie) vous a posé des questions sur la fête. Repondez à ses questions en inventant les détails.

MODÈLE: Qui t'a invité(e)? →
Stéphanie et Roger m'ont invité(e).

1. À quelle heure es-tu arrivé(e)?
2. Y avait-il beaucoup de monde? Quels amis est-ce que tu y as rencontrés?
3. Est-ce que tu connaissais tout le monde?
4. Comment s'appelaient les musiciens? Les connaissais-tu?
5. Qui dansait?
6. Qu'est-ce qu'il y avait à manger?
7. Qu'est-ce qu'on a servi comme dessert? Qu'est-ce que tu as apporté?
8. À quelle heure es-tu rentré(e)?

C **Une invitation au voyage.** Michel a demandé à Anne de l'accompagner à Chartres pour voir la cathédrale gothique renommée pour ses magnifiques vitraux (*stained-glass windows*). Mettez les verbes au temps du passé convenable.

1. Anne (lire) le journal quand Michel (téléphoner).
2. Il (inviter) Anne à visiter Chartres.
3. Généralement, elle n'(avoir) pas beaucoup de temps libre mais cette fois-ci, elle (dire) «d'accord».
4. Il (faire) beau et ils (pouvoir) admirer les vitraux et les belles statues au soleil.
5. Anne et Michel (décider) de visiter toute la ville de Chartres et ils (arriver) à la cathédrale quand la messe (commencer).
6. La musique (être) très belle.
7. Ils (rentrer) vers minuit.

D **Conversation.** Posez des questions à un(e) camarade de classe. L'année dernière…

1. Où étais-tu? Où as-tu étudié? Qu'est-ce que tu as étudié?
2. Qu'est-ce que tu as fait pendant tes vacances? As-tu fait un voyage? Où es-tu allé(e)? Comment était le voyage? et le temps?
3. Et tes amis? Où étaient-ils l'année dernière? Qu'est-ce qu'ils ont fait pendant les vacances?

---

*guinguette = petit bistrot au bord d'une rivière

3. Stressed Pronouns

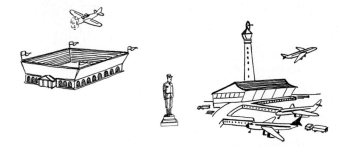

Alors, on a donné le nom d'un soldat à un aéroport et celui d'un aviateur à un stade? Moi, je ne comprends pas!

Stressed pronouns (**les pronoms disjoints**) are used as objects of prepositions, or for clarity or emphasis. (You already learned to use **moi** for emphasis in the expression **Moi, je voudrais…**)

STRESSED PRONOUNS			
moi	*me, I*	nous	*us, we*
toi	*you*	vous	*you*
lui	*he, him, it*	eux	*they, them* (m.)
elle	*she, her, it*	elles	*they, them* (f.)

Stressed pronouns are used in the following ways.

1. As objects of prepositions

Fais cela pour **moi**, s'il te plaît.
Marc et Alice? Je suis allée au cinéma avec **eux.**
Après **vous**.

Do that for me, please.
Marc and Alice? I went to the movies with them.
After you.

2. To emphasize the subject, either at the beginning or end of the sentence

Moi, j'étudie les maths. Qu'est-ce qu'il étudie, **lui**?

I am studying math. What is he studying?

3. As part of a compound subject

M. Ngate et **moi** allons au match de foot.
Lui et **elle** y vont ensemble.

Mr. Ngate and I are going to the soccer match.
He and she are going there together.

4. After **c'est**

C'est **toi** qui as écrit la composition?
Non, c'est **lui** qui l'a écrite.

Is it you who wrote the composition?
No, he's the one (it is he) who wrote it.

Note that some stressed pronouns are the same as the subject pronouns (**elle, nous, vous, elles**), whereas the rest are quite different (**moi, toi, lui, eux**).

5. After **être à** to indicate possession

   Est-ce que ce livre est à **toi**?   *Is this book yours?*
   Oui, il est à **moi**.   *Yes, it's mine.*

6. Standing alone or with **aussi** (*also*) or **non plus** (*neither, not . . . either*)

   Qui a visité le stade Roland-   *Who has visited the Roland-*
     Garros? **Moi**, et **lui** aussi.   *Garros stadium? I have, and he*
                                             has, too.

   Je n'aime pas le tennis. Et **toi**?   *I don't like tennis. Do you? I*
     Moi non plus.   *don't either.*

7. With **-même** (*-self*) to emphasize the subject of the sentence

   Tu as préparé le dîner **toi**-même?   *You prepared the dinner yourself?*
   Bien sûr, je l'ai préparé **moi**-même! *Of course, I prepared it myself!*

Activités

A **À qui est cet objet?** Créez une question et une réponse avec les éléments suivants. Utilisez l'expression *être à*.

MODÈLE: le crayon / Hélène → À qui est ce crayon? Il est à elle.

1. le livre / Paul   4. les chaussures / nous
2. les disques / Marie-France   5. ce cahier / tu
3. l'auto / Antoine et Paul   6. la jupe / je

B **L'histoire de France.** Créez des questions, puis un(e) camarade de classe va y répondre en renforçant (*stressing*) le sujet.

MODÈLE: Napoléon / je → Qui connaît l'histoire de Napoléon?
              Moi, je la connais.

1. les grottes / tu   5. Charlemagne / vous
2. les Gaulois / nous   6. Jeanne d'Arc / ils
3. Jules César / elles   7. Roland Garros / je
4. Clovis / il   8. Charles de Gaulle / elle

4. Ordinal Numbers

C'était un général, chef de la France libre pendant la Deuxième Guerre mondiale, et le premier président de la Cinquième République.

Ordinal numbers are used as adjectives. They precede the noun and correspond to the English *first, second, third,* etc. The following are the ordinal numbers from *first* to *twenty-first.*

premier, première (1er, 1ère)	onzième
deuxième (2e *or* 2ème)	douzième
troisième	treizième
quatrième	quatorzième
cinquième	quinzième
sixième	seizième
septième	dix-septième
huitième	dix-huitième
neuvième	dix-neuvième
dixième	vingtième
	vingt et unième

1. Except for the irregular forms **premier/première** and **second(e)**, ordinal numbers always end in **-ième**. Note that cardinal numbers ending in **e** drop the **e** before adding **-ième**, and that spelling changes occur in **cinquième** and **neuvième**.

2. **Deuxième** is used in a series where there are more than two items. **Second(e)** is used when there are only two items.

> Richard habite au **deuxième** étage.
>
> *Richard lives on the second floor.*
>
> La **seconde** fois que mon ami m'a offert des billets, je les ai acceptés.
>
> *The second time my friend offered me tickets, I accepted them.*

3. In dates, **premier** (**1er**) is used for the first of the month and the cardinal numbers for the rest of the days.

> Le **premier** novembre est la Toussaint; le **deux** novembre est la Fête des Morts.
>
> *November 1st is All Saints' Day. November 2nd is the Day of the Dead.*

Most ordinal numbers can be recognized by the **-ième** ending.

Activité

Les arrondissements de Paris. Paris est divisé en vingt arrondissements qui ont chacun un caractère particulier. Le seizième, par exemple, est un arrondissement très élégant. Le cinquième et le sixième sont les arrondissements du Quartier latin.

Regardez le plan de Paris à la page 222. Dans quels arrondissements se trouvent les endroits suivants?

1. le Centre Pompidou
2. le Louvre
3. la tour Eiffel
4. l'Arc de Triomphe
5. le parc de Montsouris
6. le Sacré-Cœur
7. le Palais de Chaillot
8. la Bastille
9. la Madeleine
10. Notre-Dame

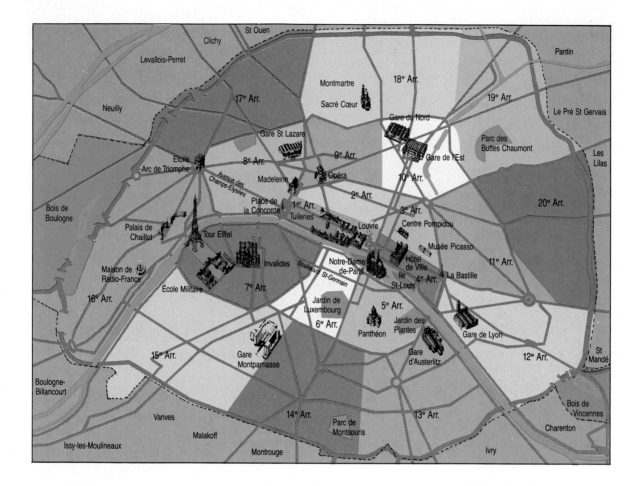

EN AVANT

Réalités

Le Guide du Routard. Voici une publicité pour un guide touristique. Lisez l'annonce et répondez aux questions.

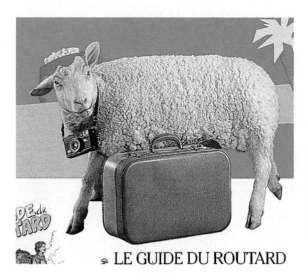

DE du TARD

⚘ LE GUIDE DU ROUTARD

LE GUIDE DU ROUTARD

LA LIBERTÉ À TOUTES LES PAGES.

Depuis sa création, le Guide du Routard voyage malin dans le monde entier : ce serait trop bête de ne pas en profiter. Partir avec lui, c'est, chaque fois, le même plaisir de sortir des sentiers battus. C'est découvrir plus et savourer mieux, se créer une vision personnelle d'un pays. Et c'est, partout, saisir les bonnes affaires grâce à ses adresses mises à jour chaque année. Le Guide du Routard, si vous faisiez un bout de chemin avec lui?

HACHETTE

1. Le mouton (*sheep*) fait la même chose que tout le monde. Quelle est la signification du mouton dans l'annonce?
2. Quels sont les avantages du Guide?
3. Est-ce qu'on voit la même chose que les autres quand on suit (*follows*) les suggestions du Guide du Routard? Expliquez.
4. Si vous utilisez le Guide, quelles vont être vos impressions?
5. Est-ce que le Guide est modifié chaque année? Comment?

⬤ TABLEAU CULTUREL

LE *GUIDE MICHELIN*: Si vous voyagez en Europe, le *Guide Michelin* peut vous être très utile. La société (*company*) Michelin, qui fabrique des pneus (*tires*) depuis un siècle, a cherché à encourager le tourisme automobile par la création de guides touristiques et de cartes routières. André Michelin a compris qu'il pouvait vendre plus de pneus si les Français voyageaient plus en auto!

Les Guides Rouges, publiés tous les ans, décrivent une sélection d'hôtels et de restaurants des principaux pays d'Europe. Les inspecteurs Michelin décernent (*award*) des étoiles (*stars*) aux meilleurs restaurants pour indiquer la qualité de la cuisine et du service. Très peu de restaurants obti-

ennent le nombre maximum d'étoiles: trois. Le succès commercial d'un restaurant dépend souvent de sa cote (*rating*) dans le *Guide Michelin*.

Les Guides Verts sont des guides touristiques. Il existe un guide pour chaque région de France et chaque pays d'Europe. Ces petits livres verts décrivent en détail les choses à voir pendant un voyage et recommandent des itinéraires touristiques. C'est aux sites que le Guide Vert décerne des étoiles.

*** ARLES   Vaut (*Worth*) le voyage

** ORANGE Mérite un détour

* VIVIERS Intéressant

Bavardons un peu!

À vous de juger! Avec un(e) camarade de classe, jouez les rôles de deux inspecteurs/inspectrices pour le *Guide Michelin*. Décernez des étoiles et faites une critique des établissements dans les catégories suivantes en vous basant sur ces critères: propreté (*cleanliness*), confort, agrément (*charm*), service, cuisine, etc. Justifiez votre critique!

1. un hôtel de luxe
2. un endroit où vous avez passé vos vacances
3. un restaurant près de chez vous
4. la cafétéria de l'université

*Vidéo-Club**

Thème 7   Les vacances et les voyages
Scène 7.1   L'agence de voyages

(Cue to 1:06:31.)

Paul and Michel are at a travel agency, planning Paul's summer vacation. While awaiting their turn with the agent, they discuss Paul's misadventures on his last vacation to Italy. Once the agent meets with them, the three men discuss the possibilities and arrangements for a trip to Morocco.

VOCABULAIRE UTILE

inoubliable	*unforgettable*
L'avion a eu deux heures de retard.	*The plane was two hours late.*
Il t'est arrivé pas mal de mésaventures, hein!	*You had quite a few misadventures, eh?*
voler	*to steal*
Je souhaiterais voyager…	*I would like to travel . . .*
On peut faire de telles affaires dans les souks!	*You can make such great deals in the souks (markets, bazaars)!*
marchander	*to bargain, haggle over*
Et pour ce prix-là, j'aurai droit à quoi?	*What will I get for that price?*
pour un petit supplément	*for a small extra fee*
C'est tentant!	*It's tempting!*

Les voyages de Paul. Choisissez la meilleure réponse.

1. Le voyage de Paul en Italie était mémorable à cause _____
   a. de l'hôtel de luxe.   **b.** des filles italiennes.   **c.** des mésaventures.

2. Paul n'a pas montré la photo de Giovanna à Michel parce qu' _____
   a. elle n'était pas très belle.
   b. on lui a volé son appareil-photo en Italie.
   c. il a oublié son appareil-photo en Italie.

---

*This section contains an activity for the Video to accompany *C'est ça!* The theme and scene numbers here correspond to the ten themes and their respective scenes in the video (rather than to the chapter numbers in the book).

3. Paul préfère visiter _____
   a. la Tunisie.　　　**b.** le Maroc.　　　**c.** l'Algérie.

4. Paul va aimer les souks parce qu'il adore _____
   a. l'art marocain.　　**b.** acheter des cadeaux.　**c.** marchander.

5. Le prix du voyage inclut _____
   a. le billet d'avion aller-retour, l'hôtel et deux repas par jour.
   b. le billet d'avion aller-retour et l'hôtel.
   c. le billet d'avion aller-retour, l'hôtel, deux repas par jour et des excursions.

6. Paul voudrait partir en _____
   a. juillet.　　　**b.** juin.　　　**c.** mai.

VOCABULAIRE

Noms

l'abbaye (*f.*)	abbey, monastery
l'auberge (*f.*)	inn
l'aviateur/l'aviatrice	aviator
la caverne	cave
le chef	head
la chute	fall
le dessin	drawing
l'église (*f.*)	church
l'empire (*m.*)	empire
la grotte	cave, grotto
le héros/l'héroïne	hero, heroine
l'île (*f.*)	island
la Résistance	French resistance (against the Nazis)
le rocher	rock
le roi/la reine	king, queen
le soldat	soldier
le sommet	top, summit
le stade	stadium

Verbes

brûler	to burn
connaître	to know (*a person or place*)
créer	to create
faire la connaissance de	to meet (*for the first time*), make the acquaintance of
prétendre	to claim
reconnaître	to recognize
rencontrer	to meet, run into
retrouver	to meet (*by prior arrangement*)
savoir	to know (*a fact*)
traverser	to cross

Adjectifs

bas(se)	low
célèbre	famous
celte	Celtic
libre	free, unoccupied
mondial	worldwide
renommé	renowned
rocheux/rocheuse	rocky
vif/vive	alive

Expression

contre	against

LES NOMBRES ORDINAUX

premier/première, deuxième,… cinquième,… neuvième,… onzième, etc.

Jour de travail, jour de fête

*Ces jeunes gens ont reçu beaucoup de plantes
et de fleurs pour leur mariage.*

ESQUISSES

La vie de tous les jours

Everyday Life

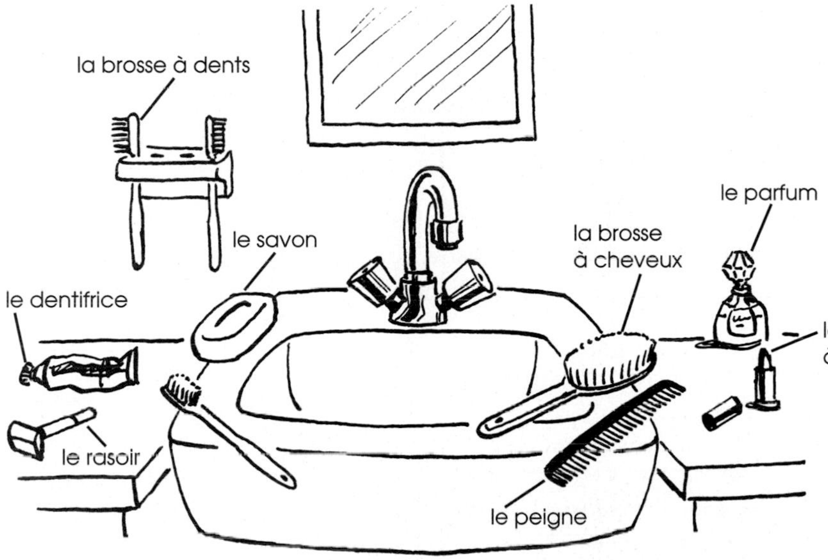

la brosse à dents

le savon

le dentifrice

le rasoir

le parfum

la brosse à cheveux

le rouge à lèvres

le peigne

Je me réveille.

Je me lève.

Je me lave.

Je me rase.

Je me brosse les dents.

Je me peigne.

Je me maquille.

Je m'habille.

Je me déshabille.

Je me couche.

NOMS

le maquillage *makeup*
le shampooing *shampoo*

VERBES

faire le lit *to make the bed*
prendre une douche *to take a shower*
prendre un bain *to take a bath*

EXPRESSION

d'abord *first, first of all, at first*

Activités

A **Objets quotidiens.** Dans quelles circonstances est-ce que vous utilisez les objets suivants? Choisissez parmi les expressions de la colonne de droite.

MODÈLE: du savon → J'utilise du savon quand je me lave.

1.	un réveil (*alarm clock*)	je me maquille
2.	une brosse à cheveux	je me rase
3.	un rasoir	je me lève
4.	un peigne	je me brosse les dents
5.	du rouge à lèvres	je me lave
6.	du dentifrice	je me brosse les cheveux
		je me peigne

B **Une journée typique.** Que faites-vous d'abord? et ensuite?

MODÈLE: Vous peignez-vous ou vous habillez-vous? →
D'abord je m'habille et puis je me peigne.

1. Vous réveillez-vous ou vous levez-vous?
2. Vous levez-vous ou vous peignez-vous?
3. Vous lavez-vous ou vous habillez-vous?
4. Vous brossez-vous les dents ou vous peignez-vous?
5. Faites-vous le lit ou vous réveillez-vous?
6. Vous couchez-vous ou vous déshabillez-vous?

C **Des gens intéressants.** Faites des commentaires sur les personnages du dessin. De quoi ont-ils besoin? Qu'est-ce qu'ils ont besoin de faire? Qu'est-ce qu'ils n'ont pas besoin de faire ou d'utiliser?

Catherine

François

Marie-Laure   Raoul   Charles

Bon anniversaire!

Happy Birthday!

le cadeau
la bougie
le bracelet
les boucles d'oreilles (f.)
la bague   le collier
la montre
les bijoux (m.)

VERBES

demander *to ask (for), request*
fêter *to celebrate*

EXPRESSION

quelque chose *something*

SOPHIE: Que vas-tu me donner pour fêter mon anniversaire?
OLIVIER: De quoi as-tu envie? D'un bracelet, d'une montre, de boucles d'oreilles?
SOPHIE: Choisis pour moi. Je veux savoir que ça vient du cœur!
OLIVIER: Je préfère te donner quelque chose que tu aimes.
SOPHIE: Mais moi, je préfère une surprise.
OLIVIER: Alors, pourquoi demandes-tu ce que° je vais te donner?

ce... *what*

Activités

Ⓐ L'anniversaire de Sophie. Répondez aux questions.

1. Que demande Sophie?
2. Quelles sont les suggestions d'Olivier?
3. Sophie préfère-t-elle un cadeau particulier? Pourquoi ou pourquoi pas?
4. Qu'est-ce qu'Olivier préfère lui donner?
5. Mais, en réalité, qu'est-ce que Sophie préfère?

Ⓑ Le cadeau idéal. Quels cadeaux choisissez-vous pour les personnes suivantes?

MODÈLE: une amie qui aime danser →
          Deux billets pour le ballet.

1. votre meilleur ami (meilleure amie)
2. votre sœur de seize ans
3. votre frère de dix ans
4. vos parents
5. des amis chez qui vous êtes invité(e) à dîner
6. une amie sportive

C **Une fête d'anniversaire.** Posez ces questions à un(e) camarade de classe:

1. Qu'est-ce que tu fais pour fêter ton anniversaire? Avec qui le fêtes-tu? Est-ce que tu as généralement un gâteau? Combien de bougies va-t-il y avoir cette année?
2. Quels cadeaux est-ce que tes amis te donnent pour ton anniversaire?
3. Est-ce que tu préfères un chèque ou des cadeaux? quels cadeaux? Est-ce que tu préfères un cadeau utile ou un cadeau frivole?

Une invitation à un mariage

Present Tense: _promettre_ (_to promise_)

je promets	_I promise_
tu promets	_you promise_

NOMS

le fiancé/la fiancée _fiancé(e)_
les jeunes mariés (_m._) _newlyweds_
la mairie _city hall_
les noces (_f._) _wedding_
le voyage de noces _honeymoon_

VERBES

tomber amoureux/amoureuse (de) _to fall in love_ (_with_)
s'embrasser _to kiss, embrace one another_
se fiancer (avec) _to become engaged_ (_to_)
se marier (avec) _to get married_ (_to_)
divorcer _to get divorced_
s'amuser _to have fun, have a good time_
passer _to spend_ (_time_)

EXPRESSION

en somme _basically_

SANDRINE: Ma sœur Brigitte s'est fiancée l'année dernière, et elle va bientôt se marier. Est-ce que tu me promets de venir au mariage avec moi?

JOHN: Volontiers.° Où est-ce que ce mariage va avoir lieu? *Gladly*

SANDRINE: Dans le village où habitent mes grands-parents.

JOHN: Est-ce que Brigitte et son fiancé vont se marier à l'église?

SANDRINE: Bien sûr! Mais ils se marient aussi à la mairie avant la cérémonie religieuse.

JOHN: Alors, tu m'invites à deux mariages?

SANDRINE: Euh…, en somme, oui! Et à la réception au restaurant! Tu vas bien t'amuser, manger et danser, mais ton week-end entier° va y passer! *whole*

Activités

A Parlons du mariage. Basez vos réponses sur le dialogue.

1. Quand se marie la sœur de Sandrine?
2. Que propose Sandrine à John? Que répond John?
3. Où se marie Brigitte?
4. Combien de fois va-t-elle se marier?
5. Que fait-on à la réception?

B Définitions. Expliquez les mots suivants.

MODÈLE: le garçon d'honneur →
C'est l'ami qui aide le marié pendant la cérémonie.

1.	la bague de fiançailles	le repas qui suit (*follows*) la cérémonie
2.	la mariée	les gens qu'on invite à la cérémonie et à la réception
3.	les invités	la bague qu'on offre à sa fiancée quand elle dit «oui»
4.	la demoiselle d'honneur	la femme qui se marie avec le marié
5.	le marié	la bague qui indique qu'on est marié
6.	l'alliance	l'homme qui se marie avec la mariée
7.	la réception	les petites vacances que prennent les jeunes mariés après leur mariage
8.	le voyage de noces	l'amie qui aide la mariée pendant la cérémonie

C Votre mariage idéal. Avec un(e) camarade de classe, discutez les noces que vous voudriez avoir un jour. Décrivez votre mariage, votre réception et votre voyage de noces.

Voudriez-vous… ?

1. un mariage à l'église, à la synagogue, à la mosquée, au temple ou à la mairie
2. une vingtaine d'invités ou des centaines d'invités
3. une fête au restaurant, à l'hôtel, dans un parc ou à la maison
4. un repas de noces élégant ou des hors-d'œuvre
5. de la musique classique ou de la musique rock pendant la réception
6. un grand voyage de noces dans un endroit exotique ou un petit voyage de noces près de chez vous

TABLEAU CULTUREL

L'INSTITUTION DU MARIAGE AU MAROC: Le mariage représente une institution et une tradition très importantes au Maroc. Il ne fait pas partie des cinq piliers° de l'Islam, mais beaucoup de Marocains le considèrent comme une obligation. Pendant les festivités, les familles riches louent° souvent des Mercedes pour le cortège° et une salle dans un hôtel de luxe. On invite 200–300 personnes qui font la fête pendant trois jours. Un mariage peut coûter l'équivalent d'un an de salaire d'un cadre.° Les femmes portent des robes et des bijoux magnifiques. Le marié reçoit souvent une dot° équivalente à deux ans de salaire.

pillars

rent

procession

executive

dowry

À VOUS!

Quelles sont les différences entre le mariage au Maroc et dans votre pays?

● ●

GRAMMAIRE ESSENTIELLE

1. The Verb *mettre*

Est-ce que tu me promets de venir au mariage avec moi?

1. The verb **mettre** is irregular.

mettre (*to put, place; to put on*)	
je mets	nous mettons
tu mets	vous mettez
il/elle/on met	ils/elles mettent
Past participle: mis	

Nathalie **a mis** ses livres dans son sac à dos, puis elle **a mis** un manteau parce qu'il faisait froid.	*Nathalie put her books in her backpack, then she put on a coat because it was cold.*

2. **Mettre** is used in the expressions **mettre la table** (*to set the table*) and **mettre la télé/la radio** (*to turn on the TV / radio*). The imperative of **mettre** follows the regular rules.

Mets la table pour la fête, Lise.	*Set the table for the party, Lise.*
Mettez la radio, s'il vous plaît; on voudrait écouter de la musique.	*Turn the radio on, please; we'd like to listen to some music.*

3. Other verbs conjugated like **mettre** are:

permettre (à quelqu'un de faire quelque chose) *to permit, let, allow (someone to do something)*

promettre (à quelqu'un de faire quelque chose) *to promise (someone to do something)*

M. Lebec ne **permet** pas **à** sa fille **de** se marier parce qu'elle a seulement dix-sept ans.	*Mr. Lebec is not allowing his daughter to get married because she is only seventeen years old.*
Elle **promet à** son père **d'**attendre trois ans.	*She is promising her father to wait for three years.*

Activités

A **La mode à l'université.** Qu'est-ce que les personnes suivantes mettent pour venir à l'université? Choisissez parmi les mots de la colonne de droite.

MODÈLE: vous → Vous mettez un jean et un tee shirt.

1. l'étudiant qui arrive toujours en retard	un chemisier
2. nous, les étudiants de français	un tailleur
3. l'étudiant méticuleux	un maillot de bain
4. les étudiants iconoclastes	un jean et un tee shirt
5. les entraîneurs de l'équipe de basket	un short
6. moi	une chemise et une cravate
	un chapeau
	une jupe
	des sandales
	un pull-over

Maintenant, dites ce que ces personnes ne mettent pas pour venir à l'université.

B **Une fête pour l'anniversaire de Chantal.** Choisissez le verbe qui convient et conjuguez-le au présent pour raconter l'histoire.

Verbes utiles: mettre, permettre, promettre

1. La mère de Chantal lui _____ une fête à l'occasion de son anniversaire.
2. Chantal _____ une très jolie robe pour l'occasion.
3. Pierre lui _____ un cadeau ravissant.
4. Ses petites sœurs _____ les bougies sur le gâteau.
5. Sa mère _____ le gâteau sur la table et tout le monde chante «Bon Anniversaire».
6. L'argent qu'elle reçoit de ses parents lui _____ d'acheter un beau sac.

C **Le jour du mariage.** Avec un(e) camarade de classe, jouez les rôles des personnes suivantes en répondant aux questions.

Vous êtes…

1. le marié. Quels vêtements mettez-vous le matin? Qu'est-ce que vous promettez à la mariée pendant la cérémonie?
2. la mariée. Quels vêtements mettez-vous avant le mariage? Qu'est-ce que vous promettez au marié pendant la cérémonie?
3. le serveur. Décrivez en détail la façon dont vous mettez la table. Quels objets mettez-vous sur la table?
4. le disc-jockey. Quelle sorte de musique mettez-vous? Pourquoi? Mettez-vous des disques, des cassettes ou des CD?

2. Pronominal Verbs

Je me brosse les dents.

Certain verbs in French, called *pronominal verbs* (**les verbes pronominaux**), are always conjugated with two pronouns: one pronoun is the normal subject pronoun and the other is called a *reflexive pronoun*. Reflexive pronouns (**me, te, se, nous, vous, se**) agree with the subject of the verb and precede the conjugated verb or infinitive. **Se lever** (*to get up*), for example, is a pronominal verb.

Pronominal verbs can be recognized by the pronoun **se** before the infinitive.

se lever (*to get up*)	
je **me** lève	nous **nous** levons
tu **te** lèves	vous **vous** levez
il/elle/on **se** lève	ils/elles **se** lèvent

1. The majority of pronominal verbs are reflexive verbs, that is, the subject of the verb receives, as well as performs, the action of the verb. (In nonreflexive verbs the object is different from the subject.)

   Compare:

NONREFLEXIVE CONSTRUCTION	REFLEXIVE CONSTRUCTION
verb → object	subject ← verb
Paul lave la voiture. Il **la** lave.	Paul **se** lave.
Paul washes the car. He washes it.	*Paul washes himself.*
Annie regarde la télévision. Elle **la** regarde.	Annie **se** regarde dans la glace.
Annie watches television. She watches it.	*Annie looks at herself in the mirror.*

2. A reflexive verb can be used in the plural with the plural pronouns (**nous, vous, se**) to have a reciprocal or mutual meaning. Almost any verb that can take a direct or indirect object can be used reciprocally. Examples are:

   s'aimer *to love one another*
   s'embrasser *to kiss each other*
   se téléphoner *to call each other*

3. Many verbs are used pronominally with an idiomatic meaning. In this case they are not true reflexives but are nevertheless conjugated with the reflexive pronouns.

   s'appeler *to be called*
   s'arrêter *to stop*
   se dépêcher *to hurry*
   se détendre *to relax*
   se fiancer *to become engaged to be married*
   s'intéresser à *to be interested in*
   se marier (avec) *to get married (to)*
   se promener *to take a walk*
   se rappeler *to remember*
   se souvenir de *to remember*
   se trouver *to be located*

4. To form the negative of pronominal verbs in the present tense, the **ne** is placed before the reflexive pronoun and the **pas** after the verb. Note that this is the same pattern of placement as with other object pronouns.

Je **ne** me couche **pas** tard.	*I don't go to bed late.*
Nous **ne** nous promenons **pas** dans le parc.	*We're not walking in the park.*

5. When forming questions by inversion, the reflexive pronouns follow the same pattern of placement as object pronouns. Questions can also be asked by adding **est-ce que** to the sentence.

Te réveilles-tu de bonne heure?	*Do you get up early?*
Paul **se prépare-t-il** pour la cérémonie?	*Is Paul getting ready for the ceremony?*
Est-ce que tu te dépêches pour arriver à l'heure?	*Do you hurry to arrive on time?*

6. In the imperative, the reflexive pronoun follows the affirmative command. **Te** becomes **toi**.

> Lève-**toi**! *Get up.* (**tu** *form*)
> Levons-**nous**! *Let's get up.*
> Levez-**vous**! *Get up.* (**vous** *form*)

In the negative imperative, the reflexive pronoun precedes the verb. **Ne** precedes the reflexive pronoun and **pas** follows the verb.

> Ne **te** dépêche pas! *Don't hurry.* (**tu** *form*)
> Ne **nous** dépêchons pas! *Let's not hurry.*
> Ne **vous** dépêchez pas! *Don't hurry.* (**vous** *form*)

7. If a pronominal verb is used in the infinitive, the reflexive pronoun agrees with the subject of the conjugated verb and precedes the infinitive.

> Je vais **me** promener ce matin.   *I am going to take a walk this morning.*
>
> Est-ce que tu viens de **te** raser?   *Did you just shave?*

Activités

A **Une matinée typique.** Racontez la matinée d'Antoine.

MODÈLE: 7 h → Antoine se réveille à sept heures.

1. 7 h 30   **2.** 7 h 35   **3.** 7 h 40   **4.** 7 h 45

Répétez l'activité, mais cette fois racontez ce que nous faisons.

MODÈLE: Nous nous réveillons à sept heures.

B **Les activités quotidiennes.** Demandez à un(e) camarade ce qu'il/elle fait d'habitude. Votre camarade va répondre en utilisant la forme négative.

MODÈLE: VOUS: Est-ce que tu te couches de bonne heure?
VOTRE CAMARADE: Non, je ne me couche pas de bonne heure. Je me couche très tard.

1. mettre un pantalon pour se coucher
2. se brosser les dents avant chaque repas
3. se laver les cheveux trois fois par jour
4. se raser le soir
5. se peigner en classe

C **Les ordres.** Jouez le rôle d'un parent! Donnez des ordres!

MODÈLE: (tu) se réveiller → Réveille-toi!

1. (tu) se lever
2. (vous) se dépêcher
3. (nous) s'habiller
4. (tu) se regarder
5. (tu) se peigner
6. (nous) se coucher
7. (vous) se marier

3. Pronominal Verbs in the *passé composé*

Ma sœur Brigitte s'est fiancée l'année dernière,
et elle va bientôt se marier.

1. All pronominal verbs use **être** as their auxiliary in the **passé composé**. When the reflexive pronoun is the direct object of the verb, the past participle agrees in gender and number with the reflexive pronoun (corresponding to the subject). The reflexive pronoun immediately precedes the auxiliary verb.*

Pronominal verbs use **être** (not **avoir**) in the **passé composé**.

PASSÉ COMPOSÉ OF *se lever* (*to get up*)	
je me suis levé(e) tu t'es levé(e) il s'est levé elle s'est levée on s'est levé	nous nous sommes levé(e)s vous vous êtes levé(e)(s) ils se sont levés elles se sont levées

Annette **s'est levée** tard hier.
Nous **nous sommes dépêchés** pour arriver à l'heure.

Annette got up late yesterday.
We hurried to arrive on time.

2. The interrogative and negative of the **passé composé** follow the usual patterns, with the reflexive pronoun immediately preceding the auxiliary verb.

À quelle heure **t'es-tu réveillée** ce matin, Amina?
Je **ne me suis pas réveillée** de bonne heure.

What time did you wake up this morning, Amina?
I didn't wake up early.

---

*If the reflexive pronoun is an indirect object, however, the past participle is invariable. This occurs in reciprocal reflexives where the verb normally takes the preposition **à**.

Gisèle et Gérard se sont **écrit** hier soir.

Gisèle and Gérard wrote to each other last night.

Ils ne se sont pas **téléphoné**.

They did not call one another.

ÉTUDE DE MOTS

REFLEXIVE VERBS WITH PARTS OF THE BODY: Some reflexive verbs, notably **se brosser, se laver,** and **se raser,** can be used with parts of the body. In French, the definite article rather than the possessive adjective is used in this case.

Il se brosse **les cheveux**.	*He brushes his hair.*
Lave-toi **les mains**!	*Wash your hands!*

In the **passé composé**, if the reflexive pronoun is no longer the direct object, the past participle is invariable.

Elle s'est **lavée**.	*She washed. (She washed herself).*
but	
Elle s'est **lavé** les mains.	*She washed her hands.*

Activités

A **La journée d'Émilie.** Racontez ce qu'Émilie a fait hier matin.

MODÈLE: se réveiller / 6 h 25 → Émilie s'est réveillée à six heures vingt-cinq.

1. se lever / 6 h 30
2. se laver les cheveux / 6 h 35
3. se raser les jambes / 6 h 40
4. se peigner / 6 h 50
5. se brosser les dents / 7 h
6. s'habiller / 7 h 05
7. se maquiller / 7 h 15
8. se préparer à sortir / 7 h 30

Émilie a trois camarades de chambre qui se lèvent un quart d'heure après elle. Racontez ce qu'elles ont fait ce matin-là.

MODÈLE: Elles se sont réveillées à sept heures moins vingt.

B **Un matin exceptionnel.** Racontez ce qu'Émilie n'a pas fait parce qu'elle a dormi trop longtemps. Utilisez les verbes de l'activité précédente au passé composé et à la forme négative.

MODÈLE: se réveiller / 6 h 25 →
Elle ne s'est pas réveillée à six heures vingt-cinq.

C **Hier soir.** Posez les questions suivantes à un(e) camarade de classe. Utilisez le passé composé et l'inversion. Votre camarade de classe doit dire la vérité (*truth*)!

MODÈLE: À quelle heure / se coucher →
VOUS: À quelle heure t'es-tu couché(e) hier soir?
VOTRE CAMARADE: Je me suis couché(e) à minuit.

1. se dépêcher de finir ses devoirs
2. se déshabiller avant de se coucher
3. se peigner
4. se brosser les dents
5. se raser

D **Minidialogues.** Complétez les minidialogues suivants avec un(e) camarade de classe. Utilisez le temps/la forme qui convient.

Verbes utiles: se fiancer, se marier, se préparer, se dépêcher

É1: J'ai de bonnes nouvelles. Je _____ hier soir.
É2: Félicitations! Quand est-ce que tu _____ ?
É1: Bientôt. Je _____ tout de suite.
É2: _____-tu pour être prêt à temps?
É1: Oh, bien sûr!

Verbes utiles: se coucher, se lever, s'habiller, se peigner, se dépêcher

É1: Aïcha, tu as l'air fatiguée. À quelle heure _____?
É2: Je _____ très tard hier soir.
É1: À quelle heure _____ ce matin?
É2: Très tard aussi. Je _____ vite et je _____ dans l'auto! Je _____ pour arriver à l'heure à l'université.

4. Relative Pronouns

Je préfère te donner quelque chose que tu aimes.

Relative pronouns connect two sentences that share a common element. Like all pronouns, relative pronouns are used to replace nouns and avoid repetition. Although relative pronouns are often omitted in English (*He is the man whom she married*, or *He is the man she married*.), they are always present in French.

1. When the relative pronoun takes the place of the subject of the new clause, the pronoun **qui** (*who, that, which*) is used. **Qui** may refer to people or things. In the following examples we combine two statements into a single sentence; the highlighted subject of the second sentence is replaced by **qui**.

Use **qui** to replace a subject.

Charles a un frère. **Le frère** de Charles se marie demain.	*Charles has a brother. Charles' brother is getting married tomorrow.*
Charles a un frère **qui** se marie demain.	*Charles has a brother who is getting married tomorrow.*
Voici la bague de fiançailles. **La bague de fiançailles** est très jolie.	*Here's the engagement ring. The engagement ring is very pretty.*
Voici la bague de fiançailles **qui** est très jolie.	*Here's the engagement ring that's very pretty.*

2. When the relative pronoun takes the place of a direct object, **que** (*whom, that, which*) is used. **Que** may refer to people or things. If it precedes a vowel or silent *h,* it is contracted to **qu'**.

> Tu as rencontré **le marié**. Le marié est très inquiet.
>
> Le marié **que** tu as rencontré est très inquiet.

You met the groom. The groom is very nervous.

The groom (whom) you met is very nervous.

> Frédéric a pris **les photos du mariage.** Les photos sont excellentes.
>
> Les photos **que** Frédéric a prises* du mariage sont excellentes.

Frédéric took photos of the wedding. The photos are excellent.

The photos (that) Frédéric took of the wedding are excellent.

*Use **que** to replace a direct object.*

3. When replacing an object or a person introduced by **de** (**du, de la, d', des**), the pronoun **dont** is used. If *who* or *whom* follows any preposition other than **de**, **qui** is used.

> Le garçon d'honneur a l'alliance. Le marié a besoin **de cette alliance**.
>
> Le garçon d'honneur a l'alliance **dont** le marié a besoin.

The best man has the wedding ring. The groom needs that wedding ring.

The best man has the wedding ring (that) the groom needs.

> Anne a rencontré l'invité. Tu as parlé **de cet invité**.
>
> Anne a rencontré l'invité **dont** tu as parlé.

Anne met the guest. You talked about this guest.

Anne met the guest about whom you talked. (Anne met the guest you talked about.)

> C'est Karine. David va se marier **avec Karine**.
>
> C'est Karine **avec qui** David va se marier.

That is Karine. David is going to marry Karine.

It's Karine whom David is going to marry.

*Use **dont** to replace **de** + an object or a person.*
*Use preposition + **qui** for any other preposition used with a person.*

Dont is also used to express possession.

> C'est la femme **dont** la fille vient de se fiancer.

She's the woman whose daughter just became engaged.

***Dont** can also mean whose.*

4. When replacing an expression of time or place, the relative pronoun **où** is used:

> C'est l'année. Nous nous sommes mariés **cette année-là**.
>
> C'est l'année **où** nous nous sommes mariés.

That's the year. We were married that year.

That's the year when we were married.

> Voilà la mairie. Il y a beaucoup de mariages **dans cette mairie**.
>
> Voilà la mairie **où** il y a beaucoup de mariages.

There's the city hall. There are many weddings in that city hall.

There's the city hall where there are many weddings.

*Use **où** to replace a time or place.*

---

*Note that the past participle agrees with the direct object that precedes it: **photos**.

The following chart summarizes relative pronouns.

	SUBJECT	DIRECT OBJECT	OBJECT OF PREPOSITION
PEOPLE	qui	que	**de** + *person* = **dont** *other prepositions + person = preposition +* **qui**
THINGS	qui	que	**de** + *thing* = **dont**
TIME OR PLACE			*preposition of time or place + its subject =* **où**

Activités

A Le mariage de la sœur de Thierry. Utilisez les pronoms relatifs qui conviennent dans ces phrases.

1. Thierry a une sœur _____ s'appelle Gisèle.
2. Gisèle s'est mariée dans le village _____ habitent ses grands-parents.
3. Le jeune homme avec _____ elle s'est mariée s'appelle Gérard.
4. Le mariage est une institution _____ les Français apprécient beaucoup.
5. C'est une fête _____ Thierry va beaucoup s'amuser.
6. Un an après le mariage, Gisèle a donné naissance à une petite fille _____ s'appelle Mathilde, et deux ans après cela, à un fils _____ le nom est Alexandre.

B À la fête après le mariage. Sandrine va identifier tous les invités pour son ami John. Créez des phrases en choisissant des éléments de chaque colonne.

MODÈLE: La dame qui boit du champagne est ma tante.

1. le garçon	parle anglais	ma tante
2. le jeune homme	je ne vois pas souvent	mon grand-père
3. la dame	danse bien	mon cousin
4. la petite fille	je connais bien	mon ami
5. le vieil homme	la mariée se marie	mon frère
6. l'homme	mange du gâteau	mon patron (*boss*)
7. la vieille dame	pleure (*cries*)	ma cousine
8. la jeune fille	boit du champagne	ma grand-mère
9. le bébé	s'amuse bien	ma sœur
10. la femme	est jaloux	ma nièce

C Le petit village du mariage. Unissez les phrases en utilisant un pronom relatif.

1. Avant leur mariage, Gisèle et Gérard ont visité le petit village des Pyrénées. Gisèle est née dans ce village.
2. Le village est situé dans le pays basque. Gisèle connaît bien le pays basque.
3. Les grands-parents de Gisèle habitent toujours le pays basque. Ils ont une ferme.
4. La ferme est très jolie. Gisèle a souvent parlé de cette ferme à Gérard.

Sorti le 3 mars 1994

ALEXANDRE

Une coproduction de Gérard et Gisèle Morin

MATHILDE: la grande sœur
ALEXANDRE: le nouveau né
GISÈLE, GÉRARD: les parents

14, rue Rambuteau, 75001 Paris

5. De cette ferme, on peut voir les montagnes. Gisèle adore les montagnes.
6. Gisèle a un frère. Ce frère parle trois langues: le français, l'espagnol et le basque.
7. Le frère de Gisèle a une petite amie. Il va se marier avec cette petite amie.
8. Les grands-parents de Gisèle ont beaucoup d'amis. Ces amis vont tous venir à la réception.

EN AVANT

Réalités

Mettez-vous souvent la radio? Voici une annonce d'Africa No. 1, une station de radio.

1. Qu'est-ce que cette station offre?
2. Comment est-ce qu'on reçoit des émissions d'Afrique en France?
3. Est-ce qu'on peut recevoir des stations de pays étrangers chez vous? Quelles sortes d'émissions peut-on écouter?
4. Parmi les émissions qu'offre Africa No. 1, lesquelles (*which ones*) vous semblent les plus intéressantes?
5. Quelles stations écoutez-vous d'habitude? Quand?
6. Existe-t-il des stations de radio publiques où vous habitez? Comment sont-elles financées?

TABLEAU CULTUREL

LES LOISIRS: Tous les gouvernements du monde ont un ministre du travail, mais en France, le gouvernement encourage et finance également les activités culturelles et sportives des Français de tout âge. Chaque ville a des Maisons des Jeunes et de la Culture où on se rencontre pour participer à des activités de groupe: clubs; sports (tennis, foot, rugby, ping-pong); cours de langues, de danse, de dessin ou de gymnastique.

Dans le contexte familial, le temps libre est utilisé de manière très sociale. La plupart des Français rendent visite à leur famille ou à leurs amis au moins une fois par mois, surtout le dimanche. Comme les Français habitent généralement près les uns des autres, il est encore courant de s'arrêter à l'improviste (*unannounced*) pour passer une demi-heure chez des amis: on se rencontre plus qu'on ne se téléphone!

● ●

Bavardons un peu!

Sondage: les loisirs. Regardez le tableau sur l'évolution de la pratique de quelques loisirs en France. Lesquels (*Which ones*) pratiquez-vous? Et lesquels pratiquent vos camarades de classe? Faites un sondage de six personnes. Quels sont les loisirs les plus populaires? Est-ce que vos résultats sont comparables aux chiffres (*numbers*) du tableau?

[1]Au... *At least once during the*
[2]fête... *carnival*

Quinze ans de loisirs

Evolution de quelques pratiques de loisirs (en %) :

	1973	1981	1989
Proportion de Français ayant pratiqué l'activité suivante :			
• Regarder la télévision tous les jours ou presque	65	69	73
• Ecouter la radio tous les jours ou presque	72	72	66
• Ecouter des disques ou cassettes au moins une fois par semaine	66	75	73
Au moins une fois au cours des[1] 12 derniers mois :			
• Lire un livre	70	74	75
• Acheter un livre	51	56	62
• Aller au cinéma	52	50	49
• Aller dans une fête foraine[2]	47	43	45
• Visiter un musée	27	30	30
• Visiter un monument historique	32	32	28
• Assister à un match sportif (payant)	24	20	25
• Aller à une exposition (peinture, sculpture)	19	21	23
• Aller dans un zoo	30	23	22
• Aller à un spectacle ou concert de :			
- théâtre	12	10	14
- rock ou jazz	7	10	13
- music-hall	11	10	10
- musique classique	7	7	9
- cirque	11	10	9
- danse	6	5	6
- opéra	3	2	3
- opérette	4	3	3

*Vidéo-Club**

(Cue to 1:11:27.)

Thème 7 Les vacances et les voyages
Scène 7.2 Comment aller à la gare

A young woman has approached Paul for directions to the train station. He tries to explain them to her, but watch the scene and find out the easiest way for her to get there.

VOCABULAIRE UTILE

Vous pourriez m'indiquer le chemin pour aller à la gare?	*Could you show me the way to the train station?*
Vous allez tout droit jusqu'au deuxième feu.	*You go straight until the second traffic light.*
marcher	*to walk*
Vous ne pouvez pas la rater.	*You can't miss it.*

Le chemin pour aller à la gare. Based on Paul's directions, trace the route he tells the woman to take to the train station. You also need to identify on this map which place is **la gare** and which is **le marché**.

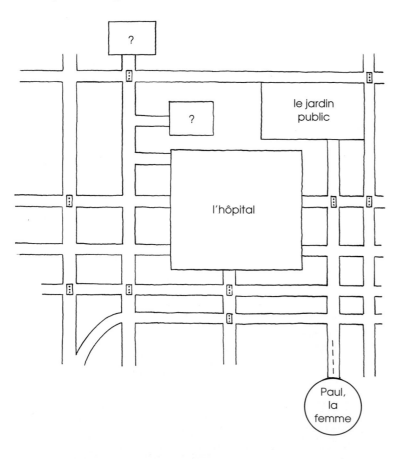

---

*This section contains an activity for the Video to accompany *C'est ça!* The theme and scene numbers here correspond to the ten themes and their respective scenes in the video (rather than to the chapter numbers in the book).

VOCABULAIRE

● ●

Noms

l'anniversaire (*m.*)	birthday, anniversary
la bague	ring
les bijoux (*m.*)	jewelry
les boucles d'oreilles (*f.*)	earrings
la bougie	candle
le bracelet	bracelet
la brosse à cheveux	hairbrush
la brosse à dents	toothbrush
le cadeau	gift
le collier	necklace
le dentifrice	toothpaste
le maquillage	makeup
la montre	wristwatch
la mort	death
la naissance	birth
le parfum	perfume
le peigne	comb
le rasoir	razor
le rouge à lèvres	lipstick
le savon	soap
le shampooing	shampoo

LE MARIAGE	WEDDING, MARRIAGE
l'alliance (*f.*)	wedding ring
la bague de fiançailles	engagement ring
la demoiselle d'honneur	maid of honor
le fiancé/la fiancée	fiancé
le garçon d'honneur	best man
l'invité(e)	guest
les jeunes mariés (*m.*)	newlyweds
la mairie	city hall
le marié	groom
la mariée	bride
les noces (*f.*)	wedding
le voyage de noces	honeymoon

Verbes

demander	to ask (for), request
divorcer	to get divorced
faire le lit	to make the bed
fêter	to celebrate
mettre	to put, place; to put on
passer	to spend (*time*)

permettre	to permit, let, allow
prendre un bain, une douche	to take a bath, a shower
promettre	to promise
surprendre	to surprise
tomber amoureux/ amoureuse (de)	to fall in love (with)

Verbes pronominaux

s'aimer	to love one another
s'amuser	to have fun, have a good time
s'appeler	to be named
s'arrêter	to stop
se brosser (les cheveux, les dents)	to brush (one's hair, teeth)
se coucher	to go to bed
se dépêcher	to hurry
se déshabiller	to undress oneself
se détendre	to relax
s'embrasser	to kiss, embrace one another
se fiancer	to become engaged to be married
s'habiller	to get dressed
s'intéresser à	to be interested in
se laver	to wash (oneself)
se lever	to get up
se maquiller	to put on makeup
se marier	to get married
se peigner	to comb one's hair
se promener	to take a walk
se rappeler	to remember
se raser	to shave (oneself)
se réveiller	to wake up
se souvenir (de)	to remember
se téléphoner	to call one another
se trouver	to be located

D'autres mots et expressions

d'abord	first, first of all, at first
en somme	basically
quelque chose	something

LECTURE

Avant de lire

THE PROPER USE OF A DICTIONARY: When you are reading in French and you encounter a word that you do not understand, you should always try to guess its meaning from context or other clues. If this does not help, use the dictionary.

Most dictionaries offer several possible translations for one word. It is therefore unwise to assume that the first meaning given corresponds to the unfamiliar item. Before deciding on a meaning, look for hints regarding the form of the word (verb, noun, gender, etc.) and its usage (business, science, music, etc.). Most good dictionaries classify entries, making your search for a suitable translation less time-consuming.

Below is a list of words that have been underlined in the unusual World War II story you're about to read. Look up the ones that you do not know. Finally, match the French expressions with their definitions.

1. entraîner   **a.** mots
2. repousser   **b.** municipalité
3. ligne de démarcation   **c.** unir
4. tenter sa chance   **d.** emmener de force
5. commune   **e.** essayer
6. paroles   **f.** rejeter
7. lier   **g.** frontière

Une drôle d'histoire de guerre*

*F*iancée au moment de la guerre à un entrepreneur de travaux publics de Gand, en Belgique, Mlle Karthal a été <u>entraînée</u> par l'exode jusqu'à Annecy.†

---

*Excerpt from *La Vie des Français sous L'Occupation* by Henri Amoureux.
†Quand les Allemands ont envahi la Belgique, de nombreux Belges ont quitté leur pays. Annecy est dans le sud-est de la France, près de la frontière suisse.

Toutes ses demandes pour revenir en zone occupée* sont <u>repoussées</u>, comme sont repoussées les demandes de son fiancé. Au cours d'un dîner, un ami lance:

«Mais mariez-vous donc sur la <u>ligne de démarcation</u> comme ce soldat français qui, au début de la «drôle de guerre»,[†] s'est marié avec une Belge sur la ligne de frontière.»

Mlle Karthal <u>tente sa chance</u>. Elle écrit au ministère de l'Intérieur à Vichy et le ministre accepte sa demande. De leur côté, les Allemands sont d'accord pour laisser son fiancé, Charles d'Have, aller jusqu'à la barrière de la ligne de démarcation où sera° célébré le mariage. On choisit la <u>commune</u> d'Arbois et le 27 décembre 1941, sous la neige, Mlle Karthal et Charles d'Have s'avancent l'un vers l'autre en présence de quelques douaniers allemands.   *will be*

Le maire pose le registre sur le poteau° frontière. Charles d'Have prend les mains de sa fiancée. Jean Bonnet, chauffeur du taxi à gazogène,[‡] qui a amené le fiancé, a accepté d'être témoin.   *post*

Le maire prononce les <u>paroles</u> qui <u>lient</u> les deux jeunes gens et il ajoute:

«Qu'aucune° ligne de démarcation ne s'introduise jamais dans votre foyer.° Conservez seulement de cette cérémonie singulière, imposée par l'histoire, le souvenir que l'amour triomphe de tous les obstacles.»°   *Let no / household*

C'est fini.

Mariés, M. et Mme d'Have s'en vont chacun de son côté.°   *s'en... each go back to their own side*

Après la lecture

Répondez aux questions suivantes par des phrases complètes.

1. Pourquoi Mlle Karthal ne peut-elle pas épouser son fiancé?
2. Qu'est-ce qu'un ami lui suggère de faire?
3. Que fait Mlle Karthal par la suite (*after that*)? Sa tentative réussit-elle?
4. Décrivez la scène du mariage. Donnez autant de (*as many*) détails que possible.
5. Qu'est-ce que le maire dit aux jeunes mariés au sujet de l'amour? Dans le cas de Mlle Karthal et de son fiancé, est-ce que le maire a raison? Qu'est-ce qui se passe à la fin?

PAR ÉCRIT

Un voyage au passé. Imagine what everyday life was like in another time period: during World War II, for example, or during the 19th century. Invent a character, then describe his/her daily life in detail. Where did he/she live? With

---

*Pendant la Deuxième Guerre mondiale, la France était divisée en deux zones, la zone occupée par les Allemands et la zone «libre» avec, comme capitale, Vichy. La Belgique elle aussi était une zone occupée.
[†]La «drôle de guerre» était la période de 1939 à 1940 quand les Français attendaient l'attaque allemande, après la déclaration de guerre.
[‡]Le gazogène est un appareil qui transforme le charbon (*coal*) en gaz (*methane*). On utilisait le gaz à cause de la pénurie (*shortage*) d'essence (*gasoline*).

whom? What was his/her everyday routine like? Most of your description should use the **imparfait**, with the **passé composé** reserved for specific events.

MISE EN SCÈNE

● ●

Le rêve et la réalité   *The Dream and the Reality*

Regardez les dessins, puis décrivez l'évolution de ce couple. Donnez autant de (*as many*) détails que possible. Créez un minimum de six phrases pour chaque dessin.

VOCABULAIRE UTILE

Premier dessin:

amoureux/amoureuse *in love*
faire des projets *to make plans*

Deuxième dessin:

porter un toast à *to give a toast to*
féliciter *to congratulate*
le bonheur *happiness*

Troisième dessin:

se disputer *to argue*

Quatrième dessin:

leur cinquantième anniversaire (*m.*)
   de mariage *their fiftieth anniversary*

1.

2.

3.

4.

11

Les métiers et les professions

Un métier exténuant mais qui a ses récompenses: plusieurs généra-tions d'agriculteurs à Massat, un village au sud-ouest de la France.

ESQUISSES

Les professions

le médecin, le dentiste
le/la vétérinaire
le pharmacien/
la pharmacienne

l'avocat/
l'avocate
le juge

l'architecte (*m., f.*)
l'ingénieur (*m.*)
le programmeur

le/la comptable

le commerçant/
la commerçante

le/la journaliste

le/la scientifique
le chercheur/
la chercheuse
le/la chimiste

le peintre
l'artiste (*m., f.*)

l'agent (*m.*)
de police

NOMS

le cadre *executive*
le client/la cliente *customer*
la direction *management*
le directeur/la directrice *manager*
le/la fonctionnaire *civil servant*
le/la secrétaire *secretary*
la société *company*

VERBES

gagner *to earn; to win*
   gagner sa vie *to earn a living*

Activités

A **Définitions.** Nommez le métier ou la profession des personnes suivantes.

MODÈLE: Il travaille dans un hôpital. → C'est un médecin.

1. Elle fait des recherches dans un laboratoire.
2. C'est le chef d'un bureau.
3. Il fait des plans pour des ponts.
4. Elle écoute les clients qui ont des difficultés légales.
5. Il peint des portraits.
6. Elle soigne (*takes care of*) les animaux.
7. Elle travaille dans un bureau du gouvernement.

8. Il soigne les dents de ses patients.
9. Elle établit des programmes d'ordinateur.
10. Il prépare et vend des médicaments.

B **Les entreprises et leur personnel.** Quelles personnes sont essentielles dans les entreprises suivantes?

MODÈLE: Dans un cabinet (*office*) de dentiste → Dans un cabinet de dentiste, il faut un dentiste et un(e) secrétaire.

1. Dans l'administration d'une ville
2. Dans un hôpital
3. Dans une société pharmaceutique
4. Dans un centre d'informatique
5. Chez un constructeur automobile

Chercher un emploi

le caissier/la caissière

le vendeur/la vendeuse

le travailleur indépen-dant/la travailleuse indépendante

l'agriculteur (*m.*)

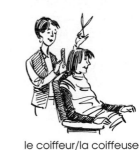

le plombier

le coiffeur/la coiffeuse

Negatives	
ne... nulle part	*nowhere*
ne... rien	*nothing*
personne ne...	*nobody* (*subject*)

Affirmatives	
partout	*everywhere*
quelque chose	*something*
quelqu'un	*someone*

Present Tense: *devoir* (*to have to*)

je dois	*I must*
tu dois	*you must*

NOMS
le CV (curriculum vitæ) *résumé*
l'emploi (*m.*) *job, employment*
le lieu *place*
le renseignement (*piece of*) *information*

ADJECTIF
grave *serious, grave*

VERBES
chercher *to look for, seek*
garder *to keep, retain; to take care of*
laisser *to let, allow; to leave (behind)*
ranger *to put in order; to put away*
se tromper *to make a mistake*

NICOLAS: Je dois préparer mon CV pour trouver un emploi cet été. Je voudrais être vendeur dans un grand magasin.
YVES: Ton CV? Tu as les renseignements, alors donne-les-moi et je vais les taper sur mon ordinateur.
NICOLAS: Tu es bien gentil, mais personne ne peut m'aider.
YVES: Mais si—quelqu'un veut t'aider: moi! On se met au travail?°
NICOLAS: Je ne sais pas où j'ai rangé mes papiers. Je les ai cherchés partout, mais je ne les vois nulle part. Je ne retrouve rien.

se... *get to work*

YVES: Ce n'est pas grave. Quels sont tes date et lieu de naissance? Et il faut la liste des écoles et des universités où tu as étudié. Tu dois avoir des références aussi.

NICOLAS: J'ai peur de me tromper et, tu sais, je ne veux rien oublier.

YVES: Allons, courage! Tu vas l'avoir, ton CV! Mais, d'abord, il faut me laisser t'aider!

Activités

A **Un CV.** Complétez les phrases par un mot qui convient.

1. Dans un CV, il faut donner des _____ sur sa vie.
2. Il faut mettre la _____ et le _____ de naissance.
3. Il faut ajouter l'_____ et le numéro de téléphone.
4. Il faut mettre la liste des _____ et des _____ où on a étudié.
5. Pour vérifier les renseignements et pour mieux connaître le candidat/la candidate, on demande aussi des _____.

B **Un emploi d'été.** Répondez aux questions suivantes.

1. Quels emplois est-ce que les étudiants cherchent, en général, pour l'été? Quelles difficultés y a-t-il à trouver un emploi pour l'été?
2. Nommez un emploi idéal pour l'été. Quels sont ses avantages? Où préférez-vous travailler en été: près de chez vous ou loin de chez vous? à la plage? dans une grande ville ou à la campagne? Pourquoi?
3. Est-ce qu'on paie bien les emplois d'été? En général, est-ce qu'on paie à l'heure, à la journée, à la semaine ou au mois?
4. Avez-vous déjà préparé un CV? À qui l'avez-vous envoyé?
5. En France, on met sa photo sur son CV. De plus, on inclut une lettre manuscrite (*handwritten*). Des fois (*Sometimes*), un(e) graphologue analyse l'écriture pour décider si le candidat/la candidate est apte (*qualified*) à ce travail. Que pensez-vous de ce système?

C **SOS CV: Votre CV sur Minitel.** Lisez le texte et répondez.

1. Quel code est-ce qu'on utilise pour avoir son CV sur Minitel?
2. Combien de temps faut-il attendre pour recevoir son CV?
3. Comment est-ce qu'on réalise (*produce*) ce CV?
4. À votre avis, comment vérifie-t-on l'orthographe?
5. Combien coûte ce service? Est-ce qu'il faut payer les frais d'expédition (*shipping costs*)?

[1]worthy

SOS CV: VOTRE CV SUR MINITEL

Vous tapez votre CV sur le clavier en passant par le 3617 code CV Print. Deux jours plus tard arrive dans votre boîte aux lettres un CV digne[1] d'un «pro», réalisé à l'aide d'une imprimante laser, le nec plus ultra en la matière. L'orthographe a été vérifiée, la mise en page est parfaite... Coût de l'opération: 2,19 F la minute, frais d'expédition compris.

Choix de carrière

Career Choice

le technicien/la technicienne

le cuisinier/la cuisinière

le facteur

l'infirmier/l'infirmière

le mécanicien/la mécanicienne

le pompier

Negatives

ne... aucun(e)	*none; not any; no one*
ne... jamais	*never*

Prepositions after Verbs

choisir de + *inf.*	*to choose*
	to do something
commencer à + *inf.*	*to begin*
	to do something
décider de + *inf.*	*to decide*
	to do something
encourager à + *inf.*	*to encourage*
	to do something

NOMS

le brevet *certificate*
la fabrique *factory*
la formation *training*
le lycée *secondary school* (*college preparatory*)
le lycée professionnel *vocational secondary school*
l'ouvrier/l'ouvrière *worker; manual laborer*
le patron/la patronne *boss*

SUSAN: Qu'est-ce qu'il étudie, ton frère?

ALEXANDRE: Il n'étudie pas, il est ouvrier dans une fabrique.

SUSAN: Il a son bac?

ALEXANDRE: Non, il a décidé de suivre une formation professionnelle: il a son Brevet d'études professionnelles et il travaille comme technicien dans une fabrique de machines à laver.

SUSAN: Est-il allé au lycée?

ALEXANDRE: Non, il n'y est jamais allé: il a choisi d'étudier dans un lycée professionnel. Il n'avait aucun désir de faire de longues études, alors la famille l'a encouragé à faire des études techniques, qui sont plus courtes. Après avoir obtenu son BEP, il a commencé à travailler. Il a de la chance; il aime son travail et son patron est super!

Activités

A Opinions. Êtes-vous d'accord avec les phrases suivantes? Expliquez votre opinion.

1. En général, le lycée est un meilleur choix que le lycée professionnel.
2. Il est plus facile de trouver un emploi avec un Brevet d'études profession-nelles qu'avec le bac.

3. Le frère d'Alexandre est plus heureux dans la fabrique de machines à laver que dans un bureau.

4. On peut gagner plus d'argent dans les métiers manuels que dans les professions intellectuelles.

5. Dans l'avenir (*future*), les études universitaires vont être plus populaires que les études techniques.

B **Interview: le travail.** Posez les questions suivantes à un(e) camarade de classe.

1. Est-ce que tu travailles pendant tes études à l'université? Où? Quel travail fais-tu?

2. As-tu déjà choisi une carrière? Quelle carrière? Est-ce que ton travail actuel (*current*) te prépare à ta carrière?

3. Quels cours as-tu suivis au lycée pour te préparer à l'université ou à une carrière?

4. Quelle influence tes parents ont-ils eue sur ton choix de carrière? Et eux, quelles études ont-ils faites?

5. As-tu des amis de lycée qui travaillent maintenant? Que font-ils?

TABLEAU CULTUREL

LES PROFESSIONS ET LES MÉTIERS EN FRANCE ET EN SUISSE: En français, le terme *métier* désigne une activité professionnelle rémunérée. Le terme *profession* désigne un métier qui a un certain prestige, par son caractère intellectuel ou artistique. (Exemples de métiers: mécanicien, plombier, facteur, fermier et ouvrier; de professions: architecte, avocat, journaliste et professeur.)

Certaines professions traditionnellement réservées aux hommes ont seulement une forme masculine: un médecin, un juge, un agent de police. La forme féminine n'existant pas, on dit donc en France «Madame Durand est un médecin respecté» ou «Cette femme écrivain a beaucoup de talent.» Cependant, les autorités suisses ont inventé en 1990 de nouveaux termes féminins et masculins. Ainsi, selon le modèle **acteur/actrice**, on trouve les termes **facteur/factrice** pour décrire les hommes et les femmes qui distribuent le courrier (*mail*).

À VOUS!

1. Quelle est la différence entre une profession et un métier?

2. Qu'est-ce que les autorités suisses ont inventé pour les noms de professions et de métiers?

GRAMMAIRE ESSENTIELLE

1. The Verb *devoir*

Je dois préparer mon CV pour trouver un emploi cet été.

The verb **devoir** is irregular.

devoir (*to have to; to owe*)	
je dois	nous devons
tu dois	vous devez
il/elle/on doit	ils/elles doivent
Past participle: dû	

1. As an auxiliary with an infinitive, **devoir** expresses necessity or obligation.

    Je **dois** étudier ce soir. *I must study tonight.*
    Ils **doivent** travailler s'ils veulent *They have to work if they want to*
    trouver un bon emploi. *find a good job.*

    je dois = *I must, I have to*
    tu dois = *you must, you have to*

2. **Devoir** is often used to express probability.

    Elles sont parties à 3 h. Elles *They left at 3:00. They must be*
    doivent être chez elles main- *home now.*
    tenant.
    Vous **avez dû** laisser votre CV au *You must have (probably) left*
    bureau. *your résumé at the office.*

3. As a verb standing alone, **devoir** means *to owe.*

    Adjoua me **doit** cinq dollars. *Adjoua owes me five dollars.*

ÉTUDE DE MOTS

THREE VERBS EXPRESSING NECESSITY AND OBLIGATION: Falloir (il faut, il fallait) expresses necessity; **devoir** a moral obligation. **Avoir à** also implies a moral obligation, but is not as strong as **devoir**.

    Falloir is impersonal and used only in the third-person singular (**il**), whereas **devoir** and **avoir à** are personalized.

Il **faut** manger pour vivre.	*One must eat in order to live.*
Je **dois** travailler maintenant; j'**ai** beaucoup **à** faire.	*I must work now; I have a great deal to do.*

To personalize **falloir**, an indirect object pronoun is used.

Il **lui faut** travailler pour payer ses dettes.	*He must (It is necessary for him to) work to pay his debts.*

Activités

A On cherche un boulot (travail). Qu'est-ce que les personnes suivantes doivent faire pour trouver un emploi? Choisissez des éléments de chaque colonne pour créer des phrases.

MODÈLE: Thomas → Il doit écrire un bon CV.

1. moi	écrire un bon CV
2. vous	se lever plus tôt le matin
3. Émilie et Fatima	envoyer son CV à beaucoup de sociétés
4. nous	lire les annonces dans le journal
5. toi	???

B Les responsabilités dans le travail. Dites ce que les personnes suivantes doivent faire pour réussir dans leur profession ou leur métier.

MODÈLE: un pharmacien → Un pharmacien doit connaître tous les médicaments et leurs effets. Il doit parler avec ses clients dans la pharmacie et il doit répondre à leurs questions.

1. une infirmière **2.** des programmeurs **3.** un comptable **4.** des journalistes
5. un cuisinier **6.** des pompiers

2. Affirmative and Negative Words

Mon frère n'est jamais allé au lycée:
il a choisi d'étudier dans un lycée professionnel.
Il travaille comme technicien dans une
fabrique de machines à laver.

You have learned that a sentence can be made negative by placing **ne (n')** and **pas** around the conjugated verb. Here are a number of other negative expressions paired with their corresponding affirmative expressions.

Most negative expressions are placed like **ne/(n')… pas** around the conjugated verb.

AFFIRMATIVE		NEGATIVE	
quelque chose	*something*	ne… rien	*nothing*
tout	*everything*	rien ne…	
quelqu'un	*somebody*	ne… personne	*nobody*
tout le monde	*everybody*	personne ne…	
toujours	*always*		
souvent	*often*	ne… jamais	*never*
quelquefois	*sometimes*		
encore	*still*	ne… plus	*no longer*
déjà	*already*	ne… pas encore	*not yet*
quelque part	*somewhere*	ne… nulle part	*nowhere*
partout	*everywhere*		

Entends-tu **quelque chose?** Non, je **n**'entends **rien**.	*Do you hear something? No, I don't hear anything.*
Connais-tu **quelqu'un** à Montréal? Non, je **ne** connais **personne** à Montréal.	*Do you know anyone in Montreal? No, I don't know anybody in Montreal.*
Est-ce que Pierre arrive **toujours** à l'heure? Non, il **n**'arrive **jamais** à l'heure.	*Does Pierre always arrive on time? No, he never arrives on time.*
Charles étudie **encore** à minuit. Christelle **n**'étudie **plus** à minuit.	*Charles is still studying at midnight. Christelle is no longer studying at midnight.*

1. The pronouns **personne** and **rien** can be used as subjects as well as objects of the verb. The **ne** must precede the verb in both cases.

Personne n'a lu le CV du candidat.	*Nobody has read the candidate's résumé.*
Rien n'a changé; tout est comme avant.	*Nothing has changed; everything is the same as before.*

In the **passé composé**, the object **personne**, unlike **rien** and the other negative words, is placed after the past participle.

Je **n**'ai rencontré **personne** dans la rue et je **n**'ai **rien** trouvé dans ma boîte aux lettres.	*I didn't meet anyone in the street and I didn't find anything in my mailbox.*

2. As with **ne… pas**, the indefinite and partitive articles (**un**, **une**, **des**; **du**, **de la**, **de l'**, **des**) become **de (d')** before the direct object of a negative verb.

Je **ne** mange **jamais de** viande.	*I never eat meat.*
Paul a déjà acheté des livres, mais Dao **n'**a **pas encore** acheté **de** livres.	*Paul has already bought some books, but Dao has not yet bought any books.*

The expression **ne... que**, meaning *only*, is not truly a negative, but it is placed like one. It takes the indefinite or partitive article before the direct object of the verb.

Henri **n'**a **que** des frères; il n'a pas de sœurs.	*Henri has only brothers; he has no sisters.*

3. Negative expressions standing alone have a negative meaning.

Avez-vous écrit un CV? **Jamais**.	*Have you written a résumé? Never.*
Qui est à la porte? **Personne**.	*Who is at the door? Nobody.*

Activités

A Contradictions. Jeanne-Marie est de mauvaise humeur aujourd'hui et contredit tout ce que dit Frédéric. Qu'est-ce qu'elle dit?

MODÈLE: FRÉDÉRIC: Il fait toujours beau au mois de mai.
            JEANNE-MARIE: Il ne fait jamais beau au mois de mai!

1. Tout le monde aime le printemps.
2. On voit des fleurs partout.
3. Il fait encore jour à six heures du soir.
4. Quelqu'un vend des glaces au jardin public.
5. On sert quelque chose à manger au café près du lac.
6. Tout va bien aujourd'hui.

B Les rumeurs. Niez (*Deny*) catégoriquement ces rumeurs à propos d'une société.

MODÈLE: Le bureau ferme souvent à 3 h de l'après-midi. →
          Le bureau ne ferme jamais à 3 h de l'après-midi!

1. Le patron donne toujours beaucoup d'argent aux nouveaux employés.
2. Le déjeuner dure souvent quatre heures.
3. Il est six heures du matin, et le patron est déjà arrivé.
4. Il y a des papiers partout sur le plancher (*floor*).
5. Les ordinateurs fonctionnent encore très bien.
6. Le patron aime tout le monde.

C Une mauvaise entrevue. Vous avez une entrevue avec le directeur d'une société, mais rien ne va bien pour vous. Répondez négativement à toutes ses questions. (N'utilisez pas **ne... pas** dans vos réponses.)

1. Connaissez-vous quelqu'un qui travaille pour notre société?
2. Avez-vous déjà travaillé comme stagiaire (*intern*)?
3. Avez-vous apporté un CV et des lettres de recommandation?
4. Avez-vous travaillé quelque part?
5. Savez-vous encore taper à la machine?

3. Double Object Pronouns

Ton CV? Tu as les renseignements, alors donne-les-moi et je vais les taper sur mon ordinateur.

If several pronouns are objects of the same verb in a sentence or question, they are placed in a fixed order. If the sentence has both a direct object pronoun and an indirect object pronoun, the direct object pronoun is usually **le**, **la**, or **les**.

> Double object pronouns are always placed in a fixed order.

1. Here is the order of object pronouns in all uses except affirmative commands.

DIRECT OR INDIRECT OBJECT	DIRECT OBJECT	INDIRECT OBJECT	y/en
me (m') **te** (t') before **se** (s') **nous** **vous**	**le** (l') **la** (l') before **les**	**lui** **leur** before	**y** before **en**

Thomas **leur** envoie **la lettre**. Il **la leur** envoie.

Thomas sends them the letter. He sends it to them.

Jean offre **des roses à Charlotte**. Jean **lui en** offre.

Jean gives (some) roses to Charlotte. He gives her some.

Je **vous** dis **la vérité**. Je **vous la** dis.

I am telling you the truth. I am telling it to you.

AIDE-MÉMOIRE

Order of pronouns. If both the direct and indirect objects begin with the letter **l**, they are placed alphabetically before the conjugated verb.

Elle a donné **le livre à son cousin**. Elle **le lui** a donné.

She gave the book to her cousin. She gave it to him.

Tu donnes **les CV à tes collègues**. Tu **les leur** donnes.

You give the résumés to your colleagues. You give them to them.

The indirect object pronouns **y** and **en** always occur in that order. The harmonious call of the French donkey, "**hihan!**" (pronounced **y-en**), will help you to remember the order of these pronouns.

Nous achetons **des vêtements dans la boutique**. Nous **y en** achetons.

We buy some clothes in the store. We buy some there.

2. In affirmative commands, object pronouns follow the verb and are attached with a hyphen. When **me** and **te** come at the end of the expression, they become **moi** and **toi**. The object pronouns occur in this order.

Me and **te** become **moi** and **toi** at the end of affirmative commands.

le		moi (m')				
la	before	toi (t')	before	y	before	en
les		lui				
		leur				

Donnez-**moi le journal**. Donnez-**le-moi**.

Give me the newspaper. Give it to me.

In negative commands, object pronouns precede the verb and follow the same order as for conjugated verbs.

Ne **me le** donne pas.

Don't give it to me.

Activités

A **Une journée à l'étude (*law office*) de Maître Jovanel.** Comme révision, remplacez les mots soulignés par le pronom correspondant.

MODÈLE: La patronne donne le livre <u>à sa secrétaire</u>. → Elle lui donne le livre.

1. L'avocat parle <u>à ses clients</u>.
2. Son collègue donne <u>l'adresse de l'adversaire</u> à l'avocat.
3. Les deux avocats veulent consulter <u>le juge</u>.
4. Ils téléphonent <u>au juge</u>.
5. Le juge dit <u>aux avocats</u> de venir à son bureau.
6. Ils vont immédiatement <u>au bureau du juge</u>.
7. Le juge donne <u>des papiers à signer</u> aux avocats.
8. Les avocats signent <u>les papiers</u> et retournent <u>au bureau</u>.

B **Pas de chance!** Daniel a eu certains petits problèmes pendant la journée. Complétez l'histoire en choisissant la réponse correcte entre parenthèses.

1. À neuf heures, Daniel est allé à l'hôpital pour parler au médecin de son bras cassé. Mais le médecin n'avait pas le temps de _____ parler (le lui, y en, lui en).
2. À dix heures, il voulait offrir un petit cadeau à une infirmière de l'hôpital. Mais elle n'a pas voulu l'accepter. Il n'a pas pu _____ donner (la lui, le lui, la leur).
3. À onze heures, il a essayé d'envoyer un cadeau à ses amis. Mais comme il n'avait pas d'argent pour acheter des timbres (*stamps*), il n'a pas pu _____ envoyer (le leur, la leur, leur en).
4. À midi, il avait faim et il est allé à la boulangerie pour acheter du pain. Mais comme la boulangerie était fermée pendant l'heure du déjeuner, il ne/n'_____ a pas acheté (y en, l'y, lui en).
5. À une heure, il avait rendez-vous chez son avocate pour parler d'un problème. Malheureusement elle était occupée et il n'a pas pu _____ parler (le lui, lui y, lui en).

6. De retour chez lui, Daniel a pensé à sa journée. Il _____ est souvenu avec irritation (se l', s'y, s'en).

Ⓒ **Votre carrière.** Répondez aux questions suivantes. Utilisez deux pronoms dans vos réponses.

1. Avez-vous parlé à votre conseiller/conseillère (*adviser*) de vos projets de carrière?
2. Vous a-t-il/elle donné de bons conseils?
3. Vous a-t-il/elle recommandé des livres sur la carrière que vous voulez choisir?
4. Avez-vous trouvé ces livres à la bibliothèque?
5. Vous a-t-il/elle aidé(e) à préparer votre CV?
6. Avez-vous envoyé votre CV au chef du personnel d'une grande société?

4. Prepositions After Verbs

La famille l'a encouragé à faire des études techniques.

1. When two verbs with the same subject follow one another, the first verb is conjugated and the second is in the infinitive form. In many cases, the infinitive follows the conjugated verb directly, as in the list below.

aimer *to like; to love*
aller *to be going to*
compter *to expect to; to plan on*
désirer *to want to, wish to*
devoir *to have to*
espérer *to hope to*
falloir *to be necessary to*
pouvoir *to be able to*
savoir *to know how to*
vouloir *to want to*

The verbs in this list are followed directly by an infinitive.

Tu **sais utiliser** un ordinateur.
Nous **allons étudier** à la bibliothèque.

You know how to use a computer.
We are going to study at the
  library.

2. Very often, however, a preposition is needed before the infinitive. Although these prepositions must be learned with the conjugated verb, a few hints may help. Verbs of beginning, continuing, teaching, and learning take **à**.

commencer à *to begin to*
se mettre à *to begin to*
continuer à *to continue to*
enseigner à *to teach how to*
apprendre à *to learn to*

Ils **commencent à** travailler. *They are beginning to work.*

The preposition **à** must be placed between these verbs and any infinitives that follow.

A few other commonly used verbs taking **à** are the following:

aider à *to help* (*to*)
s'amuser à *to enjoy*
avoir à *to have to*
encourager à *to encourage to*
hésiter à *to hesitate (to)*
inviter à *to invite to*
passer (du temps) à *to spend* (*time*)
réussir à *to succeed in*

Le conseiller m'**aide à** écrire un CV. *The advisor helps me write a résumé.*

3. A number of verbs, such as **être** with an adjective and expressions with **avoir**, take the preposition **de**.

être + *adjective* + de *to be* + *adjective*
avoir envie de *to feel like*
avoir peur de *to be afraid of*
avoir honte de *to be ashamed of*

Mon frère **est fatigué de** chercher du travail. *My brother is tired of looking for work.*

The preposition **de** is placed between these verbs and any infinitives that follow.

Verbs of stopping, restricting, or deciding take **de**.

cesser de *to stop*
s'arrêter de *to stop*
finir de *to finish*
choisir de *to choose to*
décider de *to decide to*
empêcher de *to prevent from*

Elle **a décidé de** devenir avocate. *She decided to become a lawyer.*

Other verbs taking **de** are the following:

conseiller de *to advise to*
demander de *to ask to*
oublier de *to forget to*
permettre de *to permit to, allow to*
promettre de *to promise to*
refuser de *to refuse to*

Le prof lui **conseille d'**étudier la médecine. *The prof advises him to study medicine.*

un jour, je serai
médecin sans frontières

MÉDECINS SANS FRONTIÈRES
68, bd St Marcel 75005 Paris-CCP 4060U Paris

Activités

A **La profession de Louise.** Lisez l'histoire suivante et ajoutez une préposition, si c'est nécessaire.

Louise a envie _____¹ devenir psychologue, et elle a demandé à son professeur _____² l'aider. Son prof lui a conseillé _____³ faire des études scientifiques et lui a promis _____⁴ l'aider _____⁵ trouver les cours nécessaires. D'abord Louise a refusé _____⁶ aller à tous ces cours, car elle n'aimait vraiment _____⁷ étudier ni la biologie ni la statistique. Après quelque temps, cependant, elle a commencé _____⁸ s'intéresser à la psychologie et elle a compris qu'elle devait _____⁹ apprendre ces sujets si elle voulait _____¹⁰ être psychologue.

B **L'embarras du choix.** Faites une phrase avec un élément de chaque colonne, en ajoutant une idée à la phrase, et une préposition si c'est nécessaire. Soyez original!

MODÈLE: Caroline… commencer… pleurer → Quand elle écoute de la musique triste, Caroline commence à pleurer.

moi	savoir	faire une promenade
toi	commencer	lire
Caroline	finir	écrire
Karim	vouloir	étudier
Roger et moi	oublier	manger
vous	avoir envie	jouer
Roger et Caroline	réussir	travailler
	pouvoir	pleurer
	continuer	chanter
	aller	s'amuser
	décider	réfléchir
	hésiter	se dépêcher

EN AVANT

Réalités

Voici une publicité pour Éducatel, une école privée de formation à domicile
(= à la maison). Avant de lire la publicité, étudiez les abréviations à la page 265.

PREPAREZ-VOUS — *Avoir un vrai métier...* — AVEC EDUCATEL

FORMATION	NIVEAU	DURÉE
PARAMEDICAL - EDUCATION		
Vendeur en pharmacie	B.E.P.C.	28 mois
Délégué médical	B.E.P.C.	20 mois
Aide de laboratoire médical	C.E.P.	19 mois
Secrétaire assistante de médecin	B.E.P.C.	21 mois
Auxiliaire de jardins d'enfants	C.E.P.	16 mois
ESTHETIQUE		
Esthéticienne	Acc. à tous	16 mois
Prép. au C.A.P. coiffure	Acc. à tous	22 mois
Esthéticienne, option peau noire	Acc. à tous	16 mois
COUTURE - MODE		
Couturière	Acc. à tous	11 mois
Styliste de mode	Seconde	18 mois
Patronnière gradueuse coupeuse	4e	12 mois
Dessinatrice de mode	B.E.P.C.	16 mois
Tailleur pour hommes	Acc. à tous	9 mois
ANIMAUX - ELEVAGE		
Aviculteur	4e	11 mois
Technicien en élevage	4e	14 mois
Assistant de vétérinaire	B.E.P.C.	20 mois
Eleveur de chiens	Acc. à tous	12 mois
Eleveur de chevaux	Acc. à tous	10 mois
BANQUE - ASSURANCES		
Employé de banque	Acc. à tous	12 mois
Technicien du crédit	B.E.P.C.	18 mois
Cadre supérieur de banque	Bac.	24 mois
Employé d'assurances	Acc. à tous	9 mois
ELECTRICITE - ELECTRONIQUE		
Electronicien	Acc. à tous	15 mois
Technicien électricien	4e	21 mois
Installateur de téléphones	Acc. à tous	18 mois
Technicien en automatismes	B.E.P.C.	24 mois
Ingénieur électronicien	Bac.	32 mois
Technicien électromécanicien	4e	24 mois
Technicien électronicien	B.E.P.C.	19 mois
Install. dépanneur électroménager	Acc. à tous	10 mois
BATIMENT		
Chef de chantier	B.E.P.C.	20 mois
Dessinateur bâtiment	4e	15 mois
Opérateur topographe	4e	10 mois
Sous-ingénieur bâtiment	B.E.P.C.	38 mois
Projeteur calculateur béton armé	Bac.	28 mois

*Si je veux,
je peux !*

FORMATION	NIVEAU	DUREE
AUTOMOBILE		
Mécanicien automobile	Acc. à tous	11 mois
Diéséliste	4e	13 mois
Mécanicien poids lourds	4e	13 mois
Prép. au C.A.P. mécanicien auto	Acc. à tous	34 mois
Conducteur routier	Acc. à tous	8 mois
COMPTABILITE		
Comptable commercial	4e	20 mois
Chef comptable	Bac.	33 mois
Assistant de gestion	Terminale	40 mois
Comptable sur informatique	4e	17 mois
Aide-comptable	Acc. à tous	8 mois
Prép. au B.T.S. comptabilité	Bac.	26 mois
LANGUES		
Anglais usuel avec cassettes	Acc. à tous	5 mois
Allemand usuel avec cassettes	Acc. à tous	6 mois
Perfectionnement en anglais	B.E.P.C.	7 mois
Français approfondi	Acc. à tous	7 mois

FORMATION	NIVEAU	DURÉE
DESSIN - DECORATION		
Décorateur ensemblier	B.E.P.C.	18 mois
Dessinateur publicitaire	4e	13 mois
Dessinateur de bandes dessinées	4e	13 mois
INFORMATIQUE		
Programmeur d'application	4e	23 mois
Chef programmeur	B.E.P.C.	38 mois
Analyste	Bac.	27 mois
Programmeur en micro-informatique (avec micro-ordinateur SHARP)	B.E.P.C.	9 mois
Opérateur sur ordinateurs	C.E.P.	10 mois
Opérateur de saisie	C.E.P.	8 mois
Pupitreur ou chef opérateur	4e	12 mois
Ingénieur technico-commercial en informatique	Bac.	33 mois
Technicien maintenance informatique	2e	32 mois
ADMINISTRATIF		
Capacité en droit	1re	13 mois
Adjoint à la direction administrative	B.E.P.C.	17 mois
Bibliothécaire documentaliste	B.E.P.C.	10 mois
Directeur administratif	Bac.	24 mois
RADIO TV HI-FI		
Monteur dépanneur radio TV Hi-Fi	C.E.P.	18 mois
Technicien radio TV Hi-Fi	4e	26 mois
Technicien en sonorisation	4e	17 mois
Ingénieur radio TV Hi-Fi	Bac.	38 mois
Monteur dépanneur vidéo	4e	15 mois
VENTE - MARKETING		
Inspecteur des ventes	B.E.P.C.	11 mois
Commerçant	Acc. à tous	10 mois
Chef magasinier	4e	10 mois
Déclarant en douanes	4e	11 mois
Technicien du marketing	Bac.	12 mois
Ingénieur commercial	Bac.	33 mois
Ingénieur d'affaires	Bac.	27 mois
Sous-ingénieur commercial	B.E.P.C.	27 mois
Technicien du commerce extérieur	B.E.P.C.	15 mois
Ingénieur en organisation	Bac.	32 mois
BUREAUTIQUE - SECRETARIAT		
Standardiste	Acc. à tous	4 mois
Sténodactylo	Acc. à tous	13 mois
Secrétaire sur traitement de textes	4e	13 mois
Secrétaire	4e	15 mois
Secrétaire de direction	Bac.	26 mois
Prép. B.T.S. bureautique et secrétariat	Bac.	35 mois

Bac: Le baccalauréat. (Voir le Tableau culturel à la page 33.)

B.E.P.C.: Brevet d'études du premier cycle. On passe un examen pour obtenir ce diplôme à la fin de la troisième, c'est-à-dire trois ans avant l'année du bac. Normalement, on obtient ce diplôme à l'âge de 14 ou 15 ans.

C.E.P.: Certificat d'études primaires. Autrefois, on obtenait ce diplôme (qui n'existe plus) avant d'obtenir le B.E.P.C., vers l'âge de 11 ou 12 ans.

4ᵉ: La quatrième année avant l'année du bac. Normalement, on a 13 ou 14 ans au moment d'entrer en quatrième.

2ᵉ: La deuxième année avant l'année du bac. On a 15 ou 16 ans à ce moment-là.

Terminale: L'année du bac. Normalement, on a 17 ou 18 ans en terminale.

Acc. à tous: Accessible à tout le monde. C'est l'unique (*only*) choix si on n'a ni (*neither*) certificat, ni diplôme.

1. Selon vous, quels sont les domaines (comptabilité, langues, etc.) les plus intéressants? Quel(s) domaine(s) choisissez-vous si vous voulez gagner beaucoup d'argent? et si vous n'avez pas beaucoup de temps pour la formation?

2. Quels métiers vous sont accessibles si vous n'avez ni certificat, ni diplôme? Imaginez que vous êtes français(e) et que vous avez quitté l'école à l'âge de seize ans. Quel métier choisissez-vous? Pourquoi?

3. Imaginez que vous avez le B.E.P.C. et que vous voulez travailler dans le domaine de l'informatique. Quels métiers pouvez-vous choisir? Dans quels autres domaines y a-t-il des possibilités pour vous?

4. Imaginez que vous avez votre bac, mais que vous n'avez pas envie d'aller à l'université. Vous décidez de préparer un métier avec Éducatel. Quel domaine choisissez-vous? Quel métier? Combien de mois la formation dure-t-elle?

TABLEAU CULTUREL

LES FRANÇAIS ET LE TRAVAIL:* Contrairement aux choix qu'ils faisaient il y a quelques années, la majorité des Français préfèrent aujourd'hui une augmentation de leur pouvoir d'achat (*purchasing power*) plutôt que de leur temps libre. Dans une société où l'avenir (*future*) semble rempli (*full*) d'incertitudes et de menaces, c'est le court terme qui domine. La consommation est donc la première des priorités. Le pouvoir d'achat, qui mesure la faculté de dépenser (*ability to spend*), est étroitement (*closely*) associé à la notion de liberté individuelle, qui est une valeur très importante en France.

Cependant, les métiers préférés des Français ne sont pas toujours ceux qui permettent de gagner le plus d'argent. Les Français veulent un travail plus intéressant qui leur permet d'être utile, d'exercer des responsabilités, de participer à un projet collectif, d'apprendre, d'avoir des contacts enrichissants et de créer.

Un dessinateur chez Peugeot.

*Adapted from *Francoscopie*.

À VOUS!

1. Qu'est-ce qui est plus important pour la majorité des Français, une augmentation de leur pouvoir d'achat ou de leur temps libre? Pourquoi?

2. Est-ce que le salaire est la seule priorité quand les Français choisissent un métier? Qu'est-ce qui leur semble important, à part (*besides*) l'argent? Et vous?

3. Parmi les métiers sur la liste, lesquels (*which ones*) préférez-vous?

Chercheur plutôt que ministre

Les 12 métiers préférés des Français, par ordre décroissant d'intérêt :

• Chercheur	20 %
• Pilote de ligne[1]	17 %
• Rentier[2]	17 %
• Médecin	17 %
• Journaliste	17 %
• Chef d'entreprise	13 %
• Comédien	12 %
• Publicitaire	8 %
• Professeur de faculté	7 %
• Avocat	7 %
• Banquier	5 %
• Ministre	2 %

[1] Airline pilot
[2] Person of wealth

Bavardons un peu!

Une entrevue. Vous cherchez un emploi dans une grande société. Avec un(e) camarade de classe, jouez le rôle du patron/de la patronne et celui du candidat/de la candidate. Le patron/La patronne va poser des questions sur les sujets suivants. Le candidat/La candidate va répondre.

1. lieu et date de naissance
2. adresse et numéro de téléphone
3. éducation
4. connaissances (*knowledge*) particulières
5. langues
6. intérêts principaux
7. la profession à laquelle vous vous préparez
8. une raison convaincante pour laquelle vous êtes indispensable à la société
9. vos expériences de travail précédentes
10. vos références

Vidéo-Club *

Thème 8   Les métiers et les professions†
Scène 8.1   Choisir sa voie professionnelle

Paul, Caroline, and Alain are discussing their career plans. When Paul and Caroline become a bit argumentative, Alain intervenes to say that they've both chosen careers that match their personalities.

(Cue to 1:19:43.)

---

*This section contains an activity for the Video to accompany *C'est ça!* The theme and scene numbers here correspond to the ten themes and their respective scenes in the video (rather than to the chapter numbers in the book).

†An activity tied to an additional scene under this video topic appears in the Workbook/Laboratory Manual.

VOCABULAIRE UTILE

mener une carrière	*to have a career*
les visites à domicile	*house calls*
Les docteurs soignent les malades.	*Doctors take care of the sick.*
Les criminels ont le droit d'être défendus comme tout le monde!	*Criminals have the right to be defended just like everyone else!*
Quelle tâche très humanitaire!	*What a humanitarian job!*
Quels sont tes projets pour l'avenir?	*What are your plans for the future?*
Je compte bien profiter de la vie!	*I plan to make the most out of life!*

Les projets de Caroline, de Paul et d'Alain. Vrai (V) ou faux (F)?

1. _____ Caroline va être médecin.
2. _____ Elle ne veut pas se marier et avoir des enfants.
3. _____ Selon Alain, la médecine est un métier difficile.
4. _____ Selon Paul, les avocats gagnent plus (*more*) d'argent que les médecins.
5. _____ Le père de Paul est avocat.
6. _____ Selon Alain, Paul aime aider les gens et Caroline adore parler.
7. _____ Alain pense devenir professeur.
8. _____ Alain sera (*will be*) la première personne de sa famille à devenir professeur.

VOCABULAIRE

Noms

LES MÉTIERS (*m.*) ET LES PROFESSIONS (*f.*)	TRADES AND PROFESSIONS
l'agent de police (*m.*)	police officer
l'agriculteur (*m.*)	farmer
l'architecte (*m., f.*)	architect
l'artiste (*m., f.*)	artist
l'avocat(e)	lawyer
le cadre	executive
le caissier/la caissière	cashier, teller
le chercheur/la chercheuse	researcher
le/la chimiste	chemist
le coiffeur/la coiffeuse	hairdresser
le commerçant/la commerçante	merchant, shopkeeper
le/la comptable	accountant
le cuisinier/la cuisinière	cook
le dentiste	dentist
le directeur/la directrice	manager
le facteur	letter carrier
le/la fonctionnaire	civil servant
l'infirmier/l'infirmière	nurse
l'ingénieur (*m.*)	engineer
le/la journaliste	journalist
le juge	judge
le mécanicien/la mécanicienne	mechanic
le médecin	doctor
l'ouvrier/l'ouvrière	worker, manual laborer
le patron/la patronne	boss, employer
le pharmacien/la pharmacienne	pharmacist
le plombier	plumber
le pompier	firefighter
le programmeur/la programmeuse	computer programmer
le/la scientifique	scientist
le/la secrétaire	secretary
le technicien/la technicienne	technician, repairman
le travailleur indépendant/la travailleuse indépendante	self-employed worker
le vendeur/la vendeuse	salesman/saleswoman
le/la vétérinaire	veterinarian

D'autres noms

le brevet	certificate
la carrière	career
le choix	choice
le client/la cliente	customer
le CV (curriculum vitæ)	résumé
la direction	management
l'emploi (*m.*)	job, employment
la fabrique	factory
la formation	training
le lieu	place
le lycée	secondary school (*college preparatory*)
le lycée professionnel	vocational secondary school
le renseignement	(piece of) information
la société	company

Verbes

s'arrêter de	to stop
avoir à	to have to
avoir honte de	to be ashamed of
avoir peur de	to be afraid of
cesser de	to stop
chercher	to look for, seek
compter	to expect to, plan on
conseiller de	to advise to
devoir	to have to; to owe
empêcher de	to prevent from
encourager à	to encourage to
enseigner à	to teach how to
falloir	to have to
gagner	to earn; to win
gagner sa vie	to earn a living

garder	to keep, retain; to take care of
laisser	to let, allow; to leave (behind)
se mettre à	to begin to
oublier de	to forget to
passer (du temps) à	to spend (time)
ranger	to put in order; to put away
refuser de	to refuse to
se tromper	to make a mistake

Adjectif

grave	serious, grave

Expressions affirmatives et négatives

déjà	already
encore	still
ne... aucun(e)	not one
ne... jamais	never
ne... nulle part	nowhere
ne... pas encore	not yet
ne... personne	nobody
ne... plus	no longer
ne... rien	nothing
partout	everywhere
quelque chose	something
quelque part	somewhere
quelquefois	sometimes
quelqu'un	somebody
toujours	always
tout	everything
tout le monde	everyone

Dépenser ou économiser?

Bon! On a déjà le pain, les chips, les fruits et les légumes.
Il faut maintenant trouver la lessive la moins chère!

ESQUISSES

Les finances personnelles

Le budget mensuel° de Christiane Duclos, étudiante à la fac de lettres

monthly

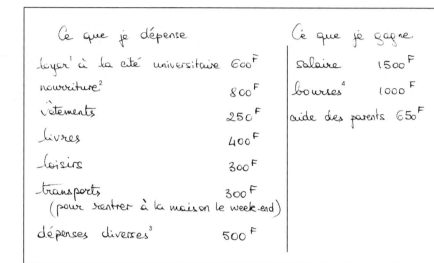

Ce que je dépense
loyer[1] à la cité universitaire 600 F
nourriture[2]   800 F
vêtements   250 F
livres   400 F
loisirs   300 F
transports   300 F
(pour rentrer à la maison le week-end)
dépenses diverses[3]   500 F

Ce que je gagne
salaire   1500 F
bourses[4]   1000 F
aide des parents 650 F

le compte chèque,
le carnet de chèques

la carte de crédit

l'argent liquide (m.)

[1]rent
[2]food
[3]miscellaneous
[4]scholarships

NOMS

les frais (m.) de scolarité *tuition*
les intérêts (m.) *interest*

VERBES

augmenter *to increase*
dépenser *to spend*
déposer *to deposit*
économiser *to save*
équilibrer (son budget) *to balance (one's budget)*
gaspiller *to waste*
réduire *to reduce (e.g., spending)*
retirer *to withdraw (money)*
toucher un chèque *to cash a check*

le compte d'épargne

Activités

A Le budget de Christiane. Répondez aux questions.

1. Quelle est sa plus grosse (*biggest*) dépense?
2. Que peut-elle éliminer pour faire des économies?

3. Si elle travaille à temps partiel, quinze heures par semaine, combien gagne-t-elle de l'heure?
4. Quelles dépenses peut-elle réduire, à votre avis?
5. Christiane peut-elle vivre (*live*) sans l'aide de ses parents? Expliquez.
6. Si elle va chez la coiffeuse, dans quelle catégorie va cette dépense?

B **Votre budget.** Examinez ce que vous gagnez et ce que vous dépensez.

1. Quels sont les frais de scolarité annuels, semestriels ou trimestriels de l'université? Pourquoi est-ce que Christiane n'a pas de frais de scolarité?
2. Dépensez-vous plus ou moins que (*more or less than*) Christiane pour les livres? Expliquez.
3. Dépensez-vous plus (*more*) pour les vêtements ou les loisirs? Pour quels loisirs dépensez-vous beaucoup d'argent?
4. Avez-vous des dépenses pour une voiture? Quelles dépenses?
5. Est-ce que vous réussissez à équilibrer votre budget? à faire des économies? Commentez.
6. Est-ce que vous avez un vrai budget? Quelle(s) différence(s) y a-t-il entre votre budget et celui (*the one*) de Christiane?

C **Dépenses diverses: quelques produits nécessaires pour la maison.**
Comparez les prix de l'annonce du supermarché Rallye et les prix que vous payez dans votre supermarché. Utilisez le tableau des changes à la page 274.

VOCABULAIRE UTILE

la marque *brand*
le rayon *department*
le bazar *variety store*
la droguerie *toiletries and housewares*
l'alu (*m.*) *aluminum foil*
l'adoucisseur (*m.*) *fabric softener*
le liquide vaisselle *dishwashing liquid*
le produit de nettoyage à usages multiples *all-purpose cleaning liquid*
la lessive *laundry detergent*

Dans quel rayon du supermarché achetez-vous les produits suivants? Combien coûtent ces produits? Quels produits sont plus (*more*) chers en France? Quels produits sont plus chers chez vous? Comptez cinq francs au dollar. Est-ce que vous utilisez les mêmes marques?

1. un saladier en plastique avec couverts (*servers*)
2. du Super alu de la marque Albal
3. de l'adoucisseur de la marque Soupline
4. du liquide vaisselle Paic
5. de la lessive Gama
6. du produit de nettoyage à usages multiples Ajax

D **Interview: les dépenses.** Demandez à un(e) camarade de classe des renseignements sur ses dépenses mensuelles.

1. Dépenses-tu plus (*more*) pour les loisirs ou les études?
2. Est-ce que tu manges au restaurant universitaire ou est-ce que tu prépares tes repas? Qu'est-ce qui est plus économique? Pourquoi?
3. Qu'est-ce que tu fais pour économiser? Où places-tu tes économies?
4. Est-ce que tu as un compte d'épargne? un compte chèque? Pour quelles dépenses utilises-tu un chèque? Qu'est-ce qu'il faut faire pour toucher un chèque?
5. As-tu une carte de crédit? Est-ce que tu paies la facture régulièrement ou est-ce que tu paies des intérêts?
6. Est-ce que tu travailles pour payer tes frais de scolarité? Combien d'heures par semaine dois-tu travailler pour payer tes études?

Maintenant, faites une description du style de vie de votre partenaire.

MODÈLE: Joe n'est pas raisonnable. Il achète beaucoup de choses qui ne sont pas nécessaires. Il travaille beaucoup pour payer sa voiture et ses loisirs, et il n'étudie pas sérieusement!

Bill a besoin de francs!

CHANGES	MONNAIES	Cours du jour
États Unis	1 USD	5.7529

le DAB, le distributeur automatique

les chèques de voyage (*m.*)

la carte bancaire

Present Tense: *recevoir (to receive)*

je reçois   *I receive*
tu reçois   *you receive*
Past participle: reçu

depuis (since)

depuis + (*time + present tense*)
   for (duration)

Comparative of Adjectives

le plus avantageux   *the most attractive, profitable*

Comparison with Nouns

plus de francs   *more francs*

NOMS

l'aérogramme (*m.*) *aerogram*
la banque *bank*
le courrier *mail*
la devise *currency*
la poste *post office*
le taux de change *exchange rate*
le timbre *postage stamp*

VERBES

baisser *to lower, go down in value*
monter *to rise, go up in value*

D'AUTRES MOTS ET EXPRESSIONS

de moins en moins *less and less*
de plus en plus *more and more*

BILL: Je dois aller chercher des timbres et des aérogrammes à la poste, mais je n'ai pas d'argent français sur moi.

FRANÇOISE: Tu vas donc en ville pour aller à la banque?

BILL: Oui, je dois changer des chèques de voyage dans un bureau de change.

FRANÇOISE: Tu emportes ton passeport?

BILL: Oui; et je vais comparer le taux dans plusieurs banques: chaque banque affiche° son taux de change, alors je choisis le taux le plus avantageux.   *posts*

FRANÇOISE: Combien de francs est-ce que tu reçois, en général, pour les dollars? J'ai entendu à la radio que depuis la semaine dernière, le dollar monte de plus en plus…

BILL: Ben,° environ cinq francs. Si le dollar monte encore aujourd'hui, je vais recevoir plus de francs pour mes dollars qu'hier. Si tu viens avec moi, je t'offre un café avec la différence!   *Well* (colloq.)

TABLEAU CULTUREL

LES DEVISES ET LE CHANGE: Quand on voyage dans un pays étranger, il faut changer de l'argent. Chaque pays a sa propre devise: par exemple, le franc suisse (FS) en Suisse, le franc belge (FB) en Belgique et, bien sûr, le franc français (F) en France. Pour changer votre argent ou vos chèques de voyage, il vous faut aller dans un bureau de change, où vous recevez des devises du pays en échange de vos dollars. Le taux de change et la commission prélevée (*deducted*) varient, selon la banque.

Plusieurs pays de la Communauté Européenne prévoient (*plan*) d'utiliser une monnaie unique (*single*) d'ici quelques années pour faciliter le commerce. Cette nouvelle devise, l'ECU (*European Currency Unit*) existe déjà et est utilisée par les banques, le gouvernement et les grandes industries pour l'échange de sommes importantes.

Le cours du dollar est en hausse (has risen) *aujourd'hui à la Bourse de Paris* (l'équivalent du New York Stock Exchange).

Activités

A **Bill doit faire des courses.** Sans regarder le texte, répondez aux questions suivantes.

1. Où est-ce que Bill doit aller?
2. De quoi est-ce que Bill a besoin à la poste? et à la banque?
3. Quels documents faut-il pour recevoir des francs?
4. À quelle banque va-t-il? Pourquoi?
5. Qu'est-ce qui arrive au dollar?
6. Quand le dollar monte, qu'est-ce qui arrive au franc? et quand le dollar baisse?
7. Si le dollar monte, qu'est-ce que Bill va acheter avec la différence?

B **Situation.** Vous êtes le caissier/la caissière dans une banque. Un(e) camarade de classe joue le rôle d'un client qui veut changer de l'argent. Posez-lui des questions appropriées.

Suggestions: 1. de combien d'argent il/elle a besoin   2. quels papiers d'identité il/elle a apportés   3. en quelles coupures (*denominations*) il/elle veut son argent   4. s'il/si elle va voyager dans un autre pays et a besoin d'autres devises

C **Le change international.** Consultez le tableau des changes. Quel est le taux de change officiel du franc français par rapport… ?

CHANGES	Cours prec.	Cours du jour
Etats Unis 1 USD	5,8295	5,8480
Ecu 1ECU	6,6775	6,6900
Allemagne 100 DEM . .	349,6400	349,7000
Belgique 100 BEF	16,1325	16,0815
Pays-Bas 100 NLG . . .	311,2200	311,2800
Italie 1000 ITL	3,6270	3,6305
Danemark 100 DKK . .	86,9000	87,0300
Irlande 1 IEP	8,2340	8,2370
Gde-Bretagne 1GBP . .	8,6335	8,6940
Grece 100 GRD	2,4165	2,4210
Espagne 100 ESP	4,3705	4,3670
Portugal 100 PTE	3,3900	3,3850
Suisse 100 CHF	396,9700	396,3400
Suede 100 SEK	72,6400	72,3300
Norvege 100 NOK	80,2400	80,2900
Autriche 100 ATS	49,7020	49,7070
Canada 1 CAD	4,4756	4,4641
Japon 100 JPY	5,3942	5,3790

1. au dollar américain
2. au mark d'Allemagne
3. à la peseta d'Espagne
4. au florin hollandais
5. au franc suisse
6. à l'ECU

GRAMMAIRE ESSENTIELLE

1. The Verb *recevoir*

The verb **recevoir** is irregular.

Note the **-oi** in the "shoe" forms.

recevoir (*to receive*)	
je reçois	nous recevons
tu reçois	vous recevez
il/elle/on reçoit	ils/elles reçoivent
Past participle: reçu	

Est-ce que tu **as reçu** des cadeaux pour ton anniversaire?

Did you receive any presents for your birthday?

Activités

A **Au bureau.** Qu'est-ce que les gens suivants reçoivent?

1. Un employé _____ son salaire toutes les deux semaines.
2. Le directeur et son assistant _____ des clients dans leurs bureaux.
3. Nous _____ *Le Figaro* tous les jours.
4. Vous _____ un bonus annuel si vous travaillez sérieusement.
5. Je _____ beaucoup de coups de téléphone chaque jour.
6. Et toi, qu'est-ce que tu _____?

B **Questions personnelles.** Posez ces questions à un(e) camarade de classe.

1. As-tu reçu de l'argent de tes parents récemment?
2. Quel courrier est-ce que tu reçois plus fréquemment, des factures ou des lettres?

3. Qui reçoit le plus de coups de téléphone, ton/ta camarade de chambre ou toi?

4. Qu'est-ce que tu reçois en général pour ton anniversaire, des cadeaux ou de l'argent? Qu'est-ce que tu préfères recevoir?

2. Comparisons with Nouns

Si le dollar monte encore aujourd'hui, je vais recevoir plus de francs pour mes dollars qu'hier.

To compare nouns, the following expressions are used.

autant de... que	*as much . . . as, as many . . . as*
plus de... que	*more . . . than*
moins de... que	*less . . . than, fewer . . . than*

Use **autant de... que, plus de... que, moins de... que** to compare nouns.

Le Crédit Lyonnais a **autant d'**argent liquide **que** la Banque Nationale de Paris.

The Crédit Lyonnais has as much cash as the Banque Nationale de Paris.

The preposition **de** is repeated after **que** when two nouns are compared. Also, the stressed form of a pronoun (**moi**, **toi**, **lui**, **elle**, **nous**, **vous**, **eux**, **elles**) is used after **que** to refer to a person.

J'ai **plus de** cartes de crédit **que de** cartes bancaires.

I have more credit cards than ATM cards.

Elle a **moins de** cours **que** toi.

She has fewer courses than you.

Activités

A **Deux familles.** Comparez la famille Legrand et la famille Colignac quant au (*regarding the*) nombre…

1. d'enfants 2. de personnes 3. de voitures 4. de chiens 5. de filles
6. de garçons

MODÈLE: d'arbres → La famille Legrand a plus d'arbres que la famille Colignac. La famille Colignac a moins d'arbres que la famille Legrand.

la famille Legrand

la famille Colignac

| Tante Anne, | Thierry, | Caroline, | Marc, | Liliane, | Marine, | | Christophe, | Patrick, | Jean-Pierre, | Virginie, | Karine, | Maxime, |
| 45 ans | 52 ans | 49 ans | 25 ans | 20 ans | 17 ans | | 13 ans | 16 ans | 50 ans | 45 ans | 10 ans | 6 ans |

B Les possessions. Avec un(e) camarade de classe, comparez vos possessions.

MODÈLE: livres →

    VOUS: Marc, combien de livres as-tu?

    MARC: J'ai dix livres.

    VOUS: Tu as moins de livres que moi. Moi, j'ai douze livres.

1. cours
2. sœurs
3. frères

4. cahiers
5. paires de chaussures
6. argent dans la poche

3. Comparative and Superlative of Adjectives and Adverbs

CHANGES	Cours prec.	Cours du jour
Etats Unis 1 USD.....	5,8295	5,8480
Ecu 1ECU..........	6,6775	6,6900
Allemagne 100 DEM..	349,6400	349,7000
Belgique 100 BEF....	16,1325	16,0815
Pays-Bas 100 NLG...	311,2200	311,2800
Italie 1000 ITL	3,6270	3,6305
Danemark 100 DKK..	86,9000	87,0300
Irlande 1 IEP	8,2340	8,2370
Gde-Bretagne 1GBP..	8,6335	8,6940

Chaque banque affiche son taux de change,
alors je choisis le taux le plus avantageux.

1. To make comparisons with adjectives and adverbs, the following expressions are used.

aussi… que	*as…as*
plus… que	*more . . . than*
moins… que	*less . . . than*

Use **aussi… que, plus… que, moins… que** to make comparisons with adjectives and adverbs.

David est {**plus grand que** / **aussi grand que** / **moins grand que**} Daniel.

David is {*taller than* / *as tall as* / *less tall than*} Daniel.

Laurent parle **plus clairement que** Patrick.

Laurent speaks more clearly than Patrick.

Mon cours de philosophie est **moins difficile que** mon cours de biologie.

My philosophy course is less difficult than my biology course.

2. The superlative of adjectives (e.g., *the biggest, the most expensive*) is formed by adding a definite article to the comparative adjective. The article agrees in gender and number with the adjective.

Use the appropriate definite article + the comparative adjective to form the superlative adjective.

Voilà **la plus grande** banque du monde.

There's the largest bank in the world.

Le Crédit Agricole est la banque **la plus importante** de France.

The Crédit Agricole is the most important bank in France.

Adjectives keep their usual place, before or after the noun. Note that when the adjective follows the noun, there is a definite article or possessive adjective preceding the noun as well as a definite article in the superlative expression.

La biologie est mon cours **le plus difficile** ce semestre.

Biology is my most difficult course this semester.

La robe bleue est **la plus jolie** de toutes.

The blue dress is the prettiest one of all.

Note also that the preposition **de** is used to express *in* or *of* in a superlative expression.

Monique est l'étudiante la plus énergique **de** la classe.

Monique is the most energetic student in the class.

3. Since adverbs are invariable, they take the article **le** to form the superlative.

Use **le** + the comparative adverb to form the superlative adverb.

La Banque Populaire vous rembourse **le plus vite** de toutes.

The Banque Populaire pays you back the fastest of all.

4. The adjectives **bon** and **mauvais** have irregular comparative and superlative forms. **Mauvais** also has a regular form, which is more commonly used.

Note these irregular comparatives and superlatives:

bon(ne) → meilleur(e) → le/la meilleur(e)
bien → mieux → le mieux

	COMPARATIVE	SUPERLATIVE
bon(ne)	meilleur(e)	le/la meilleur(e)
mauvais(e)	plus mauvais(e) pire	le/la plus mauvais(e) le/la pire

The adverb **bien** has irregular forms, but the forms of the adverb **mal** follow the standard construction.

	COMPARATIVE	SUPERLATIVE
bien	mieux	le mieux
mal	plus mal	le plus mal

Stéphanie est **la meilleure** étudiante de la classe.
C'est elle qui écrit **le mieux.**
Tout le monde écrit **plus mal que** Stéphanie.

Stéphanie is the best student in the class.
She writes the best.
Everyone writes worse than Stéphanie.

5. As with comparisons of nouns, the stressed forms of pronouns are used after **que**.

Tu es plus riche que **moi**.   *You are richer than I (am).*

Activités

A La famille Legrand. Décrivez-la en répondant aux questions.

la famille Legrand

Marine, 17 ans

Tante Anne, 45 ans   Thierry, 52 ans   Caroline, 49 ans   Marc, 25 ans   Liliane, 20 ans

1. Qui est le plus âgé de la famille? le plus jeune?
2. Qui est le plus gros? le plus mince?
3. Qui est plus grande, Liliane ou sa mère?
4. Qui est plus âgée, Liliane ou Marine?
5. Qui est plus beau, Marc ou son père? Pourquoi?
6. Qui a plus de cheveux, Thierry ou Liliane?
7. Comparez Tante Anne et sa belle-sœur.
8. Comparez Liliane et sa sœur.

9. Comparez Marc et son père.
10. Comparez Caroline et son mari.

B **Votre famille.** Avec un(e) camarade de classe, parlez de votre famille.

Vocabulaire utile: grand, petit, riche, pauvre, optimiste, pessimiste, intelligent, rapide, prudent, sociable, paresseux, énergique, travailleur, lire beaucoup, jouer bien du piano, parler vite, danser bien, ???

MODÈLE: Ma sœur Dao est plus grande que moi. Elle est moins rapide que mon frère.

C **La valse des prix.** Comparez les prix de 1962 et de 1991, selon les recherches du magazine *L'Express.*

1. En quelle année les oranges ont-elles coûté le plus? et le beurre? la place de cinéma? le whisky?
2. Combien coûtait *L'Express* en 1962? Est-ce qu'il coûtait plus ou moins cher qu'en 1991? Est-ce qu'il coûtait plus ou moins de dix francs?
3. Qu'est-ce qui est arrivé au prix des cigarettes Gauloises bleues en 1991? de (*by*) combien?
4. Quels articles étaient moins chers en 1991? de combien?
5. Qu'est-ce qui est arrivé au salaire net annuel? Est-ce qu'on gagnait plus ou moins en 1991 qu'en 1962? Quelle était la différence?
6. En général, ces chiffres (*figures*) sont-ils en rapport avec ceux (*those*) des États-Unis?

[1] brand of cigarette   [2] daily paper

LA VALSE DES PRIX (prix convertis en francs de 1991; entre parenthèses, les prix de l'époque)	1962	1991
Baguette	2,64 (0,40)	3,50
Rumsteck (kg)	79,53 (12,05)	92,60
Beurre (kg)	59,40 (9)	30
Oranges (kg)	6,34 (0,96)	9
Métro (carnet 2e classe)	24,42 (3,70)	34,50
Km SNCF (2e classe)	0,56 (0,085)	0,59
Timbre-poste	1,65 (0,25)	2,50
Téléphone (l'unité)	1,65 (0,25)	0,73
Consultation généraliste	72,60 (11)	90
Place de cinéma	13,20 (2)	38
Essence super (le litre)	6,86 (1,04)	5,35
Gauloises bleues [1]	8,25 (1,25)	6,50
Whisky Black & White	198 (30)	76
Quotidien [2]	1,65 (0,25)	6
L'Express	9,90 (1,50)	20
Voiture (62 : R 8; 91 : R 5)	45 540 (6 900)	49 700
Salaire net moyen annuel	56 790 (8 604)	110 000
Smic horaire	10,50 (1,59)	32,66

4. Depuis, pendant, il y a

J'ai entendu à la radio que depuis la semaine dernière, le dollar monte de plus en plus.

Three expressions of time that you will find useful are **depuis**, **pendant**, and **il y a**.

1. To express an idea that started in the past and continues up to and into the present time, French uses the following construction:

   depuis = *for, since*

   present tense + the preposition **depuis** *+ the length of time (or the specific point in time)*

Marie a un compte-chèques **depuis** trois mois.	*Marie has had a checking account for three months.*
Elle a ce compte **depuis** septembre.	*She has had this account since September.*

2. To express the idea that an action has NOT happened for a given period of time, the following construction is used:

   ***passé composé* + depuis** + *the time period*

Elle n'a pas retiré d'argent **depuis** trois mois.	*She hasn't withdrawn any money for three months.*

3. To talk about an action that went on for a period of time but ended in the past, **pendant** is used (although it can sometimes be omitted). To project duration of time into the future, **pour** is used.

   Use **pendant** to mean *for* in the past, but use **pour** to mean *for* in the future.

Paul a travaillé en Suisse **pendant** six mois.	*Paul worked in Switzerland for six months.*
Adil est allé en France **pour** trois mois mais il y est resté (**pendant**) deux ans.	*Adil went to France for three months* (intention) *but he stayed for two years* (duration).

4. **Depuis quand… ?, depuis combien de temps… ?,** and **pendant combien de temps… ?** + the appropriate verb tenses, as noted above, are used to ask questions about actions in relation to time.

   Depuis quand…?
   Since when . . . ?

   Depuis combien de temps…?
   How long . . . ?

   Pendant combien de temps…?
   How long . . . ?

Depuis combien de temps est-ce que tu travailles à la banque? Depuis trois mois.	*How long have you been working in the bank? For three months.*
Depuis quand? Depuis septembre.	*Since when? Since September.*
(**Pendant**) **combien de temps** avez-vous attendu le chèque? (**Pendant**) quatre jours.	*How long did you wait for the check? For four days.*

5. **Il y a** + *a time period*, used with a verb in the past tense, expresses *ago*. **Dans** + *a time period* expresses the future.

   il y a + *(time period)* = *ago*
   dans + *(time period)* = *in*

Thomas a reçu sa carte de crédit **il y a** une semaine.	*Thomas received his credit card a week ago.*
Je travaillais à la banque **il y a** dix ans.	*I used to work in the bank ten years ago.*
Alexandre va en France **dans** dix jours.	*Alexandre is going to France in ten days.*

Activités

A À la banque. Utilisez des expressions de temps pour compléter le dialogue.

LA DIRECTRICE: En quoi est-ce que je peux vous être utile?

MONIQUE: J'attends _____¹ une demi-heure pour déposer de l'argent, et personne ne m'a aidée.

LA DIRECTRICE: Je le regrette, Madame. Est-ce que vous voulez déposer cet argent sur votre compte chèque ou sur votre compte d'épargne? _____² le mois dernier, les intérêts sont très intéressants sur les comptes d'épargne.

MONIQUE: Je vais avoir besoin de ces fonds _____³ six mois, parce que je vais faire un voyage.

LA DIRECTRICE: Pas de problème. Avec un compte d'épargne, vous pouvez retirer votre argent quand vous voulez. _____⁴ combien de temps comptez-vous être absente?

MONIQUE: _____⁵ quelques semaines.

LA DIRECTRICE: On peut vous envoyer des devises pendant votre absence, si vous en avez besoin.

MONIQUE: Bon, alors je vais déposer mon argent _____⁶ au moins six mois. Je vous remercie beaucoup.

LA DIRECTRICE: À votre service, madame, et bon voyage!

□ **CAISSE AGRICOLE DU ROUERGUE**
BPF_____
Payez contre ce chèque non endossable sauf au profit d'une banque, d'une caisse d'épargne ou d'un établissement assimilé _____
_____ somme en toutes lettres
A _____
Payable
A _____ le _____ 19___
VICHY   57786008197
PLACE DE LA VICTOIRE   MR RICHARD LANGLOIS
TEL: 70.32.55.44   17, RUE DE LA PAIX
Compensable
A CLERMONT-FERRAND   12-97 03200 VICHY

B Une lettre commerciale. Utilisez une expression de temps pour expliquer pourquoi l'employé n'a pas pu écrire une lettre.

LE PATRON: Qu'est-ce qui est arrivé? Pourquoi n'avez-vous pas écrit la lettre?

L'EMPLOYÉ: L'ordinateur ne fonctionne plus _____¹ ce matin.

LE PATRON: Alors, qu'est-ce que vous avez fait?

L'EMPLOYÉ: J'ai téléphoné au technicien _____² une demi-heure; il va venir _____³ une heure. Je vais travailler _____⁴ l'heure du déjeuner pour finir la lettre.

C Depuis quand... ? depuis combien de temps... ? Demandez à un(e) camarade de classe depuis quand ou depuis combien de temps il/elle fait les activités suivantes.

MODÈLE: être étudiant(e) → —Depuis combien de temps es-tu étudiant(e)?
—Je suis étudiant(e) depuis...

1. étudier le français
2. être à l'université
3. faire son sport préféré
4. connaître son/sa camarade de chambre
5. habiter à...
6. ???

E N   A V A N T

Réalités

Ordinateurs Blaireau.
Voici deux lettres
d'affaires (*business*) de
Suisse.

THIERRY DUNETON
138, rue de Gergovie
CH-2630 NEUCHÂTEL

Ordinateurs Blaireau
123, rue Cécile
CH-3942 GENÈVE

Neuchâtel, le 17 octobre

Madame, Monsieur,

    Je suis depuis longtemps un fidèle client de votre marque.[1] J'ai acheté deux de vos ordinateurs pendant cinq ans, et j'ai recommandé vos articles à un bon nombre de mes amis et collègues. Nous avons tous été satisfaits de notre choix.

    Je vous écris parce que mon ordinateur est tombé en panne[2] deux jours après le délai de garantie. Comme je suis étudiant et que je n'ai pas les moyens de payer la réparation, j'espère que vous ne serez pas trop pointilleux[3] sur la garantie. Je vous serais reconnaissant[4] de bien vouloir[5] considérer ma demande avec indulgence!

    En vous remerciant d'avance, je vous prie, Madame, Monsieur, d'agréer l'expression de mes sentiments respectueux.[6]

Thierry Duneton

[1] *brand*
[2] *est... broke down*
[3] *picky*
[4] *serais... would be grateful*
[5] *bien... please*
[6] *je... yours truly*

ORDINATEURS BLAIREAU
123, rue Cécile
CH-3942 GENÈVE

M. Thierry Duneton
138, rue de Gergovie
CH-2630 NEUCHÂTEL

Genève, le 20 octobre

Monsieur,

    En réponse à votre lettre du 17 courant[7] concernant la panne de votre ordinateur, j'ai le plaisir de vous annoncer que le directeur commercial a décidé de vous accorder une extension de garantie. La satisfaction d'un client fidèle est ce qui compte le plus pour nous.

    En vous remerciant de votre fidélité à notre marque, je vous prie, cher Monsieur, d'agréer l'expression de mes sentiments distingués.[8]

Alain Dubois
Attaché commercial[9]

[7] *current month*
[8] *je... sincerely*
[9] *Attaché... Sales Representative*

1. Combien d'ordinateurs est-ce que Thierry a achetés en cinq ans?
2. Qu'est-ce qui est arrivé au nouvel ordinateur?
3. Pourquoi est-ce que Thierry écrit à la société?
4. Qu'est-ce qu'il veut obtenir?
5. Pourquoi est-ce qu'il ne peut pas payer les réparations?
6. Qui répond à sa lettre?
7. Qu'est-ce que le directeur commercial a décidé?
8. Pensez-vous que Thierry va être satisfait ou déçu (*disappointed*)?

Maintenant, écrivez une lettre de réclamation (*complaint*) à un directeur de société. Expliquez un problème mécanique ou technique que vous avez eu avec un de ses produits et demandez une solution. Utilisez le langage des affaires présenté dans l'Étude de mots. Échangez la lettre avec un(e) camarade de classe, qui va répondre et résoudre le problème. Le/La camarade peut décider s'il/si elle va ou non satisfaire à la requête et comment.

ÉTUDE DE MOTS

LE LANGAGE DES AFFAIRES: Le langage utilisé dans la correspondance d'affaires est très conventionnel et formalisé. Il y a beaucoup de formules de politesse et d'expressions traditionnelles impossibles à traduire directement en anglais. La lettre se termine toujours avec une salutation dans laquelle on assure son correspondant du respect ou de l'amitié qu'on lui porte.

Par exemple, à un égal, vous pouvez écrire:

> Croyez, cher Monsieur, à mes sentiments distingués.

À un inférieur, vous pouvez offrir une amitié magnanime:

> Veuillez croire, cher Monsieur, à mes sentiments amicaux.

À un supérieur, vous allez écrire:

> Je vous prie, Madame, d'agréer l'expression de mes sentiments respectueux.

La correspondance personnelle est beaucoup plus libre dans sa forme et utilise des expressions complètement différentes.

Bavardons un peu!

Théâtre. Avec un(e) camarade de classe, présentez une scène sur les sujets suivants. Échangez au moins six phrases pour chaque scène. Soyez imaginatifs!

1. Un étudiant qui demande plus d'argent pour le semestre à ses parents.
2. Un employé qui demande une augmentation de salaire à son patron.
3. Une demande de carte de crédit dans un grand magasin.
4. Un voleur (*robber*) qui demande de l'argent au caissier/à la caissière d'une banque.

*Vidéo-Club**

Thème 3   Le shopping†
Scène 3.2   Un petit cadeau

(Cue to 26:41.)

Michel needs to find a birthday present for his younger brother, so Paul goes shopping with him. Watch the scene to see why it's difficult for Michel to find the right gift.

VOCABULAIRE UTILE

soit… soit…	*either . . . or . . .*
faire du lèche-vitrines	*to go window-shopping*
avoir horreur de	*to hate, detest*
les jouets (*m.*)	*toys*
Je suis sûr que ton cadeau lui fera très plaisir.	*I'm sure that he will be very pleased with your gift.*

L'hésitation de Michel. Say why Michel rejects each of Paul's suggestions by choosing the correct answer to complete the sentence.

1. Michel n'aime pas le couteau suisse parce qu'il est _____.
   a. trop grand
   b. trop compliqué
   c. vert

2. Il n'achète pas le stylo vert parce que son frère _____.
   a. n'aime pas les stylos
   b. n'écrit pas de lettres
   c. a horreur du vert

3. Il n'achète pas le stylo bleu parce que son frère _____.
   a. a horreur du bleu
   b. a déjà un stylo
   c. a horreur des stylos

4. Il n'achète pas de vêtements parce que/qu' _____.
   a. son frère a déjà assez de vêtements
   b. les prix de la boutique sont très chers
   c. il n'y a pas de tee-shirts dans la boutique

5. Il ne veut pas acheter la raquette de tennis parce que son frère _____.
   a. déteste le sport
   b. a déjà une raquette de tennis
   c. ne joue pas très sérieusement au tennis

6. Il ne peut pas acheter un appareil-photo parce que _____.
   a. son frère ne prend pas de photos
   b. c'est le cadeau de papa et maman
   c. l'appareil est trop compliqué

---

*This section contains an activity for the Video to accompany *C'est ça!* The theme and scene numbers here correspond to the ten themes and their respective scenes in the video (rather than to the chapter numbers in the book).

‡An activity tied to an additional scene under this video topic appears in the Workbook/Laboratory Manual.

TABLEAU CULTUREL

LES COMPTES-CHÈQUES ET LES CARTES DE CRÉDIT: En France, la loi (*law*) n'est pas clémente (*lenient*) pour les personnes qui font des chèques en bois (*rubber checks*); les abus sont punis par de grosses amendes (*penalties*), proportionnelles aux sommes. Il est même courant (*commonplace*) qu'une banque interdise de chéquier (*checkbook*) à une personne qui fait trop de chèques en bois: cette personne ne peut alors plus avoir de compte-chèques dans aucune banque.

Les cartes de crédit ne fonctionnent pas comme aux États-Unis: la Carte Bleue (*Visa*), par exemple, est utilisée pour remplacer le chéquier dans une transaction ordinaire. Avant d'utiliser une carte de crédit, on dépose une certaine somme d'argent sur son compte. Quand on utilise une Carte Bleue française, par exemple, la somme mise sur la carte est automatiquement prélevée (*deducted*) sur le compte de l'acheteur et versée au vendeur. Ce n'est pas une carte de crédit, mais plutôt une «debit card». Beaucoup de magasins utilisent aussi ce même système pour leurs propres cartes.

À VOUS!

Discutez le pour et le contre des cartes de crédit françaises et le système de crédit de votre pays.

1. Y a-t-il des avantages à payer d'avance? des inconvénients (*disadvantages*)?
2. Y a-t-il des avantages à payer une somme importante à la fin du mois?
3. Y a-t-il des avantages à payer des intérêts sur les cartes de crédit?
4. Est-ce une bonne idée d'avoir plus d'une carte de crédit? Pourquoi ou pourquoi pas?

Le boom de la carte

Comment un petit bout de plastique révolutionne l'économie.

VOCABULAIRE

Noms

l'aérogramme (*m.*)	aerogram
l'argent liquide (*m.*)	cash
la banque	bank
la bourse	scholarship
le budget mensuel	monthly budget
le carnet de chèques	checkbook
la carte bancaire	bank (ATM) card
la carte de crédit	credit card

le chèque de voyage	traveller's check
le compte-chèques	checking account
le compte d'épargne	savings account
le courrier	mail
la devise	currency
le distributeur automatique (DAB)	ATM machine
les finances (*f.*) personnelles	personal finances
les frais (*m.*) de scolarité	tuition
les intérêts (*m.*)	interest
le loyer	rent
la nourriture	food
la poste	post office
le taux de change	exchange rate
le timbre	postage stamp

Verbes

augmenter	to increase
baisser	to lower, go down in value
dépenser	to spend
déposer	to deposit
économiser	to save
équilibrer (son budget)	to balance (one's budget)
gaspiller	to waste
monter	to rise, go up in value

recevoir	to receive
réduire	to reduce (*e.g., spending*)
retirer	to withdraw (*money*)
toucher un chèque	to cash a check

Adjectifs

divers(e)	miscellaneous
meilleur(e)	better
mensuel(le)	monthly

D'autres mots et expressions

aussi… que	as . . . as
autant de… que	as much . . . as, as many . . . as
de moins en moins	less and less
de plus en plus	more and more
depuis	since, for
il y a	ago
mieux	better
moins… que	less . . . than
moins de… que	less . . . than, fewer . . . than
pendant	during, for
plus… de	more . . . than
plus de… que	more . . . than

LECTURE

Avant de lire

CONNECTING WORDS: As you learned in Chapter 1, connecting words are important in writing and reading because they link ideas in various ways. Like English, French has many connecting words. For instance, **mais** often contradicts a previous statement; **aussi** adds to previous information; **alors**, which often means "so (therefore)," shows a cause-and-effect relationship. In the sentences below, try to identify the meaning and function of the underlined connecting words.

<u>Puisque</u> j'adore faire la cuisine, je cuisine souvent. <u>En revanche</u>, je déteste faire les courses.

<u>Quoiqu</u>'il préfère la cuisine chinoise, ce soir, il a mangé mexicain. <u>D'ailleurs</u>, hier, il a dîné au restaurant chinois.

Nous aimons les poètes français, <u>surtout</u> les poètes du 19ème siècle.

The text you're about to read details the daily routine of a woman seeking employment. It appeared in *Elle*, a popular French Magazine for women. Several connecting words have been underlined throughout. While reading, reflect on how they link various incidents or ideas.

Cécile Rouillier: À la recherche d'un emploi[*]

*L*a revue de presse de France-Inter° me tire° du lit chaque matin à 8 h 30. Depuis que je suis au chômage,° cela fait deux mois maintenant, je me force à garder des horaires normaux. C'est indispensable pour ne pas décrocher de° la réalité. <u>Après</u> une douche, je prends mon petit déjeuner: céréales et thé au lait. <u>Puis</u> je m'habille. J'aime les vêtements classiques, <u>surtout</u> les tailleurs. J'ai une passion pour les fringues° et pour les chaussures en particulier. <u>Avant</u> de perdre mon travail (j'étais chargée de° clientèle dans une agence de communication) <u>pour cause de</u> licenciement économique,° je pouvais dépenser des fortunes dans les boutiques. <u>Mais</u>, depuis le mois d'août, je suis évidemment obligée de faire très attention. À 9 h 30, je suis prête pour démarrer° ma journée.

a radio station / me... *pulls me out of*
au... *unemployed*
décrocher... *lose touch with*

clothes (slang)
chargée... *responsible for*
licenciement... *"downsizing"*

start

---

[*]Excerpted from *Elle* magazine.

Je commence en général par consulter mon agenda et je passe deux ou trois heures au téléphone. J'appelle des amis ou des connaissances qui pourraient m'aider à décrocher° des rendez-vous professionnels. J'aimerais retrouver un poste dans une agence de communication puisque j'ai six ans d'expérience dans ce domaine. Mais, si dans trois mois je ne trouve rien, j'élargirai° mon champ d'action aux départements communication des grandes entreprises.

get, land

will broaden

Vers 13 h, je déjeune souvent avec une amie. Puis je reprends mes recherches en consultant les petites annonces des journaux, en passant des coups de fil. Je m'accorde tout de même un peu de temps pour me rendre à l'auto-école puisque j'ai enfin le temps de passer le permis de conduire°!

permis... driver's license

Vers 18–19 h, je rentre à la maison. J'habite un deux-pièces, avenue de Suffren. J'ai craqué° pour le style anglais, j'adore la décoration, la vaisselle, les beaux tissus... En revanche, je n'aime pas trop faire le ménage. Ni les courses. La solution idéale: l'épicerie qui est en bas de chez moi. Et la cuisine n'étant pas mon fort,° le soir, je me contente d'une salade avant de m'attaquer à nouveau° à la paperasserie° que m'impose ma situation: amélioration° de mon C.V., lettres de candidature, classement des annonces....

am crazy

strong point
à... again
red tape / improvement

De temps en temps, je regarde un film sur Canal +,° ma chaîne préférée. Lorsque je sors, je vais dîner chez des amis ou je me rends à mon cours de danse, c'est mon seul luxe! Quoiqu'il° m'arrive d'aller au restaurant avec Findlay, mon ami. Il est anglais, alors avec lui, la cuisine française est incontournable°! J'aime aussi beaucoup le cinéma. C'est d'ailleurs souvent un sujet de discorde avec Findlay, puisque lui aime les films d'action et moi les drames psychologiques. En fait, mes journées sont presque aussi chargées° que si je travaillais. Trouver un boulot,° c'est un job à plein temps. Aussi,° je suis contente de me coucher... mais rarement avant minuit!

a pay channel

Although it
inevitable

full / job (slang)
Therefore

Après la lecture

Répondez aux questions suivantes par des phrases complètes.

1. Pourquoi Cécile garde-t-elle un horaire normal? Que pensez-vous de son système?
2. Qu'est-ce que Cécile ne peut plus faire depuis qu'elle est au chômage?
3. Comment essaie-t-elle d'avoir des rendez-vous professionnels?
4. Quelle sorte de poste Cécile voudrait-elle retrouver? Pourquoi?
5. Qu'est-ce que Cécile fait pour se détendre? Quels «luxes» s'offre-t-elle? Quels autres détails apprend-on au sujet de Cécile?
6. En général, que pensez-vous de Cécile?

PAR ÉCRIT

Trouver un boulot. Imagine that, like Cécile, you have been unemployed for two months. Write a short composition (100–150 words) describing your daily employment-seeking routine. If necessary, use the reading as a model or as a source for vocabulary.

MISE EN SCÈNE

● ●

Le rendez-vous professionnel

Describe the drawing below in as much detail as possible. Include the following elements:

1. a description of the premises
2. a detailed physical description of each character, including clothing and emotional state
3. a description of the characters' actions
4. a brief history of each of the persons applying for employment. (For instance, is this his/her first job? If not, has he/she been laid off from a previous job? If so, why?)

In addition:

5. invent a name for the company
6. invent a line of products that the company produces
7. imagine whom you think Madame Vidal will hire from among the five candidates.

VOCABULAIRE UTILE

le/la candidat(e) *candidate*
être licencié(e) *to be fired*
avoir l'air... *to look, seem, appear*
avoir peur *to be afraid*
l'attaché-case *briefcase*
les petites annonces *classified ads*

être sûr(e) de lui/d'elle *to be sure of him/herself*
nerveux/nerveuse *nervous*
être assis(e) *to be seated*
discuter de *to discuss*
le salaire *salary*

13

La santé

Ces jeunes gens, qui ont participé à l'organisation du marathon de Paris,
savent que le sport est bon pour la santé!

ESQUISSES

Dans la salle des urgences

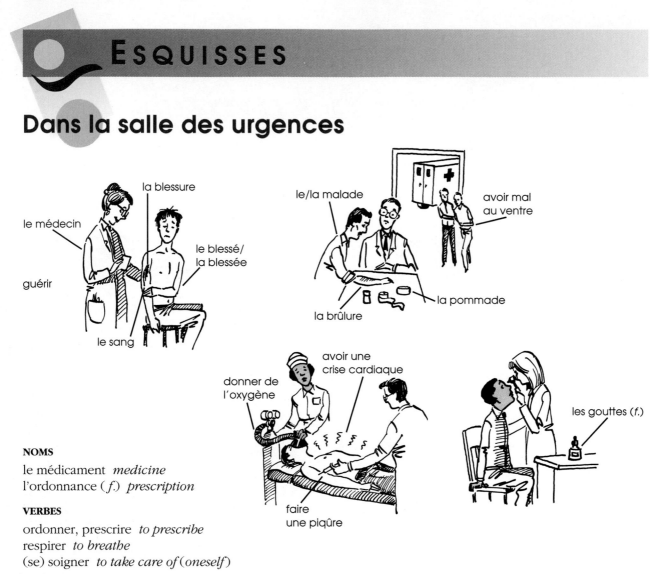

NOMS

le médicament *medicine*
l'ordonnance (*f.*) *prescription*

VERBES

ordonner, prescrire *to prescribe*
respirer *to breathe*
(se) soigner *to take care of (oneself)*

Activités

A Vous êtes le médecin. Choisissez dans la deuxième colonne le soin que
vous allez recommander à un(e) malade qui souffre d'une des afflictions de la
première colonne.

1. un œil irrité
2. une blessure
3. une allergie
4. une brûlure
5. le mal de ventre
6. de la difficulté à respirer

a. de la pommade
b. de l'eau minérale
c. des gouttes
d. de l'oxygène
e. une piqûre
f. du désinfectant

B À l'hôpital. Décrivez ce qui se passe sur chaque dessin. Pourquoi est-ce que
les malades ou les blessés sont à l'hôpital? Où ont-ils mal? Avez-vous déjà eu
certains de ces problèmes? Lesquels (*Which ones*)?

ÉTUDE DE MOTS

QUELQUES EXPRESSIONS SCIENTIFIQUES: Beaucoup de mots scientifiques français sont apparentés à l'anglais. Prononcez les mots suivants à la mode française.

LES MALADIES	LES CONSÉQUENCES ET LES REMÈDES	LA NUTRITION
l'allergie (*f.*)	l'analyse (*f.*)	la calorie
l'anémie (*f.*)	l'antibiotique (*m.*)	le cholestérol
l'appendicite (*f.*)	l'aspirine (*f.*)	l'hydrate (*m.*) de
l'arthrite (*f.*)	le diagnostic	carbone
le cancer	l'examen (*m.*)	les oligo-éléments (*m.*)
le diabète	l'exercice (*m.*)	(*minerals*)
l'épilepsie (*f.*)	l'opération (*f.*)	la protéine
l'hépatite (*f.*)	la transfusion	la vitamine
l'indigestion (*f.*)		
la paralysie		
la pneumonie		
la tuberculose		
la tumeur		

TABLEAU CULTUREL

UNE MALADIE BIEN FRANÇAISE: Les Français se soignent très bien et ont de très bons rapports avec leur médecin de famille, qui fait souvent des visites à domicile (*house calls*). Les Français souffrent essentiellement des mêmes afflictions que les Américains, quoique (*although*) dans des proportions différentes. Cependant, il semble que les Français souffrent davantage de problèmes de digestion—«la crise de foie (*liver*)». Cette affliction apparaît quand on mange des nourritures très riches ou grasses. Dans un pays où la cuisine est un art particulièrement apprécié, la crise de foie fait de nombreuses victimes! Pour guérir cette maladie, l'eau minérale gazeuse est la cure la plus sûre. Les Français consomment énormément d'eau minérale, plus de 60 litres par personne par an! Certaines marques, comme Évian, Vittel et Vichy, sont connues dans le monde entier.

Pour la personne qui souffre réellement de problèmes de foie, il est possible de faire une cure dans une station

thermale (*spa*). Si un médecin ordonne une cure, la Sécurité Sociale rembourse la plupart des frais. Ainsi, 700 000 Français par an suivent un régime et subissent (*undergo*) des traitements dans un cadre agréable et à peu de frais (*costs*).

À VOUS!

1. Quelle est «la maladie bien française»? Est-ce qu'il y a un équivalent américain?
2. Qu'est-ce qu'on peut faire si on a une crise de foie?

● ●

Une visite chez le médecin

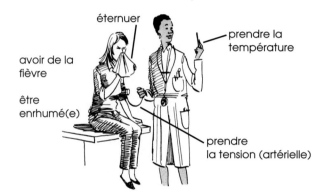

éternuer

prendre la température

avoir de la fièvre

être enrhumé(e)

prendre la tension (artérielle)

NOMS

le conseil (*piece of*) *advice*
le régime *diet*
le rhume *head cold*
le soin *care*
la toux *cough*

VERBES

fumer *to smoke*
se reposer *to rest*
se sentir *to feel*
tomber malade *to get sick*
tousser *to cough*

ADJECTIFS

épuisé(e) *exhausted*
stressé(e) *stressed*

Present Subjunctive

il faut que j'aille
I have to (must) go
il faut que vous alliez
you have to (must) go

il faut que je mange
I have to (must) eat
il faut que vous mangiez
you have to (must) eat

il faut que je prenne
I have to (must) take
il faut que vous preniez
you have to (must) take

il faut que je trouve
I have to (must) find
il faut que vous trouviez
you have to (must) find

LUCIE: Bonjour, docteur. Je ne me sens pas bien. J'ai mal à la gorge depuis trois jours.

LE DOCTEUR MOREAU: D'abord, je vais prendre votre température pour voir si vous avez de la fièvre, et ensuite votre tension artérielle. Est-ce que vous fumez? Est-ce que vous toussez? Qu'est-ce que vous mangez? Combien d'heures dormez-vous par nuit?

LUCIE: Je ne fume pas, je suis° un régime et je dors six heures par nuit, mais je suis stressée. Avez-vous des conseils? *follow*

LE DOCTEUR MOREAU: Ce n'est pas bien du tout! Quand on est épuisé et stressé, on tombe malade! Il faut que vous alliez vous coucher de bonne heure et que vous mangiez correctement! Il faut que vous preniez mieux soin de vous.

LUCIE: J'ai tellement à faire! Je n'ai pas le temps de me reposer!

LE DOCTEUR MOREAU: Alors, il va falloir que vous trouviez le temps d'être malade: c'est à vous° de choisir! *c'est... It's up to you*

ÉTUDE DE MOTS

QUELQUES TERMES MÉDICAUX: *La médecine* est le nom de la discipline.

Hélène fait des études de médecine; elle est étudiante à la faculté de médecine.	*Hélène is studying medicine; she is a student at the Medical School.*

Le médicament est le produit que le médecin prescrit, et que le malade achète à la pharmacie.

Alain prend un médicament pour son asthme. Le prix des médicaments est contrôlé par le gouvernement.	*Alain takes medicine for his asthma. The price of medicine is controlled by the government.*

Le médecin ou *le docteur* est la personne qui a un diplôme en médecine.

Thierry va voir le médecin demain.	*Thierry is going to see the doctor tomorrow.*

Docteur est aussi un titre, comme *Monsieur, Madame* ou *Mademoiselle.*

Annie consulte le docteur Legrand quand elle a des problèmes de digestion.	*Annie consults Dr. Legrand when she has digestion problems.*

Activités

A **Les maladies et la santé.** Répondez aux questions.

1. Quels sont les symptômes d'un rhume? Qu'est-ce que vous faites quand vous êtes enrhumé(e)? Si vous êtes invité(e) à une fête et que vous avez la grippe (*flu*), qu'est-ce que vous faites? Est-ce que vous restez chez vous ou est-ce que vous y allez? Et si c'est un simple rhume?

2. Est-ce que vous fumez? Avez-vous déjà habité avec quelqu'un qui fume? Est-ce que vous toussiez?

3. Quand vous allez chez le médecin, est-ce qu'il/elle prend régulièrement votre tension artérielle? Savez-vous quelle est votre tension artérielle? Est-elle normale, élevée ou basse?

4. Suivez-vous un régime? Prenez-vous des vitamines? Pourquoi ou pourquoi pas?

5. Qu'est-ce que vous faites si vous souffrez de stress avant les examens?

6. Est-ce que la santé est importante pour vous? Qu'est-ce que vous faites pour rester en bonne santé?

B **Un mal de gorge terrible.** Vous êtes allé(e) chez le médecin parce que vous aviez mal à la gorge. Racontez votre visite à un(e) camarade de classe, en utilisant l'information donnée dans le dialogue. Dites…

1. pourquoi vous étiez là
2. ce que le médecin a fait d'abord
3. quelles questions le médecin vous a posées
4. vos réponses
5. les conseils du médecin
6. si vous avez suivi ses conseils

Un accident de ski

les comprimés (m.)

le pansement

le bandage

POSTE DE SECOURS +

Present Subjunctive

il faut que j'examine	
	I have to (must) examine
il faut que vous examiniez	
	you have to (must) examine
il faut que je vienne	
	I have to (must) come
il faut que vous veniez	
	you have to (must) come
il faut que je me serve	
	I have to (must) use
il faut que vous vous serviez	
	you have to (must) use

NOMS

l'assurance (*f.*) (maladie) (*health*) *insurance*
le cabinet (*doctor's, dentist's*) *office*
l'échantillon (*m.*) *sample*
la radio *X-ray*

VERBES

radiographier *to X-ray*
casser *to break*
  se casser la jambe *to break one's leg*
s'inquiéter *to worry*
se tordre (la cheville) *to twist (one's ankle)*

ADJECTIF

gratuit(e) *free of charge*

LE DOCTEUR LEGRAND: Qu'est-ce qui vous arrive?°

       STEVE: Je me suis tordu la cheville pendant que je faisais du ski.

Qu'est-ce qui… *What's up?*

LE DOCTEUR LEGRAND:	Il faut que je vous examine. Enlevez votre chaussure et allongez-vous° là.
STEVE:	*Ouch!* Ou plutôt…aïe…
LE DOCTEUR LEGRAND:	À mon avis, vous n'avez rien de cassé, mais vous avez une très belle entorse. Je vais vous mettre un bandage tout de suite et un pansement sur vos égratignures.° Il va falloir que vous veniez à mon cabinet pour des radios. Entre temps, il faut que vous vous serviez d'une canne pendant une bonne semaine. Je vais vous prescrire des comprimés anti-inflammatoires.
STEVE:	Je n'ai pas d'assurance maladie; je suis étranger.
LE DOCTEUR LEGRAND:	Ne vous inquiétez pas, on va s'arranger. La visite, c'est cent francs. Mais comme vous n'avez pas d'assurance, on va dire cinquante francs. Et comme les médicaments ne vous sont pas remboursés, je vais voir si j'ai sur moi des échantillons gratuits à vous donner.
STEVE:	C'est vraiment gentil de m'aider comme ça.
LE DOCTEUR LEGRAND:	C'est normal; j'ai été étudiant aussi, et je me rappelle que je n'avais pas toujours beaucoup d'argent.

(margin notes: lie down; scratches)

Activités

A **Au poste de secours.** Vous avez une entorse et c'est le docteur Legrand qui vous soigne. Fournissez des réponses en vous basant sur le dialogue.

LE DOCTEUR LEGRAND:	Qu'est-ce qui vous arrive?
VOUS:	_____.¹
LE DOCTEUR LEGRAND:	Il faut que je vous examine. Enlevez votre chaussure et allongez-vous là.
VOUS:	_____.²
LE DOCTEUR LEGRAND:	Non, vous n'avez rien de cassé, mais vous vous êtes tordu la cheville.
VOUS:	Combien est-ce que je vous dois?
LE DOCTEUR LEGRAND:	_____.³
VOUS:	Je regrette, je n'ai pas d'assurance; je suis étranger/étrangère.
LE DOCTEUR LEGRAND:	_____.⁴
VOUS:	Seulement cinquante francs! Merci, docteur.
LE DOCTEUR LEGRAND:	_____.⁵
VOUS:	Non, docteur, mes médicaments ne sont pas remboursés.
LE DOCTEUR LEGRAND:	_____.⁶
VOUS:	Vous êtes vraiment aimable. Merci, docteur.
LE DOCTEUR LEGRAND:	_____.⁷
VOUS:	Je vous remercie encore une fois, docteur. Je vais venir dans votre cabinet demain. Au revoir.

B **Question d'assurances.** Posez ces questions à un(e) camarade de classe.

1. Est-ce que tes médicaments sont remboursés? Combien coûtent les médicaments?

2. Si tu n'as pas d'assurance et que tu dois consulter un médecin, qu'est-ce que tu fais?

3. Quelles sortes d'échantillons te donne le médecin?

4. Est-ce que l'université a sa propre clinique? Quels soins est-ce qu'on y donne? Est-ce que tu y vas souvent?

TABLEAU CULTUREL

LA SÉCU: Il existe depuis longtemps en France un système d'assurance médicale: la Sécurité Sociale. La «Sécu», comme l'appellent les Français, protège 99,8% de la population. La Sécu rembourse 75% des frais (*expenses*) d'une visite chez le médecin et presque tous les médicaments prescrits. Les femmes reçoivent quatre mois de congé de maternité (six semaines avant la naissance, dix semaines après), avec la garantie de retrouver leur emploi après le congé. Même les frais de soins prénatals et de maternité sont complètement couverts. Le taux de mortalité infantile est plus bas en France qu'aux États-Unis (environ 25% de décès en moins).

Le système est financé par les Français, par un impôt (*tax*) sur le revenu (*income*) et par les employeurs. Toutes les maladies sont couvertes: en fait, les maladies sérieuses ou chroniques comme le cancer, le SIDA ou la maladie de Parkinson sont couvertes à 100% par la Sécu. Le système fournit aussi les soins aux personnes âgées, les soins dentaires de base (*basic*), les fausses dents et les lunettes!

À VOUS!

1. Avez-vous un plan d'assurance maladie à l'université? Qu'est-ce qui arrive si vous tombez malade? Qui paie?

2. Quels programmes existe-t-il dans votre pays (ou votre état) pour assurer tout le monde contre la maladie?

3. Est-ce que vos médicaments sont remboursés? Par qui?

4. Quel plan d'assurance maladie vous semble le plus simple et le plus juste?

---

cerfa
N° 60-3777

FEUILLE DE SOINS
assurance maladie

RENSEIGNEMENTS CONCERNANT LE MALADE (1)

● S'agit-il d'un accident? [OUI] [NON] Date de cet accident:

● Si le malade est PENSIONNÉ DE GUERRE
et si les soins concernent l'affection pour laquelle il est pensionné, cocher cette case [ ]

SI LE MALADE N'EST PAS L'ASSURÉ(E)

● NOM

● Prénom   Date de Naissance

● LIEN avec l'assuré(e): [ ] Conjoint [ ] Enfant [ ] Autre membre de la famille [ ] Personne vivant maritalement avec l'assuré(e)

● Exerce-t-il habituellement une activité professionnelle ou est-il titulaire d'une pension? [OUI] [NON]

MODE DE REMBOURSEMENT (1)

GRAMMAIRE ESSENTIELLE

1. The Verbs *suivre* and *vivre*

Je ne fume pas, je suis un régime et je dors six heures par nuit, mais je suis stressée.

Lucie

Le docteur
Moreau

The verbs **suivre** and **vivre** have similar irregular conjugations.

suivre (*to follow*)	
je suis	nous suivons
tu suis	vous suivez
il/elle/on suit	ils/elles suivent
Past participle: suivi	

The verb **poursuivre**, *to pursue*, is conjugated like **suivre**.

vivre (*to live*)	
je vis	nous vivons
tu vis	vous vivez
il/elle/on vit	ils/elles vivent
Past participle: vécu	

The verb **survivre**, *to survive*, is conjugated like **vivre**.

1. **Suivre**, *to follow*, is often used in its literal sense, but also in the sense of *to take a course, to be on a diet*. **Poursuivre** implies a goal.

Annette **suit** un régime pour maigrir.	*Annette is on a diet to lose weight.*
Combien de cours **suis**-tu ce semestre?	*How many courses are you taking this semester?*
Marc **poursuit** une carrière en médecine.	*Marc is pursuing a career in medicine.*

2. **Vivre** is used in the sense of *to live a life*, rather than *to live in* or *to inhabit*, which is the meaning of **habiter**. **Vivre de** means **to live on, survive on**.

suivre un cours = *to take a course, a class*
suivre un régime = *to be on a diet*

vivre = *to live a life*
habiter = *to live in, to inhabit a place*

Il **a vécu** six ans en France; il **a habité** un petit appartement. Annie **vit** avec son mari et ses enfants. Ils sont très heureux.	*He lived in France for six years; he lived in a small apartment. Annie lives with her husband and children. They are very happy.*

Activités

A **Marie Claire est au régime.** Complétez les phrases avec la forme convenable de *suivre, poursuivre* ou *vivre* pour connaître certains aspects de sa vie.

1. Marie Claire _____ un régime très strict.
2. Son mari et elle sont végétariens et ils _____ un régime constitué uniquement de légumes et de fruits.
3. Ils _____ de lentilles, de laitue et de petits pois.
4. Nous _____ un cours de nutrition avec eux et nous y apprenons beaucoup de choses.
5. Le professeur dit que si nous _____ sans manger de viande et que nous _____ ce régime, nous allons être minces et en bonne santé.
6. Marie Claire veut perdre 200 grammes par jour; elle _____ son but (*goal*) sans se décourager.

B **Questions personnelles.** Posez ces questions à un(e) camarade de classe.

1. Est-ce que tu suis des cours de nutrition? Est-ce que la nutrition est importante? Pourquoi?
2. Est-ce que ton régime te permettra (*will permit*) de vivre une longue vie? Quelles habitudes dois-tu changer pour vivre plus longtemps?
3. Est-ce que les personnes qui ne consomment jamais d'alcool vivent plus longtemps?
4. Est-il nécessaire de faire souvent de l'exercice pour être en bonne santé? Quelle sorte d'exercice ou de sport fais-tu?
5. Quel idéal de santé poursuis-tu?

2. More on Interrogative Pronouns

As you have seen in Chapter 5, interrogative pronouns ask *who?*, *what?*, or *which one(s)?* A review of *who* and *what* appears in the following chart.

	SUBJECT	DIRECT OBJECT	OBJECT OF PREPOSITION
PEOPLE	**Qui...?** **Qui est-ce qui... ?**	**Qui** + *inversion*... ? **Qui est-ce que... ?**	*Preposition* + **qui**... + *inversion* ? *Preposition* + **qui est-ce que... ?**
THINGS	**Qu'est-ce qui... ?**	**Que (qu')** + *inversion*... ? **Qu'est-ce que... ?**	*Preposition* + **quoi** + *inversion*... ? *Preposition* + **quoi est-ce que... ?**

1. Note that **qui** or **qui est-ce qui**, *who*, is used as a subject for people; **qu'est-ce qui**, *what*, is used for things or ideas.

Qui est allé à l'hôpital?	*Who went to the hospital?*
Qui est-ce qui a fait ce bruit?	*Who made that noise?*
Qu'est-ce qui a fait ce bruit?	*What made that noise?*

   > Use **qui** and **qui est-ce qui** (*who*) as subjects for people.
   >
   > Use **qu'est-ce qui** (*what*) as a subject for things or ideas.

2. Another interrogative pronoun, **lequel (laquelle/lesquels/lesquelles)**, *which one(s)*, is used to replace **quel (quelle/quels/quelles)** + *noun*. It is used for people or things when a choice is implied, and agrees in gender and number with the noun it replaces.*

Lequel de ces médecins va-t-elle consulter?	*Which one of those doctors is she going to consult?*
Tu as invité des amies à dîner? **Lesquelles**?	*You invited friends to dinner? Which ones?*

   > **lequel/laquelle** = *which one*
   > **lesquels/lesquelles** = *which ones*

Activités

A Dans le cabinet du médecin. Complétez les phrases avec le pronom interrogatif qui convient.

LE DOCTEUR SABATIER: Nicolas, _____¹ te fait mal, mon petit?

NICOLAS: Rien. _____² vous a dit que quelque chose me faisait mal?

LE DOCTEUR SABATIER: (à la mère) Madame, le petit paraît très calme. _____³ vous lui avez donné pour le calmer?

MADAME DUPONT: Une sucette (*lollipop*). Nicolas, _____⁴ dis-tu au docteur? Dis-lui la vérité.

NICOLAS: De _____⁵ parles-tu, maman? Je me sens très bien.

LE DOCTEUR SABATIER: Mais, Madame, _____⁶ se passe? Il n'est pas vraiment malade?

MADAME DUPONT: Si! Il a de la fièvre et il éternue beaucoup. _____⁷ vous pouvez lui donner?

LE DOCTEUR SABATIER: Malheureusement, je vais devoir lui faire une piqûre.

NICOLAS: Aïe! Je le savais.

---

*If **lequel (laquelle/lesquels/lesquelles)** is the object of **à** or **de**, **à** and **de** are contracted with **lequel** in the masculine singular and the plural.

auquel	auxquels	duquel	desquels
à laquelle	auxquelles	de laquelle	desquelles

Auxquelles de tes amies as-tu parlé?   *Which (ones) of your friends did you speak to?*

B **Assurances médicales.** Complétez les questions en utilisant les pronoms interrogatifs qui conviennent.

1. _____ a été à l'hôpital? Nom et adresse.
2. _____ les médecins ont découvert?
3. Avec _____ vous ont-ils guéri(e)?
4. _____ vous avez fait après votre sortie de l'hôpital?
5. _____ vous a accompagné(e) le jour de votre sortie?

C **Un régime agréable.** Yvonne veut maigrir en mangeant tout ce qui lui plaît. Elle demande les détails de ce régime. Utilisez une forme de *lequel* pour former ses questions.

CHRISTINE: J'ai lu un livre qui dit qu'on peut maigrir en mangeant beaucoup.
  YVONNE: Ah oui, _____?[1]
CHRISTINE: Celui-ci. L'auteur dit qu'on peut manger tous les aliments qu'on désire.
  YVONNE: Impossible! _____?[2]
CHRISTINE: Des viandes.
  YVONNE: _____?[3]
CHRISTINE: Toutes. Et des desserts!
  YVONNE: _____?[4]
CHRISTINE: Tous. Et du vin.
  YVONNE: _____?[5]
CHRISTINE: Le rouge et le blanc.
  YVONNE: Je vais acheter ce livre-là tout de suite!

3. The Subjunctive Mood: Introduction

A mood, grammatically speaking, is a mode of expression. Until now, you have used the indicative mood for direct statements. When you have given a command, you have used the imperative mood. The subjunctive mood is used in a subordinate (dependent) clause and reflects a subjective feeling or an attitude: a wish, feeling, need, or doubt. French uses the subjunctive very frequently; English also uses it, but far less often.

INDICATIVE	**SUBJUNCTIVE**
He is here.	I wish he were here.
We are here at 9:00 A.M.	It is required that we be here at 9:00 A.M.

The use of the subjunctive in French, appearing in the dependent clause, fulfills *all* of the following conditions.

1. The verb in the main clause expresses a subjective feeling or attitude: a wish, emotion, need, or doubt.
2. The subordinate clause is introduced by **que** (*that*), joining it to the main clause. **Que** (**qu'**) is always expressed in French, even though its equivalent is often omitted in English.
3. The subject of the subordinate clause is different from that of the verb in the main clause.

MAIN CLAUSE		DEPENDENT CLAUSE
It is necessary	that	he (for him to) study the lesson.

4. Regular Subjunctive Verbs

> Alors, il va falloir que vous trouviez le temps d'être malade: c'est à vous de choisir!

1. All regular **-er**, **-re**, and **-ir** verbs, as well as verbs similar to **partir**, **mettre**, and **ouvrir**, derive their subjunctive forms from the third-person plural of the present indicative. They drop the **-ent** ending of the third-person plural and add the subjunctive endings.

Use the **ils/elles** form of the present tense indicative to form the subjunctive of regular **-er**, **-re**, **-ir** verbs, and verbs similar to **partir**, **mettre**, and **ouvrir**.

parler	ils parlent parl-	**vendre**	ils vendent vend-
que je parl**e** que tu parl**es** qu'il/elle/on parl**e**	que nous parl**ions** que vous parl**iez** qu'ils/elles parl**ent**	que je vend**e** que tu vend**es** qu'il/elle/on vend**e**	que nous vend**ions** que vous vend**iez** qu'ils/elles vend**ent**

finir	ils finissent finiss-	**partir**	ils partent part-
que je finiss**e** que tu finiss**es** qu'il/elle/on finiss**e**	que nous finiss**ions** que vous finiss**iez** qu'ils/elles finiss**ent**	que je part**e** que tu part**es** qu'il/elle/on part**e**	que nous part**ions** que vous part**iez** qu'ils/elles part**ent**

Le médecin veut que nous **parlions** de l'assurance maladie.	*The doctor wants us to talk about health insurance.*

2. Verbs with stem changes in the indicative follow the same pattern in the subjunctive.

Le médecin veut que Brigitte **achète** le médicament aujourd'hui.	*The doctor wants Brigitte to buy the medicine today.*
Brigitte désire que nous **l'achetions** tout de suite.	*Brigitte wants us to buy it immediately.*
Il faut que nous **appelions** le médecin.	*We must call the doctor.*

3. A number of verbs base their **nous** and **vous** forms of the subjunctive on the **nous** and **vous** forms of the indicative. Their other subjunctive forms follow the regular pattern.

INFINITIVE	PRESENT SUBJUNCTIVE	
boire	que nous buvions	que vous buviez
croire	que nous croyions	que vous croyiez
devoir	que nous devions	que vous deviez
envoyer	que nous envoyions	que vous envoyiez
prendre	que nous prenions	que vous preniez
tenir	que nous tenions	que vous teniez
venir	que nous venions	que vous veniez
voir	que nous voyions	que vous voyiez

Il est préférable que nous **pre-nions** des vitamines tous les jours.

Le dentiste est heureux que vous **veniez** dans son cabinet.

It is preferable for us to take vitamins every day.

The dentist is happy (that) you are coming to his office.

Activités

A Évitons le stress! Donnez des suggestions en utilisant *il faut que nous…* et le subjonctif. Indiquez si vous êtes d'accord ou non avec les suggestions.

MODÈLE: Parler de nos problèmes avec nos parents →
Il faut que nous parlions de nos problèmes avec nos parents.
Je (ne) suis (pas) d'accord. Il (n') est (pas) important que nous parlions de nos problèmes avec nos parents.

1. finir nos devoirs à temps
2. pratiquer régulièrement des sports
3. manger trois bons repas chaque jour
4. dormir huit heures chaque nuit
5. partir de bonne heure pour l'université
6. ne pas manquer nos cours
7. ne pas acheter de choses qui dépassent (*exceed*) notre budget
8. arriver à l'heure à nos rendez-vous
9. attendre patiemment nos amis qui arrivent en retard
10. appeler le médecin si nous nous sentons malades
11. prendre soin de notre santé
12. ? ? ?

B Une conversation entre amis. Votre ami(e) ne se sent pas très bien. Faites-lui des suggestions pour l'aider. Utilisez les expressions suivantes.

MODÈLE: mal à la tête
Tu as mal à la tête?
Il faut que tu prennes de l'aspirine.

1. être enrhumé(e)
2. avoir mal au pied
3. avoir les yeux fatigués
4. avoir mal aux dents
5. avoir mal aux oreilles
6. avoir peur de l'examen

5. Irregular Subjunctive Verbs

> Il faut que vous alliez vous coucher de bonne heure et que vous mangiez correctement!

1. The subjunctive endings are common to all verbs, regular and irregular alike, except **avoir** and **être. Avoir** and **être** have irregularities in both the stems and the endings.

Avoir and **être** have irregular stems and endings in the subjunctive.

avoir	être
que j' **aie**	que je **sois**
que tu **aies**	que tu **sois**
qu'il/elle/on **ait**	qu'il/elle/on **soit**
que nous **ayons**	que nous **soyons**
que vous **ayez**	que vous **soyez**
qu'ils/elles **aient**	qu'ils/elles **soient**

Je doute qu'il **ait** un bras cassé.
Le médecin insiste pour que nous **soyons** à l'heure au rendez-vous.

I doubt that he has a broken arm.
The doctor insists that we be on time for the appointment.

2. In their subjunctive forms, the following five verbs have irregular stems but regular endings.

Aller, faire, pouvoir, savoir, and **vouloir** have irregular stems but regular endings in the subjunctive.

aller	faire	pouvoir
que j'**aille**	que je **fasse**	que je **puisse**
que tu **ailles**	que tu **fasses**	que tu **puisses**
qu'il/elle/on **aille**	qu'il/elle/on **fasse**	qu'il/elle/on **puisse**
que nous **allions**	que nous **fassions**	que nous **puissions**
que vous **alliez**	que vous **fassiez**	que vous **puissiez**
qu'ils/elles **aillent**	qu'ils/elles **fassent**	qu'ils/elles **puissent**

savoir	vouloir
que je **sache**	que je **veuille**
que tu **saches**	que tu **veuilles**
qu'il/elle/on **sache**	qu'il/elle/on **veuille**
que nous **sachions**	que nous **voulions**
que vous **sachiez**	que vous **vouliez**
qu'ils/elles **sachent**	qu'ils/elles **veuillent**

Il faut que nous **allions** ensemble rendre visite à Dao à l'hôpital.	*We have to go together to visit Dao in the hospital.*
Marie doute que vous **sachiez** tous les termes médicaux.	*Marie doubts that you know all the medical terms.*

Activités

A **Votre professeur est enrhumé.** Qu'est-ce que vous lui conseillez? Complétez les phrases avec la forme convenable du subjonctif du verbe entre parenthèses.

1. Il faut que vous _____ (prendre) de l'aspirine.
2. Il faut que vous _____ (se coucher) de bonne heure.
3. Il est important que vous ne _____ (venir) pas en classe quand vous êtes malade.
4. Il faut que vous _____ (parler) d'abord au pharmacien.
5. Si c'est grave, il faut que vous _____ (aller) chez le médecin.
6. Si c'est très grave, il faut que le médecin _____ (venir) chez vous.
7. Il faut que vous _____ (boire) du bouillon de poulet.
8. Il ne faut pas que vous _____ (avoir) beaucoup de devoirs à corriger!
9. Il faut que vous _____ (savoir) que nous sommes désolés.
10. Il est important que vous _____ (être) en bonne santé demain.

B **Pauvre petit Alexandre, il s'est cassé la jambe.** Faites des phrases complètes en utilisant les verbes donnés au subjonctif.

1. il faut que / le petit Alexandre / aller à l'hôpital
2. il est important que / le petit / être tranquille
3. il faut que / les médecins / savoir leur métier
4. il faut que / les infirmières / être gentilles
5. il faut que / on / lui faire des radios
6. il faut que / les médecins / lui mettre un plâtre (*cast*)
7. il est important que / il / ne pas y avoir de complications
8. il faut que / les médecins / le guérir vite
9. il faut que / tous ses amis / lui rendre visite à l'hôpital
10. il est important que / Alexandre / avoir des jouets (*toys*) et des cartes
11. il est important que / Alexandre / vouloir guérir très vite
12. il faut que / on / pouvoir l'aider à marcher après l'opération

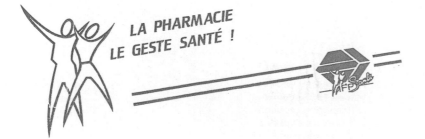

LA PHARMACIE LE GESTE SANTÉ !

EN AVANT

Réalités

Le Championnat de ski. Dans cet article on donne des conseils aux skieurs.

LES CONSEILS DU NUTRITIONNISTE (Dr Alain Garnier)

• Quelques temps avant de partir aux sports d'hiver, augmenter les doses de vitamines avec des céréales (vitamine B), des fruits et des légumes (vitamine C), de fer, avec des viandes, de magnésium, avec des céréales toujours.

• Le matin: prendre un petit déjeuner copieux deux heures avant de chausser les skis. Produits laitiers, jus de fruits et toujours et encore des céréales.

• Emporter une gourde pour boire un verre tous les quarts d'heure.

• A la fin de l'effort, une collation est la bienvenue, même très riche en sucre: chocolat, sodas.

LES CONSEILS DE L'ENTRAINEUR (François Sedan)

• Rechercher la décontraction. Savoir sentir la neige sous ses pieds.

• Chercher sans cesse à s'équilibrer sur les skis. C'est le centre de gravité qui détermine la glisse.

• Connaître son niveau et sa forme physique. Arrêter de skier dès que l'on est fatigué.

LES CONSEILS DU CHIRURGIEN (Pr Pierre Chambat)

• Faire une préparation musculaire par stretching et musculation associés, pas en puissance mais en étirement.

• Travailler son agilité. Séances à effectuer plutôt dans une salle de gym que chez soi.

• Ne pas skier en force. Il vaut mieux tomber que de se rattraper à tout prix.

• Eviter les chaussures trop hautes et trop rigides, ainsi que les skis trop longs.

1. Quels aliments sont importants pour les skieurs avant la compétition? Pourquoi?
2. Qu'est-ce qu'on peut manger après avoir fait du ski toute la journée?
3. Pourquoi est-il important d'être décontracté (*relaxed*)?
4. Qu'est-ce qu'on doit faire si on commence à être fatigué?
5. Quel conseil donne le chirurgien en ce qui concerne la préparation? Où est-il préférable de la faire? Pourquoi, à votre avis?

Bavardons un peu!

Le héros/L'héroïne de votre sport préféré. De quel sport êtes-vous enthousiaste? Qui admirez-vous dans ce sport? Imaginez une interview avec votre héros/héroïne; un(e) camarade de classe va jouer son rôle. Posez-lui des questions sur…

1. sa préparation
2. les recommandations de son entraîneur
3. les exercices qu'il/elle fait pour rester en bonne forme
4. les précautions qu'il/elle prend concernant sa santé

*Vidéo-Club**

(Cue to 1:27:25.)

Thème 9   La santé[†]
Scène 9.1   Chez le médecin

Chantal, a journalist, visits her doctor because she isn't feeling well. She is reluctant to follow the doctor's recommendations, however, because she has a business trip the next day.

VOCABULAIRE UTILE

Vous n'avez pas bonne mine.	*You don't look well.*
J'ai du mal à respirer.	*I'm having trouble breathing.*
une belle bronchite	*a nasty case of bronchitis*
Profitez-en donc!	*Take advantage of it then!*

Les symptômes de Chantal. Which of the following symptoms does Chantal have? Circle the correct items.

Chantal…

a du mal à respirer

s'est tordu la cheville

a toussé toute la nuit

a mal à la tête

a une brûlure

a de la fièvre

a la poitrine congestionnée

a la gorge irritée

se sent mal

a mal aux dents

---

*This section contains an activity for the Video to accompany *C'est ça!* The theme and scene numbers here correspond to the ten themes and their respective sections in the video (rather than to the chapter numbers in the book).

[†]Activities tied to an additional scene and a **Vignette culturelle** under this video topic appear in the Workbook/Laboratory Manual.

Les conseils du médecin. Which of the following things does the doctor want Chantal to do? Circle the correct items.

Le médecin veut que Chantal…

reste au lit

prenne des antibiotiques

prenne régulièrement sa température

parte en voyage d'affaires

mange beaucoup

aille à l'hôpital

se repose

voie un spécialiste

boive beaucoup

TABLEAU CULTUREL

UN RÉGIME SURPRENANT: Les Américains font attention à leur régime: ils évitent les œufs, le beurre, la crème, les viandes grasses, toutes les choses qui semblent provoquer les maladies coronaires. Les Français, en revanche, abusent de toutes ces choses et de beaucoup d'autres, et ont deux fois moins de problèmes cardiaques. La science s'est penchée sur (*studied*) les raisons de la relative bonne santé des Français et a trouvé une explication dans une autre des «mauvaises» habitudes nationales: la consommation (*drinking*) de vin rouge. Il semble que le vin rouge contienne des substances qui retardent l'accumulation du cholestérol dans les artères. Les statistiques indiquent que les personnes qui boivent entre deux et quatre verres de vin rouge par jour vivent plus longtemps et sont en meilleure santé que les personnes qui n'en boivent pas ou qui en boivent trop. Ni le vin blanc ni la bière n'offrent les avantages thérapeutiques du vin rouge. Les chercheurs essaient d'isoler l'élément miracle du vin rouge, mais beaucoup de Français disent que ce n'est pas nécessaire: ils préfèrent prendre un bon verre de vin plutôt qu'un éventuel (*rather than some possible*) comprimé!

À VOUS!

1. Selon les chercheurs, pourquoi est-ce que les Français ont moins de crises cardiaques que les Américains?

2. Est-ce que toutes les boissons alcoolisées offrent ces avantages thérapeutiques?

VOCABULAIRE

Noms

l'assurance (*f.*) (maladie)	(health) insurance
le bandage	bandage (*for a sprain, etc.*)
le/la blessé(e)	injured or wounded person
la blessure	injury, wound
la brûlure	burn
le cabinet	(doctor's, dentist's) office
le comprimé	pill
le conseil	(piece of) advice
le docteur	doctor, Dr.
l'échantillon (*m.*)	sample
l'entorse (*f.*)	sprain
les gouttes (*f.*)	drops
l'infirmier/l'infirmière	nurse
le/la malade	patient
le médecin	doctor
la médecine	medicine (*discipline*)
le médicament	medicine, medication
l'ordonnance (*f.*)	prescription
le pansement	bandage (*for a cut*)
la pommade	ointment, cream
le poste de secours	first-aid station
la radio	X-ray
le régime	diet
le rhume	head cold
la salle des urgences	emergency room
le sang	blood
le soin	care
la toux	cough

Verbes

avoir une crise cardiaque	to have a heart attack
avoir de la fièvre	to have a fever
avoir mal (au ventre)	to have a (stomach) ache
casser	to break
se casser la jambe	to break one's leg
donner de l'oxygène (*m.*)	to administer oxygen
éternuer	to sneeze
être enrhumé	to have a cold
faire une piqûre	to give an injection
fumer	to smoke
guérir	to cure
s'inquiéter	to worry
ordonner, prescrire	to prescribe
poursuivre	to pursue
prendre la température	to take one's temperature
prendre la tension (artérielle)	to take one's blood pressure
radiographier	to X-ray
se reposer	to rest
respirer	to breathe
se sentir	to feel
(se) soigner	to take care of (oneself)
suivre	to follow
survivre	to survive
tomber malade	to get sick
se tordre (la cheville)	to twist (one's ankle)
tousser	to cough
vivre	to live

Adjectifs

épuisé(e)	exhausted
gratuit(e)	free of charge
stressé(e)	stressed

Les Francophones du Nouveau Monde

Ce quartier de Québec ressemble beaucoup à une petite ville française.

ESQUISSES

Les pays francophones du Nouveau Monde

LE GROENLAND

LE CANADA

L'AMÉRIQUE

DU NORD ^{f}

le Québec

St-Pierre-et-Miquelon ^{f}

l'Île du Prince-Édouard ^{f}

la Nouvelle-Écosse

le Nouveau-Brunswick

la Nouvelle-Angleterre

la Louisiane

L'OCÉAN PACIFIQUE ^{m}

HAÏTI ^{m}

LES ANTILLES FRANÇAISES ^{f}

la Guadeloupe

la Dominique

la Martinique

LA GUYANE

L'AMÉRIQUE

DU SUD ^{f}

les Îles Marquises ^{f}

Vanuatu ^{m}

les Îles Tuamotu ^{f}

Tahiti ^{f}

la Nouvelle-Calédonie

LA POLYNÉSIE FRANÇAISE ^{f}

Les régions francophones du monde

| 0 | 1000 | 2000 | 3000 | 4000 MILLES |

| 0 | 1000 2000 3000 4000 5000 6000 KILOMÈTRES |

m = masculin   f = féminin

NOMS

le lien *tie, bond*
la loi *law*

VERBES

céder *to give up*
coloniser *to colonize*
se désintéresser (de) *to lose interest (in)*
fonder *to found*

ADJECTIF

sauvage *wild*

EXPRESSION

sauf *except*

QUELQUES DATES IMPORTANTES

1534 Jacques Cartier arrive dans la baie de Gaspé et prend possession du territoire au nom de François 1ᵉʳ, roi de France.

1608 Samuel de Champlain arrive dans un site que les Indiens appellent «Kébec».

1642 Paul de Chomedey de Maisonneuve **fonde** Ville-Marie, aujourd'hui Montréal.

1763 À la fin de la Guerre de Sept Ans, la France **cède** à l'Angleterre toutes ses colonies canadiennes, (**sauf** Saint-Pierre-et-Miquelon), mais gagne la Martinique, la Guadeloupe et quelques autres îles de la mer des Caraïbes qui appartenaient à l'Angleterre.

1791 Le Canada est divisé en deux parties: le Haut-Canada anglophone adopte le système gouvernemental anglais et le Bas-Canada, à majorité francophone, garde les lois françaises. La capitale du Bas-Canada est Québec.

1803 Napoléon, qui **se désintéresse** peu à peu **de** son empire au Nouveau Monde, vend le territoire de la Louisiane (qui comprend une grande partie de l'ouest du continent) aux États-Unis pour 80 000 000 francs ($16,000,000).

Activités

A L'histoire du Québec. Mettez les événements dans l'ordre chronologique.

1. La France cède ses colonies à l'Angleterre à l'exception de Saint-Pierre-et-Miquelon.
2. Jacques Cartier prend possession du Canada au nom de la France.
3. Le Sieur de Maisonneuve établit Montréal.
4. Le Bas-Canada devient une division francophone dont la capitale est Québec.
5. Samuel de Champlain arrive à Québec.

B **L'histoire de votre ville.** Répondez aux questions.

1. Il y a mille ans, qui habitait le lieu où se trouve aujourd'hui votre ville?
2. En quelle année les premiers Européens sont-ils arrivés dans votre région? Pouvez-vous nommer un explorateur célèbre de votre région?
3. En quelle année a-t-on fondé votre ville?
4. Quels immigrants sont arrivés au dix-neuvième siècle?
5. Est-ce que votre ville est plus ancienne que votre pays?
6. Quels monuments y a-t-il qui rappellent le(s) héros de votre ville?

Les Français du Nouveau Monde

HISTOIRE ET SYSTÈME POLITIQUE

le drapeau

l'écusson (m.)

la feuille d'érable

la devise

JE ME SOUVIENS

le hibou

le lis

NOMS

le colon *colonist*
l'esclave (*m., f.*) *slave*
la fourrure *fur*
le patrimoine *heritage*
le trappeur *trapper*

VERBE

assiéger *to besiege*

ADJECTIF

rude *rough, rugged*

EXPRESSION

entre temps *meanwhile*

Une cinquantaine d'années après l'arrivée de Jacques Cartier, les premiers **colons** français arrivent au Canada. Leurs conditions de vie sont **rudes** dans ce pays neigeux; ils sont **trappeurs** (*coureurs des bois* en français canadien) et font du commerce avec les Micmacs, les Algonquins et les Hurons, avec qui ils ont de bonnes relations. En fait, ils forment une alliance avec eux pour combattre les Anglais. Pendant la guerre franco-anglaise, les Anglais **assiègent** Québec et l'Angleterre reçoit, par la suite, «le Canada avec toutes ses dépendances».

Entre temps, la France doit abandonner l'Acadie (les provinces du Nouveau-Brunswick et de la Nouvelle-Écosse) et l'Angleterre déporte 15 000 colons français vers ses colonies au sud (Massachusetts, Maryland, Pennsylvanie, etc.). Cependant, l'Acte de Québec de 1774 permet aux colons français de conserver leurs institutions et leur religion.

En 1800, plus de 90% de la population du Canada est d'origine française. Aujourd'hui la situation est bien différente: seul un quart de la population est francophone, mais au Québec, c'est le français qui domine toujours. Montréal est la deuxième ville de langue française du monde, après Paris.

Les Canadiens français n'oublient pas leur **patrimoine** français: leur **drapeau**, adopté en 1948, ressemble au vieux drapeau des rois de France; le **lis** blanc rappelle la fleur de lis, ancien emblème de la France; et le **hibou**, choisi en 1987, représente le mouvement national pour l'écologie.

Après la déportation ou «le Grand Dérangement»,° comme l'appellent les Acadiens, de nombreuses communautés de langue française s'établissent dans le Nouveau Monde. Il y a encore aujourd'hui 175 000 Acadiens dans l'ancienne Acadie et dans les provinces maritimes du Canada; en Nouvelle-Angleterre, on trouve plus de 75 000 francophones d'origine acadienne. Et bien sûr, en Louisiane vivent plus de 600 000 Acadiens, ou *Cajuns* comme on les appelle aux États-Unis.

Disturbance

Les explorateurs français ont fondé de nombreuses villes, dont Détroit (fondé par M. de Cadillac), le Fort Des Moines qui est maintenant la capitale de l'Iowa et les villes de Baton Rouge (*Red Stick/Totem Pole*) et La Nouvelle-Orléans en Louisiane.

Activités

A Les Canadiens français. En vous basant sur le texte, essayez de justifier les phrases suivantes.

1. Jacques Cartier s'intéressait au commerce de la fourrure.
2. Beaucoup de Français ont quitté le Canada pour les États-Unis vers le milieu du dix-huitième siècle.
3. La plus grande partie de la population du Québec reste française.
4. Beaucoup de villes et d'états des États-Unis portent des noms français.
5. L'écusson et les plaques d'immatriculation (*license plates*) du Québec portent la devise «Je me souviens».

B Votre propre patrimoine. Parlez de l'histoire de votre famille avec un(e) camarade de classe.

1. Quel est le pays d'origine de tes ancêtres?
2. Quand tes ancêtres sont-ils arrivés dans ce pays? Où sont-ils arrivés?

3. Dans quelle région du Nouveau Monde est-ce qu'ils ont habité?
4. Quelle langue parlait ta famille il y a cent ans? Est-ce que tu parles cette langue?
5. Comment célèbre-t-on les fêtes dans ta famille? Mange-t-on des spécialités de ton pays d'origine? Lesquelles (*Which ones*)?
6. Quel était le métier ou la profession de tes ancêtres? de tes arrière-grands-parents (arrière = *great*)? de tes grands-parents?

TABLEAU CULTUREL

Montréal est un grand centre culturel, commercial, industriel et financier.

LA LANGUE FRANÇAISE ACTUELLE AU NOUVEAU MONDE: On parle français au Canada et dans quelques îles de la mer des Caraïbes, mais chaque pays francophone utilise des expressions particulières: beaucoup de mots et d'expressions survivent encore du français du 17ème siècle; d'autres ont subi l'influence des langues voisines. En voici quelques exemples.

LE FRANÇAIS DE FRANCE	LE FRANÇAIS CANADIEN
la pastèque (*watermelon*)	le melon d'eau
le maïs (*corn*)	le blé d'Inde
le centre commercial	le centre d'achats
la voiture	le char
le moustique (*mosquito*)	le maringouin
fermer à clef (*to lock*)	barrer
faire des courses	magasiner
peindre (*to paint*)	peinturer (*une maison*)
en face de nous	en travers de nous
défense de fumer (*no smoking*)	pas de fumage
moi aussi	moi itou

Le Canada a des plantes et des animaux qu'on ne trouve pas en France et qui ont dû être nommés par les Canadiens: le bleuet, *blueberry*, veut dire *cornflower* en français. Parmi les animaux, l'original, *moose*, est un animal canadien, ainsi que le wapiti, *elk*, et la mouffette, *skunk*.

En Haïti on enseigne le français dans les écoles, mais le peuple parle créole, une langue qui est basée sur le français mais qui contient des mots espagnols et africains. La construction des phrases ne correspond pas toujours au français actuel. Par exemple, pour dire *Je compte aller chez moi*, on dit *M'* (*moi*) *p'* (*pour*) *aller caille* (*chez*) *moi*.

À VOUS!

1. Pourquoi est-ce que le français canadien est différent du français de France?
2. Pourquoi est-ce qu'on a dû inventer certains mots français au Canada?
3. Quelles langues ont contribué à l'évolution du créole?

Trois carnavals

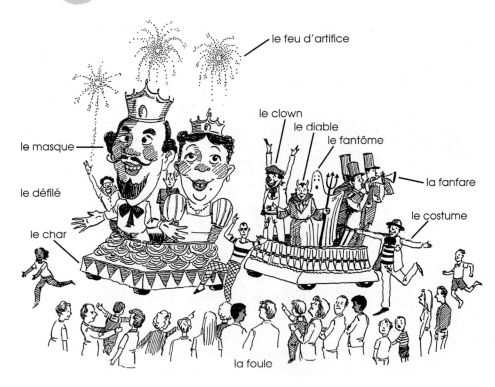

le feu d'artifice

le clown
le diable
le fantôme

le masque

la fanfare

le défilé

le costume

le char

la foule

Present Subjunctive

je suis désolé(e) que tu ne puisses pas…
I'm sorry that you can't . . .

je voudrais que tu viennes…
I'd like you to come . . .

il semble que vous vous amusiez…
It seems that you have fun . . .

NOMS

le bal masqué *masked ball*
le bonhomme de neige *snowman*
la course *race*
la glace *ice*

VERBE

se déguiser en *to dress up as*

D'AUTRES MOTS ET EXPRESSIONS

Chacun son goût! *To each his/her own!*
une dizaine de (une vingtaine de) *about ten* (*twenty*)

ALAIN: Est-ce que tu connais la tradition du Mardi gras?
CATHERINE: Oh, oui! À Québec, nous avons le carnaval d'hiver. Pendant une dizaine de jours, il y a une fête pour célébrer l'hiver, avec des sculptures en glace et des courses sur glace. La mascotte est un joli bonhomme de neige appelé Bonhomme Carnaval. Je suis désolée que tu ne puisses pas voir ça cette année!
ALAIN: Et moi, je voudrais que tu viennes à Nice pour voir nos défilés. L'année dernière, mon frère s'est déguisé en diable et moi, je me suis déguisé en fantôme. Pendant trois jours, nous avons célébré avec de la musique et des bals masqués! Après ça, cependant, l'austérité de Carême°…pas de viande, tu sais. On m'a dit que *carne-vale* signifie en effet *au revoir la viande* en latin!

Lent

JIM: Il semble que vous vous amusiez beaucoup à vos carnavals, mais vous devriez venir à La Nouvelle-Orléans pour notre Mardi gras. Nous avons aussi des chars et des costumes, mais nous y ajoutons nos traditions de jazz et de la culture cadjine.

CATHERINE: Eh ben, chacun son goût!

Il y a des chars magnifiques et beaucoup d'ambiance au Carnaval de La Nouvelle-Orléans.

Activités

A **Une grande fête populaire.** Répondez selon le dialogue.

1. Comment s'appelle une procession de personnes déguisées et de musiciens? et le véhicule qui en fait partie?
2. Quel est le dernier jour du carnaval?
3. Combien de temps dure le carnaval de Québec?
4. Quelle(s) différence(s) y a-t-il entre le carnaval de Québec et le carnaval de Nice?
5. Quelle est la différence entre le carnaval de Nice et le carnaval de La Nouvelle-Orléans?

B **Choix de carnavals.** Choisissez l'expression entre parenthèses qui complète le mieux la phrase, et expliquez pourquoi.

1. Le carnaval c'est la fête (de la Toussaint, du Mardi gras, du 14 juillet).
2. L'origine du carnaval est (populaire, politique, religieuse).
3. On célèbre le carnaval avec des (défilés, conférences, jours de congé).
4. Le carnaval de Québec a toujours (des personnages déguisés, des bals masqués, un bonhomme de neige).
5. Le carnaval de Nice a (du jazz, des personnages grotesques, de la cuisine cadjine).

6. Le carnaval de Québec célèbre Mardi gras et (l'arrivée de Jacques Cartier, l'hiver et ses plaisirs, les traditions du jazz).

C **Les fêtes chez vous.** Discutez des carnavals avec un(e) camarade de classe.

1. Y a-t-il un carnaval dans la ville où tu habites? à quelle occasion? Y as-tu déjà participé?
2. Que portent les gens pour aller à un bal masqué?
3. T'es-tu déjà déguisé(e)? pour quelle occasion? Quel costume portais-tu? Explique.
4. À part le Canada, la France et les États-Unis, dans quels autres pays y a-t-il un carnaval? Qu'est-ce qu'on fait à ce carnaval?
5. As-tu envie de participer à un carnaval? Pourquoi?

GRAMMAIRE ESSENTIELLE

1. The Subjunctive After Verbs of Volition and Impersonal Expressions

Et moi, je voudrais que tu viennes à Nice pour voir nos défilés.

1. When someone expresses a desire for someone (or something) else to do something, the construction *main clause* + **que** + *subordinate* (*dependent*) *clause* is used in French. The verb in the subordinate clause is in the subjunctive. (In English, an infinitive construction is often used to express a desire for someone else to do something.)

    Some frequently used verbs expressing volition are **aimer**, **désirer**, **exiger** (*to require*), **préférer**, **recommander**, **souhaiter** (*to wish*),

Main Clause		Dependent Clause
verb of volition	+ **que**	+ *subjunctive*

suggérer, and **vouloir**.

Je **veux qu'il aille** au défilé.	*I want him to go to the parade.*
Le professeur **exige que nous écrivions** une dissertation sur Samuel de Champlain.	*The professor requires us to write a composition on Samuel de Champlain.*
Christophe **suggère que nous lui achetions** un disque de jazz à La Nouvelle-Orléans.	*Christophe suggests that we buy him a jazz record in New Orleans.*

2. Impersonal expressions can also express volition. An impersonal expression is one in which the subject does not refer to any particular person or thing: for example, *It is important that you finish your work*. The personal subject is found in the dependent clause, and it is followed by the subjunctive in French.

Here are some common impersonal expressions:

il est bon que *it is good that*	il est juste que *it is fair, right that*
il est essentiel que *it is essential that*	il est nécessaire que *it is necessary that*
il est important que *it is important that*	il faut que *it is necessary that*
	il vaut mieux que *it is better that*

Il faut que tu ailles voir ce film québécois; il est excellent.	*You must go to see that Quebec film; it is excellent.*
Il est important que nous visitions le Biodôme à Montréal.	*It's important that we visit the Biodome in Montreal.*

3. When no specific subject is mentioned in the dependent clause after an impersonal expression, an infinitive is used instead of the subjunctive. Compare the following pairs of sentences.

Il vaut mieux visiter Québec pendant le carnaval.	*It's better to visit Quebec during the carnival.*
Il vaut mieux que vous visitiez Québec pendant le carnaval.	*It's better that you visit Québec during the carnival.*
Il est important de porter des costumes ce soir.	*It's important to wear costumes tonight.*
Il est important que nous portions des costumes ce soir.	*It's important that we wear costumes tonight.*

Note that the preposition **de** is used before the infinitive after impersonal expressions containing **être**.

Il est essentiel d'étudier l'histoire du Canada.	*It is essential to study the history of Canada.*

Activités

A Allons au défilé! Changez la phrase originale en utilisant le pronom sujet entre parenthèses et le subjonctif.

MODÈLE: Patrice veut faire la connaissance de la reine. (tu) →
                Patrice veut que tu fasses la connaissance de la reine.

1. Cédric préfère porter un masque grotesque. (vous)
2. Mon cousin souhaite être déguisé en diable. (ma cousine)
3. Nous voulons arriver de bonne heure. (tu)
4. Le roi désire saluer le drapeau. (nous)
5. Nous aimons danser dans la rue. (la reine)
6. Les jeunes gens préfèrent jouer de la musique. (les musiciens)
7. Le maire souhaite parler aux spectateurs. (le roi)
8. Ma sœur ne veut pas rentrer tard. (nous)

B **Le bilinguisme.** Au Canada francophone, beaucoup de personnes apprennent le français et l'anglais. Répondez aux questions en utilisant le subjonctif au lieu de l'infinitif.

MODÈLE: Est-il important d'étudier deux langues? →
                Oui, il est important qu'on étudie deux langues.

1. Est-il essentiel d'apprendre à parler anglais dans un pays francophone?
2. Faut-il aussi savoir écrire deux langues?
3. Est-il indispensable d'avoir des textes écrits en français?
4. Vaut-il mieux savoir parler deux langues dans les affaires?
5. Est-il important d'exprimer ses opinions sur le bilinguisme?

C **Le Maine.** Vous êtes en vacances dans le Maine où vous rencontrez des Franco-Américains. Répondez à leurs questions selon les suggestions entre parenthèses. Utilisez le subjonctif ou un infinitif selon le cas.

MODÈLE: Écrivez-vous souvent à vos parents? (Mes parents veulent…) →
                Mais oui, mes parents veulent que je leur écrive une fois par
                semaine.

1. Pourquoi lisez-vous un livre français? (Le professeur exige que…)
2. Pourquoi achetez-vous ce magazine français? (Il est important de…)
3. Vous vous intéressez au français. Pourquoi? (Mes parents veulent que…)
4. Vous parlez seulement français. (Oui, notre professeur souhaite que…)
5. Avez-vous assez de vêtements pour votre séjour ici? Il fait bien frais. (Non, je désire…)

2. The Subjunctive After Verbs of Emotion

La mascotte est un joli bonhomme de neige appelé Bonhomme Carnaval. Je suis désolée que tu ne puisses pas voir ça cette année.

Any expression of emotion, such as regret, fear, happiness, or pity, takes the subjunctive in the dependent clause if there is a change of subject. Otherwise, **de** + an infinitive is used.

Main Clause		Dependent Clause
verb of emotion	+ **que**	+ *subjunctive*

Some examples of verbs and expressions of emotion are the following:

avoir honte *to be ashamed*	regretter *to regret, to be sorry*
avoir peur *to be afraid*	

être + *adjective*

être content(e), être heureux/heureuse *to be glad, happy*
être déçu(e) *to be disappointed*
être désolé(e) *to be sorry*
être étonné(e), surpris(e) *to be surprised*
être furieux/furieuse *to be furious*
être ravi(e) *to be delighted*
être triste *to be sad*

Chantal **est heureuse que les chars passent** devant sa maison.	*Chantal is happy that the floats are passing by her house.*
Elle **est ravie de voir** les clowns.	*She is delighted to see the clowns.*
J'ai peur qu'il ne fasse pas beau le jour du défilé.	*I'm afraid the weather will (may) not be good on the day of the parade.*
J'ai peur de porter mon nouveau costume sous la pluie.	*I'm afraid to wear my new costume in the rain.*

Activités

A **Ma cabane (*log cabin*) au Canada.** Josette a invité une amie à lui rendre visite dans sa cabane près d'un lac canadien. Complétez les phrases en utilisant la forme du subjonctif qui convient. Choisissez les verbes dans la liste à droite.

Chère Catherine,

Je regrette que tu ne _____[1] pas ici maintenant. Je suis ravie, cependant, que tu _____[2] vers la fin de l'été. Il est dommage que ton cousin ne _____[3] pas t'accompagner cette fois. Je suis désolée qu'il _____[4] tant de travail.

Le lac est très beau et il fait chaud en ce moment. Mais il vaut mieux que tu _____[5] un pull-over. J'ai peur qu'il ne*
_____[6] assez frais le soir vers la fin de l'été. Je suis contente que tu _____[7] le français, car on en a besoin ici! Comme je suis heureuse que tu me _____[8] visite dans trois semaines!

venir
avoir
être
pouvoir
faire
savoir
rendre
apporter

Amicalement, Josette

B **Le carnaval de Nice.** Vous allez au carnaval de Nice avec un ami canadien/une amie canadienne. Exprimez les sentiments de votre ami(e) en utilisant des verbes d'émotion.

---

*After expressions of fear, **ne** is often placed before the verb, even in an affirmative statement. The **ne** has no meaning and should not be translated. It is usually omitted in spoken French.

MODÈLE: Il n'y a pas de neige.
              Mon ami(e) est déçu(e) qu'il n'y ait pas de neige.

1. Votre cousin n'est pas là non plus.
2. Les musiciens ne connaissent pas les chansons typiques du Canada.
3. Le Bonhomme Carnaval ne peut pas survivre dans cette région.
4. Tout le monde danse dans les défilés.
5. Les chars sont aussi grands qu'au Canada.
6. Beaucoup de Canadiens assistent au défilé.

C **Les aveux (*confessions*) d'un étudiant/d'une étudiante.** Avec un(e) camarade de classe, finissez les phrases en exprimant vos propres sentiments au sujet de la vie universitaire.

MODÈLE: Je suis heureux/heureuse que… →

              VOUS: Je suis heureux/heureuse que mes cours ne
                    soient pas trop difficiles.

VOTRE CAMARADE: Et moi, je suis heureux/heureuse que nous habi-
                    tions un quartier intéressant.

1. Je regrette que…   5. Je suis surpris(e) que…
2. Je suis content(e) que…   6. Je suis furieux/furieuse que…
3. Je suis étonné(e) que…   7. J'ai peur que…
4. Je souhaite que…   8. Je suis déçu(e) que…

3. The Subjunctive After Verbs of Doubt

Il semble que vous vous amusiez beaucoup à vos carnavals, mais vous devriez venir à La Nouvelle-Orléans pour notre Mardi gras.

1. Another use of the subjunctive is after expressions of doubt or uncertainty where there is a change of subject.

   The following expressions are used with the subjunctive to show various stages of disbelief and doubt.

Main Clause		Dependent Clause
verb of doubt	+ **que**	+ *subjunctive*

il est possible que   douter que
il n'est pas possible que   ne pas être certain(e), sûr(e) que
il est impossible que   il est douteux que
il est peu probable que   il n'est pas certain, sûr que
il semble (*seems*) que
ne pas croire que
ne pas penser (*think*) que

Il est possible que le char soit en bois.	*It's possible that the float is made of wood.*
Je doute qu'il neige à Québec en été.	*I doubt that it snows in Quebec in the summer.*
Je ne crois pas que l'industrie de la fourrure soit toujours importante au Canada.	*I don't believe that the fur industry is still important in Canada.*

2. If, however, there is certainty, strong probability, reality, or belief in the affirmative, the indicative is used.

The following verbs and expressions showing belief and certainty are used with the indicative.

Main Clause	Dependent Clause
verb of certainty + **que** + *indicative*	

croire	il est certain que
penser	il est clair que
ne pas douter	il est probable que
espérer	il est sûr que
être certain(e), sûr(e) que	il est vrai que

Il est clair (vrai) que le Canada a une bonne couverture sociale.	*It's clear (true) that Canada has good health coverage.*
Médoune **est certain que l'Université de Québec va offrir** un programme excellent le semestre prochain.	*Médoune is certain that the University of Quebec is going to have an excellent program next semester.*

Activités

A Au Cirque du Soleil.* Complétez les phrases avec la forme correcte du verbe entre parenthèses.

1. Je ne crois pas que le Cirque du Soleil _____ (venir) à Chicago cette année.
2. Il est possible que la troupe n'_____ (avoir) pas le temps d'y aller.
3. Il est probable que les acrobates ne _____ (pouvoir) pas quitter Montréal.
4. Je doute aussi qu'ils (faire) _____ une tournée en France.
5. Je crois que leurs prestidigitateurs (*illusionists*) (être) _____ les meilleurs du monde.
6. Le spectacle est merveilleux; j'espère qu'ils (aller) _____ revenir.

B L'Université Laval. C'est la plus vieille université de langue française en dehors (*outside*) de la France. Un étudiant américain explique à un ami canadien pourquoi il va à l'Université Laval. Faites des phrases complètes avec les éléments donnés.

Cirque du Soleil

---

*This circus from Quebec features trapeze artists, contortionists, and clowns— all in fantastic costumes.

MODÈLE: mes parents doutent / que / je / pouvoir apprendre le français
canadien aux États-Unis →
Mes parents doutent que je puisse apprendre le français canadien
aux États-Unis.

1. il est douteux que / je / apprendre / bien le français canadien sans aller
au Canada
2. il est possible alors que / je / m'inscrire (*like* écrire) / à une université
bilingue
3. mes parents ne croient pas / que / je / pouvoir / rester aux États-Unis
4. c'est pour ça qu'il est possible / que / je / choisir / l'Université Laval
5. je vais devoir beaucoup étudier, alors il est douteux / que / je / pouvoir / voyager / à Trois-Rivières pour rendre visite à des cousins
6. mais il est probable / que / je / voir / les sites historiques du Québec
7. si je reste assez longtemps au Canada, il est possible / que / je /
devenir / ami avec beaucoup de Canadiens
8. mes parents espèrent / que / je / leur / écrire tous les jours

EN AVANT

Réalités

La ferme à la ville. Voici un
article sur le Salon (une exposition) de l'agriculture à Montréal. Lisez l'article et répondez
aux questions.

1. Pourquoi est-ce qu'il y a
des animaux au Palais
des congrès?

2. Qu'est-ce que les visiteurs peuvent faire au
Salon?

3. Quels produits est-
ce qu'on trouve au
Salon? Quel produit
est typiquement
canadien?

4. Pourquoi le secteur
bioalimentaire du
Québec est-il important?

La ferme à la ville

[1]*is home to*   [2]*réunis... gathered to express opinions*   [3]*je... I got off the subject; you must admit
that it was tempting.*   [4]*grandeur... life-size*
[5]*chicken coop*   [6]*follow*   [7]*cabane... sap house
(maple sugar candy)*   [8]*invited*

Depuis maintenant une semaine, le centre-
ville héberge[1] au Palais des congrès quelque 500 animaux de la ferme qui y sont
réunis pour faire le point[2] sur cette fin de
siècle, oups, pardon je m'égare, avouez
que c'était tentant.[3] Le Palais des congrès,
disais-je, héberge bel et bien 500 animaux mais c'est dans le cadre du 40ᵉ
Salon de l'agriculture et alimentation, qui
se termine dimanche.

Au Salon, les animaux, que l'on retrouve dans une ferme grandeur nature,[4]
sont presque dans leur environnement
naturel. Ainsi au poulailler,[5] les visiteurs
peuvent suivre[6] toutes les étapes de la
production avicole, de l'œuf à la poule.

En plus de la ferme, il y a là tous les
produits agricoles du Québec en incluant
bien sûr la traditionnelle cabane à sucre.[7]
C'est donc à un véritable voyage dans le
Québec bioalimentaire que nous sommes
conviés.[8] Mentionnons que ce secteur représente 350 000 emplois et des ventes
annuelles de 18 milliards de dollars.

Alors pour un cours complet en zoolo-
gie, rendez-vous au Palais des congrès
d'ici dimanche le 20 février. ✪

Bavardons un peu!

Un défilé. Vous présentez une émission télévisée sur le carnaval de Québec, de Nice ou de La Nouvelle-Orléans. Décrivez la scène de la page 317, puis interviewez un(e) camarade. Demandez-lui…

1. son opinion sur le défilé
2. si c'est la première fois qu'il/elle vient à ce défilé
3. s'il/si elle aime les chars et pourquoi ou pourquoi pas
4. son opinion sur le Roi et la Reine (ou sur le Bonhomme Carnaval, selon le cas)
5. si sa ville est représentée
6. ???

*Vidéo-Club**

Thème 5 Les loisirs
Vignette culturelle Une exposition: L'art d'Afrique

In this cultural segment, you will see an exhibit of art from several West African countries. These works of art are spoons: they take beautiful animal, human, or abstract shapes and are highly symbolic.

(Cue to 53:44.)

TABLEAU CULTUREL

LA RÉPUBLIQUE D'HAÏTI: Les Français étaient présents en Haïti dans la mer des Caraïbes dès le dix-septième siècle, la population étant composée des blancs et de leurs esclaves africains. Inspirés par les principes de la Révolution française, les noirs d'Haïti, dirigés par Toussaint L'Ouverture, ont réussi en 1794 à gagner leur indépendance et à libérer les esclaves. Les blancs sont partis et Haïti est devenu la première république noire indépendante.

Bien qu' (*Although*) indépendante depuis 1804, Haïti est toujours francophone. Les langues officielles sont le français, et depuis 1987 le créole, un mélange de français du 16ème et du 17ème siècles, d'espagnol, de langues indigènes et de langues

---

* This section contains an activity for the Video to accompany *C'est ça!* The theme and scene numbers here correspond to the ten themes and their respective scenes in the video (rather than to the chapter numbers in the book).

africaines. On entend le créole à la radio et à la télévision, mais le français est la langue utilisée dans la presse. Bien que la majorité des Haïtiens soient catholiques, pendant la nuit on entend toujours le tam-tam des cérémonies vaudou qui retentit (*echoes*) dans les montagnes et qui rappelle les liens du peuple avec la nature.

L'île est très belle et le tourisme pourrait (*could*) être une source importante de revenus si le climat politique, économique et social était différent. Le pays, dont la principale ressource est l'agriculture,

reste un des plus pauvres de l'hémisphère et le peuple travaille pour établir une véritable démocratie.

À VOUS!

1. Où se trouve la république d'Haïti? Qui était son fondateur? Comment les principes de liberté, égalité, fraternité l'ont-ils influencé?
2. Pourquoi le tourisme est-il limité en Haïti?
3. Quelles religions pratique-t-on en Haïti?

VOCABULAIRE

Noms

le bal masqué	masked ball
le bonhomme de neige	snowman
le char	float (*in a parade*)
le clown	clown
le colon	colonist
le costume	costume
la course	race
le défilé	parade
la devise	motto
le diable	devil
le drapeau	flag
l'écusson (*m.*)	coat-of-arms
l'esclave (*m., f.*)	slave
la fanfare	brass band
le fantôme	ghost
le feu d'artifice	fireworks
la feuille d'érable (*m.*)	maple leaf
la foule	crowd
la fourrure	fur
la glace	ice
le hibou	owl
le lien	tie, bond
le lis	lily
la loi	law
le masque	mask
le patrimoine	heritage
le trappeur	trapper

Verbes

assiéger	to besiege
avoir honte	to be ashamed
avoir peur	to be afraid
céder	to give up
coloniser	to colonize
se déguiser en	to dress up as
se désintéresser (de)	to lose interest in
douter	to doubt
exiger	to require
fonder	to found
penser	to think
regretter	to regret, be sorry
souhaiter	to wish

Adjectifs

déçu(e)	disappointed
désolé(e)	sorry
étonné(e)	surprised
ravi(e)	delighted
rude	rough, rugged
sauvage	wild

D'autres mots et expressions

Chacun son goût!	To each his/her own!
une dizaine de (une vingtaine de)	about ten (twenty)
entre temps	meanwhile
il est douteux que…	it is doubtful that . . .
il est juste que…	it is fair, right that . . .
il semble que…	it seems that . . .
il vaut mieux que…	it is better that . . .
sauf	except

LECTURE

Avant de lire

READING LONG SENTENCES: It's easy to lose your train of thought when reading long sentences. Here is a four-step way around this predicament:

1. Temporarily eliminate all information set off by commas.
2. Find the subject and verb of the sentence.
3. Determine what main action or important information is contained in this "bare bones" portion of the sentence.
4. Gradually put back eliminated information as needed.

Apply these steps to the sentence below. When putting back "extra" information (step 4), use the lettered prompts below the sample sentence as a guide.

> Quand j'étais enfant, lorsque je passais l'été chez grand-mère, je me levais de bonne heure pour aller jouer dehors avec son gros chien, Max, un beau berger allemand.

a. When and where did the main action take place?
b. Why?
c. With whom?

Now, apply these techniques to the article about Nora Solervicens, whose mission in life is to help immigrants adapt to Quebec society. The article comes from a Canadian magazine called *Châtelaine*.

L'Hirondelle:° La passion d'une femme*

Swallow (bird)

Nora Solervicens se décrit comme une «passionnée de l'intégration des immigrants». Elle-même a fui° le Chili du Général Pinochet en 1975, avec fillette° et conjoint°... pour se retrouver à Saskatoon. Depuis 1986, elle est coordon-

fled

little girl / spouse

*Excerpted from *Châtelaine*, Montreal.

natrice du Comité d'accueil° interethnique L'Hirondelle, un organisme qui aide °welcome
réfugiés et immigrants à s'intégrer à la société québécoise, dans un climat familial
et chaleureux.° °warm

Nichée° rue Jeanne-Mance, au cœur du quartier grec de Montréal, L'Hirondelle °Nestled
attire surtout les nouvelles communautés immigrantes d'Amérique latine, d'Europe
de l'Est, du Liban. L'année dernière, c'est 6 000 personnes, souvent démunies,° °impoverished
qu'on a aidées à se loger, à apprivoiser° les services publics... et à dénicher° un °tame (learn to use) / uncover
improbable premier emploi.

Car la crise économique renforce le mythe des «immigrants voleurs° de jobs» et °stealers
appauvrit° la clientèle de L'Hirondelle. «Oui, admet à contrecœur° Nora Solervicens, °impoverishes / à... sadly
la situation objective est plus difficile que pendant les années 1970. Quand on arrive
dans un pays en récession où le taux de chômage° frôle les 12%, où les usines fer- °taux... unemployment rate
ment à tour de bras... intégrer les immigrants en période de décroissance,° c'est ça °decline
le défi.°» °challenge

À l'insécurité économique s'ajoute l'incertitude politique et préréférendaire.
Même pour Nora Solervicens, le message lancé aux nouveaux arrivants par la
société francophone est ambigu. «Quand je vois les Québécois fiers,° je suis °proud
contente aussi. Mais je lisais sur des affiches: «Le Québec aux Québécois!» Ambigu,
non? Aux «vieilles souches°» seulement? Ou à tous les membres d'un Québec désor- °stock
mais multiethnique? D'un côté, on nous dit: «Intégrez-vous!» De l'autre, après 17 ans,
on me demande encore d'où je viens... »

Après la lecture

Répondez aux questions suivantes par des phrases complètes.

1. Quelle est la fonction de l'organisme L'Hirondelle? Où se trouve-t-il?
2. L'année dernière, combien de personnes cet organisme a-t-il aidées? Pour la plupart, d'où viennent ces personnes?
3. Pourquoi le travail de Nora Solervicens est-il particulièrement difficile en ce moment?
4. Quel est le message «ambigu» que ressentent (*perceive*) les immigrants?
5. D'après vous, quels sont les avantages d'une société multiethnique?
6. Pensez-vous que, dans une société donnée, tout le monde devrait (*should*) parler la même langue? Pourquoi ou pourquoi pas?

PAR ÉCRIT

● ●

L'arrivée au Québec. Imagine: You have just arrived in Quebec from another
country. Write a composition that includes the following elements:

- a brief description of the country that you have just left
- your reasons for leaving that country
- your trip to Canada
- your first impressions of Quebec and of Canadians
- your plans for finding a job in Quebec
- the life you hope to lead there.

MISE EN SCÈNE

● ●

L'université de Montréal. Describe the characters' actions in the drawing in as much detail as possible. In addition, use your imagination to supply biographical information about them. State what they most likely did earlier and where they are probably going at present. Describe their interactions, using the subjunctive wherever possible. For example, what does the little boy want his father to do?

La ville et la campagne

*L'avenue des Champs-Élysées, qui mène à l'Arc de Triomphe,
est une des rues les plus fréquentées de Paris.*

Esquisses

En voiture

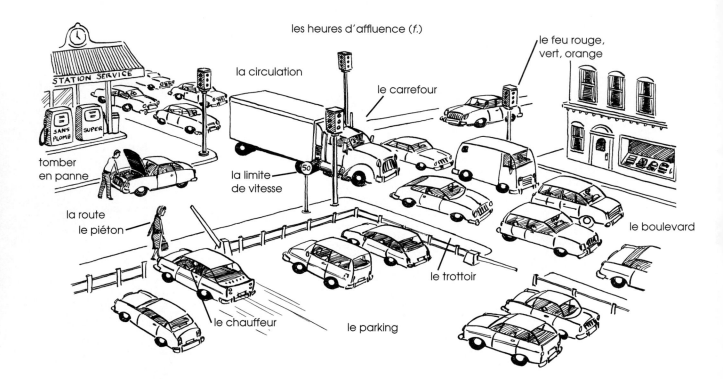

les heures d'affluence (f.)

la circulation

le carrefour

le feu rouge, vert, orange

tomber en panne

la limite de vitesse

la route
le piéton

le boulevard

le trottoir

le chauffeur

le parking

NOMS

la contravention, l'amende (*f.*)
  (*traffic or parking*) *ticket*
la place *parking space;* (*town*) *square*

VERBES

conduire *to drive*
défendre *to forbid*
dépasser *to exceed*
faire attention *to be careful*
faire fausse route *to take the wrong road*
faire le plein *to fill* (*the car*) *up* (*with gas*)
garer, stationner *to park*
réparer *to repair, fix*

ADJECTIF

sûr(e) *safe*

Activités

Ⓐ **Définitions.** Complétez chaque phrase par le mot de vocabulaire approprié.

1. Les piétons marchent sur le _____.
2. _____ est la personne qui conduit la voiture.
3. Dans les grandes villes, la _____ est horrible pendant les _____.
4. Si on a besoin d'essence, généralement on _____.
5. Si on dépasse la limite de vitesse, on peut recevoir une _____.

Ⓑ **Les panneaux (*Road signs*).** Que signifient les panneaux suivants? Choisissez la lettre qui correspond au panneau.

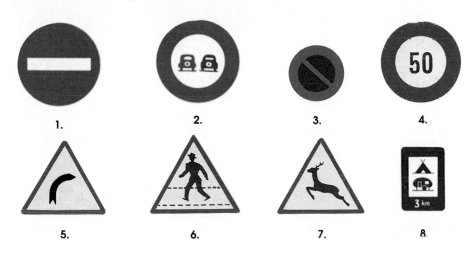

1.　　2.　　3.　　4.

5.　　6.　　7.　　8.

a. passage pour piétons
b. attention aux animaux
c. sens interdit (*wrong way; do not enter*)
d. limite de vitesse
e. défense de stationner
f. terrain de camping
g. défense de doubler (*no passing*)
h. virage (*curve*) dangereux

Ⓒ **En voyage.** Répondez aux questions suivantes.

1. Quel mode de transport utilisez-vous quand vous voyagez? Pourquoi?
2. Avez-vous une voiture? de quelle marque? Est-elle petite ou grande? Est-ce que les petites voitures ont des avantages? Lesquels?
3. Quelle est la limite de vitesse dans votre pays? Est-ce que vous la trouvez raisonnable? Pourquoi? Y a-t-il beaucoup de gens qui la dépassent dans votre ville? Qu'est-ce qui se passe si un agent de police vous voit dépasser la limite?
4. À quelles heures est-ce qu'il y a le plus de circulation sur les routes? Pourquoi?
5. Que faites-vous quand vous faites fausse route? Est-ce que cela vous arrive souvent?

5 REGLES DE BONNE CONDUITE

SIGNALISATION
30% des accidents corporels surviennent de nuit ou par temps de brouillard. Tous les usagers, et surtout les "2 roues" doivent être conscients de la nécessité d'être vus. Ceci implique des dispositifs d'éclairage en excellent état.

CEINTURE
L'efficacité de la ceinture de sécurité est inéfutable, aussi bien à l'avant qu'à l'arrière. Nous ne répéterons jamais assez à tous les usagers : "La ceinture peut vous sauver la vie !"

TAUX D'ALCOOLEMIE
4000 morts chaque année sur les routes de France à cause de l'alcool ! Le seuil légal d'alcool dans le sang est actuellement de 0,80 g par litre de sang[1], mais avec un taux de 0,50 g/L[2] les risques d'accidents sont déjà multipliés par 2.
(1) Soit 0,40 mg d'alcool par litre d'air expiré.
(2) Soit 0,25 mg d'alcool par litre d'air expiré.

DISTANCE DE SECURITE
Les distances de sécurité sont fonction de la nature du revêtement et de son état (sec ou mouillé). Sur route sèche la distance d'arrêt est de : 100 m si vous roulez à 90 km/h, 40 m si vous roulez à 60 km/h. Elle est augmentée de 30% sur route mouillée.

SECURITE PIETON
Dans les côtes d'Armor, sur 87 tués en 1989, 17 étaient des piétons. (Pour la France entière, 1500 tués dont pour la moitié : des enfants et des personnes âgées). Une telle hécatombe implique que chaque conducteur soit conscient de la fragilité des piétons et qu'il n'oublie pas qu'il est tantôt l'un, tantôt l'autre...

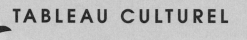

TABLEAU CULTUREL

LES FRANÇAIS ET L'AUTOMOBILE: La France a le réseau (*network*) routier le plus dense du monde. Depuis les années soixante, ce réseau est saturé par les millions d'automobiles que conduisent les Français. Les lois limitant la vitesse deviennent de plus en plus strictes: la vitesse sur autoroute est limitée à 130 km/h (75 *mph*) ou à 110 km/h (70 *mph*), à 90 km/h (55 *mph*) sur route normale et à 50 km/h (30 *mph*) en agglomération (*town*). Il est obligatoire de porter une ceinture de sécurité (*safety belt*) à l'arrière comme à l'avant, et les enfants doivent obligatoirement être assis à l'arrière avec, dans le cas des bébés, des sièges spéciaux pour assurer leur sécurité.

L'alcool au volant est un problème dans beaucoup de pays; la France ne fait malheureusement pas exception à cette triste règle. La police contrôle l'alcoolémie (*blood alcohol level*) et peut à tout moment vérifier la sobriété du conducteur. La notion américaine de *probable cause* ne joue pas

Quand on fait de longs trajets, il faut parfois s'arrêter au bord de la route.

ici: conduire est un privilège et non un droit constitutionnel. Grâce à ces mesures sévères, le taux de mortalité routière est en nette (*clear*) diminution.

À VOUS!

Nommez trois mesures que les Français ont prises pour diminuer le taux de mortalité routière.

La ville

The City

le tableau

Galerie

Commissariat de Police

Bureau de Tabac

Cinéma Germinal

Librairie

le kiosque

la sculpture

NOMS

l'avantage (*m.*) *advantage*
la banlieue *suburbs*
l'inconvénient (*m.*) *disadvantage, drawback*

VERBES

s'asseoir *to sit down*
faire du lèche-vitrines *to window-shop*
manquer *to miss*

D'AUTRES MOTS ET EXPRESSIONS

ailleurs *elsewhere*
tellement de *so much, so many*

Future Tense

je verrai	*I will see*
tu verras	*you will see*
je m'ennuierai	*I will be bored*
tu t'ennuieras	*you will be bored*
je voudrai	*I will want*
tu voudras	*you will want*
je pourrai	*I will be able*
tu pourras	*you will be able*
je ferai	*I will do, make*
tu feras	*you will do, make*

VIRGINIE: Moi, je ne pourrais pas vivre ailleurs que dans une ville. J'ai trop besoin d'activité intellectuelle et artistique. Je vais au cinéma, voir des musées, des concerts toutes les semaines. Et j'ai tellement d'amis ici!

SÉVERINE: C'est normal que tu aimes la ville: tu es née à Paris. Et c'est vrai que moi aussi, j'apprécie la vie culturelle ici et les magasins… tu sais comme j'adore faire du lèche-vitrines. Mais je viens de province et le calme de la campagne me manque.

VIRGINIE: L'été prochain, quand tu rentreras chez tes parents, tu verras comme tu t'ennuieras. La vie urbaine te manquera et tu voudras revenir.

SÉVERINE: Mais aujourd'hui, je vais aller au jardin du Luxembourg. Comme ça, je pourrai m'asseoir sous un arbre, écouter chanter les oiseaux. Je ferai mes devoirs au calme…

VIRGINIE: … au centre de Paris!

Activités

A **La vie en ville.** Corrigez les phrases suivantes en vous basant sur le dialogue; expliquez vos corrections.

1. Virginie n'a pas besoin d'activités culturelles.
2. Séverine n'apprécie pas du tout la ville.
3. Séverine a l'habitude de vivre dans une grande ville.
4. Virginie pense que Séverine va être contente de passer l'été à la campagne.
5. Séverine ne peut pas profiter de la nature à Paris.

ÉTUDE DE MOTS

THE VERB *MANQUER*: When used with a direct object, **manquer** means *to miss, to fail to reach.*

J'ai manqué le train.	*I missed the train.*
J'ai jeté une boule de neige vers Roger, mais je l'ai manqué.	*I threw a snowball at Roger but I missed him.*

To express *to miss* in the sense of *to regret the absence of*, the English object becomes the subject, and **manquer** takes an indirect object.

Tu es partie en voyage et tu me manques.	*You left on a trip and I miss you.*

B **Les édifices de la ville.** Identifiez les édifices suivants.

1. le bureau où travaille le maire
2. le magasin où on vend des livres
3. l'endroit où on achète des journaux et des magazines
4. l'endroit où on peut trouver un agent de police
5. où on va pour voir des tableaux et des sculptures
6. où on peut faire du lèche-vitrines
7. le magasin où on vend des cigarettes et des billets de loterie

C **Les activités artistiques de votre ville.** Posez les questions suivantes à un(e) camarade de classe.

1. Où habites-tu quand tu n'es pas à l'université: en ville, dans la banlieue ou à la campagne? Où préfères-tu vivre?
2. Y a-t-il une cathédrale ou un musée dans ta ville? Y a-t-il un musée dans ton université? Est-ce que tu l'as déjà visité?
3. Dans ta ville, y a-t-il des jardins publics avec des monuments ou des sculptures? Décris-les.
4. Est-ce que tu visites des musées ou des galeries d'art de temps en temps? Pourquoi ou pourquoi pas?
5. Quel genre d'art est-ce que tu préfères: le réalisme, l'impressionnisme ou l'art abstrait? Pourquoi?
6. Quand tu vas en ville, qu'est-ce que tu aimes faire?

TABLEAU CULTUREL

LES MUSÉES PARISIENS: Il y a en France environ 3 300 musées. À Paris même, ils sont très nombreux, mais les trois musées d'art les plus célèbres sont le musée du Louvre, le musée d'Orsay et le musée national d'art moderne (le Centre Pompidou).

Le musée du Louvre, l'ancien palais des rois de France, date du début du XIIIème siècle; mais ce n'est qu'en 1793 que le gouvernement révolutionnaire ouvre ses portes au peuple de France. La collection privée des rois de France est ainsi à l'origine du premier musée public de l'histoire.

Depuis la Révolution, une des responsabilités du gouvernement est d'encourager les Français à connaître leur patrimoine, en partie par le financement des musées. De nos jours, la France dépense (*spends*) près d'un pour cent de son budget national, environ 2 milliards de dollars, pour l'art et les activités culturelles. Le président Mitterrand a monté (*set up*) un projet de reconstruction et d'agrandissement du musée du Louvre, le projet du «Grand Louvre». L'architecte I. M. Pei a dessiné la célèbre pyramide de verre qui recouvre la nouvelle entrée. Quand la reconstruction sera terminée, vers la fin du siècle, le musée pourra enfin exposer les milliers d'œuvres (*works* [*of art*]) et de trésors qui, faute de place (*for lack of room*), restent cachés pour le moment dans les réserves du plus grand musée du monde.

Le musée d'Orsay, qui n'est pas loin du Louvre, est une ancienne gare complètement remodelée; ce musée contient des tableaux et des statues plus modernes, dont (*including*) les tableaux des Impressionnistes. Le Centre Pompidou est une construction moderne qui ressemble à un complexe industriel; on y trouve de l'art contemporain. Il y a beaucoup d'autres musées à Paris qui sont plus petits mais fort intéressants: le musée Picasso, le musée Rodin et le Marmottan (connu pour sa collection d'œuvres de Monet), entre autres.

a.

b.

c.

d.

e.

À VOUS!

Une visite aux musées de Paris. Voici quelques-unes des œuvres les plus illustres de Paris. Soyez critique d'art: Trouvez à quelle œuvre correspond chacun des titres suivants, puis dites au moins trois choses sur chaque œuvre.

1. la Joconde (Mona Lisa del Giocondo)
2. la Vénus de Milo
3. la Victoire de Samothrace
4. la Liberté guidant le peuple
5. Jeunes Filles au piano

La campagne

The Country

l'antenne parabolique (f.)

le mouton

le fermier

la chèvre

la barrière

la ferme

la fermière

le chien

le chat

la vache

le jardin potager

NOMS

le rêve *dream*
le rythme de vie *pace*

VERBES

se distraire *to enjoy oneself*
élever *to raise*

ADJECTIF

sain(e) *healthy, sound*

EXPRESSION

tellement *so, so much*

Future Tense

j'irai	*I will go*
tu iras	*you will go*
je serai	*I will be*
tu seras	*you will be*
j'aurai	*I will have*
tu auras	*you will have*

STÉPHANIE: Après mes études, j'irai vivre en Auvergne avec Marc, élever des chèvres, faire du fromage et cultiver un jardin.

KARINE: C'est un rêve d'écologiste-hippie, ce retour à la nature!

STÉPHANIE: Oui et non. En fait, je voudrais une vie saine et productive, loin de la pollution et du bruit des villes.

KARINE: Tu verras, l'activité culturelle te manquera, toi qui aimes tellement le cinéma et le théâtre!

STÉPHANIE: Ce n'est pas tout ce qui compte. Il faut penser à la beauté de la vie rurale, au rythme de vie plus calme, au bon air, au coût de la vie plus raisonnable… Et quand nous aurons des enfants, ils seront mieux dans un endroit où tout le monde les connaîtra, où l'école sera petite, où il n'y aura pas de problèmes de circulation.

KARINE: C'est très beau, tout ça, mais tu vas t'ennuyer!

STÉPHANIE: Une antenne parabolique ne coûte que 3 000F. Et avec ça, j'aurai de quoi° me distraire!

de… *enough*

Activités

A **Une vie plus saine.** Complétez les phrases en vous basant sur le texte.

1. Après ses études, Stéphanie voudra vivre en Auvergne pour _____.
2. Stéphanie veut éviter _____ de la ville.
3. Karine croit que Stéphanie va s'ennuyer parce que _____.
4. Quelques-uns des avantages de la vie rurale sont _____, _____ et _____.
5. Les enfants seront mieux à la campagne parce que _____.
6. _____, qui ne coûte pas cher, sera une bonne distraction à la campagne.

B **Préférences personnelles.** Posez des questions à un(e) camarade de classe.

1. Où vis-tu maintenant? Où préfères-tu vivre? Pourquoi?
2. As-tu un jardin? Qu'est-ce que tu cultives?
3. As-tu déjà vécu dans une ferme? Où? Pendant combien de temps?
4. Après tes études, où iras-tu vivre? Pourquoi?
5. Aimes-tu les animaux? Lesquels? As-tu un chien, un chat, un oiseau? Décris-le(s).
6. Si quelqu'un t'offre une ferme loin d'une ville, l'accepteras-tu? Pourquoi ou pourquoi pas? Qu'est-ce que tu y feras?

TABLEAU CULTUREL

LA FRANCE PROFONDE: L'AUVERGNE. L'Auvergne est une ancienne province au centre de la France. C'est un pays pauvre, montagneux et encore très sauvage: il n'y a pas de très grandes villes, de chemins de fer ou d'autoroutes dans cette région qui reste un vestige de la France d'autrefois. Pour les Français, l'Auvergne représente le passé et la tradition: les exploitations agricoles y sont très petites et fonctionnent encore de manière traditionnelle. On y fait de nombreuses variétés de fromage à partir de lait de vache, de chèvre et de brebis.

Dans les années soixante, beaucoup de jeunes universitaires qui voulaient quitter la ville et la société de consommation, ont essayé de vivre, comme les hippies américains—leurs contemporains—dans des communautés où on respectait la nature et les animaux. Certains y vivent toujours du fruit de leur travail et considèrent que leur choix, loin d'être un retour à un mode de vie arriéré, leur permet au contraire de redécouvrir des valeurs authentiques.

C'est de cette région d'Auvergne que vient le cantal, un célèbre fromage français.

À VOUS!

1. Pourquoi est-ce que l'Auvergne représente le passé et la tradition?
2. Est-ce que vous voudriez vivre dans une région comme l'Auvergne? Pourquoi ou pourquoi pas?

GRAMMAIRE ESSENTIELLE

1. Demonstrative Pronouns

Une antenne parabolique ne coûte que 3 000F. Et avec ça, j'aurai de quoi me distraire!

To replace a demonstrative adjective (**ce**, **cet**, **cette**, **ces**) and a noun, the following pronouns are used.

	SINGULAR	PLURAL
MASCULINE	celui	ceux
FEMININE	celle	celles

1. Use of demonstrative pronouns
   a. To avoid repetition

   Mon ami et **celui** de Patrick se connaissent.

   My friend and Patrick's know each other.

   b. To express *the one(s) who, he who, those who*

   J'ai deux amies ici. **Celle** qui habite la maison à côté s'appelle Aude. **Ceux** qui disent cela disent la vérité.

   I have two friends here. The one who lives next door is named Aude. Those who say that are telling the truth.

   c. If a form of **celui** is not followed by a relative pronoun or a preposition, **-ci** or **-là** is added.

   Quel livre préfères-tu? Moi, je préfère **celui-ci**, mais ma sœur préfère **celui-là**. Qui est cette petite fille? **Celle-là**? C'est ma cousine.

   Which book do you prefer? I prefer this one, but my sister prefers that one. Who is that little girl? That one? She's my cousin.

> Use **celui, celle, ceux,** and **celles** to replace a demonstrative adjective + a noun.

GRAMMAIRE ESSENTIELLE • **341**

2. **Ceci** and **cela** (**ça**)

Ceci and **cela** refer to ideas rather than individual people or things. If no point of reference has been made, **ceci** is used; if a point of reference has already been made, **cela** (**ça**) is used.

Use **ceci** and **cela** to refer to ideas, rather than people or things.

Ceci va vous surprendre: une antenne parabolique ne coûte que 3 000F.	*This is going to surprise you: a satellite dish costs only 3,000F.*
On va monter une nouvelle exposition au Centre Pompidou; **cela** (**ça**) va vous intéresser.	*They're going to put on a new exhibition at the Pompidou Center; that's going to interest you.*

Before a form of the verb **être**, **ce** (**c'**) replaces **ceci** or **cela**.

Paris brille de nuit; **c'**est pour cela qu'on l'appelle «la ville lumière».	*Paris sparkles at night; that is why it's called "the city of light."*

Activité

Les fromages de campagne. Fournissez le pronom démonstratif qui convient dans les phrases.

1. Je viens d'acheter un autre fromage; _____ qui est dans le frigidaire sent trop mauvais!
2. Il y a trois cent soixante variétés de fromages en France: _____ est absolument étonnant!
3. Nous avons un fromage de chèvre et un morceau de brie; est-ce que tu préfères _____ ou _____?
4. Goûtez au fromage de chèvre avec un peu de raisin; vous allez aimer _____.
5. Annie a apporté trois fromages de Savoie; _____ que je préfère sont la tomme et le reblochon.

2. Formation of the Future Tense

La vie urbaine te manquera et tu voudras revenir.

Virginie   Séverine

The future tense for regular verbs in French is formed with the infinitive as the stem plus the endings **-ai**, **-as**, **-a**, **-ons**, **-ez**, **-ont**. It corresponds to the English *will* + *verb* (*I will* [*shall*] *speak, I will finish,* etc.) The final **e** of the **-re** infinitives is dropped before adding the future endings.

Future for regular verbs = *infinitive* + **-ai**, **-as**, **-a**, **-ons**, **-ez**, **-ont**

parler *(to speak)*	finir *(to finish)*	vendre *(to sell)*
je parler**ai** tu parler**as** il/elle/on parler**a**	je finir**ai** tu finir**as** il/elle/on finir**a**	je vendr**ai** tu vendr**as** il/elle/on vendr**a**
nous parler**ons** vous parler**ez** ils/elles parler**ont**	nous finir**ons** vous finir**ez** ils/elles finir**ont**	nous vendr**ons** vous vendr**ez** ils/elles vendr**ont**

Je **finirai** mon travail avant d'aller au cinéma.	*I will finish my work before going to the movies.*
Karine et Nicolas **vendront** leur voiture, car ils trouvent la circulation insupportable.	*Karine and Nicolas will sell their car, as they find the traffic unbearable.*

1. **-Er** verbs that have stem changes in the present tense in the singular and in the third-person plural retain these irregularities in all persons in the future.*

Appelleras-tu ton ami lundi prochain?	*Will you call your friend next Monday?*
Hélène et moi **achèterons** une voiture un jour.	*Hélène and I will buy a car one day.*

2. Many commonly used verbs have irregular stems in the future tense, but use the regular endings.

aller	ir-	j'irai
avoir	aur-	j'aurai
devoir	devr-	je devrai
envoyer	enverr-	j'enverrai
être	ser-	je serai
faire	fer-	je ferai
pleuvoir	pleuvr-	il pleuvra
pouvoir	pourr-	je pourrai
recevoir	recevr-	je recevrai
savoir	saur-	je saurai
venir	viendr-	je viendrai
voir	verr-	je verrai
vouloir	voudr-	je voudrai

---

*Exceptions to this rule are verbs with **é** in the infinitive. They retain the **é** in the future: **je préférerai**, **il répétera**.

On **aura** un grand choix de films au palais de Chaillot la semaine prochaine.	*There'll be a great choice of films at the Palais de Chaillot next week.*
Nous **irons** vivre à la campagne après nos études.	*We will go to live in the country after our studies.*
Quand **viendrez**-vous me voir?	*When will you come to see me?*

Activités

A **Le métro parisien.** Complétez les phrases au futur pour raconter ce qu'il y a dans la station de métro Les Halles.

1. Quand vous (aller) _____ dans le métro à Paris, vous (entendre) _____ des musiciens du Conservatoire.
2. Comme il y a une bonne acoustique, vous (apprécier) _____ leur musique.
3. Vous (voir) _____ aussi des cracheurs de feu (*fire eaters*) et des jongleurs.
4. Il y (avoir) _____ aussi des mimes dans le style de Marcel Marceau.
5. Pendant que vous (attendre) _____ le métro, vous (pouvoir) _____ peut-être voir des marionnettistes monter des spectacles de Guignol.

B **Montréal en fête.** Quand vous irez à Montréal pour les fêtes, vous visiterez sans doute la place Ville-Marie qui a des magasins et des boutiques sous-terre (*underground*). Comment passerez-vous votre temps? Nommez au moins cinq des choses que vous ferez.

MODÈLE: Je ferai du lèche-vitrines.

C **L'an 2010.** Quelles seront les répercussions des choses suivantes? Travaillez avec un(e) camarade de classe et utilisez des verbes au futur.

> **MODÈLE:** Le monde sera de plus en plus peuplé. → Il y aura donc de plus en plus de famine.

1. Il y aura un plus grand nombre d'agents de police dans la rue.
2. On fabriquera beaucoup moins de voitures.
3. Beaucoup de gens riches donneront leurs collections d'art aux musées.
4. Les gens travailleront moins d'heures par jour dans les grandes villes.
5. On fera attention à la propreté (*cleanness*) des rues et à la pureté de l'air.

3. Uses of the Future Tense

Et quand nous aurons des enfants, ils seront mieux dans un endroit où tout le monde les connaîtra, où l'école sera petite, où il n'y aura pas de problèmes de circulation.

1. The use of the future tense in French parallels that of the future tense in English: to tell what will happen at a given time in the future. As in English, French sometimes uses the present tense to indicate a future action.

> Je **sors** ce soir à huit heures. *I'm going out this evening at eight o'clock.*

2. When the main clause is in the future tense, a **si-** (*if*) clause is in the present indicative.

> S'il pleut ce soir, je ne **sortirai** pas. *If it rains tonight, I will not go out.*
> Nathalie **économisera** son argent si elle ne conduit pas sa voiture tous les jours. *Nathalie will save money if she doesn't drive her car every day.*

Dependent Clause	Main Clause
si + *present*	*future*

3. In dependent clauses introduced by **quand**, **lorsque** (*when*) or **dès que** (*as soon as*), however, the future tense is used if the main clause is in the future. Note that English uses the present tense in this case.

> Lorsque le facteur **arrivera**, il me **donnera** une lettre. *When the mailman arrives, he will give me a letter.*

Dependent Clause	Main Clause
quand **lorsque** + *future* **dès que**	*future*

Quand j'**aurai** trente ans, je travaillerai dans une grande ville.

When I am thirty, I will work in a big city.

Activités

A **Une visite au musée Marmottan.** Mettez les verbes entre parenthèses au temps qui convient.

1. Quand tu (visiter) _____ le musée Marmottan, j'espère que tu verras les tableaux de Monet; ils sont exquis.
2. Si tu (aimer) _____ la sculpture, tu en trouveras de très beaux exemplaires au musée Marmottan.
3. Il n'y (avoir) _____ pas beaucoup de monde quand tu iras au musée en avril.
4. Si tu y (aller) _____ de bonne heure, je suis sûr que tu (pouvoir) _____ te garer près du musée.
5. Quand tu (sortir) _____ du musée, va te promener dans le beau quartier où il est situé.

B **Une excursion en ville.** Joignez les deux phrases en utilisant le mot entre parenthèses et en changeant le temps des verbes, selon le cas.

MODÈLE: Mon père arrive. Il me donne un cadeau. (quand)
        Quand mon père arrivera, il me donnera un cadeau.

1. Mes amis téléphonent. Nous décidons à quel musée aller. (quand)
2. Il pleut aujourd'hui. Nous allons en ville jeudi. (si/s')
3. Nous allons en ville en voiture. Il n'y a pas trop de circulation. (si/s')
4. Nous avons faim. Nous mangeons dans un restaurant élégant. (quand)
5. Nous sommes en ville. Nous achetons des billets de théâtre. (lorsque)
6. Je gagne à la loterie. J'offre le champagne dans le meilleur restaurant de la ville à tous mes amis. (si)

C **Interview.** Vous voulez savoir ce que votre camarade pense de l'avenir, alors vous lui posez les questions suivantes. Mais malheureusement il/elle ne vous prend pas au sérieux et donne des réponses humoristiques et fantaisistes. À la fin, inversez les rôles.

MODÈLE: quand tes études seront terminées →
        VOUS: Que feras-tu comme travail quand tes études seront terminées?
        VOTRE CAMARADE: J'élèverai des vaches au bord de la mer.

1. quand tu seras vieux/vieille
2. si tu es milliardaire
3. dans dix ans
4. si tu n'obtiens pas ton diplôme
5. lorsque tu auras des enfants
6. si ta voiture tombe en panne
7. si tu as une contravention
8. ???

EN AVANT

Réalités

Pariscope. Voici une publicité pour *Pariscope*. Pour savoir tout ce qui se passe dans la capitale, il faut lire ce guide. Que dit la publicité?

1. Combien de fois par an est-ce qu'on publie *Pariscope*?
2. Qu'est-ce que *Pariscope* offre aux lecteurs?
3. Qu'est-ce qu'on consulte si on veut savoir dans quels restaurants on sert des spécialités étrangères? de la cuisine bon marché?
4. Et si on veut aller au théâtre, au cinéma ou au musée, comment choisit-on?
5. Quel jour de la semaine peut-on acheter *Pariscope*? Combien est-ce qu'il coûte?
6. Que signifie la mention «Toute la littérature de poche»? Qu'est-ce qu'un livre de poche?
7. Dans votre ville, comment faites-vous pour avoir des renseignements sur les pièces, les films, les expositions dans les musées ou les galeries d'art?
8. Existe-t-il dans votre ville un guide comparable à *Pariscope*? Le journal local donne-t-il des renseignements?

pariscope
une semaine de paris

C'EST
le guide le plus complet
de toutes les sorties Paris
et banlieue

Tous les restaurants
Tout Paris la nuit

Tout le théâtre
Tout le cinéma

Toute la littérature de poche
Toutes les expositions

chaque mercredi
3 francs

Bavardons un peu!

Un débat. En groupes de trois, discutez les avantages et les inconvénients de la vie urbaine et rurale, et présentez vos conclusions à la classe. Considérez

1. la pollution
2. la circulation
3. la violence
4. les activités intellectuelles
5. les ressources dont on peut profiter
6. le bonheur (*happiness*) personnel et le stress.

*Vidéo-Club**

Thème 8 Les métiers et les professions
Vignette culturelle Matisse: Ses chefs-d'œuvre

You will see many outstanding paintings and sculptures by Henri Matisse (1869–1954). This recent exhibition took place at the **Centre Pompidou**.

(Cue to 1:24:27.)

TABLEAU CULTUREL

LA VILLE ET LA CAMPAGNE: Pour les Français, la capitale, la grande ville, c'est Paris. Tout le reste, c'est la province. Même si on habite dans une grande ville comme Lyon ou Marseille, on dit qu'on habite «en province»! Paris est le centre gouvernemental, culturel, artistique et commercial de la France. Il y a néanmoins (*nevertheless*) beaucoup de festivals annuels en province, comme le Festival du Cinéma de Cannes, le Festival du Théâtre d'Avignon, ou le Festival de la Photographie d'Arles.

Comme la majorité de la population française habite maintenant en ville, la campagne reste relativement inchangée. La France a plus de forêts aujourd'hui qu'à n'importe quelle époque depuis le Moyen Âge, et la France rurale a conservé la beauté qui a inspiré de nombreux artistes tels que Monet, Renoir et Van Gogh.

Les agriculteurs, pour qui l'efficacité de l'exploitation agricole est de première importance, apprécient néanmoins la beauté de cette nature dont ils dépendent tellement. Quand vous voyagez en France et que vous voyez un beau champ de coquelicots (*poppies*), vous pouvez être sûrs que c'est un agriculteur qui l'a planté. Le coquelicot aime pousser avec le blé, mais les techniques modernes permettent d'éliminer facilement cette plante décorative qui vole au blé l'eau et les minéraux du sol. Cependant, beaucoup d'agriculteurs plantent tous les ans un champ de blé où les coquelicots peuvent fleurir: ces paysans préfèrent la beauté de ce champ à la quantité de blé supplémentaire qu'ils obtiendraient s'ils éliminaient le coquelicot. C'est par de tels gestes simples et dignes que les Français montrent leur amour pour ce pays dont ils sont si fiers.

À VOUS!

1. Où habite la majorité des Français?
2. Comment est-ce que certains agriculteurs embellissent leurs champs? Pourquoi?

---

*This section contains an activity for the Video to accompany *C'est ça!* The theme and scene numbers here correspond to the ten themes and their respective scenes in the video (rather than to the chapter numbers in the book).

VOCABULAIRE

● ●

Noms

EN VILLE	IN THE CITY
l'amende (*f.*)	(*traffic or parking*) ticket
l'avantage (*m.*)	advantage
l'avenue (*f.*)	avenue
la banlieue	suburbs
le boulevard	boulevard
le bureau de tabac	tobacconist's shop
le carrefour	intersection
la cathédrale	cathedral
le chauffeur	driver
le cinéma	cinema, movie theater
la circulation	traffic
le commissariat de police	police station
la contravention	(*traffic or parking*) ticket
l'essence (sans plomb, ordinaire, super) (*f.*)	(lead-free, regular, super) gas
le feu (rouge, vert, orange)	(red, green, yellow) light
les heures d'affluence (*f.*)	rush hour
l'inconvénient (*m.*)	disadvantage, drawback
le kiosque	newsstand
la limite de vitesse	speed limit
le musée	museum
le parking	parking lot
le piéton	pedestrian
la place	parking space; (town) square
le rêve	dream
la route	road
la rythme de vie	pace
la sculpture	sculpture
la station service	gas station
le tableau	painting, picture
le trottoir	sidewalk

À LA CAMPAGNE	IN THE COUNTRY
l'antenne parabolique (*f.*)	satellite dish
la barrière	gate
le chat	cat
la chèvre	goat
le chien	dog
la ferme	farm
le fermier/la fermière	farmer
le jardin (potager)	(vegetable) garden
le mouton	sheep
la vache	cow

Verbes

s'asseoir	to sit down
conduire	to drive
défendre	to forbid
dépasser	to exceed
se distraire	to enjoy oneself
élever	to raise
faire attention	to be careful
faire du lèche-vitrines	to window-shop
faire fausse route	to take the wrong road
faire le plein	to fill up (*the car with gas*)
garer	to park
manquer	to miss
réparer	to repair, fix
stationner	to park
tomber en panne	to break down (*car or machinery*)

Adjectifs

sain(e)	healthy, sound
sûr(e)	safe

D'autres mots et expressions

ailleurs	elsewhere
dès que	as soon as
lorsque	when
tellement	so, so much
tellement de	so much, so many

L'environnement et la politique

*Le 22 avril, Jour de la Terre, les participants parisiens expriment
leur désir de protéger l'environnement.*

ESQUISSES

Les phénomènes naturels et les catastrophes

l'éclair (*m.*)

le volcan

la tornade

l'ouragan (*m.*)

l'inondation (*f.*)

le tremblement de terre

NOMS

l'atmosphère (*f.*) *atmosphere*
l'environnement (*m.*) *environment*
les ressources naturelles (*f.*) *natural resources*
le tonnerre *thunder*

ADJECTIFS

dangereux/dangereuse *dangerous*
industriel(le) *industrial*
propre *clean*
sale *dirty*

D'AUTRES MOTS ET EXPRESSIONS

à mon avis *in my opinion*
personnellement *personally*
en revanche *on the other hand*

Activités

A **Phénomènes naturels.** De quoi parle-t-on?

1. une montagne dont le centre est en fusion (*molten*)
2. des vents extrêmement forts
3. des secousses qui agitent la terre
4. une lumière qui traverse très vite le ciel
5. un vent fort qui forme une spirale
6. des rivières qui débordent (*overflow*)

B **Mauvaises nouvelles!** Dans quelles villes, quels états ou quels pays y a-t-il souvent ces genres de catastrophes? Que font les habitants de ces endroits pour se protéger?

1. un tremblement de terre
2. une éruption volcanique
3. un ouragan
4. une tempête (*storm*) de neige
5. une inondation

Protégeons l'environnement!

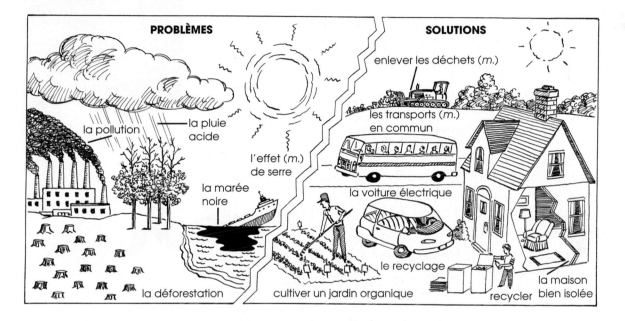

PROBLÈMES	SOLUTIONS

la pollution
la pluie acide
l'effet (*m.*) de serre
la marée noire
la déforestation
cultiver un jardin organique
enlever les déchets (*m.*)
les transports (*m.*) en commun
la voiture électrique
le recyclage
recycler
la maison bien isolée

NOMS

le consommateur *consumer*
le début *beginning*
l'emballage (*m.*) *packaging*
l'impôt (*m.*) *tax*

VERBES

consommer *to consume*
déverser *to dump, unload*
entendre dire *to hear* (*said*)
polluer *to pollute*

Conditional Tense

je	produirais	*I would make*
il/elle/on	produirait	*he/she/one would make*
je	construirais	*I would build*
il/elle/on	construirait	*he/she/one would build*
je	fabriquerais	*I would manufacture*
il/elle/on	fabriquerait	*he/she/one would manufacture*
je	recyclerais	*I would recycle*
il/elle/on	recyclerait	*he/she/one would recycle*
je	mettrais	*I would put*
il/elle/on	mettrait	*he/she/one would put*

RAOUL: C'est triste comme on pollue l'environnement…

ADELINE: Quand on comprendra que le monde a des ressources limitées, qu'on ne peut pas consommer comme il y a cinquante ans, on fera des progrès.

RAOUL: Mais qu'est-ce qu'une seule personne peut faire?

ADELINE: Beaucoup! Si les consommateurs le demandaient, on produirait des voitures électriques qui ne polluent pas, on construirait des maisons bien isolées, on fabriquerait des emballages biodégradables, on recyclerait beaucoup plus. Et on mettrait plus d'impôts sur les sociétés qui déversent des déchets toxiques dans la nature. Il faut prendre l'initiative!

RAOUL: J'ai entendu dire que dans cette ville on recycle déjà le verre et le papier…

ADELINE: C'est un début. Mais il faut que nous fassions mieux.

Activités

A **L'écologie.** Répondez en vous basant sur le dialogue.

1. Qu'est-ce qui arrive à l'environnement?
2. Pourquoi faut-il consommer moins?
3. Qu'est-ce qu'Adeline suggère qu'on fasse pour remédier à la situation?
4. À votre avis, qui s'intéresse le plus à la protection de l'environnement, Adeline ou Raoul? Pourquoi?

B **On s'adapte.** Voici quelques mauvaises habitudes qu'ont beaucoup de gens. Dites ce que vous ferez personnellement pour améliorer l'environnement.

MODÈLE: On se sert d'insecticides pour protéger les plantes. →
Moi, je cultiverai un jardin organique.

1. On conduit sa voiture tous les jours.
2. On jette le journal à la poubelle (*garbage can*).
3. On laisse la lumière allumée dans plusieurs pièces de la maison quand on sort.
4. On achète des produits d'une société qui déverse des déchets toxiques dans une rivière.
5. On jette des objets en verre et en aluminium à la poubelle.
6. On ne sait pas quels politiciens sont pour la protection des ressources naturelles.

C **Un environnement idéal.** Avec un(e) camarade de classe, trouvez des solutions aux problèmes illustrés à la page 351.

MODÈLE: Pour éviter (*avoid*) l'effet de serre, nous proposons qu'on prenne les transports en commun.

TABLEAU CULTUREL

ÉCOLOGIE ET PROGRÈS: La France, qui est pauvre en sources d'énergie, essaie depuis longtemps de contrôler sa consommation de pétrole et de gaz naturel. Comme il faut importer le pétrole, les taxes sur les produits pétroliers sont élevées, ce qui encourage les Français à limiter leur consommation. Les Français sont deux fois plus efficaces que les Américains dans leur utilisation d'énergie. Le gouvernement a établi un programme nucléaire civil qui fournit maintenant 80% de l'électricité utilisée en France. Comme l'énergie nucléaire (sauf accident) ne pollue pas, beaucoup d'écologistes voient l'énergie nucléaire, quoique (*although*) dangereuse, comme moins mauvaise pour l'envi-

La centrale nucléaire de Belleville-sur-Loire, au centre de la France, a été mise en service en 1987.

ronnement que le pétrole. La propreté de l'environnement fait partie intégrale de ce que les Français appellent «la qualité de la vie». Écologie et progrès ne sont pas à des pôles opposés, mais représentent au contraire deux aspects essentiels d'un mouvement vers un même but: une vie saine, productive et complète pour tous.

À VOUS!

1. Qu'est-ce qui encourage les Français à limiter leur consommation de pétrole?
2. Est-ce qu'on utilise beaucoup d'énergie nucléaire en France? Pourquoi ou pourquoi pas?

La politique française

la manifestation

le politicien/la politicienne

la banderole

LOGEMENT POUR LES SANS-ABRI

les sans-abri (m.)

Present Tense: *conduire*
(*to drive, conduct*)

je conduis	*I drive, conduct*
il/elle/on conduit	*he/she/one drives, conducts*

NOMS

l'électeur/l'électrice *voter*
le chômeur/la chômeuse
   unemployed person
le gouvernement *government*
la grève *strike*
les médias (m.) *media*
la politique *politics; policy*
le pouvoir *power*
le syndicat *trade union*

VERBE

faire grève *to (go on) strike*

ADJECTIF

actuel(le) *current, present*

D'AUTRES MOTS ET EXPRESSIONS

en fin de compte *in the final analysis*
quel(le) que soit /quel(le)s que soient
   whatever . . . may be

SCOTT: Les médias disent que les syndicats vont faire grève lundi.

NADÈGE: Oui, les ouvriers veulent attirer l'attention du public sur les problèmes de la société; les chômeurs qui ont besoin d'emplois, les sans-abri qui ont besoin de logements, les écoles qui doivent être mieux équipées…

SCOTT: Mais est-ce que le gouvernement ne pourrait pas trouver une solution?

NADÈGE: Oui et non. Le président a fait ce qu'il pouvait mais le premier ministre s'oppose au président; il est pour une politique d'austérité à cause de la crise actuelle du budget.

SCOTT: Il me semble que le président et le premier ministre cherchent des solutions différentes aux mêmes problèmes.

NADÈGE: En effet, chacun conduit sa propre politique pour garantir le succès de son parti avec les électeurs.

SCOTT: En fin de compte, quel que soit le pays, c'est toujours le pouvoir qui préoccupe les politiciens!

Activités

Ⓐ Le pouvoir en France. Répondez en vous basant sur le dialogue.

1. Qu'est-ce qui va se passer lundi? Pourquoi?
2. Quels sont les grands problèmes sociaux actuels en France? Est-ce que les mêmes problèmes existent dans votre pays?
3. Pourquoi le président et le premier ministre ne sont-ils pas d'accord?
4. Quelle est la politique du premier ministre? Pourquoi?
5. Qu'est-ce qui préoccupe partout les politiciens?

Ⓑ Une interview avec le président. Vous êtes le nouveau président/la nouvelle présidente. Quelles sont vos solutions aux problèmes suivants?

MODÈLE: le chômage → Je propose que le gouvernement crée des emplois.

1. les sans-abri
2. l'importation de pétrole
3. la drogue
4. le grand nombre d'accidents d'auto
5. le grand nombre d'immigrés qui viennent de pays pauvres
6. les jeunes qui n'ont rien à faire pendant les vacances
7. le déficit budgétaire
8. les écoles et les universités en péril
9. la violence dans les villes
10. le SIDA (*AIDS*)

Ⓒ Vous intéressez-vous à la politique? Faites un sondage de quatre camarades de classe pour voir combien ils s'intéressent à la politique. Après avoir écouté leurs réponses aux questions, classifiez vos camarades dans une des catégories suivantes: aime la politique; s'intéresse à la politique; s'intéresse peu à la politique; déteste la politique.

1. As-tu voté aux dernières élections? Pourquoi ou pourquoi pas?
2. Es-tu membre d'un parti politique? Lequel?
3. As-tu déjà participé à une manifestation politique? Laquelle?
4. Sais-tu qui sont tes représentants aux niveaux (*levels*) local et national? Qui sont-ils/elles?

TABLEAU CULTUREL

LA GAUCHE ET LA DROITE: C'est après la Révolution de 1789 que ces termes se sont introduits dans le langage politique: les radicaux se sont assis dans l'Assemblée nationale à la gauche du président de l'Assemblée. Les radicaux s'étant rassemblés à gauche, les conservateurs se sont trouvés ensemble à droite, et c'est ainsi qu'une expression du vocabulaire politique est née! Depuis cette époque et dans tous les pays, «gauche» est un terme appliqué aux partis progressistes, et «droite» s'applique aux partis conservateurs.

Les principaux partis politiques en France sont actuellement, de gauche à droite:

Parti communiste (P.C.)	Parti socialiste (P.S.)	Union pour la démocratie française (U.D.F.)	Rassemblement pour la République (R.P.R.)	Front national (F.N.)

Un mouvement écologiste s'est développé en France à la fin des années 60, quand l'armée française a voulu construire des terrains d'essai d'armements chimiques en Auvergne. Les efforts de milliers de Français concernés ont réussi à arrêter ce projet: ça a été la première grande victoire du mouvement écologiste en Europe. Les partis écologistes, les Verts et Génération Écologie, sont devenus importants dans les années quatre-vingts et ont une influence réelle sur la politique du pays.

À VOUS!

1. D'où viennent les termes politiques «gauche» et «droite»?
2. Comment est-ce que le mouvement écologiste s'est développé en France? Quels sont les partis écologistes?

GRAMMAIRE ESSENTIELLE

1. The Verb *conduire*

En effet, chacun conduit sa propre politique pour garantir le succès de son parti avec les électeurs.

The verb **conduire** has an irregular conjugation.

conduire *(to drive, conduct)*	
je conduis	nous conduisons
tu conduis	vous conduisez
il/elle/on conduit	ils/elles conduisent
Past participle: conduit	

Si on est vraiment écologiste, on ne **conduit** pas sa voiture tous les jours.	*If people are truly ecologists, they don't drive their cars every day.*

1. Some verbs conjugated like **conduire** are the following:

construire *to build, construct*	reproduire *to reproduce*
détruire *to destroy*	traduire *to translate*
produire *to produce, make*	

Karim et sa femme **ont construit** une maison bien isolée.	*Karim and his wife built a well-insulated house.*
Traduisez cette publicité en anglais, s'il vous plaît.	*Translate this advertisement into English, please.*

Activités

A Une maison à la campagne. Annick et Patrick sont écologistes et désirent vivre à la campagne. En utilisant des formes du verbe *construire*, parlez des travaux qu'ils font.

1. Ils _____ une maison en pierre.
2. Patrick _____ la cheminée.
3. Annick _____ un mur pour le jardin.
4. Je les aide. Je _____ des étagères.
5. C'est difficile, alors nous _____ ensemble la bibliothèque.
6. Et toi, est-ce que tu les aides? Qu'est-ce que tu _____?

B **Ma nouvelle voiture électrique.** Complétez les phrases par la forme appropriée d'un des verbes suivants: *conduire, construire, détruire* ou *produire*.

La voiture que je _____¹ à la gare chaque matin est électrique. Bien sûr, on ne _____² pas encore beaucoup de voitures électriques, mais on devrait (*should*) parce qu'avec la pollution causée par les autres voitures, on _____³ la planète. Mon frère et moi, nous _____⁴ en ville mais pour aller plus loin, nous prenons le train. On _____⁵ de plus en plus de lignes de chemin de fer (*railroad*). Le train, c'est pratique et très écologique!

2. Formation of the Conditional

LOGEMENT POUR LES SANS-ABRI

Mais est-ce que le gouvernement ne pourrait pas trouver une solution?

1. The formation of regular conditional verbs

The present conditional, equivalent to the English *would* + the verb (*I would go, he would travel*), is formed by adding the endings of the imperfect tense (**-ais, -ais, -ait, -ions, -iez, -aient**) to the infinitive or future stem. Notice that the final **e** of **-re** verbs is dropped before adding the endings.

conditional = future stem + imperfect endings

parler (*to speak*)	finir (*to finish*)	vendre (*to sell*)
je parler**ais** tu parler**ais** il/elle/on parler**ait**	je finir**ais** tu finir**ais** il/elle/on finir**ait**	je vendr**ais** tu vendr**ais** il/elle/on vendr**ait**
nous parler**ions** vous parler**iez** ils/elles parler**aient**	nous finir**ions** vous finir**iez** ils/elles finir**aient**	nous vendr**ions** vous vendr**iez** ils/elles vendr**aient**

À qui est-ce que le président
parlerait de l'économie?

Ils ont décidé que le premier
ministre **choisirait** son conseil.

*Whom would the president speak
to about the economy?*

*They decided that the prime
minister would choose his
cabinet.*

2. **-Er** verbs that have stem changes in the present tense in the singular and in the third-person plural retain these irregularities in the conditional.

Si j'avais du temps libre, je me
promènerais dans le parc.

Thomas m'a dit qu'il
m'**appellerait** à 7 h.

*If I had some free time, I would
walk in the park.*

*Thomas told me he would call me
at 7 o'clock.*

3. Verbs that have irregularities in their stems in the future tense have the same irregularities in the conditional, but their endings are always those of the **imparfait**.

aller	ir-	j'irais
avoir	aur-	j'aurais
devoir	devr-	je devrais
envoyer	enverr-	j'enverrais
être	ser-	je serais
faire	fer-	je ferais
pleuvoir	pleuvr-	il pleuvrait
pouvoir	pourr-	je pourrais
recevoir	recevr-	je recevrais
savoir	saur-	je saurais
venir	viendr-	je viendrais
voir	verr-	je verrais
vouloir	voudr-	je voudrais

S'il y avait des élections demain,
qui **serait** le nouveau président?

On **aurait** plus de ressources
naturelles au XXIème siècle si on
recyclait maintenant.

*If there were elections tomorrow,
who would be the new president?*

*We would have more natural
resources in the 21st century if
we recycled now.*

Activités

A Comment serait le monde au XXIème siècle? Décrivez ce qui arriverait si nous étions plus respectueux de notre environnement. Mettez les phrases au conditionnel.

MODÈLE: les gens / aller / au travail à vélo →
Les gens iraient au travail à vélo.

1. je / acheter / une voiture électrique
2. tu / recycler / les bouteilles et le plastique
3. Anne / gaspiller / moins d'énergie
4. nous / utiliser / des produits biodégradables
5. on / prendre / l'escalier plutôt que l'ascenseur
6. le gouvernement / protéger / les espaces verts

7. les médias / avoir / la responsabilité de rappeler au public ce qu'il faut faire

8. vous et moi, nous / faire / plus d'efforts que maintenant

B **Les bonnes intentions.** Qu'est-ce que les politiciens nous ont dit? Utilisez le conditionnel.

MODÈLE: agir en faveur des électeurs →
Les politiciens nous ont dit qu'ils agiraient en faveur des électeurs.

1. suivre les conseils du président
2. établir un budget sans trop augmenter les impôts
3. assurer une bonne éducation pour tous les enfants
4. discuter librement des mesures à prendre
5. faire des efforts pour protéger l'écosystème
6. se servir de l'énergie solaire

3. Uses of the Conditional

Si les consommateurs le demandaient, on produirait des voitures électriques qui ne polluent pas.

1. As you learned in chapter 8, commands, wishes, and requests are often softened by using the conditional forms of the verbs **vouloir** and **pouvoir**.

Use the conditional forms of **vouloir** and **pouvoir** to soften commands.

Je **voudrais** un billet, s'il vous plaît.	*I would like a ticket, please.*
Pourriez-vous m'aider dans la campagne électorale?	*Could you (please) help me in the campaign?*

2. The conditional of the verb **devoir** is used to give advice. It is equivalent to the English *should*.

je devrais = *I should*
tu devrais = *you should*

Pendant l'été, vous **devriez** économiser l'eau.	*During summer, you should conserve water.*
Nous ne **devrions** pas conduire à l'université. Nous **devrions** prendre les transports en commun.	*We shouldn't drive to the university. We should take public transportation.*

3. The conditional is used in the main clause of some sentences containing **si-** (*if-*) clauses. When the verb of a **si**-clause is in the **imparfait**, it expresses a condition, a conjecture, or a hypothetical situation. The conditional is used in the main clause to express what would happen if the hypothesis of the **si**-clause were true.

si-CLAUSE	MAIN CLAUSE
imparfait	conditional

Si j'avais le temps, j'**irais** au musée cet après-midi.	*If I had the time, I would go to the museum this afternoon.*
Christine **ferait** des économies si elle ne gaspillait pas d'électricité, d'essence ou d'eau.	*Christine would save money if she didn't waste electricity, gas, or water.*

Si nous gagnions à la loterie, nous **habiterions** à la campagne et nous cultiverions un jardin organique.	*If we won the lottery, we would live in the country and grow an organic garden.*

Activités

A **La politique.** Qu'est-ce qui arriverait? Complétez les hypothèses suivantes en mettant les verbes au temps correct (à l'imparfait ou au conditionnel).

MODÈLE: Si tous les électeurs _____ (voter), les politiciens _____ (être) plus travailleurs. →
Si tous les électeurs votaient, les politiciens seraient plus travailleurs.

1. Si le président _____ (faire) bien son travail, il _____ (être) populaire.
2. S'il y _____ (avoir) beaucoup de chômage, nous _____ (avoir) beaucoup de mal à trouver un emploi.
3. Si la situation économique ne _____ (s'améliorer, *to improve*) pas, le peuple _____ (vouloir) un changement politique.
4. Si le président _____ (être) compétent, il _____ (savoir) choisir un bon premier ministre.
5. Si les chômeurs _____ (faire) plus de manifestations, les politiciens _____ (comprendre) leurs problèmes.

B **Soyez optimiste!** Parlez de ces éventualités en utilisant l'imparfait ou le conditionnel, selon le cas.

MODÈLE: Je _____ (être) ravi(e) si je _____ (trouver) un job d'été. →
Je serais ravi(e) si je trouvais un job d'été.

1. Les écologistes _____ (être) contents si on _____ (recycler) davantage (*more*).
2. Je _____ (être) heureux/heureuse si mon candidat préféré _____ (gagner) aux prochaines élections.
3. Si les Verts _____ (recevoir) la majorité des votes, je _____ (être) content(e).
4. Nous _____ (être) surpris si les supermarchés _____ (vendre) des produits organiques.
5. Quelle chance nous _____ (avoir) si les catastrophes naturelles ne _____ (causer) pas de dégâts (*damage*).
6. Si les pays _____ (travailler) ensemble, on _____ (protéger) les ressources naturelles.
7. Je _____ (être) heureux/heureuse si l'énergie solaire _____ (devenir) une source d'énergie plus importante dans ce pays.

C **Conjectures.** Avec un(e) camarade de classe, parlez de ce que vous feriez dans les circonstances suivantes.

MODÈLE: s'il y avait beaucoup de pollution dans ta ville →

VOUS: Qu'est-ce que tu ferais s'il y avait beaucoup de pollution dans ta ville?

VOTRE CAMARADE: S'il y avait beaucoup de pollution dans ma ville, je ne conduirais pas ma voiture. Je prendrais les transports en commun.

1. si tu n'étais pas étudiant(e)
2. si tu étais très riche
3. si tu étais président(e)
4. si tu devais choisir ta carrière aujourd'hui
5. si tu devais vivre dans un autre pays

EN AVANT

Réalités

Utilisez l'eau judicieusement. Le gouvernement canadien est très conscient des problèmes de l'environnement. Voici une brochure qui donne des conseils pour conserver l'eau.

Des pelouses[1] vertes sans gaspillage

En été, nous utilisons 50 % plus d'eau que pendant le reste de l'année, et la pelouse et le jardin sont les endroits qui en absorbent le plus. Il est possible, grâce à une utilisation judicieuse, de gaspiller moins d'eau tout en conservant une pelouse et un jardin bien verts et en santé.

Arrêtez l'arroseur![2]

Les pelouses n'ont pas besoin d'être arrosées[3] chaque jour. En moyenne, un arrosage tous les trois ou cinq jours est suffisant, et moins souvent lorsqu'il pleut. Quand vous arrosez, détrempez bien le sol.[4] Les racines s'enfonceront[5] ainsi plus profondément dans le sol, et le gazon[6] sera plus robuste. Un arrosage quotidien produit des racines peu profondes et un gazon plus faible.

Choisissez un arroseur qui projette de grosses gouttes[7] d'eau au ras du sol et qui convient à la taille et à la forme de votre pelouse.

Si votre pelouse est verte . . . elle n'a pas besoin d'eau.

La pelouse n'a BESOIN que de 2 ou 3 centimètres d'eau par semaine. Plus *n'*équivaut *pas* à mieux.

Pour savoir combien de temps il faut arroser pour donner ces 2 ou 3 centimètres, placez un récipient sous votre arroseur et vérifiez combien de temps il faut pour le remplir au niveau désiré.

Si votre arroseur est muni d'une minuterie[8] automatique, vous pouvez le programmer afin que votre pelouse soit arrosée au bon moment de la journée et qu'elle reçoive la bonne quantité d'eau.

Les bains de soleil et l'arrosage de la pelouse ne vont pas de pair!

Il vaut mieux arroser la pelouse pendant les périodes les plus fraîches de la journée. Vous réduirez les pertes par évaporation en arrosant tôt le matin, lorsqu'il fait frais, ou en début de soirée, après le coucher du soleil.

Évitez d'arroser les journées ensoleillées, quand les gouttes d'eau concentrent les rayons du soleil, ce qui brûle le gazon. N'arrosez pas non plus lorsqu'il vente.

Ne transformez pas votre cour en terrain de golf

Laissez votre gazon assez long (plus de 6 centimètres) pour donner de l'ombre[9] aux racines. L'herbe plus haute retient mieux l'humidité et est plus attrayante.[10]

---

[1]*lawns* [2]*sprinkler* [3]*watered* [4]*détrempez... soak the soil well*
[5]*Les... The roots will plunge* [6]*lawn* [7]*drops* [8]*timer* [9]*shade*
[10]*attractive*

1. Quelle est une des choses recommandées pour préserver l'environnement?
2. En quelle saison utilisons-nous le plus d'eau? Pourquoi?
3. Pourquoi est-ce qu'on conseille de n'arroser que tous les trois ou cinq jours, et moins souvent quand il pleut?
4. Comment est-ce qu'on sait si on a assez arrosé?
5. Qu'est-ce qu'on peut utiliser pour que la pelouse ne reçoive que l'eau nécessaire?

TABLEAU CULTUREL

LE CANADA ET L'ENVIRONNEMENT: Le Canada est un des seuls pays industrialisés qui ait encore de vastes étendues (*stretches*) qui ne soient pas polluées. La pluie acide qui détruit progressivement les forêts et les écosystèmes du sud du pays a éveillé (*awakened*) la population et les autorités qui, depuis une vingtaine d'années, font très attention aux problèmes de l'environnement. La province de Québec a dépensé des sommes énormes pour préserver l'intégrité de l'environnement pendant la construction du projet de la baie James, le plus grand projet hydro-électrique du monde. Si d'innombrables rivières et lacs ont été changés à jamais par ce projet, il ne faut cependant pas oublier que l'hydro-électricité est une énergie propre qui ne salit (*soil*) pas l'atmosphère et ne menace pas la couche (*layer*) d'ozone qui protège la planète.

À Montréal, le Biodôme, le musée de l'environnement, présente, sur 10 000 mètres carrés, quatre écosystèmes: une forêt tropicale, la forêt Saint-Laurent, l'écosystème marin du fleuve Saint-Laurent et le monde polaire. C'est un musée vivant développé pour instruire le public au sujet de l'environnement. Les ingénieurs québécois ont fait particulièrement attention aux besoins de la faune et des animaux migrateurs.

À VOUS!

Donnez plusieurs exemples qui prouvent que le Canada a pris conscience de l'importance de la protection de l'environnement.

Bavardons un peu!

Campagne présidentielle. Imaginez que vous posez votre candidature à la présidence du pays. Quelle campagne feriez-vous? Formez des groupes de trois pour discuter les éléments suivants, puis faites un rapport à la classe.

  1. vos problèmes politiques (le déficit budgétaire; le programme national d'assurance maladie; l'économie et le chômage; l'environnement; les sans-abri; la drogue; la violence; etc.)
  2. vos slogans
  3. vos moyens de publicité

Vidéo-Club[*]

Thème 10   La société contemporaine[†]
Scène 10.1   Divergence d'opinions

Michel is posting flyers urging people to vote for an environmental candidate in the upcoming elections. He runs into a man doing the same for an opposing candidate. Needless to say, the two don't share the same opinions about what is best for the future of their region!

(Cue to 1:35:30.)

VOCABULAIRE UTILE

afficher ces prospectus	*to post these flyers*
Il était temps!	*It's about time!*
Vous ne pensez pas au bien-être de ses habitants!	*You're not thinking of the well-being of its inhabitants!*
encourager les entreprises à venir s'installer pour créer de nouveaux emplois	*to encourage companies to move here in order to create new jobs*

[*] This section contains an activity for the Video to accompany *C'est ça!* The theme and scene numbers here correspond to the ten themes and their respective scenes in the video (rather than to the chapter numbers in the book).
[†] Activities tied to an additional scene and a **Vignette culturelle** under this video topic appear in the Workbook/Laboratory Manual.

faire baisser le taux de chômage	*to lower the unemployment rate*
le droit de respirer de l'air pur non contaminé	*the right to breathe clean uncontaminated air*

Gérard Dubois ou Patrick Joubert? Based on what you've learned about the two candidates in the scene, write *D* next to the items that Dubois would likely endorse and *J* next to those that Joubert would endorse.

1. _____ de nouvelles industries
2. _____ de nouveaux parcs
3. _____ des logements pour les sans-abri
4. _____ des impôts sur les sociétés qui polluent
5. _____ le développement commercial
6. _____ la préservation de l'environnement
7. _____ moins de réglementations gouvernementales concernant les déchets industriels
8. _____ une politique d'austérité à cause de la crise du budget
9. _____ plus d'argent pour les écoles et les universités
10. _____ plus de recherches sur le SIDA

TABLEAU CULTUREL

Jack Lang, ancien Ministre de la Culture, avec Kofi Yamgnane dans la banlieue parisienne.

KOFI YAMGNANE: Depuis 1989, Kofi Yamgnane est maire de Saint-Coulitz, un village de 364 habitants en Bretagne. Originaire du Togo (en Afrique occidentale), Yamgnane a été le premier maire noir de France et d'Europe. Pendant son mandat (*term*), il a été aussi secrétaire d'État auprès du ministre des Affaires sociales et de l'Intégration sous Édith Cresson et Pierre Bérégovoy.

Né dans un village en 1945, Yamgnane est allé à l'école dans une ville voisine, puis au lycée à Lomé (la capitale du Togo) et à l'université en France où il a obtenu son diplôme d'ingénieur. Son projet était de construire des ponts et des routes au Togo. Cependant, il a choisi de rester en France où il s'est marié avec une Bretonne (une femme originaire de Bretagne). Ils se sont installés à Saint-Coulitz en 1973. En 1983, un groupe d'agriculteurs a persuadé Yamgnane de se présenter aux élections du village; il a été élu au Conseil municipal. C'est ainsi qu'a débuté sa carrière politique.

Yamgnane a mis en place quelques traditions africaines dans le village de Saint-Coulitz; par exemple, il a créé un Conseil des sages composé de cinq femmes et quatre hommes de plus de soix-ante ans. Une fois par mois, ils donnent leur avis sur les sujets qui seront discutés aux réunions du Conseil municipal. Le succès de sa démocratie a fait de Yamgnane un héros en France et au Togo.

À VOUS!

1. D'où vient Kofi Yamgnane? Où a-t-il fait ses études?
2. Comment est-ce qu'il a choisi une carrière politique? Nommez trois postes qu'il a occupés.
3. Quelle tradition africaine a-t-il mise en place à Saint-Coulitz?

VOCABULAIRE

Noms

l'atmosphère (*f.*)	atmosphere
la banderole	streamer
la catastrophe	catastrophe
le chômage	unemployment
le chômeur/la chômeuse	unemployed person
le consommateur	consumer
le début	beginning
le déchet	waste (*material*)
la déforestation	deforestation
l'éclair (*m.*)	lightning
l'effet de serre (*m.*)	greenhouse effect
l'électeur/l'électrice	voter
l'emballage (*m.*)	packaging
l'environnement (*m.*)	environment
le gouvernement	government
la grève	strike
l'impôt (*m.*)	tax
l'inondation (*f.*)	flood
le jardin organique	organic garden
la maison bien isolée	well-insulated house
la manifestation	(*political*) demonstration
la marée noire	oil spill
les médias (*m.*)	media
l'ouragan (*m.*)	hurricane
le phénomène	phenomenon
la pluie acide	acid rain
le politicien/ la politicienne	politician
la politique	politics; policy
la pollution	pollution
le pouvoir	power
le recyclage	recycling
les ressources naturelles (*f.*)	natural resources
les sans-abri (*m. inv.*)	homeless
le syndicat	trade union
le tonnerre	thunder
la tornade	tornado
les transports (*m.*) en commun	public transportation
le tremblement de terre	earthquake
la voiture électrique	electric car
le volcan	volcano

Verbes

conduire	to drive, conduct
consommer	to consume
construire	to build, construct
cultiver	to grow, cultivate
détruire	to destroy
déverser	to dump, unload
enlever	to remove, take away
entendre dire	to hear (said)
faire grève	to (go on) strike
polluer	to pollute
produire	to produce, make
recycler	to recycle
reproduire	to reproduce
traduire	to translate

Adjectifs

actuel(le)	current, present
dangereux/dangereuse	dangerous
industriel(le)	industrial
propre	clean
sale	dirty

D'autres mots et expressions

à mon avis	in my opinion
en fin de compte	in the final analysis
en revanche	on the other hand
personnellement	personally
quel(le) que soit/ quel(le)s que soient	whatever . . . may be

CLIMAT
L'effet de serre remis en question

ENTRACTE 8

LECTURE

• •

Avant de lire

READING LITERARY SELECTIONS: *Le Petit Prince*, by Antoine de Saint-Exupéry, has charmed readers worldwide since its appearance in 1943. Stranded in the Sahara desert, a pilot meets an extraordinary little boy and gradually learns details of this little prince's interstellar journey towards Earth, a voyage filled with adult characters who embody the various foibles of the human race.

During his Earth travels, the little prince meets several characters, including a fox. As you read the following passage, try to answer the following questions: 1. Why is the fox surprised by the little prince's friendliness? 2. What does the fox want from the little prince? 3. Why? 4. What adult flaws does the author seem to criticize through his characters?

Note that French employs a straight line (—) to indicate dialogue. French writers also often use a literary tense known as the *passé simple*, whose forms generally resemble the past participle. Can you determine the meaning of these short sentences written in the *passé simple*? What would the *passé composé* of these sentences be? **Il dit. Il décida. J'hésitai.**

In the following selection, verbs in the *passé simple* have been underlined the first time they appear. Verb forms that can not be deduced from the past participle have been glossed.

*Le Petit Prince**

C'est alors qu'<u>apparut</u>° le renard: *appeared*
—Bonjour, <u>dit</u> le renard.
—Bonjour, <u>répondit</u> poliment le petit prince, qui se <u>retourna</u>° mais ne <u>vit</u> rien.   *se... turned around*
—Je suis là, dit la voix, sous le pommier...°   *apple tree*

---

*Excerpt of *Le Petit Prince* by Antoine de Saint-Exupéry.

—Qui es-tu? dit le petit prince. Tu es bien joli…

—Je suis un renard, dit le renard.

—Viens jouer avec moi, lui <u>proposa</u> le petit prince. Je suis tellement triste…

—Je ne puis° pas jouer avec toi, dit le renard. Je ne suis pas apprivoisé.° *peux / tamed*

—Ah! pardon, <u>fit</u>° le petit prince. *passé simple of* **faire**

Mais, après réflexion, il <u>ajouta</u>:

—Qu'est-ce que signifie «apprivoiser»?

—Tu n'es pas d'ici, dit le renard, que cherches-tu?

—Je cherche les hommes, dit le petit prince. Qu'est-ce que signifie «apprivoiser»?

—Les hommes, dit le renard, ils ont des fusils° et ils chassent.° C'est bien gênant°! *rifles / hunt / annoying*
Ils élèvent aussi des poules.° C'est leur seul intérêt.° Tu cherches des poules? *hens / C'est… That's all they're good for.*

—Non, dit le petit prince. Je cherche des amis. Qu'est-ce que signifie «apprivoiser»?

—C'est une chose trop oubliée, dit le renard. Ça signifie «créer des liens…»

—Créer des liens?

—Bien sûr, dit le renard. Tu n'es encore pour moi qu'un petit garçon tout semblable à cent mille petits garçons. Et je n'ai pas besoin de toi. Et tu n'as pas besoin de moi non plus.° Je ne suis pour toi qu'un renard semblable à cent mille renards. *non… (n)either*
Mais, si tu m'apprivoises, nous aurons besoin l'un de l'autre. Tu seras pour moi unique au monde. Je serai pour toi unique au monde…

—Je commence à comprendre, dit le petit prince. Il y a une fleur… je crois qu'elle m'a apprivoisé…

—C'est possible, dit le renard. On voit sur la Terre toutes sortes de choses…

—Oh! ce n'est pas sur la Terre, dit le petit prince.

Le renard <u>parut</u>° très intrigué: *seemed*

—Sur une autre planète?

—Oui.

—Il y a des chasseurs, sur cette planète-là?

—Non.

—Ça, c'est intéressant! Et des poules?

—Non.

—Rien n'est parfait, <u>soupira</u>° le renard.

Mais le renard <u>revint</u> à son idée:

—Ma vie est monotone. Je chasse les poules, les hommes me chassent. Toutes les poules se ressemblent, et tous les hommes se ressemblent. Je m'ennuie° donc un peu. Mais, si tu m'apprivoises, ma vie sera comme ensoleillée.° Je connaîtrai un bruit de pas° qui sera différent de tous les autres. Les autres pas me font rentrer sous terre. Le tien° m'appellera hors du terrier,° comme une musique. Et puis regarde! Tu vois, là-bas, les champs de blé°? Je ne mange pas de pain. Le blé pour moi est inutile. Les champs de blé ne me rappellent rien. Et ça, c'est triste! Mais tu as des cheveux couleur d'or.° Alors ce sera merveilleux quand tu m'auras apprivoisé! Le blé, qui est doré,° me fera souvenir de toi. Et j'aimerai le bruit du vent dans le blé...

Le renard se <u>tut</u>° et <u>regarda</u> longtemps le petit prince:

—S'il te plaît... apprivoise-moi, dit-il!

—Je veux bien, répondit le petit prince, mais je n'ai pas beaucoup de temps. J'ai des amis à découvrir et beaucoup de choses à connaître.

—On ne connaît que les choses que l'on apprivoise, dit le renard. Les hommes n'ont plus le temps de rien connaître. Ils achètent des choses toutes faites chez les marchands. Mais comme il n'existe point° de marchands d'amis, les hommes n'ont plus d'amis. Si tu veux un ami, apprivoise-moi!

sighed

get bored
comme... full of sunshine
bruit... footstep
Le... Yours / burrow
champs... wheatfields

gold
golden
se... became quiet

not a single

Après la lecture

Le petit prince et le renard. Répondez aux questions suivantes en vous basant sur le texte.

1. Pourquoi est-ce que le petit prince veut que le renard joue avec lui?
2. Pourquoi le renard ne peut-il pas jouer avec le petit prince?
3. Comment est-ce que le renard sait que le petit prince vient d'ailleurs (*somewhere else*)?
4. Que cherche le petit prince?
5. Selon le renard, que font les hommes?
6. Pourquoi le renard veut-il que le petit prince l'apprivoise?
7. En quoi la vie du renard sera-t-elle différente si le petit prince accepte de l'apprivoiser? (Il y a plusieurs possibilités: donnez-en trois.)
8. Pourquoi le petit prince doit-il refuser la requête du renard?
9. Pourquoi, selon le renard, les hommes n'ont-ils plus le temps de rien connaître?
10. Êtes-vous d'accord que, pour avoir un ami, il faut l'apprivoiser?

PAR ÉCRIT

• •

Un voyage interstellaire. Comme le petit prince, vous êtes un voyageur/une voyageuse interstellaire. Vous arrivez sur Terre pour aider l'humanité et sauver la planète. Quelles sont vos observations sur les habitants de la Terre? Comment vivent-ils? Quels conseils est-ce que vous leur donnez pour qu'ils ne détruisent pas la planète? Mentionnez au moins six problèmes et six conseils.

MISE EN SCÈNE

La ville ou la campagne? Décrivez les scènes en donnant autant de détails que possible. Quels avantages et inconvénients y a-t-il à vivre en ville? et à la campagne? Où préféreriez-vous vivre? Quels problèmes sont illustrés dans cette scène? Qu'est-ce qu'on devrait faire pour résoudre ces problèmes?

APPENDIX: CONJUGATION OF REGULAR AND IRREGULAR VERBS

1. Auxiliary verbs: *avoir* and *être*

VERB	INDICATIVE			CONDITIONAL	SUBJUNCTIVE	IMPERATIVE
avoir*	*Present*	*Imperfect*	*Future*	*Present*	*Present*	
(to have)	ai	avais	aurai	aurais	aie	
ayant	as	avais	auras	aurais	aies	aie
eu	a	avait	aura	aurait	ait	
	avons	avions	aurons	aurions	ayons	ayons
	avez	aviez	aurez	auriez	ayez	ayez
	ont	avaient	auront	auraient	aient	
	Passé composé	*Pluperfect*		*Past*		
	ai eu	avais eu		aurais eu		
	as eu	avais eu		aurais eu		
	a eu	avait eu		aurait eu		
	avons eu	avions eu		aurions eu		
	avez eu	aviez eu		auriez eu		
	ont eu	avaient eu		auraient eu		
être*	*Present*	*Imperfect*	*Future*	*Present*	*Present*	
(to be)	suis	étais	serai	serais	sois	
étant	es	étais	seras	serais	sois	sois
été	est	était	sera	serait	soit	
	sommes	étions	serons	serions	soyons	soyons
	êtes	étiez	serez	seriez	soyez	soyez
	sont	étaient	seront	seraient	soient	
	Passé composé	*Pluperfect*		*Past*		
	ai été	avais été		aurais été		
	as été	avais été		aurais été		
	a été	avait été		aurait été		
	avons été	avions été		aurions été		
	avez été	aviez été		auriez été		
	ont été	avaient été		auraient été		

*The left-hand column of each chart contains the infinitive, the present participle, and the past participle of each verb. Conjugated verbs are shown without subject pronouns.

2. Regular verbs

VERB	INDICATIVE			CONDITIONAL	SUBJUNC-TIVE	IMPERATIVE
-er Verbs	*Present*	*Imperfect*	*Future*	*Present*	*Present*	
parler	parle	parlais	parlerai	parlerais	parle	
(to speak)	parles	parlais	parleras	parlerais	parles	parle
parlant	parle	parlait	parlera	parlerait	parle	
parlé	parlons	parlions	parlerons	parlerions	parlions	parlons
	parlez	parliez	parlerez	parleriez	parliez	parlez
	parlent	parlaient		parleront	parleraient	parlent
	Passé composé*	*Pluperfect*		*Past*		
	ai parlé	avais parlé		aurais parlé		
	as parlé	avais parlé		aurais parlé		
	a parlé	avait parlé		aurait parlé		
	avons parlé	avions parlé		aurions parlé		
	avez parlé	aviez parlé		auriez parlé		
	ont parlé	avaient parlé		auraient parlé		
-ir Verbs	*Present*	*Imperfect*	*Future*	*Present*	*Present*	
finir	finis	finissais	finirai	finirais	finisse	
(to finish)	finis	finissais	finiras	finirais	finisses	finis
finissant	finit	finissait	finira	finirait	finisse	
fini	finissons	finissions	finirons	finirions	finissions	finissons
	finissez	finissiez	finirez	finiriez	finissiez	finissez
	finissent	finissaient	finiront	finiraient	finissent	
	Passé composé*	*Pluperfect*		*Past*		
	ai fini	avais fini		aurais fini		
	as fini	avais fini		aurais fini		
	a fini	avait fini		aurait fini		
	avons fini	avions fini		aurions fini		
	avez fini	aviez fini		auriez fini		
	ont fini	avaient fini		auraient fini		
-re Verbs	*Present*	*Imperfect*	*Future*	*Present*	*Present*	
perdre	perds	perdais	perdrai	perdrais	perde	
(to lose)	perds	perdais	perdras	perdrais	perdes	perds
perdant	perd	perdait	perdra	perdrait	perde	
perdu	perdons	perdions	perdrons	perdrions	perdions	perdons
	perdez	perdiez	perdrez	perdriez	perdiez	perdez
	perdent	perdaient	perdront	perdraient	perdent	
	Passé composé*	*Pluperfect*		*Past*		
	ai perdu	avais perdu		aurais perdu		
	as perdu	avais perdu		aurais perdu		
	a perdu	avait perdu		aurait perdu		
	avons perdu	avions perdu		aurions perdu		
	avez perdu	aviez perdu		auriez perdu		
	ont perdu	avaient perdu		auraient perdu		

*Certain intransitive verbs are conjugated with **être** instead of **avoir** in compound tenses. Regular verbs conjugated with **être** include **arriver, monter, passer, rentrer, rester, retourner, tomber,** and **descendre.**

3. -er Verbs with spelling changes

Certain verbs ending in **-er** require spelling changes. Models for each kind of change are listed here. Forms showing stem changes are in boldface type.

VERB	PRESENT	PASSÉ COMPOSÉ	IMPERFECT	FUTURE	CONDI-TIONAL	PRESENT SUBJUNCTIVE	IMPERA-TIVE
commencer*	commence	ai commencé	**commençais**	commencerai	commencerais	commence	
(to begin)	commences	as commencé	**commençais**	commenceras	commencerais	commences	commence
commençant	commence	a commencé	**commençait**	commencera	commencerait	commence	
commencé	**commençons**	avons commencé	commencions	commencerons	commencerions	commencions	**commençons**
	commencez	avez commencé	commenciez	commencerez	commenceriez	commenciez	commencez
	commencent	ont commencé	**commençaient**	commenceront	commenceraient	commencent	
manger**	mange	ai mangé	**mangeais**	mangerai	mangerais	mange	
(to eat)	manges	as mangé	**mangeais**	mangeras	mangerais	manges	mange
mangeant	mange	a mangé	**mangeait**	mangera	mangerait	mange	
mangé	**mangeons**	avons mangé	mangions	mangerons	mangerions	mangions	**mangeons**
	mangez	avez mangé	mangiez	mangerez	mangeriez	mangiez	mangez
	mangent	ont mangé	**mangeaient**	mangeront	mangeraient	mangent	
appeler[†]	**appelle**	ai appelé	appelais	**appellerai**	**appellerais**	**appelle**	
(to call)	**appelles**	as appelé	appelais	**appelleras**	**appellerais**	**appelles**	**appelle**
appelant	**appelle**	a appelé	appelait	**appellera**	**appellerait**	**appelle**	
appelé	appelons	avons appelé	appelions	**appellerons**	**appellerions**	appelions	appelons
	appelez	avez appelé	appeliez	**appellerez**	**appelleriez**	appeliez	appelez
	appellent	ont appelé	appelaient	**appelleront**	**appelleraient**	**appellent**	
essayer[††]	**essaie**	ai essayé	essayais	**essaierai**	**essaierais**	**essaie**	
(to try)	**essaies**	as essayé	essayais	**essaieras**	**essaierais**	**essaies**	**essaie**
essayant	**essaie**	a essayé	essayait	**essaiera**	**essaierait**	**essaie**	
essayé	essayons	avons essayé	essayions	**essaierons**	**essaierions**	essayions	essayons
	essayez	avez essayé	essayiez	**essaierez**	**essaieriez**	essayiez	essayez
	essaient	ont essayé	essayaient	**essaieront**	**essaieraient**	**essaient**	
acheter[‡]	**achète**	ai acheté	achetais	**achèterai**	**achèterais**	**achète**	
(to buy)	**achètes**	as acheté	achetais	**achèteras**	**achèterais**	**achètes**	**achète**
achetant	**achète**	a acheté	achetait	**achètera**	**achèterait**	**achète**	
acheté	achetons	avons acheté	achetions	**achèterons**	**achèterons**	achetions	achetons
	achetez	avez acheté	achetiez	**achèterez**	**achèteriez**	achetiez	achetez
	achètent	ont acheté	achetaient	**achèteront**	**achèteraient**	**achètent**	
préférer[§]	**préfère**	ai préféré	préférais	préférerai	préférerais	**préfère**	
(to prefer)	**préfères**	as préféré	préférais	préféreras	préférerais	**préfères**	**préfère**
préférant	**préfère**	a préféré	préférait	préférera	préférerait	**préfère**	
préféré	préférons	avons préféré	préférions	préférerons	préférerions	préférions	préférons
	préférez	avez préféré	préfériez	préférerez	préféreriez	préfériez	préférez
	préfèrent	ont préféré	préféraient	préféreront	préféreraient	**préfèrent**	

*Verbs like **commencer**: dénoncer, divorcer, menacer, placer, prononcer, remplacer, tracer
Verbs like **manger: changer, engager, exiger, juger, loger, mélanger, nager, obliger, partager, voyager
[†]Verbs like **appeler**: jeter, projeter, (se) rappeler
[††]Verbs like **essayer**: employer, (s')ennuyer, payer
[‡]Verbs like **acheter**: amener, emmener, (se) lever, promener
[§]Verbs like **préférer**: célébrer, considérer, espérer, (s')inquiéter, pénétrer, posséder, répéter, révéler, suggérer

4. Pronominal verbs

VERB	INDICATIVE			CONDITIONAL	SUBJUNC-TIVE	IMPERATIVE
	Present	*Imperfect*	*Future*	*Present*	*Present*	
se laver	me lave	me lavais	me laverai	me laverais	me lave	
(to wash	te laves	te lavais	te laveras	te laverais	te laves	lave-toi
oneself)	se lave	se lavait	se lavera	se laverait	se lave	
se lavant	nous lavons	nous lavions	nous laverons	nous laverions	nous lavions	lavons-nous
lavé	vous lavez	vous laviez	vous laverez	vous laveriez	vous laviez	lavez-vous
	se lavent	se lavaient	se laveront	se laveraient	se lavent	
	Passé composé	*Pluperfect*		*Past*		
	me suis lavé(e)	m'étais lavé(e)		me serais lavé(e)		
	t'es lavé(e)	t'étais lavé(e)		te serais lavé(e)		
	s'est lavé(e)	s'était lavé(e)		se serait lavé(e)		
	nous sommes lavé(e)s	nous étions lavé(e)s		nous serions lavé(e)s		
	vous êtes lavé(e)(s)	vous étiez lavé(e)(s)		vous seriez lavé(e)(s)		
	se sont lavé(e)s	s'étaient lavé(e)s		se seraient lavé(e)s		

5. Irregular verbs

VERB	PRESENT	PASSÉ COMPOSÉ	IMPERFECT	FUTURE	CONDI-TIONAL	PRESENT SUB-JUNCTIVE	IMPERA-TIVE
aller	vais	suis allé(e)	allais	irai	irais	aille	
(to go)	vas	es allé(e)	allais	iras	irais	ailles	va
allant	va	est allé(e)	allait	ira	irait	aille	
allé	allons	sommes allé(e)s	allions	irons	irions	allions	allons
	allez	êtes allé(e)(s)	alliez	irez	iriez	alliez	allez
	vont	sont allé(e)s	allaient	iront	iraient	aillent	
boire	bois	ai bu	buvais	boirai	boirais	boive	
(to drink)	bois	as bu	buvais	boiras	boirais	boives	bois
buvant	boit	a bu	buvait	boira	boirait	boive	
bu	buvons	avons bu	buvions	boirons	boirions	buvions	buvons
	buvez	avez bu	buviez	boirez	boiriez	buviez	buvez
	boivent	ont bu	buvaient	boiront	boiraient	boivent	
conduire*	conduis	ai conduit	conduisais	conduirai	conduirais	conduise	
(to lead,	conduis	as conduit	conduisais	conduiras	conduirais	conduises	conduis
to drive)	conduit	a conduit	conduisait	conduira	conduirait	conduise	
conduisant	conduisons	avons conduit	conduisions	conduirons	conduirions	conduisions	conduisons
conduit	conduisez	avez conduit	conduisiez	conduirez	conduiriez	conduisiez	conduisez
	conduisent	ont conduit	conduisaient	conduiront	conduiraient	conduisent	
connaître	connais	ai connu	connaissais	connaîtrai	connaîtrais	connaisse	
(to be	connais	as connu	connaissais	connaîtras	connaîtrais	connaisses	connais
acquainted	connaît	a connu	connaissait	connaîtra	connaîtrait	connaisse	
with)	connaissons	avons connu	connaissions	connaîtrons	connaîtrions	connaissions	connaissons
connaissant	connaissez	avez connu	connaissiez	connaîtrez	connaîtriez	connaissiez	connaissez
connu	connaissent	ont connu	connaissaient	connaîtront	connaîtraient	connaissent	

*Verbs like **conduire: construire, détruire, réduire, traduire**

VERB	PRESENT	PASSÉ COMPOSÉ	IMPERFECT	FUTURE	CONDI-TIONAL	PRESENT SUBJUNCTIVE	IMPERA-TIVE
courir	cours	ai couru	courais	courrai	courrais	coure	
(to run)	cours	as couru	courais	courras	courrais	coures	cours
courant	court	a couru	courait	courra	courrait	coure	
couru	courons	avons couru	courions	courrons	courrions	courions	courons
	courez	avez couru	couriez	courrez	courriez	couriez	courez
	courent	ont couru	couraient	courront	courraient	courent	
craindre*	crains	ai craint	craignais	craindrai	craindrais	craigne	
(to fear)	crains	as craint	craignais	craindras	craindrais	craignes	crains
craignant	craint	a craint	craignait	craindra	craindrait	craigne	
craint	craignons	avons craint	craignions	craindrons	craindrions	craignions	craignons
	craignez	avez craint	craigniez	craindrez	craindriez	craigniez	craignez
	craignent	ont craint	craignaient	craindront	craindraient	craignent	
croire	crois	ai cru	croyais	croirai	croirais	croie	
(to believe)	crois	as cru	croyais	croiras	croirais	croies	crois
croyant	croit	a cru	croyait	croira	croirait	croie	
cru	croyons	avons cru	croyions	croirons	croirions	croyions	croyons
	croyez	avez cru	croyiez	croirez	croiriez	croyiez	croyez
	croient	ont cru	croyaient	croiront	croiraient	croient	
devoir	dois	ai dû	devais	devrai	devrais	doive	
(to have to,	dois	as dû	devais	devras	devrais	doives	dois
to owe)	doit	a dû	devait	devra	devrait	doive	
devant	devons	avons dû	devions	devrons	devrions	devions	devons
dû	devez	avez dû	deviez	devrez	devriez	deviez	devez
	doivent	ont dû	devaient	devront	devraient	doivent	
dire**	dis	ai dit	disais	dirai	dirais	dise	
(to say,	dis	as dit	disais	diras	dirais	dises	dis
to tell)	dit	a dit	disait	dira	dirait	dise	
disant	disons	avons dit	disions	dirons	dirions	disions	disons
dit	dites	avez dit	disiez	direz	diriez	disiez	dites
	disent	ont dit	disaient	diront	diraient	disent	
dormir†	dors	ai dormi	dormais	dormirai	dormirais	dorme	
(to sleep)	dors	as dormi	dormais	dormiras	dormirais	dormes	dors
dormant	dort	a dormi	dormait	dormira	dormirait	dorme	
dormi	dormons	avons dormi	dormions	dormirons	dormirions	dormions	dormons
	dormez	avez dormi	dormiez	dormirez	dormiriez	dormiez	dormez
	dorment	ont dormi	dormaient	dormiront	dormiraient	dorment	
écrire††	écris	ai écrit	écrivais	écrirai	écrirais	écrive	
(to write)	écris	as écrit	écrivais	écriras	écrirais	écrives	écris
écrivant	écrit	a écrit	écrivait	écrira	écrirait	écrive	
écrit	écrivons	avons écrit	écrivions	écrirons	écririons	écrivions	écrivons
	écrivez	avez écrit	écriviez	écrirez	écririez	écriviez	écrivez
	écrivent	ont écrit	écrivaient	écriront	écriraient	écrivent	
envoyer	envoie	ai envoyé	envoyais	enverrai	enverrais	envoie	
(to send)	envoies	as envoyé	envoyais	enverras	enverrais	envoies	envoie
envoyant	envoie	a envoyé	envoyait	enverra	enverrait	envoie	
envoyé	envoyons	avons envoyé	envoyions	enverrons	enverrions	envoyions	envoyons
	envoyez	avez envoyé	envoyiez	enverrez	enverriez	envoyiez	envoyez
	envoient	ont envoyé	envoyaient	enverront	enverraient	envoient	

*Verbs like **craindre**: atteindre, peindre
Verbs like **dire: contredire (vous contredisez), interdire (vous interdisez)
†Verbs like **dormir**: mentir, partir, repartir, sentir, servir, sortir. (Partir, repartir, and **sortir** are conjugated with **être**.)
††Verbs like **écrire**: décrire

VERB	PRESENT	PASSÉ COMPOSÉ	IMPERFECT	FUTURE	CONDI-TIONAL	PRESENT SUBJUNCTIVE	IMPERATIVE
faire	fais	ai fait	faisais	ferai	ferais	fasse	
(to do,	fais	as fait	faisais	feras	ferais	fasses	fais
to make)	fait	a fait	faisait	fera	ferait	fasse	
faisant	faisons	avons fait	faisions	ferons	ferions	fassions	faisons
fait	faites	avez fait	faisiez	ferez	feriez	fassiez	faites
	font	ont fait	faisaient	feront	feraient	fassent	
falloir	il faut	il a fallu	il fallait	il faudra	il faudrait	il faille	
(to be							
necessary)							
fallu							
lire	lis	ai lu	lisais	lirai	lirais	lise	
(to read)	lis	as lu	lisais	liras	lirais	lises	lis
lisant	lit	a lu	lisait	lira	lirait	lise	
lu	lisons	avons lu	lisions	lirons	lirions	lisions	lisons
	lisez	avez lu	lisiez	lirez	liriez	lisiez	lisez
	lisent	ont lu	lisaient	liront	liraient	lisent	
mettre*	mets	ai mis	mettais	mettrai	mettrais	mette	
(to put)	mets	as mis	mettais	mettras	mettrais	mettes	mets
mettant	met	a mis	mettait	mettra	mettrait	mette	
mis	mettons	avons mis	mettions	mettrons	mettrions	mettions	mettons
	mettez	avez mis	mettiez	mettrez	mettriez	mettiez	mettez
	mettent	ont mis	mettaient	mettront	mettraient	mettent	
mourir	meurs	suis mort(e)	mourais	mourrai	mourrais	meure	
(to die)	meurs	es mort(e)	mourais	mourras	mourrais	meures	meurs
mourant	meurt	est mort(e)	mourait	mourra	mourrait	meure	
mort	mourons	sommes mort(e)s	mourions	mourrons	mourrions	mourions	mourons
	mourez	êtes mort(e)(s)	mouriez	mourrez	mourriez	mouriez	mourez
	meurent	sont mort(e)s	mouraient	mourront	mourraient	meurent	
ouvrir**	ouvre	ai ouvert	ouvrais	ouvrirai	ouvrirais	ouvre	
(to open)	ouvres	as ouvert	ouvrais	ouvriras	ouvrirais	ouvres	ouvre
ouvrant	ouvre	a ouvert	ouvrait	ouvrira	ouvrirait	ouvre	
ouvert	ouvrons	avons ouvert	ouvrions	ouvrirons	ouvririons	ouvrions	ouvrons
	ouvrez	avez ouvert	ouvriez	ouvrirez	ouvririez	ouvriez	ouvrez
	ouvrent	ont ouvert	ouvraient	ouvriront	ouvriraient	ouvrent	
plaire	plais	ai plu	plaisais	plairai	plairais	plaise	
(to please)	plais	as plu	plaisais	plairas	plairais	plaises	plais
plaisant	plaît	a plu	plaisait	plaira	plairait	plaise	
plu	plaisons	avons plu	plaisions	plairons	plairions	plaisions	plaisons
	plaisez	avez plu	plaisiez	plairez	plairiez	plaisiez	plaisez
	plaisent	ont plu	plaisaient	plairont	plairaient	plaisent	
pleuvoir	il pleut	il a plu	il pleuvait	il pleuvra	il pleuvrait	il pleuve	
(to rain)							
pleuvant							
plu							
pouvoir	peux (puis)	ai pu	pouvais	pourrai	pourrais	puisse	
(to be able)	peux	as pu	pouvais	pourras	pourrais	puisses	
pouvant	peut	a pu	pouvait	pourra	pourrait	puisse	
pu	pouvons	avons pu	pouvions	pourrons	pourrions	puissions	
	pouvez	avez pu	pouviez	pourrez	pourriez	puissiez	
	peuvent	ont pu	pouvaient	pourront	pourraient	puissent	

*Verbs like **mettre**: permettre, promettre, remettre
Verbs like **ouvrir: couvrir, découvrir, offrir, souffrir

VERB	PRESENT	PASSÉ COMPOSÉ	IMPERFECT	FUTURE	CONDI-TIONAL	PRESENT SUBJUNCTIVE	IMPERATIVE
prendre*	prends	ai pris	prenais	prendrai	prendrais	prenne	
(to take)	prends	as pris	prenais	prendras	prendrais	prennes	prends
prenant	prend	a pris	prenait	prendra	prendrait	prenne	
pris	prenons	avons pris	prenions	prendrons	prendrions	prenions	prenons
	prenez	avez pris	preniez	prendrez	prendriez	preniez	prenez
	prennent	ont pris	prenaient	prendront	prendraient	prennent	
recevoir**	reçois	ai reçu	recevais	recevrai	recevrais	reçoive	
(to receive)	reçois	as reçu	recevais	recevras	recevrais	reçoives	reçois
recevant	reçoit	a reçu	recevait	recevra	recevrait	reçoive	
reçu	recevons	avons reçu	recevions	recevrons	recevrions	recevions	recevons
	recevez	avez reçu	receviez	recevrez	recevriez	receviez	recevez
	reçoivent	ont reçu	recevaient	recevront	recevraient	reçoivent	
rire[†]	ris	ai ri	riais	rirai	rirais	rie	
(to laugh)	ris	as ri	riais	riras	rirais	ries	ris
riant	rit	a ri	riait	rira	rirait	rie	
ri	rions	avons ri	riions	rirons	ririons	riions	rions
	riez	avez ri	riiez	rirez	ririez	riiez	riez
	rient	ont ri	riaient	riront	riraient	rient	
savoir	sais	ai su	savais	saurai	saurais	sache	
(to know)	sais	as su	savais	sauras	saurais	saches	sache
sachant	sait	a su	savait	saura	saurait	sache	
su	savons	avons su	savions	saurons	saurions	sachions	sachons
	savez	avez su	saviez	saurez	sauriez	sachiez	sachez
	savent	ont su	savaient	sauront	sauraient	sachent	
suivre	suis	ai suivi	suivais	suivrai	suivrais	suive	
(to follow)	suis	as suivi	suivais	suivras	suivrais	suives	suis
suivant	suit	a suivi	suivait	suivra	suivrait	suive	
suivi	suivons	avons suivi	suivions	suivrons	suivrions	suivions	suivons
	suivez	avez suivi	suiviez	suivrez	suivriez	suiviez	suivez
	suivent	ont suivi	suivaient	suivront	suivraient	suivent	
tenir	tiens	ai tenu	tenais	tiendrai	tiendrais	tienne	
(to hold,	tiens	as tenu	tenais	tiendras	tiendrais	tiennes	tiens
to keep)	tient	a tenu	tenait	tiendra	tiendrait	tienne	
tenant	tenons	avons tenu	tenions	tiendrons	tiendrions	tenions	tenons
tenu	tenez	avez tenu	teniez	tiendrez	tiendriez	teniez	tenez
	tiennent	ont tenu	tenaient	tiendront	tiendraient	tiennent	
venir[††]	viens	suis venu(e)	venais	viendrai	viendrais	vienne	
(to come)	viens	es venu(e)	venais	viendras	viendrais	viennes	viens
venant	vient	est venu(e)	venait	viendra	viendrait	vienne	
venu	venons	sommes venu(e)s	venions	viendrons	viendrions	venions	venons
	venez	êtes venu(e)(s)	veniez	viendrez	viendriez	veniez	venez
	viennent	sont venu(e)s	venaient	viendront	viendraient	viennent	

*Verbs like **prendre: apprendre, comprendre, surprendre**
Verbs like **recevoir: décevoir
[†]Verbs like **rire: sourire**
[††]Verbs like **venir: devenir (elle est devenue), revenir (elle est revenue), maintenir (elle a maintenu), obtenir (elle a obtenu), se souvenir de (elle s'est souvenue de…), tenir (elle a tenu)**

VERB	PRESENT	PASSÉ COMPOSÉ	IMPERFECT	FUTURE	CONDI-TIONAL	PRESENT SUBJUNCTIVE	IMPERATIVE
vivre*	vis	ai vécu	vivais	vivrai	vivrais	vive	
(to live)	vis	as vécu	vivais	vivras	vivrais	vives	vis
vivant	vit	a vécu	vivait	vivra	vivrait	vive	
vécu	vivons	avons vécu	vivions	vivrons	vivrions	vivions	vivons
	vivez	avez vécu	viviez	vivrez	vivriez	viviez	vivez
	vivent	ont vécu	vivaient	vivront	vivraient	vivent	
voir**	vois	ai vu	voyais	verrai	verrais	voie	
(to see)	vois	as vu	voyais	verras	verrais	voies	vois
voyant	voit	a vu	voyait	verra	verrait	voie	
vu	voyons	avons vu	voyions	verrons	verrions	voyions	voyons
	voyez	avez vu	voyiez	verrez	verricz	voyiez	voyez
	voient	ont vu	voyaient	verront	verraient	voient	
vouloir	veux	ai voulu	voulais	voudrai	voudrais	veuille	
(to wish,	veux	as voulu	voulais	voudras	voudrais	veuilles	veuille
to want)	veut	a voulu	voulait	voudra	voudrait	veuille	
voulant	voulons	avons voulu	voulions	voudrons	voudrions	voulions	veuillons
voulu	voulez	avez voulu	vouliez	voudrez	voudriez	vouliez	veuillez
	veulent	ont voulu	voulaient	voudront	voudraient	veuillent	

*Like **vivre: survivre**
Like **voir: prévoir, revoir

LEXIQUE FRANÇAIS-ANGLAIS

This end vocabulary provides contextual meanings of French words used in this text. It does *not* include proper nouns (unless presented as active vocabulary), exact cognates, most near cognates, past participles used as adjectives if the infinitive is listed, or regular adverbs formed from adjectives listed. Adjectives are listed in the masculine singular form; feminine endings or forms are included when irregular. An asterisk (*) indicates words beginning with an aspirate *h*. All active vocabulary is listed, indicated by the number of the chapter in which it first appears.

Abbreviations

A. archaic
ab. abbreviation
adj. adjective
adv. adverb
art. article
conj. conjunction
contr. contraction
exc. exception
f. feminine noun
fam. familiar or colloquial
Gram. grammatical term
indic. indicative (mood)
inf. infinitive
interj. interjection
interr. interrogative
intr. intransitive
inv. invariable
irreg. irregular (verb)
lit. literary
m. masculine noun
n. noun
neu. neuter
pej. pejorative
pl. plural
poss. possessive
p.p. past participle
prep. preposition
pron. pronoun
Q. Quebec usage
s. singular
s.o. someone
s.th. something
subj. subjunctive
tr. fam. very colloquial, argot
trans. transitive
v. verb

A

à *prep.* to; at; in; **à bientôt** see you soon (P); **à cause de** because of (8); **à côté de** next to (3); **à droite de** to the right of (3); **à gauche de** to the left of (3); **à la mode** in style, in fashion (3); **à mon avis** in my opinion (16); **à quelle heure** at what time (5); **à tout à l'heure** see you later (3)

abandonner to give up; to abandon; to desert

abbaye *f.* abbey, monastery (9)

s'abonner (à) to subscribe (to)

abord: d'abord *adv.* first, first of all (10)

abréviation *f.* abbreviation

abri *m.* shelter; **les sans-abri** *m. pl., inv.* the homeless

abricot *m.* apricot

absolument *adv.* absolutely

absorber to consume; to absorb

abstrait *adj.* abstract

abus *m.* abuse; misuse

abuser de to misuse, abuse

académie *f.* academy; **Académie française** the French Academy

accent *m.* accent; **accent aigu (grave, circonflexe)** acute (grave, circumflex) accent

accepter (de) to accept; to agree to

accès *m.* access; approach

accessoire *m.* accessory

accident *m.* accident; **avoir un accident** to have an accident

accidenté(e) *m., f.* victim of an accident

accompagné de *adj.* accompanied by

accompagnement *m.* accompaniment; side dish

accompagner to accompany, go along with

accord *m.* agreement; **d'accord** all right, OK; agreed (3); **être d'accord** to agree, be in agreement

accorder to grant, bestow, confer

accroissement *m.* growth

accroître (*like* **croître**) *irreg.* to increase, add to; **s'accroître** to grow, increase

accueil *m.* greeting, welcome

achat *m.* purchase; **centre** (*m.*) **d'achats** *Q.* shopping center; **pouvoir** (*m.*) **d'achat** purchasing power

acheter (j'achète) to buy (3)

acheteur (-euse) *m., f.* buyer, customer

acide *adj.* acid; **pluie** (*f.*) **acide** acid rain (16)

acoustique *f. s.* acoustics

acquéreur (-euse) *m., f.* acquirer, purchaser

acte *m.* act; law; certificate

acteur (actrice) *m., f.* actor (actress) (7)

actif (-ive) *adj.* active; working (5)

action *f.* action; gesture; **film** (*m.*) **d'action** action, adventure movie (7)

activement *adv.* actively

actrice *f.* actress (7)

actualité *f.* piece of news; present day

actuel(le) *adj.* present, current (16)

adapter to adapt; **s'adapter à** to adapt oneself, get accustomed to

additif *m.* additive

addition *f.* bill, check (*in a restaurant*) (4); addition

adjectif *m., Gram.* adjective

adjoint(e) *m., f.* assistant

admettre (*like* **mettre**) *irreg.* to admit, accept

administratif (-ive) *adj.* administrative

admirer to admire

adopter to adopt; to embrace

adorer to love, adore; **j'adore** I adore (P)

adoucisseur *m.* (*water, fabric*) softener

adresse *f.* address

adresser to address, speak to; **s'adresser à** to speak to; to appeal to

adversaire *m., f.* opponent, adversary

aérien(ne) *adj.* aerial; by air; airline

aérobic *f. s.* aerobics (5); **faire de l'aérobic** to do aerobics (5)

aérogramme *m.* aerogram, air letter (12)

aéroport *m.* airport (6)

affaire *f.* affair; business matter; *pl.* belongings; business; **chiffre** (*m.*) **d'affaires** turnover, sales figure (*in business*); **homme (femme) d'affaires** *m., f.* businessman (-woman); **ingénieur** (*m.*) **d'affaires** marketing engineer; **une bonne affaire** a bargain

affection *f.* affection; illness, ailment

affiche *f.* poster; billboard (2)

afficher to display; to hang up; to make a show of

affinage *m.* refinement; sharpening; **courbe** (*f.*) **d'affinage** refinement curve

affirmatif (-ive) *adj.* affirmative

affluence *f.* flow; abundance; **heures** (*f.*) **d'affluence** rush hour (15)

afin de *prep.* to, in order to; **afin que** *conj.* so, so that

africain *adj.* African; **Africain(e)** *m., f.* African (*person*) (8)

âge *m.* age; years; epoch; **moyen âge** *m. s.* Middle Ages; **quel âge avez-vous?** how old are you?

âgé *adj.* aged; old; elderly

agence *f.* agency; **agence de voyages** travel agency (6)

agenda *m.* engagement book, pocket calendar

agent *m.* agent; **agent de police** police officer (11); **agent de voyages** travel agent

agglomération *f.* agglomeration, urban center

agir to act; **il s'agit de** it's about, it's a question of

agiter to shake, agitate

agneau *m.* lamb (4)

agrandissement *m.* enlargement, extension

agréable *adj.* agreeable, pleasant, nice

agréer to accept, recognize; **je vous prie madame (monsieur) d'agréer l'expression de mes sentiments respectueux** very truly yours

agrément *m.* pleasure; amenities

agrémenté garnished, adorned

agricole *adj.* agricultural; **exploita-**

tion (*f.*) **agricole** farm

agriculteur (-trice) *m., f.* farmer (11)

aide *f.* help, assistance; *m., f.* helper, assistant; **à l'aide de** with the help of

aide-comptable *m., f.* assistant bookkeeper

aide-mémoire *m.* memorandum; memory aid

aider to help (2)

aïe! *interj.* ouch!

aigle *m.* eagle

aigu *adj.* sharp; acute; **accent** (*m.*) **aigu** acute accent (**é**)

ailleurs *adv.* elsewhere (15); **d'ailleurs** *adv.* moreover; anyway

aimable *adj.* likable, friendly

aimer to like; to love; **aimer bien** to like; **j'aime** I love, like (P); **j'aimerais** + *inf.* I would like; **s'aimer** to like, love one another (10); **tu aimes** you (*fam.*) love, like (P)

aîné(e) *m., f.* oldest sibling

ainsi *conj.* thus, so, such as; **ainsi que** *conj.* as well as, in the same way as

air *m.* air; look; tune; **au grand air** in the open, fresh air; **avoir l'air (de)** to seem, look (like); **en plein air** outdoors, in the open air

ajouter to add (4)

album *m.* (*photo, record*) album; picture book

alcool *m.* alcohol

alcoolémie *f.* level of alcohol (*in the blood*)

alcoolisé *adj.* alcoholic

alcoolisme *m.* alcoholism

aliment(s) *m.* food, nourishment

alimentaire *adj.* alimentary, pertaining to food

alléger (nous allégeons) to lighten, reduce

allemand *adj.* German; *m.* German (*language*) (1); **Allemand(e)** *m., f.* German (*person*) (2)

aller *irreg.* to go (3); **aller** + *inf.* to be going (*to do something*); **aller à pied** to go, travel on foot; **aller au cinéma** to go to the movies (1); **aller chercher** to (go) pick up; **allons-y!** here goes!; **billet** (*m.*) **aller-retour** round-trip ticket (6); **ça va?** how's it going? (P); **comment allez-vous?** how are you? (P); **s'en aller** to go off, leave

allergie *f.* allergy

alliance *f.* alliance; wedding ring (10)

allô *interj.* hello (*phone greeting*); **allô,... à l'appareil** hello, this is ... (6)

allocation *f.* allotment; pension; **allo-**

cations familiales *pl.* family subsidies

allonger (nous allongeons) to lengthen; **s'allonger** to stretch out, lie down

allure *f.* demeanor; look, aspect

alors *adv.* so; then, in that case (1); **alors que** *conj.* while, whereas

alpin *adj.* Alpine; **faire du ski alpin** to go (downhill) skiing (5)

alterner to alternate

altruiste *adj.* altruistic

aluminium (*fam.* **alu**) *m.* aluminum; aluminum foil

amande *f.* almond

ambigu(ë) *adj.* ambiguous, cryptic

amélioration *f.* improvement

améliorer to improve, better; **s'améliorer** to improve

amende *f.* fine; (*traffic or parking*) ticket (15)

amener (j'amène) to bring (*a person somewhere*); to take

amer (amère) *adj.* bitter

américain *adj.* American; **Américain(e)** *m., f.* American (*person*) (2); **jouer au football américain** to play football (5)

ami(e) *m., f.* friend (2); **petit(e) ami(e)** *m., f.* boyfriend (girlfriend)

amical *adj.* friendly

amicalement *adv.* in a friendly way; fondly (*in a letter*)

amitié *f.* friendship

amour *m.* love; **histoire** (*f.*) **d'amour** love story (7)

amoureux (-euse) *adj.* loving, in love; *m., f.* lover, sweetheart, person in love; **être amoureux (-euse) de** to be in love with; **tomber amoureux (-euse) (de)** to fall in love (with) (10)

amphithéâtre (*fam.* **amphi**) *m.* lecture hall, amphitheater (1)

amusant *adj.* amusing, fun (5)

amuse-gueule *m. inv.* snack

amuser to entertain, amuse; **s'amuser (à)** to have fun, have a good time (*doing s.th.*) (10)

an *m.* year; **avoir... ans** to be ... years old (2); **il y a... ans** ... years ago; **l'an dernier (passé)** last year; **par an** per year, each year; **tous les ans** every year

analyse *f.* analysis

analyser to analyze

analyste *m., f.* analyst; computer programmer

ancêtre *m., f.* ancestor

ancien(ne) *adj.* old, antique; former; ancient (5)

anglais *adj.* English; *m.* English (*language*) (1); **Anglais(e)** *m., f.* Englishman (-woman) (2)

anglophone *adj.* English-speaking

animation *f. s.* social, cultural events

animé *adj.* animated, lively; motivated; **dessins** (*m. pl.*) **animés** (*film*) cartoons (7)

année *f.* year (P); **l'année dernière** last year (6); **les années (cinquante, soixante)** the decade (era) of the (fifties, sixties)

anniversaire *m.* anniversary; birthday (10); **bon anniversaire** happy birthday

annonce *f.* announcement, ad; **petites annonces** *pl.* (classified) ads

annoncer (nous annonçons) to announce, declare

annuel(le) *adj.* annual, yearly

anorak *m.* (ski) jacket, windbreaker (3)

antenne *f.* antenna; **antenne parabolique** satellite dish (15)

antibactérien-n(ne) *adj.* antibacterial

anti-inflammatoire *adj.* anti-inflammatory

antipathique *adj.* unlikable

août August (P)

apéritif *m.* before-dinner drink, aperitif

apparaître (*like* **connaître**) *irreg.* to appear

appareil *m.* apparatus; device; appliance; (*still*) camera; **allô,... à l'appareil** hello, this is . . . (6); **appareil-photo** *m.* (*still*) camera (8); **qui est à l'appareil?** who's speaking? (6)

apparenté *adj.* related; cognate (*word*); **mot** (*m.*) **apparenté** cognate (*word*)

appartement *m.* apartment (2)

appartenir (*like* **tenir**) **à** *irreg.* to belong to

appauvrir to impoverish

appeler (j'appelle) to call; to name (4); **comment s'appelle... ?** what's (his/her) name?; **comment vous appelez-vous (t'appelles-tu)?** what's your name? (P); **je m'appelle...** my name is . . . (P); **mon ami s'appelle** my friend's name is (P); **s'appeler** to be named, called (10)

appellation (*f.*) **d'origine contrôlée (A.O.C.)** guaranteed vintage (*wine*)

appendicite *f.* appendicitis

appétit *m.* appetite; **bon appétit!** enjoy your meal!

application: programmeur (-euse) (*m., f.*) **d'application** applications programmer

appliquer to apply; **s'appliquer à** to be applied to

apport *m.* contribution

apporter to bring, carry; to furnish (4)

apprécier to appreciate, value

apprendre (*like* **prendre**) *irreg.* to learn; to teach (4); **apprendre à** to learn (how) to

appris *adj.* learned

apprivoiser to tame; to domesticate

approfondi *adj.* thorough; deep

approfondir to deepen; to study thoroughly

approprié *adj.* appropriate, proper, suitable

après *prep.* after; afterward (1); **après tout** after all, anyway

après-midi *m.* afternoon (3); **cet après-midi** this afternoon

apte (à) *adj.* fit, fitted, suited (to)

arbre *m.* tree (5)

architecte *m., f.* architect (11)

argent *m.* money; silver; **argent de poche** allowance, pocket money; **argent liquide** cash (12); **changer de l'argent** to change (exchange) currency

aristocratie *f.* aristocracy

armée *f.* army

arôme *m.* aroma; flavoring

arranger (nous arrangeons) to arrange; to fix; to accommodate; **s'arranger** to manage, contrive

arrêt *m.* stop; stoppage

arrêter (de) to stop; to arrest; **s'arrêter (de)** to stop (oneself) (10, 11)

arrière *adv.* back; **à l'arrière** in the back, rear; **arrière-grand-parent** *m.* great-grandparent

arriéré *adj.* old-fashioned; backward; retarded

arrivant(e) *m., f.* person arriving, arrival

arrivée *f.* arrival

arriver to arrive, come; to happen (7); **qu'est-ce qui vous arrive?** what's the matter (with you)?

arrondissement *m.* ward, section (*of Paris*)

arrosage *m.* watering

arroser to water; to sprinkle

arroseur *m.* sprinkler (*system*)

art *m.* art; **arts** (*pl.*) **plastiques** plastic arts (*sculpture, painting*); **exposition** (*f.*) **d'art** art exhibit; **galerie** (*f.*) **d'art** art gallery

artère *f.* artery

artériel(le) *adj.* arterial; **prendre la tension artérielle** to take one's blood pressure (13)

arthrite *f.* arthritis

artifice *m.* artifice, scheme, strategy; **feu** (*m. s.*) **d'artifice** fireworks (14)

artificiel(le) *adj.* artificial

artiste *m., f.* artist (11)

ascenseur *m.* elevator (2)

aspirer à to aim at, yearn for

assaisonné *adj.* seasoned

assemblée *f.* assembly; **l'Assemblée Nationale** the French National Assembly

asseoir (*p.p.* **assis**) *irreg.* to seat; **s'asseoir** to sit down (15)

assez *adv.* somewhat; rather, quite (2); **assez bien** pretty well; **assez de** *adv.* enough (4)

assiéger (nous assiégeons) to besiege, lay siege to (14)

assiette *f.* plate (4)

assis *adj.* seated; **être assis(e)** to be sitting down, be seated

assister à to attend, go to (*concert, etc.*)

associatif (-ive) *adj.* social, society

associé *adj.* associated

associer to associate

assorti *adj.* assorted; matching

assurance *f.* assurance; insurance (13); **assurance maladie** health insurance

assuré(e) *m., f.* insured person; *adj.* ensured, assured

assurer to insure; to assure

astucieux (-ieuse) *adj.* astute; cunning

atmosphère *f.* atmosphere (16)

attaché(e) *m., f.* representative, attaché

attaquer to attack; **s'attaquer à** to tackle, grapple with

atteindre (*like* **craindre**) *irreg.* to reach; to affect

attendre to wait for (3)

attente *f.* wait; expectation

attentif (-ive) *adj.* attentive

attention *f.* attention; **faire attention** to pay attention, watch out (15)

attentivement *adv.* attentively

attester to attest, certify

attirer to attract; to draw

attraper to catch

attrayant *adj.* attractive, engaging

attribuer to attribute; to grant, give

au (aux) *contr.* à + le (à + les)

auberge *f.* inn, hotel (9); **auberge de jeunesse** youth hostel

aucun(e) (ne... aucun[e]) *adj., pron.* none; no one, not one, not any; anyone; any (11)

augmentation *f.* increase, raise; **augmentation de salaire** (salary) raise
augmenter to increase (12)
aujourd'hui *adv.* today; nowadays (P); **encore aujourd'hui** still today; **quelle est la date d'aujourd'hui?** what's today's date? (P)
auquel. *See* **lequel**
aussi *adv.* also (1); so; as; consequently; **aussi bien que** as well as; **aussi... que** as . . . as (12); **moi aussi** me too
austérité *f.* austerity
autant *adv.* as much, so much, as many, so many; just as soon; **autant (de)... que** as many (much) . . . as (12)
auteur *m.* author
auto *f., fam.* car, auto; **en auto** by car
autobus (*fam.* **bus**) *m.* bus (6); **prendre l'autobus** to take the bus
auto-école *f.* driving school
automatique *adj.* automatic; **distributeur** (*m.*) **automatique (D.A.B.)** automatic teller (12)
automatisme *m.* automatism; automatic device
automne *m.* autumn, fall (5); **en automne** in the autumn
automobiliste *m., f.* motorist, driver
autorité *f.* authority
autoroute *f.* highway, freeway
autre *adj., pron.* other; another (2); *m., f.* the other; *pl.* the others, the rest
autrefois *adv.* formerly, in the past
aux *contr.* **à** + **les**
auxiliaire *m., f.* aide, assistant
auxquelles. *See* **lequel**
avance *f.* advance; **d'avance** in advance, earlier, ahead of time
avancer (nous avançons) to advance; **s'avancer vers** to approach, come upon
avant *adv.* before (*in time*); *prep.* before, in advance of (2); *m.* front; **avant de** + *inf.* (*prep.*) before; **avant que** + *subj.* (*conj.*) before; **en avant** forward; ahead
avantageux (-euse) *adj.* profitable; attractive (*price*)
avec *prep.* with (1)
avenir *m.* future
aventure *f.* adventure; **film** (*m.*) **d'aventure(s)** adventure movie (7)
avenue *f.* avenue (15)
aveu *m.* vow; confession
aviateur (-trice) *m., f.* aviator (9)
aviculteur (-trice) *m., f.* poultry farmer
avion *m.* airplane (6); **par avion** air mail

avis *m.* opinion; **à mon (ton, votre) avis** in my (your) opinion (16)
avocat(e) *m., f.* lawyer (11)
avoir (*p.p.* **eu**) *irreg.* to have (2); **avoir à** to have to, be obliged to (11); **avoir... ans** to be . . . years old (2); **avoir besoin de** to need (3); **avoir chaud** to be hot, warm (2); **avoir de la chance** to be lucky (2); **avoir de la fièvre** to have a fever (13); **avoir de la patience** to be patient; **avoir droit à** to have a right to, be entitled to; **avoir du mal à** to have trouble, difficulty; **avoir du succès** to be successful; **avoir envie de** to feel like; to want to (3); **avoir faim** to be hungry (2); **avoir froid** to be, feel cold (2); **avoir... heures (minutes) de retard** to be . . . hours (minutes) late; **avoir honte (de)** to be ashamed (of) (11); **avoir horreur de** to hate; **avoir l'air (de)** to look (like); **avoir la responsabilité de** to be responsible for; **avoir le plaisir de** to be pleased to; **avoir les yeux bleus** to have blue eyes; **avoir le temps (de)** to have the time (to); **avoir lieu** to take place (7); **avoir mal (à)** to have pain; to hurt (3); **avoir mal à la gorge** to have a sore throat; **avoir mal au ventre** to have a stomach ache (13); **avoir peur (de)** to be afraid (of) (11); **avoir raison** to be right (2); **avoir rendez-vous** to have a date, an appointment; **avoir soif** to be thirsty (2); **avoir tort** to be wrong (2); **avoir un accident** to have an accident; **avoir une crise cardiaque** to have a heart attack (13); **il y a** there is, there are; ago
avouer to confess (to); to admit (to)
avril April (P)

B

baba *m., f., adj.* follower of "posthippie" style (*in clothing, politics*)
baccalauréat (*fam.* **bac**) *m.* baccalaureate (*French secondary school degree*)
bague *f.* ring (*jewelry*) (10); **bague de fiançailles** engagement ring (10)
baguette (de pain) *f.* French bread, baguette
baie *f.* bay
bain *m.* bath; swim; **bain de soleil** sunbath; **maillot** (*m.*) **de bain** swimsuit, bathing suit (3); **prendre un bain** to take a bath (10); **salle** (*f.*) **de bains** bathroom (2)
baisser to lower, go down in value (12)

bal *m.* dance, ball; **bal masqué** masked ball, costume party (14)
balcon *m.* balcony (7)
banane *f.* banana (4)
bancaire *adj.* banking, bank; **carte** (*f.*) **bancaire** bank (ATM) card (12); **compte** (*m.*) **bancaire** bank account
bandage *m.* bandage (*for a sprain*) (13)
bande *f.* band; **bande dessinée** comic strip; *pl.* comics
banderole *f.* streamer, banner (16)
banlieue *f.* suburbs (15)
banque *f.* bank (12)
banquier (-ière) *m., f.* banker
baptiser to baptize; to name
baratte *f.* (butter) churn
baril *m.* barrel, container
barrer *Q.* to lock (*door*)
barrière *f.* barrier; fence; gate (15)
bas (basse) *adj.* low (9); bottom; *adv.* low, softly; **en bas** at the bottom; downstairs; **là-bas** *adv.* over there
base *f.* base; basis; **à base de** on the basis of; **de base** basic
basé (sur) *adj.* based (on)
base-ball *m.* baseball; **jouer au base-ball** to play baseball (5)
baser to base; **se baser sur** to be based on
basket-ball (*fam.* **basket**) *m.* basketball; **jouer au basket-ball** to play basketball (5)
baskets *m. ou f. pl.* sneakers (3)
basque: pelote (*f.*) **basque** pelota, jai alai (*Basque sport*)
bataille *f.* battle
bateau *m.* boat (5); **bateau à moteur** motorboat
batterie *f. s.* drums (7)
battre (*p.p.* **battu**) *irreg.* to beat; **se battre** to fight
battu *adj.* beaten; **les sentiers battus** the beaten paths
bavarder to chat; to talk
bazar *m.* bazaar; inexpensive store
BCBG *ab.* (**bécébégé**): **bon chic bon genre** "preppy"
beau (bel, belle [beaux, belles]) *adj.* handsome; beautiful (2); **il fait beau** it's nice (weather) out (5)
beaucoup (de) *adv.* very much, a lot; much, many (4); **merci beaucoup** thanks a lot (P)
beau-fils *m.* stepson (2)
beau-frère *m.* brother-in-law (2)
beau-père *m.* father-in-law; stepfather (2)
beauté *f.* beauty
bébé *m.* baby (2)

belge *adj.* Belgian (2); **Belge** *m., f.* Belgian (*person*)

belle-fille *f.* stepdaughter; daughter-in-law (2)

belle-mère *f.* stepmother; mother-in-law (2)

belle-sœur *f.* sister-in-law (2)

ben *interj., fam.* well!

bénéficier (de) to profit, benefit (from)

B.E.P. *ab.* **brevet d'études professionnelles** high-level trade diploma

béquille *f.* crutch

berceau *m.* cradle

berger (-ère) *m., f.* shepherd (shepherdess); **berger allemand** German shepherd

besoin *m.* need; **avoir besoin de** to need (3)

bête *adj.* silly; stupid

beurre *m.* butter (4)

beurrer to butter

bibliophile *m., f.* book lover, book collector

bibliothécaire *m., f.* librarian

bibliothèque (*fam.* **bibli**) *f.* library (1)

bic *m., fam.* ballpoint pen (P)

bicyclette *f.* bicycle

bidon *m.* can; large drum (*container*)

bien *adv.* well, good (7); quite; much; comfortable; *m.* good; *pl.* goods, belongings; **bien que** + *subj.* (*conj.*) although; **bien sûr** *interj.* of course (7); **très bien, merci** very well, thank you (P); **vouloir bien** to be willing (to)

bien-être *m.* well-being; welfare

bientôt *adv.* soon; **à bientôt!** *interj.* see you soon! (P)

bienvenue *f.* welcome

bière *f.* beer

bifteck *m.* steak (4)

bijou (*pl.* **bijoux**) *m.* jewel; piece of jewelry (10)

bilingue *adj.* bilingual

bilinguisme *m.* bilingualism

billet *m.* bill (*currency*); ticket; **billet aller-retour** round-trip ticket (6)

biologie *f.* biology (1)

bistrot *m.* bar, pub; bistro

blanc (blanche) *adj.* white (1); *m.* blank; **fromage** (*m.*) **blanc** white, unripened cheese

blé *m.* wheat; **blé d'Inde** *Q.* sweet corn, Indian corn

blessé(e) *adj.* wounded, injured; *m., f.* wounded person (13)

blesser to wound; to hurt (*feelings*)

blessure *f.* wound, injury (13)

bleu *adj.* blue (3)

bleuet *m.* cornflower; *Q.* blueberry

blond(e) *m., f., adj.* blond (3)

blouson *m.* windbreaker; jacket (3)

bœuf *m.* beef (4); ox

bof! *interj. and gesture of skepticism*

boire (*p.p.* **bu**) *irreg.* to drink (4)

bois *m.* wood; forest, wood(s) (5); **chèque** (*m.*) **en bois** rubber check; **coureur** (*m.*) **des bois** *Q.* trapper, scout, tracker (14)

boisson *f.* drink, beverage (4)

boîte *f.* box; can; nightclub; *fam.* workplace; **boîte aux lettres** mailbox; **boîte postale** post office box

bon (bonne) *adj.* good; right, correct (2); *m.* coupon, chit; **au bon moment** at the right time; **au bon vieux temps** in the good old days; **avoir bonne mine** to look well; **bon anniversaire** happy birthday; **bon appétit** enjoy your meal; **bon chic bon genre (BCBG)** "preppie"; **bon** (*m.*) **de commande** order form; **bon, je le prends** fine, I'll take it (3); **bon marché** *adj. inv.* cheap, inexpensive (3); **bonne nuit** *interj.* good night; **bonne route** have a good (*car*) trip; **bon voyage** have a good trip; **de bonne heure** early; **en bonne forme** fit, healthy; **en bonne santé** in good health; **il est bon que** + *subj.* it's good that . . .

bonbon *m.* (*piece of*) candy

bonheur *m.* happiness

bonhomme *m.* (little) fellow; **bonhomme Carnaval** *Q.* Carnival King; **bonhomme de neige** snowman (14)

bonjour *interj.* hello, good day (P)

bonsoir *interj.* good evening (P)

boom *m. fam.* party; (*economic*) boom

bord *m.* board; edge, bank, shore; **au bord de** on the banks (shore) of

bordé de *adj.* bordered by

botanique *adj.* botanical; **jardin** (*m.*) **botanique** botanical garden

botte *f.* boot (3)

boucanier *m.* pirate, buccaneer

bouche *f.* mouth (3)

boucher (-ère) *m., f.* butcher

boucherie *f.* butcher shop (4); **boucherie-charcuterie** *f.* combination butcher shop and deli

boucle *f.* curl; **boucles d'oreilles** earrings (10)

bougie *f.* candle (10)

bouillon *m.* broth; **bouillon de poulet** chicken broth

boulangerie *f.* bakery (4); **boulangerie-pâtisserie** *f.* bakery-pastry shop

boule *f.* ball; lump; *pl.* lawn bowling; **boule de neige** snowball

boulevard *m.* boulevard (15)

boulot *m., fam.* job; work; **métro-boulot-dodo** *fam.* the daily grind, the rat race

bourgeois *adj.* bourgeois; middle-class

bourgeoisie *f.* middle class, bourgeoisie

bourse *f.* scholarship; grant (12)

boursier (-ière) *m., f.* scholarship student, grant recipient

bout *m.* end; bit; morsel; **faire un bout de chemin** to take a short walk, go a little way

bouteille *f.* bottle (4); **une bouteille de** a bottle of (4)

boutique *f.* shop, store; boutique (3)

bouton *m.* button; pimple

bracelet *m.* bracelet (10)

brancher to plug in (6)

bras *m.* arm (3); **à tour de bras** with all one's (their) might, energetically

brassé *adj.* brewed

brave *adj.* brave; good, worthy

brebis *f.* sheep, ewe

bref (brève) *adj.* short, brief; **(en) bref** in short

brevet *m.* diploma; certificate (11)

bridge *m.* bridge (*game*); **jouer au bridge** to play bridge

briller to shine, gleam

brin *m.* sprig; shoot, blade (*of grass*); **un brin de** a bit of

briser to break, smash

bronchite *f.* bronchitis

brosse *f.* brush; chalkboard eraser; **brosse à cheveux** hairbrush (10); **brosse à dents** toothbrush (10)

brosser to brush; **se brosser les cheveux (les dents)** to brush one's hair (teeth) (10)

broue *Q., f., fam.* froth, bunk

brouillé *adj.* jumbled, mixed; **œufs** (*m. pl.*) **brouillés** scrambled eggs

bruit *m.* noise

brûlé: crème (*f.*) **brûlée** caramel custard

brûler to burn (up)

brûlure *f.* burn, scald (13)

brun(e) *m., f.* dark-haired, brunette; *adj.* brown (3)

brunir to brown; to tan (5)

budget *m.* budget; **budget mensuel** monthly budget (12)

bureau *m.* desk (P); office (6); **bureau de change** money exchange (office); **bureau de tabac** (*government-licensed*) tobacconist's shop (15)

bureautique *f.* office, data processing equipment

burlesque *m.* burlesque; vaudeville
but *m.* goal; objective

C

C.V. (curriculum vitae) *m.* résumé (11)
ça *pron.* this, that; it; **ça coûte combien?** how much is it?; **ça coûte trop cher** it's too expensive (3); **ça dépend** it depends (7); **(comment) ça va?** how's it going? (P); **ça va bien (mal)** things are going well (badly); **comme ci, comme ça** so-so (P)
cabane *f.* cabin, cottage; **cabane à sucre** *Q.* sap house; maple sugar candy
cabinet *m.* office; study (13); closet; **cabinet du médecin** medical office
cacao *m.* cocoa
caché *adj.* hidden
cadeau *m.* present, gift (10); **faire (offrir) un cadeau à** to give a present to
cadre *m.* frame; setting; executive, manager (11); **cadre supérieur** executive
café *m.* café; (cup of) coffee (4); **café au lait** coffee with milk
cafétéria *f.* cafeteria, dining hall (1)
cahier *m.* notebook; workbook (P)
caisse *f.* cash register; box, crate; **caisse d'épargne** savings bank
caissier (-ière) *m., f.* cashier (11)
calcique *adj.* pertaining to calcium
calculatrice *f.* calculator (6)
calculer to calculate, figure
calendrier *m.* calendar
calmer to calm (down)
camarade *m., f.* friend, companion; **camarade de chambre** roommate (2); **camarade de classe** classmate, schoolmate
camion *m.* truck (6)
campagne *f.* country(side) (15); campaign, electoral campaign; **à la campagne** in the country
campeur (-euse) *m., f.* camper
camping *m.* camping; campground (5); **faire du camping** to camp, go camping (5); **terrain** (*m.*) **de camping** campground
canadien(ne) *adj.* Canadian; **Canadien(-nne)** *m., f.* Canadian (*person*) (2)
canal *m.* (TV) channel; canal (8)
candidat(e) *m., f.* candidate; applicant
candidature *f.* candidacy
canne *f.* cane, walking stick

canon *m.* cannon
capacité *f.* ability; capacity; **capacité en droit** two-year legal certificate
car *conj.* for, because; *m.* intercity bus (**autocar**) (6)
caractère *m.* character
caractéristique *f.* characteristic, trait
carafe *f.* pitcher; decanter (4)
carbone *m.* carbon; **hydrate** (*m.*) **de carbone** carbohydrate
cardiaque *adj.* cardiac; **avoir une crise cardiaque** to have a heart attack (13)
Carême *m.* Lent
carnaval (*pl.* **carnavals**) *m.* carnival; **bonhomme** (*m.*) **Carnaval** *Q.* Carnival King
carnet *m.* notebook; booklet; book of tickets; **carnet d'adresses** address book; **carnet de chèques** checkbook (12)
carotte *f.* carrot (4)
carré *adj.* square; *n. m.* square; silk scarf; **mètre** (*m.*) **carré** square meter
carrefour *m.* intersection, crossroad (15)
carrière *f.* career (11)
carrousel *m.* roundabout; (baggage) carousel
carte *f.* card(s); menu (4); map (of region, country) (P); **carte bancaire** bank (ATM) card (12); **carte de crédit** credit card (12); **carte postale** postcard
cas *m.* case; **dans le cas de** in the case of; **en cas de** in case of, in the event of; **selon le cas** as the case may be
case *f.* space, square (*on printed form*)
casse-croûte *m.* snack, light lunch
casser to break; **se casser la jambe** to break one's leg (13)
cassette *f.* cassette tape (*video or audio*) (7); **cassette-vidéo** *f.* video-cassette
catastrophe *f.* catastrophe, disaster (16)
catégorie *f.* category, class
cathédrale *f.* cathedral (15)
cause *f.* cause; **à cause de** because of (8); **pour cause de** for reasons of
causer to cause
caution *f.* guarantee
caverne *f.* cave, cavern (9)
ce (c') *pron. neu.* it, this, that; **c'est combien?** how much is it? (3); **c'est dommage** it's too bad (8); **c'est un(e)...** it's a . . .
ce (cet, cette, ces) *adj.* this, that (4)
ceci *pron.* this, that
céder (je cède) to give up (14)

cédille *f.* cedilla (**ç**)
ceinture *f.* belt; **ceinture de sécurité** seat belt, safety belt
cela (ça) *pron.* this, that
célébration *f.* celebration
célèbre *adj.* famous (9)
célébrer (je célèbre) to celebrate
célibataire *m., f., adj.* single (*person*)
celle *pron., f. s. See* **celui**
cellier *m.* store-room, pantry
celte *adj.* Celtic (9)
celui (ceux, celle, celles) *pron.* the one, the ones, this one, that one, these, those
cent *adj.* one hundred (6)
centaine *f.* about one hundred
centimètre *m.* centimeter
centre *m.* center; **centre commercial** shopping center, mall; **centre d'achats** *Q.* shopping center; **centre d'informatique** data processing center
cependant *adv.* in the meantime; meanwhile; *conj.* yet, still, however, nevertheless (7)
céréales *f. pl.* cereal; grains
cérémonie *f.* ceremony
cerise *f.* cherry
certain *adj.* sure; particular; certain; *pl., pron.* certain ones, some people; **il est certain que + ** *indic.* it's certain that
certificat *m.* certificate; diploma
ces *adj., m., f. pl. See* **ce**
cesse *f.* ceasing; **sans cesse** ceaselessly
cesser (de) to stop, cease (11)
cet *pron., m. s. See* **ce**
cette *pron., f. s. See* **ce**
ceux *pron., m. pl. See* **celui**
chacun(e) *pron., m., f.* each, everyone; each (one); **chacun son goût** to each his/her own (14)
chaîne *f.* television channel; network; chain; range (*mountain*); **chaîne stéréo** stereo (*system*) (2)
chaise *f.* chair (P)
chaleur *f.* heat; warmth
chaleureux (-euse) *adj.* warm; friendly
chambre *f.* (bed)room; hotel room (2); **camarade** (*m., f.*) **de chambre** roommate (2); **chambre à coucher** bedroom
champ *m.* field
champagne *m.* champagne; **vin** (*m.*) **de champagne** champagne
champignon *m.* mushroom
champion(ne) *m., f.* champion
championnat *m.* tournament; championship

chance *f.* luck; possibility; opportunity; **avoir de la chance** to be lucky (2); **tenter sa chance** to try one's luck

change *m.* currency exchange; **bureau** (*m.*) **de change** money exchange (office); **taux** (*m.*) **de change** exchange rate (12)

changement *m.* change, alteration

changer (nous changeons) to change; to exchange (*currency*)

chanson *f.* song (7)

chanter to sing

chanteur (-euse) *m., f.* singer (7)

chapeau *m.* hat (3)

chapitre *m.* chapter

chaque *adj.* each, every (2); **chaque jour** each, every day (8)

char *m.* wagon; parade float (14); *Q.* car

charcuterie *f.* deli; cold cuts; pork butcher shop (4); **boucherie-charcuterie** *f.* combination butcher shop and deli

charge *f.* load; fee; maintenance fee; *pl.* utilities

chargé (de) *adj.* in charge (of), responsible (for); heavy, loaded; busy; **une journée chargée** a busy day

charmant *adj.* charming

chasser to hunt; to chase away

chasseur (-euse) *m., f.* hunter

chat (chatte) *m., f.* cat (15)

chaud *adj.* warm; hot; **avoir chaud** to feel warm, hot (2); **chocolat** (*m.*) **chaud** hot chocolate; **il fait chaud** it's warm, hot (out) (5)

chauffer to heat (up)

chauffeur (-euse) *m., f.* chauffeur; driver (15); **chauffeur de taxi** taxi (cab) driver

chaussée *f.* pavement; **rez-de-chaussée** *m.* ground level (*apartment*)

chausser to put on shoes, boots

chaussette *f.* sock; stocking (3)

chaussure *f.* shoe (3)

chef *m.* leader; head; chef, head cook (9); **chef comptable** chief accountant; **chef d'entreprise** company head, top manager, boss

chef-d'œuvre *m.* (*pl.* **chefs-d'œuvre**) masterpiece

chemin *m.* way; road; path; **chemin de fer** railroad; **chemin de retour** return trip; **faire un bout de chemin** to take a short trip, go a little way

cheminée *f.* fireplace; hearth

chemise *f.* shirt (3)

chemisier *m.* (*woman's*) shirt, blouse (3)

chèque *m.* check; **carnet** (*m.*) **de chèques** checkbook (12); **chèque de voyage** traveler's check (12); **chèque en bois** rubber check, dud check; **compte-chèques** *m.* checking account (12); **toucher un chèque** to cash a check (12)

cher (chère) *adj.* expensive; dear (3); **ça coûte trop cher** it's too expensive (3)

chercher to look for; to pick up (11); **aller chercher** to (go) pick up

chercheur (-euse) *m., f.* seeker; researcher (11)

cheval *m.* horse

cheveu (*pl.* **cheveux**) *m.* hair (3); **brosse** (*f.*) **à cheveux** hairbrush (10); **j'ai les cheveux blonds (bruns,** *etc.*) I have blond (brown, etc.) hair; **se brosser (se laver, se peigner) les cheveux** to brush (wash, comb) one's hair (10)

cheville *f.* ankle; **se tordre la cheville** to twist one's ankle (13)

chèvre *f.* goat (15); **fromage** (*m.*) **de chèvre** goat cheese

chez *prep.* at the home (establishment) of (2); **chez moi** at my place

chic *m.* chic; style; *adj. inv.* chic, stylish; **bon chic bon genre (BCBG)** *fam.* "preppie"

chien(ne) *m., f.* dog (15)

chiffre *m.* number, digit; **chiffre d'affaires** sales figures, turnover (*in business*)

chimie *f.* chemistry (1)

chimique *adj.* chemical

chimiste *m., f.* chemist (11)

chinois *adj.* Chinese; *m.* Chinese (*language*); **Chinois(e)** *m., f.* Chinese (*person*) (2)

chirurgien(ne) *m., f.* surgeon

chocolat *m.* chocolate; hot chocolate (4); **chocolat chaud** hot chocolate; **glace** (*f.*) **au chocolat** chocolate ice cream; **mousse** (*f.*) **au chocolat** chocolate mousse; **pain** (*m.*) **au chocolat** chocolate croissant

choisir (de) to choose (to) (5)

choix *m.* choice (11); **l'embarras** (*m.*) **du choix** an overabundance of choices

chômage *m.* unemployment (16); **être au chômage** to be out of work, unemployed; **taux** (*m.*) **de chômage** unemployment rate

chômer to be unemployed; to be idle

chômeur (-euse) *m., f.* unemployed person (16)

chose *f.* thing (4); **quelque chose** something

choucroute *f.* sauerkraut (*with meats*) (*Alsatian dish*)

chrétien(ne) *m., f., adj.* Christian

chronologique *adj.* chronological

chute *f.* fall, descent; waterfall (9)

ci: comme ci, comme ça so-so (P)

ciel *m.* sky, heaven (5); **gratte-ciel** *m. inv.* skyscraper

ciné-club *m.* film club

cinéma (*fam.* **ciné**) *m.* movies, cinema; movie theater (15); **aller au cinéma** to go to the movies (1)

cinémathèque *f.* film library, archive

cinématographique *adj.* cinematographic, film

cinq *adj.* five

cinquantaine *f.* about fifty

cinquante *adj. inv.* fifty

cinquantième *adj.* fiftieth

cinquième *adj.* fifth (9)

circonflexe *m.* circumflex (*accent*)

circonstance *f.* circumstance; occurrence

circuit *m.* circuit; organized tour

circulation *f.* traffic; circulation (15)

cirque *m.* circus

cité *f.* area in a city; **cité universitaire** (*fam.* **cité-U**) university residence complex (2)

cité *adj.* quoted, cited; listed

citerne *f.* cistern, reservoir

citron *m.* lemon

civil *adj.* civil; civilian, non-military

civilisé *adj.* civilized

clair *adj.* light, bright; light-colored; clear; evident; **il est clair que +** *indic.* it's clear, obvious that

clarinette *f.* clarinet (7)

classe *f.* class; classroom; **camarade** (*m., f.*) **de classe** classmate; **première (deuxième) classe** first (second) class; **rentrée** (*f.*) **des classes** back-to-school; **salle** (*f.*) **de classe** classroom

classement *m.* classification

classifier to classify, rate

classique *adj.* classical; classic; **musique** (*f.*) **classique** classical music

clavier *m.* keyboard (6); **saisir au clavier** to key in (*data processing*)

clef *f.* key; **fermer (la porte) à clef** to lock (the door)

clément *adj.* merciful, lenient

client(e) *m., f.* customer, client (11)

clin (*m.*) **d'œil** *m.* wink; **en un clin d'œil** in the twinkling of an eye

clinique *f.* clinic; private hospital

clip (vidéo-clip) *m.* videoclip, video segment, music video

cloche *f.* bell

cloître *m.* cloister(s)

clown *m.* clown (14)

club *m.* club (*social, athletic*); disco; **ciné-club** *m.* film club; **vidéo-club** video, film club; **voiture club** *f.* club car (*on a train*)

coca *m., fam.* cola drink, Coke

cocher to check off (*list*)

cochon *m.* pig

code *m.* code; **code pénal** penal code; **code postal** postal, zip code; **code tarif** barcode, price code

cœur *m.* heart (3); **maladie** (*f.*) **de cœur** heart disease; **savoir, apprendre par cœur** to know, learn by heart

coiffeur (-euse) *m., f.* hairdresser; barber (11)

coiffure *f.* coiffure, hairstyle; hairdressing

col *m.* collar; **col roulé** turtleneck (*sweater*)

collant *m.* tights, pantyhose (3)

collation *f.* light meal, snack

collectif (-ive) *adj.* collective

collège *m.* secondary school

collègue *m., f.* colleague

collier *m.* necklace (10)

cologne: eau (*f.*) **de cologne** perfume, eau de cologne

colon *m.* colonist (14)

colonie *f.* colony (8); **colonie de vacances** (*fam.* **colo**) summer camp

coloniser to colonize (14)

colonne *f.* column

colorant *m., adj.* coloring

coloris *m.* color, shade

combattre (*like* **battre**) *irreg.* to fight

combien (de)? *adv.* how much? how many? (3); **c'est combien?** how much is it? (3)

combinaison *f.* combination; plan, scheme

combustible *m.* fuel

comédie *f.* comedy (7); theater **comédie musicale** musical comedy

comique *adj.* funny, comical, comic; **film** (*m.*) **comique** comedy (7)

comité *m.* committee; **comité d'accueil** welcoming committee

commande *f.* order; **bon** (*m.*) **de commande** order blank, order form

commander to order (*in a restaurant*); to give orders (4)

comme *adv.* as, like, how (4); **comme ci, comme ça** so-so (P)

commencement *m.* beginning

commencer (nous commençons) (à) to begin (to) (2); **commencer par** to begin by (*doing something*)

comment *adv.* how (5); **comment?** what? how?; **comment allez-vous?** how are you? (P); **comment ça va?** how are you? how's it going?; **comment est-il/elle?** what's he (she, it) like?; **comment fait-on pour… ?** how do you go about . . . ?; **comment s'appelle-t-il/elle?** what's his (her, its) name?; **comment t'appelles-tu?** what is your name? (P)

commentaire *m.* commentary, remark

commenter to comment

commerçant(e) *m., f.* shopkeeper (11)

commerce *m.* business; **faire du commerce** to trade

commercial *adj.* commercial; business-related, marketing; **centre** (*m.*) **commercial** shopping center, mall

commissariat (de police) *m.* police station (15)

commission *f.* commission; errand

commode *f.* chest of drawers, dresser (2); *adj.* convenient; comfortable

commun *adj.* ordinary, common, shared, usual; popular; **transports** (*m. pl.*) **en commun** public transportation (16)

communauté *f.* community; **Communauté (Économique) Européenne (C.E.E.)** European (Economic) Community (EEC)

commune *f.* commune; parish; town

communication *f.* communication; public relations

communiquer to communicate; to adjoin

compact *adj.* compact; **disque** (*m.*) **compact** compact disc (7)

compagnie *f.* company

comparer to compare

complet (complète) *adj.* complete; whole; filled; **plat** (*m.*) **complet** full meal, main course

complètement *adv.* completely

compléter (je complète) to complete, finish

compliqué *adj.* complicated

composé *adj.* composed; **passé** (*m.*) **composé** *Gram.* present perfect

composer to compose; to make up; **composer un numéro** to dial a (phone) number (6)

compositeur (-trice) *m., f.* composer (7)

composter to stamp (*date*); to punch (*ticket*)

compotier *m.* fruit dish, fruitstand

comprendre (*like* **prendre**) *irreg.* to understand (4); to comprise, include

comprimé *m.* tablet, pill (14)

compris *adj.* included; **tout compris** all-inclusive

comptabilité *f.* accounting

comptable *m., f.* accountant (11); **aide-comptable** *m., f.* assistant accountant; **chef comptable** *m.* chief accountant

compte *m.* account; **compte-chèques** *m.* checking account; **compte courant** checking account; **compte d'épargne** savings account (12); **compte postal bancaire** postal savings account; **en fin de compte** all told, in the final analysis (16); **se rendre compte de/que** to realize (that)

compter (sur) to plan (on), intend; to count; to include (11)

concentrer to concentrate

concernant *prep.* concerning, regarding

concerner to concern; to interest; **en ce qui concerne** with regard to, concerning

concert *m.* concert (7)

concours *m.* competition; competitive exam

conçu *adj.* conceived, designed

conditionnel *m., Gram.* conditional

conducteur (-trice) *m., f.* driver

conduire (*p.p.* **conduit**) *irreg.* to drive; to take; to conduct (15, 16); **permis** (*m.*) **de conduire** driver's license

conduite *f.* behavior; driving; guidance

conférence *f.* lecture; conference

conférencier (-ière) *m., f.* lecturer; convention-goer

confiture *f.* jam, preserves

confort *m.* comfort; amenities; **tout confort** all amenities

congé *m.* leave (*from work*), vacation; **jour** (*m.*) **de congé** holiday, day off; **prendre un congé** to take time off

conjoint(e) *m., f.* spouse

conjointement *adv.* jointly, collaboratively

conjuguer *Gram.* to conjugate

conjurer to avert, ward off

connaissance *f.* knowledge; acquaintance; consciousness; **faire connaissance** to get acquainted; **faire la connaissance de** to meet (*for the first time*) (5, 9)

connaître (*p.p.* **connu**) *irreg.* to know; to be familiar with (5)

connu *adj.* known; famous

conquérir (*p.p.* **conquis**) *irreg.* to conquer

conquis *adj.* conquered

conscience *f.* conscience; consciousness; **prendre conscience de** to become aware of
consciencieux (-ieuse) *adj.* conscientious
conscient (de) *adj.* conscious (of)
conseil *m.* (piece of) advice (13); council
conseiller (de) to advise (to) (11)
conseiller (-ere) *m., f.* adviser; counselor
conséquemment *adv.* consequently
conséquent: par conséquent *conj.* therefore, accordingly
conservateur (-trice) *m., f., adj.* conservative
conservation *f.* conserving; preservation
conservatoire *m.* conservatory
conserver to conserve, preserve
considérer (je considère) to consider; **se considérer** to consider oneself, each other
consommateur (-trice) *m., f.* consumer (16)
consommation *f.* consumption; consumerism
consommer to consume (16)
constituant *adj.* constituent, component
constitué *adj.* made up of
constituer to constitute
constitutionnel (-lle) *adj.* constitutional
constructeur *m.* maker, manufacturer
construire (*like* **conduire**) *irreg.* to construct, build (16)
construit *adj.* constructed, built
consultation *f.* consulting; consultation; doctor's visit
consulter to consult
contact *m.* contact; **avoir des contacts** to have contacts
contaminé *adj.* contaminated
contemporain(e) *m., f., adj.* contemporary
contenir (*like* **tenir**) *irreg.* to contain
content *adj.* happy, pleased (2); **être content(e) que** + *subj.* to be happy that
contenter to please, make happy; **se contenter de** to be content with, satisfied with
continuer (à, de) to continue
contraire *adj.* opposite; *m.* opposite; **au contraire** on the contrary
contrairement (à) *adv.* contrarily, contrary (to)
contrat *m.* contract
contravention *f.* traffic or parking ticket; minor violation (15)

contre *prep.* against (9); contrasted with; **à contre-cœur** *adv.* unwillingly, reluctantly **le pour et le contre** the pros and cons; **pour ou contre** for or against
contredire (*like* **dire**, *exc.* **vous contredisez**) *irreg.* to contradict
contribuer to contribute
contrôle *m.* control, overseeing
contrôlé *adj.* controlled; **appellation** (*f.*) **d'origine contrôlée (A.O.C.)** guaranteed vintage (*wine*)
contrôler to inspect, monitor; to control
convaincant *adj.* convincing
convenable *adj.* proper; appropriate
convenir (*like* **venir**) *irreg.* to fit; to be suitable
conventionnel(le) *adj.* conventional, standard
convenu *adj.* agreed (upon), stipulated
converti *adj.* converted
convié *adj.* invited
convoquer to summon, invite, convene
coopérer to cooperate
coordinateur (-trice) *m., f.* coordinator
copain (copine) *m., f., fam.* friend, pal (8)
copie *f.* copy; imitation
copier to copy (6)
copieux (-ieuse) *adj.* copious, abundant
coquelicot *m.* red poppy
coronaire *adj.* coronary
corps *m.* body (3); **parties** (*f. pl.*) **du corps** parts of the body (3)
correctement *adv.* correctly
correspondance *f.* correspondence; transfer, change (of trains); **correspondance d'affaires** business correspondence
correspondant *m., f.* correspondent; pen pal; *adj.* corresponding
correspondre to correspond
corriger (nous corrigeons) to correct (6)
corsé *adj.* strong, full-bodied (*food, drink*)
cortège *m.* procession
costume *m.* (*man's*) suit (3); costume (14)
cote *f.* quota; share; ranking
côte *f.* coast (8); rib; ribsteak; side; **se tenir les côtes (de rire)** to hold one's sides (with laughter)
côté *m.* side; **à côté (de)** *prep.* by, near, next to; at one's side (3); **(d') à côté** (from) next door; **de votre**

(son) côté from your (his/her) point of view; **d'un côté... de l'autre côté** on one hand . . . on the other hand
cou *m.* neck
couchage: sac (*m.*) **de couchage** sleeping bag
couche *f.* layer; stratum; **couche d'ozone** ozone layer
coucher to put to bed; **chambre** (*f.*) **à coucher** bedroom; **coucher** (*m.*) **de soleil** sunset; **se coucher** to go to bed (10)
couleur *f.* color (3); **en couleur(s)** color; colored
coulis *m.* broth; fruit or vegetable sauce
couloir *m.* hall(way) (2)
coup *m.* blow; coup; (gun)shot; influence; **coup de téléphone** telephone call; **coup d'œil** glance; **donner un coup de fil** *fam.* to make a phone call (6)
coupable *adj.* guilty
coupe *f.* trophy, cup; champagne glass
coupelle *f.* small cup
couper to cut; to divide; to censor
coupeur (-euse) *m., f.* (garment) cutter
couple *m.* couple; married couple
coupure *f.* cut; denomination
cour *f.* yard; barnyard; court; **faire la cour à** to court s.o.
courageux (-euse) *adj.* courageous
couramment *adv.* fluently; commonly
courant *adj.* frequent; general, everyday; *m.* current; (of) this month; **compte** (*m.*) **courant** checking account
courbe *f.* curve; **courbe d'affinage** refinement curve
coureur (-euse) *m., f.* runner; **coureur** (*m.*) **des bois** *Q.* trapper; scout, tracker
courir (*p.p.* **couru**) *irreg.* to run; **le bruit court** there is a rumor
couronne *f.* crown; crown (*monetary unit*)
courrier *m.* mail (12); **courrier des lecteurs** letters to the editor
cours *m.* course; class (1); exchange rate; price; **au cours de** *prep.* during; **suivre un cours** to take a course, a class
course *f.* race; errand (14); **course automobile** auto race; **faire des courses** to do errands; to shop (5)
court *adj.* short (*not used for people*) (3); *m.* (*tennis*) court
cousin(e) *m., f.* cousin (2)
coût *m.* cost; **coût de la vie** cost of living

couteau *m.* knife (4)

coûter to cost (3); **ça coûte combien?** how much does it cost?; **ça coûte trop cher** it's too expensive (3)

couture *f.* sewing; clothes design; **haute couture* high fashion

couturier (-ière) *m., f.* fashion designer; dressmaker

couvert *adj.* covered; cloudy; *m.* table setting; set of plates and cutlery

couverture *f.* blanket; coverage

couvrir (*like* **ouvrir**) *irreg.* to cover (7)

cow-boy *m.* cowboy; **film** (*m.*) **de cow-boys** (7) western (*movie*)

cracheur (-euse) *m., f.* spitter; **cracheur (-euse) de feu** fire eater (*carnival*)

craie *f.* chalk (P)

craquer pour to have a crush on, be crazy about

cravate *f.* (neck)tie (3)

crayon *m.* pencil (P)

crèche *f.* child care center

crédit *m.* credit; *pl.* funds, investments; **carte** (*f.*) **de crédit** credit card (12)

créer to create (9)

crème *f.* cream; **crème brûlée** caramel custard; **crème fouettée** whipped cream; **crème glacée** ice cream; **crème traitante** medicinal cream

crémerie *f.* dairy (*store*) (4)

crêpe *f.* crepe, French pancake; **crêpe de soie** crape, crêpe de soie (*fine silk fabric*)

crêperie *f.* creperie, restaurant featuring **crêpes**

criminel(le) *m., f.* criminal

crincrin *fam.* violin, fiddle

crise *f.* crisis; recession; depression; **avoir une crise cardiaque** to have a heart attack (13); **crise de foie** indigestion, liver trouble; **crise économique** recession; depression

critique *f.* criticism; critique; *m., f.* critic; *adj.* critical

critiquer to criticize

croire (*p.p.* **cru**) (**à**) *irreg.* to believe (in) (8); **croire que...** to believe that . . .

croisière *f.* cruise; **faire une croisière** to go on a cruise

croissance *f.* growth, development

croissant *m.* croissant (*roll*) (4)

croix *f.* cross

croquant *adj.* crisp, crunchy

croquer to munch; to crunch

croûte *f.* crust; **casse-croûte** *m.* snack

cru *adj.* raw

crudité *f.* raw vegetable; *pl.* plate of raw vegetables

cuillère *f.* spoon (4)

cuir *m.* leather

cuire (*p.p.* **cuit**) *irreg.* to cook; to bake; **faire cuire** to cook

cuisine *f.* cooking; food, cuisine; kitchen (2); **faire la cuisine** to cook (5)

cuisiner to cook

cuisinier (-ière) *m., f.* cook (11)

cuivre *m.* copper; brass (9)

culinaire *adj.* culinary, cooking

culte *m.* cult; religion

cultiver to grow, cultivate, farm; **cultiver un jardin organique** to grow an organic garden (16)

culture *f.* education; culture

culturel(le) *adj.* cultural

cure *f.* treatment; **faire une cure** to go through a course of treatment

curieux (-ieuse) *adj.* curious

cycle: brevet (*m.*) **d'études de premier cycle** junior high school certificate (*France*)

cycliste *m., f.* bicycle rider, cyclist

D

D.A.B. (distributeur automatique bancaire) *m.* ATM (automatic teller machine) (12)

d'abord *adv.* first, first of all, at first (10)

d'accord *interj.* OK, agreed (3)

dame *f.* lady, woman

dangereux (-euse) *adj.* dangerous (16)

dans *prep.* within, in (1); **dans quatre jours** in four days

dansant *adj.* dancing; **repas** (*m.*) **dansant** dinner dance

danser to dance (1)

date *f.* date (*time*); **date d'édition** publication date; **date de naissance** date of birth; **date limite** deadline; **quelle est la date d'aujourd'hui?** what's today's date? (P)

dauphinois: gratin (*m.*) **dauphinois** potato dish with butter, milk, and cheese (scalloped potatoes)

davantage *adv.* more

de (d') *prep.* of, from, about (1); **de moins en moins** less and less (12); **de plus en plus** more and more (12); **de rien** you're welcome (P); **de taille moyenne** of average height (3)

débat *m.* debate

déborder to overflow; to flood

débouché *m.* (job) opening, demand; market for

débrancher to unplug (*electrical equipment*) (6)

début *m.* beginning (16); **au début (de)** in, at the beginning (of)

décembre December (P)

décerner to award, bestow

décès *m.* death, decease

décevoir (*like* **recevoir**) *irreg.* to disappoint; to deceive

déchets *m. pl.* (industrial) waste; debris, litter (16); **enlever les déchets** to clean up litter/waste (16)

décider (de) to decide (to)

déclarant(e) *m., f.* official; **déclarant(e) en douanes** customs official

déclarer to declare (8); to name

décontracté *adj.* relaxed

décontraction *f.* relaxation

décor *m.* decor; scenery; decoration

décoratif (-ive) *adj.* decorative

décoration *f.* decoration; interior decoration

découragement *m.* discouragement

découverte *f.* discovery

découvrir (*like* **ouvrir**) *irreg.* to discover, learn (7)

décrire (*like* **écrire**) *irreg.* to describe (8); **se décrire** to describe oneself

décrocher to unhook; to pick up the phone; *fam.* to get, receive

décroissance *f.* decrease, decline

décroissant *adj.* decreasing

déçu *adj.* disappointed (14)

dédier to dedicate

défendre to defend; to forbid (15)

défense *f.* defense; prohibition; **défense de fumer (de stationner)** no smoking (parking)

défi *m.* challenge

défilé *m.* parade; procession (14)

déforestation *f.* deforestation (16)

dégât *m.* damage

degré *m.* degree

se déguiser (en) to disguise oneself (as), dress up (as) (14)

déguster to taste; to relish; to eat, drink

dehors *adv.* outdoors; outside; **en dehors de** outside of, besides

déjà *adv.* already (4)

déjeuner to have lunch; *m.* lunch (4); **petit déjeuner** breakfast (4)

délégué(e) *m., f.* delegate; representative; salesperson

délice *m.* delight

délicieusement *adv.* deliciously

délicieux (-ieuse) *adj.* delicious

demain *adv.* tomorrow (P); **à demain** see you tomorrow

demande *f.* request; application

demander to ask (for), request (10)

démarcation *f.* demarcation; **ligne** (*f.*) **de démarcation** dividing, demarcation line (*World War II*)

démarche *f.* (*necessary*) step

démarrer to start (*a car*); to take off

déménager (nous déménageons) to move (*house*)

demeurer to stay; to live, reside

demi *m., adj.* half; **demi-écrémé** *adj.* low fat; **demi-frère** *m.* half-brother; stepbrother (2); **demi-heure** *f.* half-hour; **demi-sœur** *f.* half-sister; stepsister (2); **il est minuit et demi** it's twelve-thirty A.M.

démocratie *f.* democracy

demoiselle *f.* young lady; single, unmarried woman; **demoiselle d'honneur** maid of honor (*wedding*) (10)

démonstratif (-ive) *adj.* demonstrative

démuni *adj.* impoverished

dénicher to find, uncover

dénoncer (nous dénonçons) to denounce, expose

dent *f.* tooth (3); **brosse** (*f.*) **à dents** toothbrush (10); **se brosser les dents** to brush one's teeth (10)

dentaire *adj.* dental

dentifrice *m.* toothpaste (10)

dentiste *m., f.* dentist (11)

dépanneur (-euse) *m., f.* repairperson, troubleshooter

départ *m.* departure

département *m.* department; district

dépasser to go beyond; to pass, surpass (15); **dépasser la limite de vitesse** to exceed the speed limit

se dépêcher (de, pour) to hurry (to) (10)

dépendance *f.* dependency

dépendre (de) to depend (on); **ça dépend** it depends (7)

dépense *f.* expense; spending

dépenser to spend (*money*) (12)

déporter to deport

déposer to deposit (12); **déposer de l'argent** to deposit money

déprime *f.* (*state of*) depression

depuis (que) *prep.* since, for (12); **depuis longtemps** for a long time; **depuis quand** since when

dérangement *m.* disarrangement; disturbance

dernier (-ière) *adj.* last; most recent; past; **l'an dernier (l'année dernière)** last year (6); **la semaine dernière** last week (6); **lundi dernier** last Monday (6)

se dérouler to unfold, develop; to take place

derrière *prep.* behind; *m.* back, rear (1)

des *contr. of* **de + les**

dès *prep.* from (*then on*); **dès que** as soon as (15)

désagréable *adj.* disagreeable, unpleasant

descendre to go down (3); to get off (7); to take down

desdits *pl. from* **ledit,** the aforesaid

se déshabiller to get undressed (10)

désigner to designate, refer to

se désintéresser (de) to lose interest (in) (14)

désirer to desire, want

désobéir (à) to disobey (5)

désolé *adj.* sorry (14); **(je suis) désolé(e)** I'm sorry

désordonné *adj.* disorderly, messy

désormais *adv.* henceforth

dessert *m.* dessert (4)

dessin *m.* drawing (9); **dessins animés** (*film*) cartoons (7)

dessinateur (-trice) *m., f.* designer; sketcher; **dessinateur (-trice) de mode** fashion designer; **dessinateur (-trice) publicitaire** art director

dessiné *adj.* drawn, sketched; **bande** (*f.*) **dessinée** comic strip; *pl.* comics

dessiner to draw; to design

dessus *adv.* above; over; on; **ci-dessus** *adv.* above, previously; **là-dessus** on that subject

détail *m.* detail; **en détail** in detail

se détendre to relax (10)

détente *f.* relaxation; detente

déterminer to determine

détersif *m.* cleaning product

détester to detest, hate; **je déteste** I hate (P)

détremper to moisten, soak

détruire (*like* **conduire**) *irreg.* to destroy (16)

dette *f.* debt

deux *adj.* two; **deux-pièces** *m. s.* two-room apartment in France (*not including kitchen*); **tous (toutes) les deux** both (of them)

deuxième *adj.* second (9); **Deuxième Guerre** (*f.*) **mondiale** Second World War

devant *prep.* before, in front of (1)

développé *adj.* developed; industrialized

développement *m.* development; developing (*photo*)

développer to spread out; to develop; **se développer** to expand; to develop

devenir (*like* **venir**) *irreg.* to become (6); *m.* evolution, change

déverser to pour, discharge, dump (16)

devise *f.* motto, slogan (14); *pl.* (*for-*

eign) currency (12)

devoir (*p.p.* **dû**) *irreg.* to owe; to have to, be obliged to (11); *m.* duty; *m. pl.* homework (5); **faire ses devoirs** to do one's homework (5)

d'habitude *adv.* habitually, usually (8)

diabète *m.* diabetes

diable *m.* devil (14)

diagnostic *m.* diagnosis

dictionnaire *m.* dictionary

diéséliste *m., f.* diesel mechanic

dieu *m.* god; **croire en Dieu** to believe in God

différencier to differentiate

difficile *adj.* difficult

diffusion *f.* broadcasting; broadcast

digne *adj.* worthy

digue *m.* dike

dimanche *m.* Sunday (P)

diminuer to lessen, diminish

diminution *f.* decrease, reduction

dîner to dine, have dinner; *m.* dinner (4); **dîner au restaurant** to have dinner in a restaurant (1)

diplomate *m., f.* diplomat; *adj.* diplomatic, tactful

diplôme *m.* diploma

dire (*p.p.* **dit**) *irreg.* to say, tell (8); **c'est-à-dire** that is to say, namely; **entendre dire** to hear (said) (16); **vouloir dire** to mean, signify (8)

direct *adj.* direct, straight; live (*broadcast*); through, fast (*train*); **en direct** live (*broadcasting*); **pronom** (*m.*) **(complément) d'objet direct** *Gram.* direct-object pronoun

directeur (-trice) *m., f.* manager, head (11)

direction *f.* direction; management (11); leadership

dirigé *adj.* directed, led

discothèque (*fam.* **disco**) *f.* discotheque

discours *m.* discourse; speech

discrétion *f.* discretion; **(vins) à discrétion** your choice of (wines)

discuter (de) to discuss

disjoint: pronom (*m.*) **disjoint** *Gram.* disjunctive, stressed pronoun

disponible *adj.* available

se disputer (avec) to quarrel (with)

disque *m.* record, recording (7); **disque compact** compact disc (7)

disquette *f.* disk, diskette (6)

dissertation *f.* essay, term paper, composition (6)

distance *f.* distance; **à longue distance** long distance (call)

distingué *adj.* distinguished; **croyez... à mes sentiments distingués** very truly yours

distraction *f.* recreation; entertainment; distraction

se distraire *irreg.* to have fun, enjoy oneself (15)

distribuer to distribute

distributeur (-trice) *m., f.* distributor; *m.* vending machine; **distributeur automatique (D.A.B.)** automatic teller (ATM) (12)

divers *adj.* changing; varied, diverse (12)

divertissement *m.* amusement, pastime

divisé *adj.* divided

divorcé(e) *m., f.* divorced person; *adj.* divorced

divorcer (nous divorçons) (d'avec) to divorce, get divorced (from) (10)

dix *adj.* ten

dixième *adj., m.* tenth

dizaine *f.* about ten (14)

docteur *m.* doctor, Dr. (13)

documentaliste *m., f.* archivist, record keeper

dodo *fam.* sleep; **métro-boulot-dodo** *fam.* the rat race, the daily grind

doigt *m.* finger (3)

domicile *m.* domicile, place of residence, home; **visite** (*f.*) **à domicile** house call

dominer to rule

dommage *m.* damage; pity; too bad, **c'est dommage** it's too bad, what a pity (8); **il est dommage que +** *subj.* it's too bad that

Dom-Tom (les) (départements d'outre-mer et territoires d'outre-mer) *m. pl., fam.* French overseas states and territories

donc *conj.* therefore; so; then (1)

donner to give (2); to supply; **donner de l'oxygène** to administer oxygen (13); **donner des conseils** to give advice; **donner naissance à** to give rise, give birth to; **donner un coup de fil** to call (*on the phone*) (6)

dont *pron.* whose, of whom, of which

doré *adj.* gold; golden; gilt

dormir *irreg.* to sleep (7)

dos *m.* back (3); **avoir mal au dos** to have a backache; **sac** (*m.*) **à dos** backpack (3)

dossier *m.* file, record; case history

dot *f.* dowry

douane *f.* customs (*at the border*) (8); **déclarant(e) en douanes** *m., f.* customs official

douanier (-ière) *m., f.* customs officer

doubler to pass (*a car*); to double; to dub; **défense de doubler** no passing

douche *f.* shower (*bath*); **prendre une douche** to take a shower (10)

douloureux (-euse) *adj.* painful

doute *m.* doubt; **sans doute** probably, no doubt

douter to doubt (14)

douteux (-euse) *adj.* doubtful, uncertain, dubious (14); **il est douteux que +** *subj.* it's doubtful that

douze *adj.* twelve

douzième *adj.* twelfth

drame *m.* drama (7)

drapeau *m.* flag (14)

drogue *f.* drug

droguerie *f.* French store specializing in household and cleaning products

droit *m.* law; right; fee, royalty; **avoir droit à** to have a right to; **avoir le droit de** to be allowed to; **capacité** (*f.*) **en droit** two-year legal certificate; **droits d'entrée** entrance fees

droit *adj.* right; straight; *adv.* straight on; **aller tout droit** to go straight ahead

droite *f.* right; right hand; **à droite (de)** *prep.* on, to the right (of) (3)

drôle (de) *adj.* funny, odd; **la Drôle de Guerre** the "Phony War" (*between France and Germany, 1939–40*); **un(e) drôle de...** a funny, odd . . .

du *contr. of* **de + le**

durant *prep.* during

durée *f.* duration, length

durer to last, continue; to endure; to last a long time

E

eau *f.* water; **eau de toilette** toilet water, cologne; **eau minérale** mineral water (4); **melon** (*m.*) **d'eau** *Q.* watermelon

échange *m.* exchange; **en échange de** in exchange for

échanger (nous échangeons) to exchange

échantillon *m.* sample (13)

échec *m.* failure; checkmate; *pl.* chess; **faire échec à** to foil, thwart; to put a check on

éclair *m.* (*flash of*) lightning (16)

école *f.* school; **auto-école** *f.* driving school; **école primaire** primary school

écologie *f.* ecology

écologique *adj.* ecological

écologiste *m., f.* ecologist (*politics*); *adj.* ecological

économie (*fam.* **éco**) *f.* economics; economy; *pl.* savings; **faire des économies** to save (*money*) (5)

économique *adj.* economic; financial; economical; **crise** (*f.*) **économique** recession, depression

économiser to save (*money*) (12)

écosystème *m.* ecosystem

écouter to listen to; **écouter de la musique** to listen to music (1)

écran *m.* screen (6); **petit écran** *m.* television

écrémé *adj.* skim, skimmed; **demi-écrémé** low fat

écrire (*p.p.* **écrit**) (**à**) *irreg.* to write (to) (8); **machine** (*f.*) **à écrire** typewriter (6)

écrit *adj.* written; **par écrit** in writing

écriture *f.* writing; handwriting

écu *m.* shield; *A.* crown (*three francs*); ECU European Currency Unit

écusson *m.* coat-of-arms, shield (14)

édifice *m.* building, edifice

édition *f.* publishing; edition; **date** (*f.*) **d'édition** publication date

éducation *f.* upbringing; breeding; education

effacer (nous effaçons) to erase (2)

effectuer to effect, carry out; to accomplish

effet *m.* effect; **effet de serre** greenhouse effect (16); **en effet** as a matter of fact, indeed

efficace *adj.* efficient, useful

efficacité *f.* efficiency

effort *m.* effort, attempt; **faire un (des) effort(s) pour** to try, make an effort to

égal *adj.* equal; all the same

égalité *f.* equality

égarer to mislead; to lead astray; **s'égarer** to get lost; to get off the subject

église *f.* (Catholic) church (9)

égoutté *adj.* drained, strained

égratignure *f.* scratch

élargir to widen, broaden

électeur (-trice) *m., f.* voter (16)

électricien(ne) *m., f.* electrician

électricité *f.* electricity

électrique *adj.* electric; **voiture** (*f.*) **électrique** electric car (16)

électromécanicien(ne) *m., f.* electrician, electrical contractor

électroménager (-ère) *adj.* appliance

électronicien(ne) *m., f.* electronics specialist; *adj.* electronics

électronique *f.* electronics; *adj.* electronic

élevage *m.* rearing, raising (*of livestock*)

élève *m., f.* pupil, student

élevé *adj.* high; raised; brought up

élever (j'élève) to raise; to lift up (15)

éleveur (-euse) *m., f.* (*animal*) breeder

éliminer to eliminate

elle *pron., f. s.* she; her; **elle-même** *pron., f. s.* herself; **elles** *pron., f. pl.* they; them

élu(e) *m., f., adj.* elected, chosen (*person*)

emballage *m.* wrapping, packaging (16)

embarras *m.* obstacle; embarrassment; superfluity; **l'embarras du choix** too much to choose from

emblème *m.* emblem, symbol

embouteillage *m.* traffic jam

embrasser to kiss; to embrace (10); **s'embrasser** to embrace or kiss each other

émigrer to emigrate

émission *f.* program; broadcast

emmener (j'emmène) to take (*s.o. somewhere*); to take along (4)

empêcher (de) to prevent (from); to preclude (11)

empire *m.* empire (9)

emploi *m.* use; job, employment, position (11)

employé(e) *m., f.* employee; white-collar worker

employer (j'emploie) to use; to employ

employeur (-euse) *m., f.* employer

emporter to take (s.th. somewhere); to take out (*food*)

emprisonnement *m.* imprisonment

en *prep.* in; to; within; into; at; like; in the form of; by; *pron.* of him, of her, of it, of them; from him, by him, etc.; some of it; any; **en face de** across from (3); **en fin de compte** all told, in the final analysis (16); **en revanche** on the other hand (16); **en somme** basically (10)

encore *adv.* still, yet (6, 11); again; even; more; **encore une fois** once more; **ne... pas encore** not yet (11)

encourager (nous encourageons) (à) to encourage (to) (11)

endroit *m.* place, spot (8)

énergétique *adj.* pertaining to energy

énergie *f.* energy; **énergie nucléaire (solaire)** nuclear (solar) energy

énergique *adj.* energetic

énervant *adj.* aggravating, irritating

énerver to irritate

enfance *f.* childhood

enfant *m., f.* child (2); **jardin** (*m.*) **d'enfants** kindergarten; **petit-enfant** *m.* grandchild (2)

enfantin *adj.* childish; juvenile

enfin *adv.* finally, at last

s'enfoncer (nous nous enfonçons) (dans) to go deep, penetrate (into)

enlever (j'enlève) to take away; **enlever les déchets** to clean up litter/waste (16)

ennemi(e) *m., f.* enemy

ennuyer (j'ennuie) to bother; to bore; **s'ennuyer** to be bored, get bored

énorme *adj.* huge, enormous

énormément *adv.* enormously; hugely

enregistrement *m.* registration; recording

enregistrer to register; to record; to check in

enrhumé: être enrhumé(e) to have a cold (13)

enrichi *adj.* enriched

s'enrichir to become rich

enrichissant *adj.* enriching

enseignement *m.* teaching; education; **brevet** (*m.*) **d'enseignement de premier cycle** junior high school certificate (*France*); **brevet** (*m.*) **d'enseignement professionnel** vocational school diploma; **certificat** (*m.*) **d'enseignement primaire** primary school diploma

enseigner (à) to teach (how to) (11)

ensemble *adv.* together (2); *m.* ensemble; whole

ensemblier *m.* interior decorator

ensoleillé *adj.* sunny

ensuite *adv.* then, next

entaché *adj.* stained, spotted

entendre to hear (3); **entendre dire** to hear (said) (16)

enthousiaste *adj.* enthusiastic

entier (-ière) *adj.* entire, whole, complete

entièrement *adv.* entirely

entorse *f.* sprain (13)

entouré *adj.* surrounded

entracte *m.* intermission

entraîner to carry along; to drag; to train

entraîneur (-euse) *m., f.* (*athletic*) coach

entre *prep.* between, among (1); **entre-temps** meanwhile (14)

entrée *f.* entrance, entry; admission; first course (*meal*) (4); **droits** (*m. pl.*) **d'entrée** entrance fees

entrepreneur (-euse) *m., f.* entrepreneur; contractor

entreprise *f.* business, company; **chef** (*m.*) **d'entreprise** company head, top manager, boss

entrer (dans) to enter (7)

entretien *m.* conversation; interview

entrevue *f.* (job) interview

envahir to invade

enveloppe *f.* envelope

envie *f.* desire; **avoir envie de** to want

to; to feel like (3)

environ *adv.* about, approximately

environnement *m.* environment (16); milieu

envoyer (j'envoie) to send

épais(se) *adj.* thick

épargne *f.* saving, thrift; **caisse** (*f.*) **d'épargne** credit union; **compte** (*m.*) **d'épargne** savings account (12)

épatant *adj. fam.* wonderful, stunning

épice *f.* spice

épicerie *f.* (*corner*) grocery store (4)

épilepsie *f.* epilepsy

éplucher to peel, clean (*fruits and vegetables*)

époque *f.* period (*of history*); **à cette époque-là** during that time

épouser to marry

épouvante *f.* terror; **film** (*m.*) **d'épouvante** horror film (7)

époux (épouse) *m., f.* spouse; husband (wife)

épuisé *adj.* exhausted (13); used up

équilibrer to balance; **équilibrer son budget** to balance one's budget (12); **s'équilibrer** to balance (oneself)

équipe *f.* team; working group (5)

équipé *adj.* equipped

équipement *m.* equipment; gear

équivaloir (*like* **valoir**) to be equivalent, equal in value

érable *m.* maple; **feuille** (*f.*) **d'érable** maple leaf (14)

éruption *f.* eruption; **éruption volcanique** volcanic eruption

escalier *m.* stairs, staircase (2)

esclave *m., f.* slave (14)

espace *m.* space

espagnol *adj.* Spanish; *m.* Spanish (*language*); **Espagnol(e)** *m., f.* Spanish (*person*) (1, 2)

espérer (j'espère) to hope (to) (4)

espoir *m.* hope

esprit *m.* mind; spirit; wit

esquisse *f.* sketch; draft

essai *m.* trial; experiment; attempt; **terrain** (*m.*) **d'essai** testing ground

essayer (j'essaie) (de) to try on; to try (to) (3)

essence *f.* gasoline, gas (15); essence; **essence sans plomb (ordinaire, super)** unleaded (regular, super) gas

essentiel(le) *adj.* essential; **il est essentiel que** + *subj.* it's essential that

essentiellement *adv.* essentially

est *m.* east (8); **à l'est** to the east

esthéticien(ne) *m., f.* beautician, cosmetologist

esthétique *adj.* esthetic(s); cosmetology

estragon *m.* tarragon; **poulet** (*m.*) **à l'estragon** tarragon chicken
et *conj.* and (1); **et toi (et vous)?** and you? (P)
établir to establish, set up; **s'établir** to settle; to set up
établissement *m.* settlement; establishment
étage *m.* floor (*of building*) (2); **premier (deuxième) étage** second (third) floor (*U.S.*)
étagère *f.* bookshelf (2); étagère
état *m.* state; shape
été *m.* summer (5); **en été** in summer; **job** (*m.*) **d'été** summer job
étendu *adj.* extensive, wide
étendue *f.* area, expanse
éternuer to sneeze (13)
étirable *adj.* ductile, elastic
étirement: en étirement stretched, drawn out
étoile *f.* star
étonnant *adj.* astonishing, surprising
étonné *adj.* surprised; astonished (14); **être étonné(e) de** to be surprised at
étranger (-ère) *adj.* foreign; *m., f.* stranger; foreigner; **langue** (*f.*) **étrangère** foreign language (1)
être (*p.p.* **été**) *irreg.* to be (1); *m.* being; **bien-être** *m.* well-being; **ce n'est pas mon fort** it's not my strong point; **être à l'heure** to be on time; **être assis(e)** to be seated; **être certain(e)** to be sure, certain; **être d'accord** to agree; **être déçu(e)** to be disappointed; **être déguisé(e) en** to be disguised as, go as; **être désolé(e)** to be sorry; **être en bonne (mauvaise) santé** to be in good (bad) health; **être enrhumé(e)** to have a cold (13); **être en vacances** to be on vacation; **être étonné(e)** to be surprised (14); **être fort(e) en** to be good at; **être furieux (-ieuse)** to be angry; **être** (*m.*) **humain** human being; **être prêt(e)** to be ready; **être ravi(e) de** to be delighted that; **être sûr(e) de lui/elle** to be sure of him-/herself; **être triste** to be unhappy, sad; **nous sommes** we are; it's (+ *date*) (P); **peut-être** *adv.* perhaps, maybe; **quel jour sommes-nous?** what day is it (today)? (P); **quelle heure est-il?** what time is it? (3)
étroit *adj.* narrow, small
étroitement *adv.* closely; narrowly
étude *f.* study; *pl.* studies; **faire des études** to study
étudiant(e) *m., f., adj.* student (P)
étudier to study (1)

eux *pron., m. pl.* them; **eux-mêmes** *pron., m., pl.* themselves
éveiller to awaken
événement *m.* event
éventualité *f.* possibility
éventuel(le) *adj.* possible
éventuellement *adv.* possibly
évidemment *adv.* evidently, obviously
évident *adj.* obvious, clear
éviter to avoid
exact *adj.* exact; correct
exagérer (j'exagère) to exaggerate
examen (*fam.* **exam**) *m.* test, exam; examination; **passer un examen** to take an exam
examiner to examine
exception *f.* exception; **à l'exception de** with the exception of; **faire exception à** to be an exception to
exceptionnel(le) *adj.* exceptional
excès *m.* excess
exclusif (-ive) *adj.* exclusive
excurson *f.* excursion, outing; **faire une excursion** to go on an outing
s'excuser (de) to excuse oneself (for); **excusez-moi** excuse me, pardon me
exemplaire *m.* copy (*of book, statue*); *adj.* exemplary
exemple *m.* example; **par exemple** for example
exercer (nous exerçons) to exercise; to practice
exercice *m.* exercise; **cahier** (*m.*) **d'exercices** workbook; **faire de l'exercice** to do exercise(s)
exiger (nous exigeons) to require, demand (14)
exister to exist
exode *m.* exodus; flight (*from Paris in June 1940*); annual vacation departure
expédition *f.* shipping; **frais** (*m. pl.*) **d'expédition** shipping costs
expérience *f.* experience; experiment
explication *f.* explanation
expliquer to explain
exploitation *f.* farm, plantation
explorateur (-trice) *m., f.* explorer
explorer to explore
exposé *m.* presentation, exposé
exposer to expose, show; to display
exposition *f.* exhibition; show
exprimer to express
exquis *adj.* exquisite
extérieur *m., adj.* exterior; outside; foreign
extraire *irreg.* to extract, draw out
extrêmement *adv.* extremely

F
fabrique *f.* factory (11)
fabriquer to manufacture, make

fac *f., fam.* (**faculté**) university department or school
face *f.* face; façade; **en face (de)** *prep.* opposite, facing, across from (3)
facile *adj.* easy
facilité *f.* facility; opportunity
faciliter to facilitate
facteur (-trice) *m., f.* factor; letter carrier (11)
facture *f.* bill (*to pay*)
faculté (*fam.* **fac**) *f.* ability; (university) division; **faculté de droit (de médecine)** law (medical) school
faible *adj.* weak; small
faim *f.* hunger; **avoir faim** to be hungry (2)
faire to do; to make (5); to form; to be; **faire attention (à)** to be careful (of); to watch out (for) (15); **faire beau: il fait beau** it's nice out (good weather) (5); **faire chaud: il fait chaud** it's warm, hot (5); **faire cuire** to cook; **faire de l'aérobic** to do aerobics; **faire de la musique** to play music; **faire de la natation** to swim, go swimming (5); **faire de la planche à voile** to go windsurfing (5); **faire de la voile** to go sailing (5); **faire de l'exercice** to do exercises; to exercise; **faire des courses** to do errands (5); **faire des économies** to save (up) money (5); **faire des études** to study; **faire des progrès** to make progress; **faire des projets** to make plans; **faire des radios** to take X-rays; **faire du camping** to camp, go camping (5); **faire du commerce** to trade, do business; **faire du jogging** to run, jog (5); **faire du lèche-vitrines** to go window-shopping (15); **faire du mal à** to harm, hurt; **faire du parapente** to paraglide (5); **faire du patin à glace** to go ice-skating (5); **faire du shopping** to go shopping; **faire du ski (alpin)** to ski (5); **faire du ski de fond** to go cross-country skiing (5); **faire du ski nautique** to go water-skiing (5); **faire du soleil: il fait du soleil** it's sunny (5); **faire du sport** to participate in or do sports (5); **faire du tennis** to play tennis (5); **faire du vélo** to go biking, cycling (5); **faire du vent: il fait du vent** it's windy (out) (5); **faire échec à** to foil, thwart; **faire faire** to have done, make someone do something; **faire fausse route** to take the wrong road (15); **faire frais: il fait frais** it's cool (out) (5); **faire froid: il fait froid** it's cold

(out) (5); **faire grève** to strike, go on strike; **faire gris: il fait gris** it's cloudy (5); **faire la connaissance de** to meet, make the acquaintance of (5, 9); **faire la cour a** to court, woo s.o.; **faire la cuisine** to cook (5); **faire la fête** to party; **faire le lit** to make the bed (10); **faire le ménage** to clean house, do the housework; **faire le plein (d'essence)** to fill it up (with gas) (15); **faire les courses** to do errands (5); **faire mauvais: il fait mauvais** it's bad (weather) out; **faire mieux de** to do better; **faire partie de** to belong to; **faire plaisir à** to please; **faire ses devoirs** to do one's homework (5); **faire souvenir de** to remind s.o. of s.th.; **faire un circuit touristique** to go sightseeing; **faire une croisière** to take a cruise; **faire une cure** to go through a course of treatment; **faire une faute** to make a mistake; **faire un (des) effort(s) pour** to try to; **faire une piqûre** to give an injection, a shot (13); **faire une promenade** to take a walk; **faire une randonnée** to go on a hike; to take a trip, tour (5); **faire une tournée (en France)** to tour (France); **faire une visite à** to visit s.o.; **faire un sondage** to take a poll; **faire un tour** to take a walk, ride, short trip (8); **faire un voyage** to take a trip (5); **faire venir** to send for; **quel temps fait-il?** what's the weather like? (5)

faire-valoir *m.* foil, contrast
faisselle *f.* steamer, colander (*cooking*)
fait *m.* fact; *adj.* made; **tout(e) fait(e)** completed, ready-made
falloir (*p.p.* **fallu**) *irreg.* to be necessary, have to; to be lacking (11); **il faut + *indic.* or + *noun*** it is necessary to; one needs (4); **il me faut** I need
familial *adj.* family
famille *f.* family (2); **en famille** with one's family; **une famille nombreuse** a large family
fanfare *f.* band, brass band (14)
fantaisiste *adj.* fanciful, whimsical
fantôme *m.* phantom; ghost (14)
farine *f.* flour (4)
fatigant *adj.* tiring
fatigué (de) *adj.* tired (of)
faune *f.* fauna, animal life
faute *f.* fault, mistake (6); **faute de (quoi)** for lack of (which)
fauteuil *m.* armchair, easy chair (2)
faux (fausse) *adj.* false (2); **faire**

fausse route to take the wrong road (15)
faveur *f.* favor; **en faveur de** supporting, backing
favori(te) *adj.* favorite
favoriser to favor
fax *m.* fax, facsimile (*machine, document*) (6)
félicitations *f. pl.* congratulations
féliciter to congratulate
félin *m.* feline
femme *f.* woman; wife (2)
fenêtre *f.* window (P); **fenêtre-guillotine** *f.* sash window
fer *m.* iron; **chemin** (*m.*) **de fer** railroad
ferme *f.* farm (15)
fermenté *adj.* fermented
fermer to close; **fermer (la porte) à clef** to lock (the door)
fermeture *f.* closing; closure
fermier (-ière) *m., f.* farmer (15)
fête *f.* holiday; celebration, party; saint's day, name day; *pl.* Christmas season; **faire la fête** to party; **fête à la maison** house party, party at home (7); **fête d'anniversaire** birthday party; **fête de la Toussaint** All Saints' Day; **fête des Morts** Day of the Dead, All Souls' Day; **fête foraine** traveling carnival; **jour** (*m.*) **de fête** holiday
fêter to celebrate; to observe (*a holiday*) (10)
feu *m.* fire; traffic light; **cracheur (-euse) de feu** fire eater (*carnival*); **feu d'artifice** fireworks (14); **feu rouge (vert, orange)** red (green, yellow) light (15)
feuille *f.* leaf; sheet (5); **feuille de papier** sheet of paper (P); **feuille d'érable** maple leaf (14)
feuilleton *m.* (*radio, TV*) serial, soap opera
feutre *m.* felt; felt-tip pen
février February (P)
fiançailles *f. pl.* engagement; **bague** (*f.*) **de fiançailles** engagement ring (10)
fiancé(e) *m., f., adj.* fiancé(e), betrothed (10)
se fiancer (nous nous fiançons) (avec) to become engaged (to) (10)
fiche *f.* index card; form (*to fill out*); deposit slip
fiction *f.* fiction; **film** (*m.*) **de science-fiction** science fiction movie (7)
fidèle *adj.* faithful
fidélité *f.* loyalty, faithfulness
fier (fière) *adj.* proud; **être fier**

(fière) de to be proud of
fièvre *f.* fever; **avoir de la fièvre** to have a fever (13)
figure *f.* face; figure
figurer to appear
fil *m.* thread; cord; **donner un coup de fil** *fam.* to call, phone (6)
filet *m.* net; string bag
fille *f.* girl; daughter (2); **belle-fille** daughter-in-law; stepdaughter (2); **fille unique** only daughter; **jeune fille** girl, young woman; **petite fille** little girl; **petite-fille** granddaughter (2)
fillette *f.* little girl
film *m.* movie, film; **film comique** comedy (7); **film d'action** action, adventure movie (7); **film d'aventure** adventure movie (7); **film de cow-boys** western (movie) (7); **film d'épouvante (d'horreur)** horror movie (7); **film de science-fiction** science fiction movie (7); **film policier** detective movie (7)
fils *m.* son (2); **beau-fils** *m.* stepson (2); **fils unique** only son; **petit-fils** grandson (2)
fin *f.* end; purpose; *adj.* fine, thin; **à la fin (de)** at the end (of); **en fin de compte** in the final analysis, all told (16)
finance *f.* finance; *pl.* finances; **finances personnelles** personal finances (12)
financement *m.* financing
financer (nous finançons) to finance
finir (de) to finish (5)
flacon *m.* bottle, flask
flamand *m.* Flemish (*language*)
flâner to stroll
fleur *f.* flower (5)
fleurir to flower; to flourish
fleuve *m.* river (*flowing into the sea*)
flûte *f.* flute; **jouer de la flûte** to play the flute
foie *m.* liver; **mal** (*m.*) **de foie** liver trouble
fois *f.* time, occasion (5); times (*arithmetic*); **la première (dernière) fois** the first (last) time; **une fois** once; **une fois par (semaine)** once a (week)
folklorique *adj.* traditional; folk (*music, etc.*)
fonctionnaire *m., f.* civil servant (11)
fonctionnement *m.* working order, functioning
fonctionner to function, work
fond *m.* bottom; back, background; *pl.* funds, funding; **faire du ski de fond** to go cross-country skiing (5)

fondant *adj.* melting
fondateur (-trice) *m., f.* founder
fonder to found (14)
football (*fam.* **foot**) *m.* soccer; **jouer au football (au foot)** to play soccer (5); **jouer au football américain** to play football (5); **match** (*m.*) **de foot** soccer game
forain *adj.* itinerant; **fête** (*f.*) **foraine** street fair, carnival
force *f.* strength; **de force** forcibly; **de toutes ses forces** with all his/her might; **en force** with, in a large group
forcer (nous forçons) to force, compel; **se forcer à** to force oneself to
forêt *f.* forest
formalisé *adj.* formal, formalized
formation *f.* formation; education, training (11)
forme *f.* form; shape; figure; **en (bonne, pleine) forme** physically fit
former to form, shape; to train
formidable *adj.* great, wonderful
formulaire *m.* form (*to fill out*)
formule *f.* formula; form; planned vacation
fort *m.* fort, fortress; *adj.* strong; heavy; *adv.* strongly; loudly, loud; very; often; a lot; **ce n'est pas mon fort** it's not my strong point; **être fort(e) en** to be strong in, good in
fouetté *adj.* whipped; **crème** (*f.*) **fouettée** whipped cream
foule *f.* crowd (14)
four *m.* oven (2)
fourchette *f.* fork (4)
fournir to furnish, supply, provide
fourrure *f.* fur (14)
foutou(t) *m.* cassava or yam dumplings (*dish from Ivory Coast*)
foyer *m.* hearth; home; (student) residence
fraîcheur *f.* freshness; scent; bloom
frais *m. pl.* fees; expense(s); **frais de scolarité** tuition (12); **frais d'expédition** shipping costs
frais (fraîche) *adj.* cool; fresh; **il fait frais** it's cool (out) (5)
fraise *f.* strawberry (4)
framboise *f.* raspberry
français *adj.* French; *m.* French (*language*) (1); **Français(e)** *m., f.* Frenchman (-woman) (2)
francophone *adj.* French-speaking (8)
francophonie *f.* French-speaking world
frapper to strike
fraternité *f.* fraternity; brotherhood

frénésie *f.* frenzy
fréquemment *adv.* frequently, often
fréquenter to frequent, visit frequently
frère *m.* brother (2); **beau-frère** brother-in-law (2); **demi-frère** half-brother; stepbrother (2)
frigidaire (*fam.* **frigo**) *m.* refrigerator (2)
fringues *f. pl., tr. fam.* clothes
frison(ne) *adj.* Friesian (*cow*)
frites *f. pl.* French fries (4)
frivole *adj.* frivolous
froid *adj.* cold; *m.* cold (*weather, food*); **avoir froid** to be cold (2); **il fait froid** it's cold (out) (5)
frôler to touch lightly, brush; to come close to
fromage *m.* cheese (4); **fromage blanc** white, unripened cheese
fromagerie *f.* cheese shop (4)
frontière *f.* frontier; border
fruit *m.* fruit; **coulis** (*m.*) **de fruits** fruit sauce, syrup; **jus** (*m.*) **de fruits** fruit juice
fuir (*p.p.* **fui**) *irreg.* to flee, run away from; to shun
fumage *m.* smoking (*foods, arable land*); **pas de fumage** Q. no smoking
fumer to smoke (13); **défense de fumer** no smoking; **non-fumeur** no smoking (*section*)
funeste *adj.* deadly, fatal
furieux (-ieuse) *adj.* furious; **être furieux (-ieuse)** to be angry, furious
fusil *m.* gun; rifle
futur *adj.* future; *m., Gram.* future (tense); **futur proche** *Gram.* immediate, near future

G

gagner to win; to earn (11); **gagner sa vie** to earn one's living (11)
galerie *f.* gallery; roof rack (*car*)
galette *f.* pancake; tart, pie
gamme *f.* range, gamut
gant *m.* glove (3)
garantie *f.* guarantee; safeguard
garantir to guarantee
garçon *m.* boy; café waiter (2); **garçon d'honneur** best man; groomsman (10)
garder to keep, retain; to take care of (8, 11)
garderie *f.* child care center
gare *f.* station; train station (6)
garer to park (*a car*) (15); **se garer** to park
gaspillage *m.* waste
gaspiller to waste (12)

gâteau *m.* cake (4); **petit gâteau** cookie
gauche *adj.* left; *f.* left; **à gauche (de)** on the, to the left (of) (3); **de gauche** on the left
gaucher (-ère) *adj.* left-handed
gaz *m.* gas
gazeux (-euse) *adj.* carbonated
gazogène *m.* gazogene, gas-producing device
gazon *m.* lawn, grass
gênant *adj.* annoying
gendre *m.* son-in-law (2)
généalogique *adj.* genealogical; family
général *adj.* general; *m.* general; **en général** in general
généraliste *m., f.* general practitioner (*M.D.*)
génial *adj.* brilliant, inspired; *fam.* fantastic, cool (3)
genou (*pl.* **genoux**) *m.* knee (3)
genre *m.* gender; kind, type, sort (7); **bon chic bon genre (BCBG)** *fam.* "preppie"
gens *m. pl.* people (8); **jeunes gens** young men; young people
gentil(le) *adj.* nice, pleasant; kind (5)
gentilhomme *m.* gentleman
géographie (*fam.* **géo**) *f.* geography
geste *m.* gesture; movement
gestion *f.* management
glace *f.* ice cream (4); ice (14); mirror; **faire du patin à glace** to go ice-skating
glacé *adj.* iced; frozen; **crème** (*f.*) **glacée** ice cream
glisse *f.* sliding capacity (*of ice skates, skis, etc.*)
glisser to slide; to slip
globalement *adv.* globally, entirely
golf *m.* golf; **jouer au golf** to play golf; **terrain** (*m.*) **de golf** golf course
golfe *m.* gulf
gorge *f.* throat (3); gorge; **avoir mal à la gorge** to have a sore throat; **mal** (*m.*) **de gorge** sore throat
gourde *f.* gourd; winter squash
gourmand(e) *m., f.* glutton, gourmand; *adj.* gluttonous, greedy
goût *m.* taste; **chacun son goût** to each his/her own (14)
goutte *f.* drop; *pl.* drops, eyedrops (13)
gouvernement *m.* government (16)
gouvernemental *adj.* governmental
grâce *f.* grace; pardon; **grâce à** *prep.* thanks to
grammaire *f.* grammar
gramme *m.* gram
grand *adj.* great; large, tall; big (2); **au**

grand air outdoors; **grandes écoles** *f. pl.* state-run graduate schools; **grande surface** *f.* mall; superstore; **grand magasin** *m.* department store

grandir to grow (up) (5)

grand-mère *f.* grandmother (2)

grand-père *m.* grandfather (2)

grands-parents *m. pl.* grandparents (2)

graphologue *m., f.* graphologist, handwriting analyst

gras (grasse) *adj.* fat; oily; rich; **Mardi** (*m.*) **Gras** Mardi Gras, Shrove Tuesday; **matière** (*f.*) **grasse** fat (*content of food*)

gratin *m.* dish cooked with breadcrumbs, cream, and cheese; **gratin dauphinois** scalloped potatoes; **plat** (*m.*) **à gratin** gratin pan

gratte-ciel (*pl.* **des gratte-ciel**) *m., inv.* skyscraper

gratuit *adj.* free (*of charge*) (13)

grave *adj.* grave, serious (11); **accent** (*m.*) **grave** grave accent (**è**)

gravité *f.* seriousness

grève *f.* strike, walkout; **faire grève** to (go on) strike (16)

grillé *adj.* toasted; grilled; broiled

grilloir *m.* griller, broiler

grippe *f.* flu

gris *adj.* gray (3); **il fait gris** it's cloudy (5)

gros (grosse) *adj.* big; fat; stout (3); loud

grossir to get fat(ter), gain weight (5)

grotte *f.* cave, grotto (9)

groupe *m.* group; **groupe** (*m.*) **de rock** rock group (7)

guérir to cure (13); **guérir une maladie** to cure an illness

guerre *f.* war (8); **la Drôle de Guerre** the "Phony War" (*against Germany, 1939–40*); **Première (Deuxième) Guerre mondiale** First (Second) World War

gueule *f.* mouth of an animal; **amuse-gueule** *m. inv.* snack, cocktail snack

guide *m.* guide; guidebook; instructions

guider to guide

guignol *m.* Punch and Judy (*puppet show*)

guillotine *f.* guillotine (*execution device*); **fenêtre-guillotine** *f.* sash window

guinguette *f.* riverside bistro, café

guitare *f.* guitar (7); **jouer de la guitare** to play the guitar

gymnase *m.* gymnasium (1)

gymnastique (*fam.* **gym**) *f.* gymnastics; exercise

H

habillé *adj.* dressed; dressed up

habiller to dress; **s'habiller** to get dressed (10)

habitant(e) *m., f.* inhabitant; resident

habitation *f.* lodging, housing; **Habitation à Loyer Modéré (H.L.M.)** French public housing

habiter to live (2); to inhabit

habitude *f.* habit; **avoir l'habitude de** to be accustomed to; **d'habitude** *adv.* usually, habitually (8)

habituellement *adv.* habitually

*****halle** *f.* covered market

*****haricot** *m.* bean; *****haricots** (*pl.*) **verts** green beans (4)

*****hausse** *f.* rise

*****haut** *adj.* high; higher; tall; upper; *m.* top; height; **en *haut (de)** upstairs, above, at the top of; *****haute couture** *f.* high fashion

*****hauteur** *f.* height

*****hein?** *interj.* eh? what?

héberger (**nous hébergeons**) to put up, lodge

henné *m.* henna (*hair coloring*)

hépatite *f.* hepatitis

herbe *f.* grass

héritage *m.* inheritance; heritage

*****héros (héroïne)** *m., f.* hero (heroine) (9)

hésiter (à) to hesitate (to)

heure *f.* hour; time; **à l'heure** on time; per hour; by the hour; **à quelle heure** what time (5); **à tout à l'heure** see you later (3); **de bonne heure** early; **demi-heure** *f.* half-hour; **heures** (*pl.*) **d'affluence** rush hour(s) (15); **heures de pointe** rush hour; **il est cinq heures** it's five o'clock; **il est cinq heures et demie** it's five-thirty; **il est cinq heures et quart** it's a quarter after five; **il est cinq heures moins le quart** it's a quarter to five; **quelle heure est-il?** what time is it? (3)

heureux (-euse) *adj.* happy; fortunate

*****hibou** *m.* owl (14)

hier *adv.* yesterday (6); **hier matin (soir)** yesterday morning (evening) (6)

hilarant *adj.* hilarious, funny

hippopotame (*fam.* **hippo**) *m., fam.* hippopotamus

hirondelle *f.* swallow (bird)

histoire *f.* history (1); story; **histoire d'amour** love story (7)

historien(ne) *m., f.* historian

historique *adj.* historical

hiver *m.* winter (5); **en hiver** in the winter; **sports** (*m. pl.*) **d'hiver** winter, snow sports

homme *m.* man (2); **homme d'affaires** businessman

honneur *m.* honor; **demoiselle** (*f.*) **d'honneur** maid of honor; bridesmaid (10); **garçon** (*m.*) **d'honneur** best man; groomsman (10)

*****honte** *f.* shame; **avoir *honte de** to be ashamed of (11, 14)

hôpital (*fam.* **hosto**) *m.* hospital

horaire *m.* schedule, timetable (6)

horloge *f.* clock

horreur *f.* horror; **avoir horreur de** to hate, detest; **film** (*m.*) **d'horreur** horror movie (7)

*****hors de** *prep.* out of, outside of

*****hors-d'œuvre** *m.* appetizer

hôte (hôtesse) *m., f.* host/hostess; guest

huile *f.* oil (*for cooking*) (4)

*****huit** *adj.* eight

*****huitième** *adj.* eighth; *m.* one-eighth

humain *adj.* human; *m.* human being; **être** (*m.*) **humain** human being; **sciences** (*f. pl.*) **humaines** social sciences (1)

humanitaire *adj.* humanitarian

humeur *f.* temperament, disposition; mood; **bonne (mauvaise) humeur** good (bad) mood

humidité *f.* humidity, dampness, moisture

humour *m.* humor

hydrate (*m.*) **de carbone** carbohydrate

hygiène *f.* health; sanitation

hystérique *adj.* hysterical

I

ici *adv.* here

idéaliste *m., f.* idealist; *adj.* idealistic

idée *f.* idea

identifier to identify

il *pron., m. s.* he; it; there; **il n'y a pas de quoi** you're welcome; **ils** *pron., m. pl.* they; **il y a** there is (are) (P); ago (8, 12); **il y a… ?** is (are) there . . . ?; **il y a… que** for + *period of time;* it's been . . . since

île *f.* island (8, 9)

illustre *adj.* illustrious, famous

illustrer to illustrate

ils *pron., m. pl.* they

image *f.* picture; image

imaginatif (-ive) *adj.* imaginative

imaginer to imagine

immatriculation *f.* registering, registration; **numéro** (*m.*) **d'immatriculation** (*car*) license number; **plaque**

(*f.*) **d'immatriculation** (*car*) license plate
immédiatement *adv.* immediately
immeuble *m.* (*apartment, office*) building (2)
immigré(e) *m., f.* immigrant
immobilier (-ière) *adj.* (*pertaining to*) real estate; *m.* real estate
imparfait *m., Gram.* imperfect (*verb tense*)
imperméable *m.* raincoat (3)
important *adj.* important; large, sizable; **il est important que** + *subj.* it's important that
importation *f.* importing, importation
importer to import; to matter; **n'importe quel (quelle)** any, no matter which
imposer to impose
impossible *adj.* impossible; *m.* the impossible; **il est impossible que** + *subj.* it's impossible that
impôt *m.* (*direct*) tax (16)
imprimante *f.* (*electronic*) printer (6)
imprimer to print (6)
improviste: à l'improviste *adv.* unexpectedly
impuretés *f. pl.* impurities
incertitude *f.* uncertainty, doubt
inchangé *adj.* unchanged
inclure (*p.p.* **inclus**) *irreg.* to include
incontournable *adj.* self-evident, unavoidable
inconvénient *m.* disadvantage, drawback (15)
incroyable *adj.* unbelievable, incredible
Inde: blé (*m.*) **d'Inde** *Q.* sweet corn, Indian corn
indépendance *f.* independence
indépendant *adj.* independent; **travailleur (-euse)** (*m., f.*) **indépendant(e)** self-employed worker (11)
indicatif *m., Gram.* indicative; call number, station number
indigène *m., f., adj.* native, indigenous
indiquer to show, point out
indirect *adj.* indirect; **pronom** (*m.*) **d'objet indirect** *Gram.* indirect object pronoun
individualiste *adj.* individualistic, nonconformist
individuel(le) *adj.* individual; private
industrialisé *adj.* industrialized
industriel(le) *adj.* industrial (16)
inférieur(e) *m., f.* subordinate, inferior; *adj.* inferior; lower
infinitif *m., Gram.* infinitive
infirmier (-ière) *m., f.* nurse (11, 13)
influencé *adj.* influenced

information *f.* information, data; *pl.* news (*broadcast*)
informatique *f., adj.* computer science (1)
informer to inform; **s'informer** to become informed
ingénieur *m.* engineer (11)
inondation *f.* flood, inundation (16)
inoubliable *adj.* unforgettable
inquiet (inquiète) *adj.* worried
s'inquiéter (je m'inquiète) de to worry about (13)
inscription *f.* matriculation; registration
inscrire (*like* **écrire**) *irreg.* to register, enroll; to check in; **s'inscrire (à)** to join; to enroll; to register
insister to insist
inspecteur (-trice) *m., f.* inspector
inspirer to inspire
installateur (-trice) *m., f.* installer
installer to install; to set up; **s'installer (dans)** to settle down, settle in
institut *m.* institute; trade school
instituteur (-trice) *m., f.* elementary, primary school teacher
instruire to teach, instruct
instrument *m.* instrument; **instruments** (*pl.*) **de musique** musical instruments
insupportable *adj.* unbearable
intégral *adj.* integral, whole; **faire partie intégrale de** to be an integral part of
intégrer (j'intègre) to integrate
s'intégrer (je m'intègre) (à) to integrate oneself, get assimilated (into)
intégrité *f.* integrity; wholeness
intellectuel(le) *m., f.* intellectual (*person*); *adj.* intellectual
interdire (*like* **dire**, *exc.* **vous interdisez**) (**de**) *irreg.* to forbid (to); **sens** (*m.*) **interdit** one-way (*street*)
intéressant *adj.* interesting
intéresser to interest; **s'intéresser à** to be interested in (10)
intérêt *m.* interest, concern; *pl.* (*bank*) interest (12)
interethnique *adj.* intercultural
intérieur *adj.* interior; *m.* interior
intermède *m.* interlude
interrogatif (ive) *adj., Gram.* interrogative
interviewer to interview
intrigué *adj.* intrigued, interested
introduire (*like* **conduire**) *irreg.* to introduce; **s'introduire dans** to insinuate oneself into
intrus(e) *m., f.* intruder
inutile *adj.* useless

inventer to invent
inverser to reverse; to invert
invité(e) *m., f.* guest (10); *adj.* invited
inviter to invite (4); **inviter quelqu'un à déjeuner (à dîner)** to invite someone to lunch (to dinner)
irrité *adj.* irritated; annoyed
isolé *adj.* isolated; detached; insulated; **maison** (*f.*) **bien isolée** well-insulated house (16)
isoler to isolate; to insulate
italien(ne) *adj.* Italian; *m.* Italian (*language*) (1); **Italien(ne)** *m., f.* Italian (*person*) (2)
itinéraire *m.* itinerary

J

jadis *adv.* once; formerly
jaloux (jalouse) *adj.* jealous
jamais (ne... jamais) *adv.* never, ever (11)
jambe *f.* leg (3)
jambon *m.* ham (4)
janvier January (P)
Japon *m.* Japan
japonais *adj.* Japanese; *m.* Japanese (*language*) (1); **Japonais(e)** *m., f.* Japanese (*person*) (2)
jardin *m.* garden; **cultiver un jardin organique** to grow an organic garden (16); **jardin d'enfants** kindergarten; **jardin potager** vegetable garden (15); **jardin public** public park
jaune *adj.* yellow (3)
je (j') *pron., s.* I
jean(s) *m.* (blue) jeans (3)
jeter (je jette) to throw (away) (4)
jeu (*pl.* **jeux**) *m.* game; game show; **jeux** (*pl.*) **Olympiques** Olympic Games
jeudi *m.* Thursday (P)
jeune *adj.* young (2); *m. pl.* young people, youth; **jeune fille** *f.* girl, young woman; **jeune homme** *m.* young man; **jeunes gens** *m. pl.* young men; young people; **jeunes mariés** *m. pl.* newlyweds (10)
job *m.* job; **job d'été** summer job
jogging *m.* jogging; **faire du jogging** to go jogging (5)
joie *f.* joy
joindre (*like* **craindre**) *irreg.* to join; to attach
joint *adj.* joined, linked; assembled; **ci-joint** attached
joli *adj.* pretty (2)
jongleur (-euse) *m., f.* juggler
jouer to play; **jouer à** to play (*a sport or game*) (5); to play at (*being*); **jouer à la pétanque** to lawn-bowl,

play boules; **jouer au tennis** to play tennis (1); **jouer de** to play (*a musical instrument*) (5); **jouer du piano** to play the piano

jouet *m.* toy

joueur (-euse) *m., f.* player

jour *m.* day (P); **chaque jour** each (every) day (8); **faire jour** to be day (light); **mis(e) à jour** brought up to date; **par jour** per day, each day; **plat** (*m.*) **du jour** today's special (*restaurant*) (4); **quel jour sommes-nous?** what day is it? (P); **tous les jours** every day (8)

journal (*pl.* **journaux**) *m.* newspaper (8); journal, diary

journaliste *m., f.* reporter, journalist (11)

journée *f.* (whole) day

judicieusement *adv.* judiciously

judicieux (-euse) *adj.* judicious

juge *m.* judge (22)

juger (nous jugeons) to judge

juillet July (P)

juin June (P)

jumeau (jumelle) *m., f.* twin

jumelé *adj.* twin

jupe *f.* skirt (3); **mini-jupe** *f.* mini-skirt

jus *m.* juice; **jus de fruits** fruit juice; **jus d'orange** orange juice

jusqu'à (jusqu'en) *prep.* until, up to

juste *adj.* just; right, exact; *adv.* just, precisely; accurately; **il est juste que** + *subj.* it's fair, equitable that (14)

justifier to justify

K

ketchup *m.* ketchup (4)

kilo(gramme) (kg) *m.* kilogram; **un kilo de** a kilo(gram) of (4)

kiosque *m.* kiosk; newsstand (15)

L

la (l') *art., f. s.* the; *pron., f. s.* it, her

là *adv.* there; **oh, là, là!** *interj.* darn; good heavens! my goodness! (6)

laboratoire (*fam.* **labo**) *m.* laboratory (1)

lac *m.* lake (5)

lacustre *adj.* lakeside

laid *adj.* ugly (2)

laisser to let, allow; to leave (behind) (11)

lait *m.* milk (4); **café** (*m.*) **au lait** coffee with hot milk

laitier (-ière) *adj.* dairy, milk

laitue *f.* lettuce (4)

lampe *f.* lamp; light fixture (2)

lancé *adj.* thrown, tossed; put on the market

lancer (nous lançons) to launch; to throw, toss; to drop

langage *m.* language; jargon

langoustine *f.* prawn, scampi

langue *f.* language; tongue; **langue étrangère** foreign language (1); **langue maternelle** native language

lapin *m.* rabbit

large *adj.* wide

laser *m.* laser; **platine-laser** *f.* laserdisc, CD player (2)

lavabo *m.* (bathroom) sink, washbasin

lavande *m.* lavender (*color*); *f.* lavender (*plant*)

laver to wash; **machine** (*f.*) **à laver** washing machine; **se laver** to wash (oneself) (10)

le (l') *art., m. s.* the; *pron., m. s.* it, him

lèche-vitrines: faire du lèche-vitrines *fam.* to go window-shopping (15)

leçon *f.* lesson

lecteur (-trice) *m., f.* reader; *m.* disc drive; **courrier** (*m.*) **des lecteurs** letters to the editor

lecture *f.* reading

légendaire *adj.* legendary

léger (légère) *adj.* light; light-weight; slight; mild

légèrement *adv.* lightly; slightly

légitime *adj.* legitimate, legal

légume *m.* vegetable (4)

lent *adj.* slow

lentille *f.* lentil; contact lens

lequel (laquelle, lesquels, lesquelles) *pron.* which one, who, whom, which

les *art., pl., m., f.* the; *pron., pl., m., f.* them

lessive *f.* laundry; laundry detergent; **faire la lessive** to do the laundry

lettre *f.* letter; *pl.* literature; humanities (1); **boîte** (*f.*) **aux lettres** mailbox; **fac(ulté)** (*f.*) **de lettres** humanities department

leur *adj., m., f.* their; *pron., m., f.* to them; **le leur (la leur, les leurs)** *pron.* theirs

lever (je lève) to raise, lift; **se lever** to get up; to get out of bed (10)

lèvres *f. pl.* lips (3); **rouge** (*m.*) **à lèvres** lipstick (10)

liaison *f.* liaison; love affair

libérer (je libère) to free

librairie *f.* bookstore (8)

libre *adj.* free; available; vacant (9); **temps** (*m.*) **libre** leisure time

licence *f.* French university degree (= *U.S. bachelor's degree*)

licencié *adj.* fired (*from a job*); graduated (*with a diploma*); **être licencié(e)** to be fired

licenciement *m.* lay-off, firing

lien *m.* tie, bond (14); **créer, former des liens** to form ties

lier to bind; to link

lieu *m.* place (11); **au lieu de** *prep.* instead of, in the place of; **avoir lieu** to take place (7); **lieu de naissance** birthplace

ligne *f.* line; bus line; figure; **pilote** (*m., f.*) **de ligne** airline pilot

limite *f.* limit; boundary; **date** (*f.*) **limite** pull date; deadline; **limite de vitesse** speed limit (15)

limiter to limit, restrict

liquette *f., fam.* shirt

liquide *m., adj.* liquid; **argent** (*m.*) **liquide** cash (12); **liquide vaisselle** dishwashing liquid

lire (*p.p.* **lu**) *irreg.* to read (8)

lis *m.* lily (14)

lit *m.* bed (2); **faire le lit** to make one's bed (10)

littéraire *adj.* literary

littérature *f.* literature (1)

livre *m.* book (P); *f.* pound (*currency unit*); **livre de poche** paperback, pocket book

locataire *m., f.* renter, tenant

location *f.* rental

logement *m.* lodging(s), place of residence

loger (nous logeons) to house; to dwell, live; **se loger** to find a place to live

logiciel *m.* software (6)

logique *adj.* logical

loi *f.* law (14)

loin (de) *adv., prep.* far from (3)

loisirs *m. pl.* leisure-time activities; **mes loisirs préférés** my favorite leisure-time activities (1)

long (longue) *adj.* long; slow (3)

longtemps *adv.* long; (for) a long time (5)

longuement *adv.* for a long time, lengthily

lors de *prep.* at the time of

lorsque *conj.* when (15)

lot *m.* batch (*of goods, etc.*); set

loterie *f.* lottery

louche *f.* ladle

louer to rent; to reserve

lourd *adj.* heavy (3)

loyer *m.* rent (payment) (12); **Habitation** (*f.*) **à Loyer Modéré (H.L.M.)** French public housing

lui *pron., m., f.* he; it; to him; to her; to it; **lui-même** *pron., m. s.* himself

lumière *f.* light (7)

lundi *m.* Monday (P); **lundi dernier** last Monday (6)

lune *f.* moon

lunettes *f. pl.* (eye)glasses; **lunettes de soleil** sunglasses

lutter to fight; to struggle

luxe *m.* luxury; **de luxe** luxury; first-class

luxueux (-euse) *adj.* luxurious

lycée *m.* French secondary school (college preparatory) (11); **lycée professionnel** vocational secondary school (11)

M

ma *poss. adj., f. s.* my

machine *f.* machine; **machine à écrire** typewriter (6); **machine à laver** washing machine; **taper à la machine** to type (6)

madame (Mme) (*pl.* **mesdames**) *f.* Madam, Mrs., Ms. (P)

mademoiselle (Mlle) (*pl.* **mesdemoiselles**) *f.* Miss, Ms. (P)

magasin *m.* store, shop (3); **grand magasin** department store

magasiner *Q.* to go shopping

magasinier (-ière) *m., f.* stock clerk, warehouse employee

magazine *m.* (*illustrated*) magazine (8)

magnanime *adj.* magnanimous, generous

magnétophone *m.* tape recorder (6)

magnétoscope *m.* videocassette recorder (VCR) (2)

magnifique *adj.* magnificent

mai May (P)

maigrir to get thin(ner), lose weight (5)

maillot *m.* jersey, T-shirt; **maillot de bain** swimsuit (3)

main *f.* hand (3); **à la main** by hand, handmade; **de la main droite (gauche)** with one's right (left) hand; **sac** (*m.*) **à main** handbag, purse (3)

maintenant *adv.* now (1)

maintenir (*like* **tenir**) *irreg.* to maintain; to keep up

maire *m.* mayor

mairie *f.* town (city) hall (10)

mais *conj.* but (1); *interj.* why

maison *f.* house, home (2); company, firm; **à la maison** at home; **fête** (*f.*) **à la maison** party at home (7); **maison bien isolée** well-insulated house (16); **pâté** (*m.*) **maison** house (recipe) pâté

maître (maîtresse) *m., f.* master (mistress)

majeur *adj.* major

mal *adv.* badly; *m.* evil; pain (*pl.* **maux**); **avoir du mal à** to have trouble, difficulty; **avoir mal (à)** to

hurt, have a pain (3); **avoir mal à la tête (aux oreilles)** to have a headache (ear ache); **avoir mal au ventre** to have a stomach ache (13); **faire mal** to ache; to be painful; **pas mal de** quite a few; **se faire (du) mal** to hurt oneself

malade *adj.* sick; *m., f.* sick person, patient (13); **tomber malade** to get sick (13)

maladie *f.* illness, disease; **assurance** (*f.*) **maladie** health insurance; **maladie coronaire (de cœur)** heart disease

malchance *f.* bad luck, misfortune

malgré *prep.* in spite of

malheureusement *adv.* unfortunately; sadly

malice *f.* mischievousness, naughtiness

malin (maligne) *adj.* sly, clever

malmené *adj.* mistreated, abused

maman *f., fam.* mom, mommy

manège *m.* merry-go-round, roundabout

manger (nous mangeons) to eat (2); **salle** (*f.*) **à manger** dining room (2)

manière *f.* manner, way; **bonnes manières** *f. pl.* good manners; **de manière traditionnelle** in a traditional way

manifestation *f.* (*political*) demonstration, protest (16)

mannequin *m.* (*fashion*) model; mannequin

manque *m.* lack, shortage

manquer (de) to miss; to fail; to lack; to be lacking (15); **la campagne me manque** I miss the country(side)

manteau *m.* coat, overcoat (3)

manuel(le) *adj.* manual

manuscrit *adj.* handwritten

maquillage *m.* make-up (10)

se maquiller to put on makeup (10)

marabout *m.* marabout, wise man, medicine man

marchand(e) *m., f.* merchant, shopkeeper; *adj.* commercial (9)

marchander to bargain

marché *m.* market; **c'est bon marché** *adj. inv.* it's cheap, inexpensive (3); **marché en plein air** outdoor market; **meilleur marché** better buy, less expensive

marcher to walk; to work, go (*device*)

mardi *m.* Tuesday (P); **Mardi Gras** Mardi Gras, Shrove Tuesday

marée *f.* tide; **marée noire** oil spill (16)

mari *m.* husband (2)

mariage *m.* marriage; wedding (10)

marié(e) *m., f.* groom (bride) (10); *adj.* married; **jeunes (nouveaux) mariés** *m. pl.* newlyweds, newly married couple (10)

marier to link, join; **se marier (avec)** to get married, marry someone (10)

marin *adj.* ocean, maritime, of the sea

maringouin *m., Q.* mosquito

marionnettiste *m., f.* puppeteer

maritalement *adv.* conjugally

marocain *adj.* Moroccan; **Marocain(e)** *m., f.* Moroccan (*person*) (2)

marque *f.* mark; trade name, brand

marqué *adj.* marked

marron *adj. inv.* brown; maroon (3); *m.* chestnut

mars March (P)

mascotte *f.* mascot; pet

masque *m.* mask (14)

masqué *adj.* masked; **bal** (*m.*) **masqué** masked ball, costume party (14)

match *m.* game; **match de foot (de boxe)** soccer game (boxing match)

matérialiste *adj.* materialistic

maternel(le) *adj.* maternal; **langue** (*f.*) **maternelle** native language

maternité *f.* maternity, child-bearing; **congé** (*m.*) **maternité** maternity leave

mathématiques (*fam.* **maths**) *f. pl.* mathematics (1)

matière *f.* academic subject; matter; material; **en la matière** in this realm; **matière grasse** fat, fatty content

matin *m.* morning (3); **dix heures du matin** ten A.M.; **réveil-matin** *m.* alarm clock

mauvais *adj.* bad; wrong (2); **il fait mauvais** it's bad (weather) out (5); **mauvaises nouvelles** *f. pl.* bad news; **sentir mauvais** to smell bad

me (m') *pron.* me; to me

mécanicien(ne) *m., f.* mechanic; technician (11)

mécanique *adj.* mechanical, power

médecin (femme médecin) *m., f.* doctor, physician (11, 13)

médecine *f.* medicine (*study, profession*) (13); **étudiant(e)** (*m., f.*) **en médecine** medical student; **faculté** (*f.*) **de médecine** medical school

médias *m. pl.* media (16)

médical *adj.* medical; **assurance** (*f.*) **médicale** health insurance

médicament *m.* medicine, medication; drug (13)

meilleur *adj.* better (12); **le/la meilleur(e)** the best; **meilleur marché** better buy, less expensive

mélange *m.* mixture, blend

melba: pêche (*f.*) **melba** peaches with raspberry sauce

melon *m.* melon; **melon d'eau** *Q.* watermelon

même *adj.* same; itself; very same (2); *adv.* even; **elle-même (lui-même,** etc.) herself (himself, etc.); **tout de même** all the same, for all that

mémoire *f.* memory; **aide-mémoire** *m.* memorandum; memory aid

menacer (nous menaçons) (de) to threaten (to)

ménage *m.* housekeeping; household; **faire le ménage** to clean house, do the housework

mener (je mène) to take; to lead; **mener une carrière** to exercise a profession

mensuel(le) *adj.* monthly; **budget** (*n.*) **mensuel** monthly budget (12)

mention *f.* announcement

mentionné *adj.* mentioned

mentir (*like* **partir**) *irreg.* to lie, tell a lie (7)

mer *f.* sea, ocean (5); **au bord de la mer** at the seashore; **département** (*m.*) **d'outre-mer (D.O.M.)** French overseas department; **territoire** (*m.*) **d'outre-mer (T.O.M.)** French overseas territory

merci *interj.* thank you (P); **merci beaucoup** thanks a lot (P)

mercredi *m.* Wednesday (P)

mère *f.* mother (2); **belle-mère** mother-in-law; stepmother (2); **grand-mère** grandmother (2)

mériter to deserve

merveilleux (-euse) *adj.* marvelous

mes *poss. adj., m., f., pl.* my

mésaventure *f.* misadventure

messe *f.* (*Catholic*) mass

messieurs-dames ladies and gentlemen

mesure *f.* measure; extent; **dans quelle mesure** to what extent; **prendre des mesures** to take measures

mesurer to measure

météo *f., fam.* weather forecast (5)

méthode *f.* method

méticuleux (-euse) *adj.* meticulous

métier *m.* trade, profession (11)

mètre *m.* meter

métro *m.* subway (train, system) (6); **métro-boulot-dodo** *fam.* the rat race, the daily grind; **station** (*f.*) **de métro** metro station

métropolitain *adj.* metropolitan; from, of mainland France

mettre (*p.p.* **mis**) *irreg.* to place; to put

on (10); to turn on; to take (time); **mettre des disques** to listen to records; **mettre des vêtements** to put on clothes; **mettre la radio** to turn on the radio; **mettre la table (le couvert)** to set the table; **se mettre à** to begin to (11); **se mettre au travail** to get to work; **se mettre d'accord** to reach an agreement

meuble *m.* piece of furniture (2)

meunière: sole (*f.*) **meunière** sole sautéed in light batter

mexicain *adj.* Mexican; **Mexicain(e)** *m., f.* Mexican (*person*) (2)

mi: à mi-temps half-time, part-time (*work*)

micro-informatique *f.* use of personal computers

micro-ordinateur (*fam.* **micro**) *m.* personal computer

midi noon (3); **à midi** at noon; **après-midi** *m.* afternoon; **il est midi** it's noon (time)

miel *m.* honey

mieux *adv.* better, better off (12); **faire mieux de** to do better to; **il vaut mieux** + *inf.* it's better to; **il vaut mieux que** + *subj.* it's better that (14)

mignon(ne) *adj., fam.* cute

migrateur (-trice) *adj.* migrating, migratory

mil *m.* thousand (*for years*)

milieu *m.* environment; milieu; middle; **au milieu de** in the middle of

mille *adj.* thousand (6)

milliard *m.* billion (6)

milliardaire *m., f.* billionaire

millier *m.* (around) a thousand

million *m.* million (6)

mince *adj.* thin; slender (3)

mine *f.* appearance, look; **avoir bonne (mauvaise) mine** to look good (bad)

minéral *n., adj.* mineral; **eau** (*f.*) **minérale** mineral water (4); **sels** (*m. pl.*) **minéraux** mineral salts

mini-golf *m.* miniature golf

mini-jupe *f.* mini-skirt

ministère *m.* ministry

ministre *m.* minister, cabinet member

minitel *m.* French personal communications terminal

minuit midnight (3); **à minuit** at midnight; **il est minuit** it's midnight

minuterie *f.* automatic timeswitch

miroir *m.* mirror (2)

mis *adj.* put; **mis(e) à jour** *adj.* updated

mise *f.* putting; **mise en page** formatting, layout; **mise en scène** produc-

tion, staging, setting; direction

mode *m.* method, mode; directions; *Gram.* mood; **mode de transport** mode of transportation; **mode de vie** life style

mode *f.* fashion, style; **à la mode** in style (3); **magazine** (*m.*) **de mode** fashion magazine; **styliste** (*m., f.*) **de mode** fashion designer

modèle *m.* model; pattern

modéré *adj.* moderate; **Habitation** (*f.*) **à Loyer Modéré (H.L.M.)** French public housing

modifier to modify, transform

mœurs *f. pl.* mores, morals, customs

moi *pron. s.* I, me; **chez moi** at my place; **excuse(z)-moi** excuse me; **moi, je voudrais** me, I would like (P); **moi itou** *Q. me also*

moine *m.* monk

moins (de) *adv.* less; fewer (12); minus; **au moins** at least; **de moins en moins** less and less (12); **il est cinq heures moins le quart** it is a quarter to five; **moins (de)... que** less . . . than (12); **plus ou moins** more or less

mois *m.* month (P); **au mois de** in the month of; **par mois** per month

moment *m.* moment; **à ce moment-là** then, at that moment; **à tout moment** always; **au bon moment** at the right time; **au moment de** at the time when, of; **au moment où** when; **du moment** of the moment, present-day; **en ce moment** now, currently

mon (ma, mes) *poss. adj.* my (2)

mondain *adj.* worldly; pertaining to social life

monde *m.* world; people; society (8); **tout le monde** everybody, everyone (11)

mondial *adj.* world; worldwide (9); **Deuxième (Première) Guerre** (*f.*) **mondiale** Second (First) World War

monnaie *f.* coins; change; currency (*units*)

monotone *adj.* monotonous

monsieur (M.) (*pl.* **messieurs**) *m.* Mister; gentleman; sir (P)

mont *m.* hill; mountain

montagne *f.* mountain (5)

montagneux (-euse) *adj.* mountainous

montant *m.* sum, amount; total; *adj.* rising

monter (dans) to set up, organize; to put on; to carry up; to go up; to climb (into) (7); to rise, go up in value (12)

monteur (-euse) *m., f.* assembler, installer

montre *f.* watch; wristwatch (10)

montrer to show (3)

se moquer de to make fun of; to mock

morceau *m.* piece

mort *f.* death (10)

mosquée *f.* mosque

mot *m.* word; note

moteur *m.* motor; engine; **bateau** (*m.*) **à moteur** motor boat

motocyclette (*fam.* **moto**) *f.* motorcycle, motorbike (6)

mouffette *f.* skunk

moulant *adj.* close-fitting

moulé *adj.* molded

moulin *m.* mill

mourir (*p.p.* **mort**) *irreg.* to die (7)

mousquetaire *m.* musketeer

moussant *adj.* foam, frothy

mousse *f.* moss; foam; **mousse au chocolat** chocolate mousse

moustique *m.* mosquito

moutarde *f.* mustard (4)

mouton *m.* mutton; sheep (15)

mouvement *m.* movement

moyen *m.* mean(s); way; **moyens** (*pl.*) **de transport** means of transportation (6)

moyen(ne) *adj.* average; medium; **de taille moyenne** of medium height (3); **four** (*m.*) **moyen** medium oven; **moyen âge** *m. s.* Middle Ages; **moyenne surface** *f.* medium-sized store

moyenne *f.* average; **en moyenne** on average

multiethnique *adj.* multicultural

muni (de) *adj.* supplied, equipped (with)

mur *m.* wall (P)

muscade *f.* nutmeg

musculaire *adj.* muscular, muscle

musculation *f.* muscle development

musée *m.* museum (15)

musical *adj.* musical; **comédie** (*f.*) **musicale** musical comedy

music-hall (*pl.* **music-halls**) *m.* music hall, vaudeville

musicien(ne) *m., f.* musician (7)

musique *f.* music; **instruments** (*m. pl.*) **de musique** musical instruments; **jouer de la musique** to play music; **musique classique** classical music; **musique rock** rock music

N

nager (**nous nageons**) to swim (1)

naïf (**naïve**) *adj.* naïve; simple

nain(e) *m., f.* dwarf

naissance *f.* birth (10); **date** (*f.*) **de naissance** date of birth; **donner naissance à** to give rise, give birth to; **lieu** (*m.*) **de naissance** place of birth

naître (*p.p.* **né**) *irreg.* to be born (7)

naïvement *adv.* naively

nappé de *adj.* coated with

natation *f.* swimming; **faire de la natation** to swim, go swimming (5)

national *adj.* national; **Assemblée** (*f.*) **Nationale** French National Assembly; **parc** (*m.*) **national** national park

nature *f.* nature; *adj.* plain (*food*)

naturel(le) *adj.* natural (5); **ressources** (*f. pl.*) **naturelles** natural resources (16)

nautique *adj.* nautical; **faire du ski nautique** to go water-skiing (5)

ne (**n'**) *adv.* no; not; **ne... aucun(e)** none, not one; **ne... jamais** never, not ever; **ne... ni... ni** neither . . . nor; **ne... nulle part** nowhere (11); **ne... pas** no; not; **ne... pas du tout** not at all; **ne... pas encore** not yet (11); **ne... personne** no one; **ne... plus** no more, no longer (11); **ne... que** only (5); **ne... rien** nothing (8); **n'est-ce pas?** isn't it (so)? isn't that right?

né (**née**) *adj.* born

néanmoins *adv.* nevertheless

nécessaire *m.* necessaries, the indispensable; *adj.* necessary; **il est nécessaire que** + *subj.* it's necessary that

nécessité *f.* need

néfaste *adj.* luckless; evil

négatif (ive) *adj.* negative

négativement *adv.* negatively

neige *f.* snow (5); **bonhomme** (*m.*) **de neige** snowman (14); **boule** (*f.*) **de neige** snowball; **tempête** (*f.*) **de neige** snowstorm

neiger (**il neigeait**) to snow; **il neige** it's snowing (5)

neigeux (-euse) *adj.* snowy

nerveux (-euse) *adj.* nervous

net (nette) *adj.* neat, clear; clean; net (*weight*)

nettoyant *adj.* cleaning

neuf *adj.* nine

neutre *adj.* neuter; neutral

neuvième *adj.* ninth (9)

neveu *m.* nephew (2)

nez *m.* nose (3)

ni neither; nor; **ne... ni... ni** neither . . . nor

niché *adj.* nestled, ensconced

nièce *f.* niece (2)

nier to deny

niveau *m.* level

noces *f. pl.* wedding (10); **voyage** (*m.*) **de noces** honeymoon trip (10)

noir *adj.* black (3); **marée** (*f.*) **noire** oil spill (16); **point** (*m.*) **noir** blackhead; **tableau** (*m.*) **noir** blackboard, chalkboard

noisette *f.* hazelnut

nom *m.* noun; name; **au nom de** in the name of, on behalf of

nombre *m.* number; quantity

nombreux (-euse) *adj.* numerous; **une famille nombreuse** a large family

nommer to name; to appoint

non *interj.* no; not (P); **non plus** neither, not . . . either

nord *m.* north (8)

normalement *adv.* normally

nos *poss. adj., m., f., pl.* our; **de nos jours** these days, currently

notamment *adv.* notably; especially

note *f.* note; grade (in school); bill; **prendre des notes** to take notes

notion *f.* notion, idea; knowledge

notre *poss. adj., m., f., s.* our

nôtre(s) (le/la/les) *poss. pron., m., f.* ours; our own (*people*)

nourriture *f.* food (12)

nous *pron., pl.* we; us; **nous sommes** we are (P); **nous sommes lundi (mardi...)** it's Monday (Tuesday . . .)

nouveau (nouvel, nouvelle [nouveaux, nouvelles]) *adj.* new (5); **à nouveau** once more; **Nouvelle Vague** *f.* New Wave ('60s cinema)

nouvelle *f.* item of news; short story; *pl.* news, current events; **bonne (mauvaise) nouvelle** good (bad) news

novembre November (P)

nuage *m.* cloud (5)

nucléaire *adj.* nuclear; *m.* nuclear power; **énergie** (*f.*) **nucléaire** nuclear power

nuit *f.* night; **bonne nuit** *interj.* good night; **de nuit** at night

nul (nulle) *adj., pron.* no, not any; null; **ne... nulle part** *adv.* nowhere (11)

numéro *m.* number; **composer un numéro** to dial (a phone number) (6); **numéro de téléphone** telephone number; **numéro d'immatriculation** (*car*) licence plate, number

nutritif (-ive) *adj.* nutritive, nourishing

O

obéir (à) to obey (5)

objectif (-ive) *adj.* objective

objet *m.* objective; object
obligatoire *adj.* obligatory; mandatory
obligé *adj.* obliged, required; **être obligé(e) de** to be obliged to
obtenir (*like* **tenir**) *irreg.* to obtain, get
obtenu *adj.* gotten, obtained
occasion *f.* opportunity; occasion; bargain; **à l'occasion de** on the occasion of; **avoir l'occasion de** to have the chance to
occupé *adj.* occupied; held; busy
occuper to occupy; **s'occuper de** to look after, be interested in
occurrence *f.* occurrence, event; **en l'occurence** in, under the circumstances
octobre October (P)
œil (*pl.* **yeux**) *m.* eye; look (3); **clin** (*m.*) **d'œil** blink (of an eye); **coup** (*m.*) **d'œil** glance
œuf *m.* egg (4); **œuf au plat** fried egg; **œufs** (*pl.*) **brouillés** scrambled eggs
œuvre *f.* work; artistic work; **chef-d'œuvre** (*pl.* **chefs-d'œuvre**) *m.* masterpiece; *hors-d'œuvre (*pl.* des *hors-d'œuvre) *m.* hors-d'œuvre, appetizer
offert *adj.* offered
officiel (-lle) *adj.* official
offre *f.* offer
offreur (-euse) *m., f.* one who offers (*goods, services*)
offrir (*like* **ouvrir**) *irreg.* to offer (7); **offrir des cadeaux** to give presents; **s'offrir** to buy for oneself
oh, là, là *interj.* darn; my goodness (6)
oignon *m.* onion
oiseau *m.* bird (5)
oligo-élément *m.* oligo-element, trace mineral
olympique *adj.* Olympic; **jeux** (*m. pl.*) **Olympiques** Olympics, Olympic Games
ombre *f.* shadow, shade
omelette *f.* omelet
on *pron.* one, they, we, people
oncle *m.* uncle (2)
ondulant *adj.* flowing, undulating
onze *adj.* eleven
onzième *adj.* eleventh (9)
opérateur (-trice) *m., f.* operator
opérette *f.* operetta
opposé *adj.* opposing, opposite
opposer to oppose; **s'opposer à** to be opposed to
optimiste *m., f.* optimist; *adj.* optimistic
orange *m.* orange (*color*) (3); *f.* orange (*fruit*) (4); *adj. inv.* orange; **feu orange** *m.* yellow (*traffic*) light (15);

jus (*m.*) **d'orange** orange juice
orchestre *m.* orchestra (7)
ordinaire *adj.* ordinary, regular; **essence** (*f.*) **ordinaire** regular gas(oline)
ordinal *adj.* ordinal; **nombres** (*m. pl.*) **ordinaux** ordinal numbers
ordinateur *m.* computer (6); **micro-ordinateur** *m.* personal computer
ordonnance *f.* (*pharmaceutical*) prescription (13)
ordonné *adj.* orderly, tidy; ordered, prescribed
ordonner to order, command, prescribe (13)
ordre *m.* order; command; **par order (de)** in order (of)
oreille *f.* ear (3); **avoir mal aux oreilles** to have an ear ache; **boucles** (*f. pl.*) **d'oreilles** earrings (10)
organique *adj.* organic; **cultiver un jardin organique** to grow an organic garden (16)
organisateur (-trice) *m., f.* organizer
organiser to organize
original *adj.* eccentric; original
origine *f.* origin; **appellation** (*f.*) **d'origine contrôlée (AOC)** guaranteed vintage (*wine*); **d'origine française** of French extraction; **pays** (*m.*) **d'origine** native country
orner to decorate
orthographe *f.* spelling
ôter to take off
ou *conj.* or; either (1)
où *adv.* where (1); *pron.* where, in which, when
oublier (de) to forget (to) (11)
ouest *m.* west (8); **sud-ouest** *m.* southwest
oui *interj.* yes (P); **mais oui** (but) of course
ouragan *m.* hurricane (16)
outre *prep.* beyond, in addition to; **département** (*m.*) **d'outre-mer (D.O.M.)** French overseas department; **en outre** in addition; **territoire** (*m.*) **d'outre-mer (T.O.M.)** French overseas territory
ouvert *adj.* open; frank
ouverture *f.* opening
ouvrage *m.* (*piece of*) work; literary work
ouvreur (-euse) *m., f.* usher (*theater, movies*)
ouvrier (-ière) *m., f.* (*manual*) worker (11)
ouvrir (*p.p.* **ouvert**) *irreg.* to open (7)
oxygène *m.* oxygen; **donner de l'oxygène** to administer oxygen (13)

ozone *m.* ozone; **couche** (*f.*) **d'ozone** ozone layer

P

page *f.* page; **mise** (*f.*) **en page** formatting, layout
paiement *m.* payment
pain *m.* bread (4); **petit pain** dinner roll
pair *adj.* even; **aller de pair (avec)** to be on a par (with); **être au pair** to be an au pair (*do child care as a foreign student*)
paire *f.* pair
paix *f.* peace
palais *m.* palace
palper to feel, palpate
panne *f.* (*mechanical*) breakdown; **tomber en panne** to have a (mechanical) breakdown (15)
panneau *m.* road sign; billboard; panel
pansement *m.* bandage (*for a cut*) (13)
pantalon *m.* (*pair of*) pants (3)
papa *m., fam.* dad, daddy
paperasserie *f. fam.* (*pointless*) paperwork; red tape
papier *m.* paper; **feuille** (*f.*) **de papier** sheet of paper (P)
papillon *m.* butterfly
paquet *m.* package
par *prep.* by, through; **par avion** air mail; **par cœur** by heart; **par conséquent** consequently; **par écrit** in writing; **par exemple** for example; **par jour (semaine, etc.)** per day (week, etc.); **par la suite** afterward; **par rapport à** with regard to, in relation to
parabolique: antenne (*f.*) **parabolique** satellite dish (15)
paraître (*like* **connaître**) *irreg.* to appear
paralysie *f.* paralysis
parapente *m.* paraplaning, paragliding; **faire du parapente** to paraglide (5)
parapluie *m.* umbrella (5)
parc *m.* park (5); **parc national** national park
parce que *conj.* because (1)
pardon *interj.* pardon me
pareil(le) *adj.* like, similar
parent(e) *m., f.* parent; relative (2); **arrière-grand-parent** *m.* great-grandparent; **grand-parent** *m.* grandparent (2)
parenthèse *f.* parenthesis; **entre parenthèses** in parentheses
paresseux (-euse) *adj.* lazy (5)

parfait *adj.* perfect

parfois *adv.* sometimes

parfum *m.* perfume (10); flavor

parfumé *adj.* flavored

parfumeur (-euse) *m., f.* perfume manufacturer, perfumer

parking *m.* parking lot (15)

parler to speak; to talk (2); *m.* speech; **parler à** to speak to; **parler de** to talk about

parmi *prep.* among

parole *f.* word

parrain *m.* godfather

part *f.* share, portion; role; **à part** besides; separately; **ne... nulle part** nowhere (11); **quelque part** somewhere (11)

partager (nous partageons) to share (2)

partenaire *m., f.* partner

partenariat *m.* partnership

parti *m.* (*political*) party

participer à to participate in

particularité *f.* particularity; peculiarity

particulier (-ière) *adj.* particular, special; **en particulier** *adv.* particularly

particulièrement *adv.* particularly

partie *f.* part; game, (*sports*) match; outing; **en partie** in part; **faire partie de** to be part of, belong to; **faire partie intégrale de** to be an integral part of; **parties** (*pl.*) **du corps** parts of the body (3)

partiel(le) *adj.* partial; **à temps partiel** part-time

partir (*like* **dormir**) **(à, de)** *irreg.* to leave (for, from) (7); **à partir de** *prep.* starting from

partout *adv.* everywhere (11)

pas (ne... pas) not; **ne... pas encore** not yet (11); **pas à pas** step-by-step; **pas de problème** no problem (6); **pas du tout** not at all (4); **pas mal** not bad(ly); **pas mal de** quite a few

passage *m.* passage; passing

passé *m.* past; *adj.* past, gone, last; **au passé** in the past; **l'été** (*m.*) **passé** last summer; **passé composé** *Gram.* present perfect; **passé simple** *Gram.* simple (historic, literary) past tense

passeport *m.* passport (8)

passer *intr.* to pass; to stop by (7); *trans.* to pass; to cross; to spend (time) (10); **passer (du temps) à** to spend (time) (11); **passer le permis de conduire** to pass the driver's (license) test; **passer par** to pass by, through; **passer un coup de fil** *fam.* to make a phone call; **passer**

un examen to take an exam; **passer un film** to show a movie; **qu'est-ce qui se passe?** what's happening? **se passer** to happen, take place; to go

passe-temps *m.* pastime, hobby

passible (de) *adj.* liable (to, for)

passionnant *adj.* exciting, thrilling (5)

passionné(e) *m., f.* enthusiast, fan; *adj.* passionate, intense

pastèque *f.* watermelon

pasteurisé *adj.* pasteurized

pâte *f.* dough

pâté *m.* liver paste, pâté (4); **pâté maison** house special pâté

patiemment *adv.* patiently

patience *f.* patience; **avoir de la patience** to be patient, have patience

patient(e) *m., f.* (*hospital*) patient; *adj.* patient

patin *m.* skate, ice skate; **faire du patin à glace** to go ice-skating (5)

pâtisserie *f.* pastry; pastry shop (4)

pâtissier (-ière) *adj.* pertaining to fine pastry

patrimoine *m.* legacy, patrimony (14)

patron(ne) *m., f.* boss, employer (11)

patronnière *f.* pattern maker

pauvre *adj.* poor; unfortunate (2)

payant *adj.* paying, charged for

payer (je paie) to pay, pay for

pays *m.* country (*nation*) (8)

paysage *m.* landscape, scenery (8)

paysan(ne) *m., f., adj.* peasant

peau *f.* skin

pêche *f.* fishing; peach; **pêche melba** peaches with raspberry sauce

peigne *m.* comb (10)

se peigner to comb one's hair (10)

peindre (*like* **craindre**) *irreg.* to paint

peintre *m.* painter

peinture *f.* paint; painting

peinturer *Q.* to paint (*a house*)

pelote (*f.*) **basque** pelota, jai alai (*Basque sport*)

pelouse *f.* lawn

pénal *adj.* penal, pertaining to prisons; **code** (*m.*) **pénal** penal code

pencher to lean, bend; **se pencher** to bend down, lean over

pendant *prep.* during (12); **pendant les années 50 (60, etc.)** during the fifties (sixties, etc.); **pendant les vacances** during vacation (1)

pénible *adj.* difficult; painful

penser to think; to reflect; to expect, intend (14); **penser à** to think of, about; **penser de** to think of, have an opinion about; **(que pensez-vous de... ? (qu'en pensez-vous?)**

what do you think of ...? (what do you think about it?)

pension *f.* pension, allowance; boardinghouse

pensionné(e) *m., f.* pensioner; *adj.* pensioned

pénurie *f.* scarcity; poverty

pépin *m.* pip, stone

pépite *f.* nugget

perce-neige *m.* snowdrop (*flower*)

percevoir (*like* **recevoir**) *irreg.* to perceive

perdre to lose; to waste (3)

père *m.* father (2); **beau-père** father-in-law; stepfather (2); **grand-père** grandfather (2)

perfectionnement *m.* perfecting

péril *m.* danger, peril; **en péril** endangered

période *f.* period (*of time*); **en période de** during a time of

périssable *adj.* perishable

perle *f.* pearl; bead

permettre (*like* **mettre**) **(à)** *irreg.* to permit, allow, let (10)

permis *m.* license; **passer le permis de conduire** to pass the driver's (license) test

personnage *m.* (*fictional*) character (7)

personnalisé *adj.* personalized

personnalité *f.* personality

personne *f.* person; *pl.* people (8); **ne... personne** nobody, no one, nobody (11)

personnel(le) *adj.* personal; *m.* personnel; **finances** (*f. pl.*) **personnelles** personal finances (12)

personnellement *adv.* personally (16)

perte *f.* loss

pessimiste *adj.* pessimistic

pétanque *f.* bocce ball, lawn bowling (*So. France*); **jouer à la pétanque** to lawn-bowl

petit *adj.* small, little (2); short; very young; *m. pl.* young ones; little ones; **petit ami (petite amie)** *m., f.* boyfriend (girlfriend); **petit déjeuner** *m.* breakfast (4); **petit écran** *m.* television, "small screen"; **petite-fille** *f.* granddaughter (2); **petit-enfant** *m.* grandchild (2); **petites annonces** *f. pl.* classified ads; **petit-fils** *m.* grandson (2); **petit pain** *m.* dinner roll; **petits gâteaux** *m. pl.* cookies; **petits pois** *m. pl.* (green) peas (4)

pétrole *m.* oil, petroleum

pétrolier (-ière) *adj.* petroleum

peu *adv.* little; few; not very; hardly

(2); **il est peu probable que** + *subj.* it's doubtful that; **peu profond(e)** *adj.* shallow; **un peu (de)** a little (4)

peuple *m.* nation; people (of a country) (8)

peur *f.* fear; **avoir peur (de)** to be afraid (of) (11, 14)

pharmaceutique *adj.* pharmaceutical

pharmacien(ne) *m., f.* pharmacist (11)

phénomène *m.* phenomenon (16)

philosophie (*fam.* **philo**) *f.* philosophy (1)

photo *f.* picture, photograph (8); **appareil-photo** *m.* (still) camera; **prendre des photos** to take photos

photocopieur *m.* (photo)copy machine (6)

photographe *m., f.* photographer

photographie (*fam.* **photo**) *f.* photo(graph); photography

phrase *f.* sentence

physique *f.* physics (1); *adj.* physical

physiquement *adv.* physically

piano *m.* piano (7); **jouer du piano** to play the piano

pièce *f.* piece; room (*of a house*) (2); coin; each; (*theatrical*) play (7); **deux-pièces** *m.* two-room apartment in France (*not including kitchen*)

pied *m.* foot (3); **à pied** on foot; **avoir mal au pied** to have a hurt, painful foot

pierre *f.* stone

piéton(ne) *adj., m., f.* pedestrian (15); **passage** (*m.*) **pour piétons** pedestrian walkway

pilier *m.* pillar

pilote *m., f.* pilot; **pilote de ligne** airline pilot

pinède *f.* pine forest (*So. France*)

pique-nique *m.* picnic; **faire un pique-nique** to go on a picnic

piqûre *f.* shot, injection; **faire une piqûre** to give an injection (13)

pire *adj.* worse; **le/la pire** the worst

pis *adv.* worse; **tant pis** too bad

piscine *f.* swimming pool

piste *f.* path, trail; course; slope

piton *m.* (*mountain*) peak

pittoresque *adj.* picturesque

place *f.* place; position; parking place; (*town*) square (15); seat; **à la place de** instead of; **sur place** on site

placer (nous plaçons) to find a seat for; to place; to situate

plage *f.* beach (5)

se plaindre (de) to complain (about)

plaire (*p.p.* **plu**) **à** *irreg.* to please; **s'il te (vous) plaît** *interj.* please

plaisant *adj.* funny; pleasant

plaisir *m.* pleasure; **avoir le plaisir de** to be pleased to; **faire plaisir à** to please

plan *m.* plan; diagram; (*city*) map

planche *f.* board; **faire de la planche à voile** to go windsurfing (5)

plancher *m.* (*wood*) floor

planète *f.* planet

planter to plant; to set

plaque *f.* plate; tablet; **plaque d'immatriculation** (*car*) license plate

plaquette *f.* small plate; slab

plastique *m.* plastic; **arts** (*m. pl.*) **plastiques** plastic arts (*sculpture, painting*)

plat *adj.* flat; *m.* dish; course (*meal*); **œuf** (*m.*) **au plat** fried egg; **plat** (*m.*) **à gratin** gratin pan; **plat du jour** daily special (*restaurant*) (4); **plat principal** main course (4)

platine *f.* turntable; **platine** (*f.*) **laser** (laser) disc, CD player (2)

plâtre *m.* plaster; cast

plein (de) *adj.* full (of); **à plein temps** full-time; **de/en plein air** (in the) open air, outdoor(s); **faire le plein (d'essence)** to fill up (with gasoline) (15)

pleurer to cry, weep

pleuvoir (*p.p.* **plu**) *irreg.* to rain; **il pleut** it's raining (5)

plomb *m.* lead (*metal*); **essence** (*f.*) **sans plomb** unleaded gasoline

plombier *m.* plumber (11)

plonger (nous plongeons) to dive; to dip; to immerse

pluie *f.* rain (5); **pluie acide** acide rain (16)

plupart: la plupart (de) most, the majority (of); **pour la plupart** for the most part

pluriel *m. Gram.* plural

plus (de) *adv.* more (5); more . . . than . . . (-er) (12); plus; **de plus** in addition; **de plus en plus** more and more (12); **en plus de** in addition to; **le/la/les plus** + *adj. or adv.* most; **ne... plus** no longer, not anymore (11); **non plus** neither, not . . . either; **plus ou moins** more or less; **plus... que** more . . . than (12)

plusieurs (de) *adj., pron.* several (of)

plutôt *adv.* instead; rather

pneu *m.* tire

po: sciences po *f. pl., fam.* (**sciences politiques**) political science

poche *f.* pocket; **argent** (*m.*) **de poche** pocket money, allowance; **livre** (*m.*) **de poche** paperback book

pochette *f.* slipcase; (record) sleeve

poêle *f.* frying pan (9)

poème *m.* poem

poète *m.* poet

poids *m.* weight; **poids** (*pl.*) **lourds** trailer trucks, semis

point *m.* point; dot; period (*punctuation*); **à point** medium well done (*meat*); **ne... point** not at all; **point de départ** starting point

pointe *f.* peak; point; touch, bit; **heures** (*f. pl.*) **de pointe** rush hour(s)

pointilleux (-euse) *adj.* fastidious, particular

poire *f.* pear

pois *m. pl.* peas; **petits pois** green peas (4)

poisson *m.* fish (4)

poissonnerie *f.* fish store, fishmarket (4)

poivre *m.* pepper (4)

polaire *adj.* polar

poli *adj.* polite; polished

police *f.* police; **agent** (*m.*) **de police** police officer (11); **commissariat** (*m.*) **de police** police station, headquarters (15)

policier (-ière) *adj.* pertaining to the police; *m.* police officer; **film** (*m.*) **policier** crime, detective movie (7)

politese *f.* politeness; good breeding

politicien(ne) *m., f., pej.* politician (16)

politique *f.* politics; policy (16); *adj.* political; **sciences** (*f. pl.*) **politiques** political science (1)

polluant *adj.* polluting

polluer to pollute (16)

pollution *f.* pollution (16)

pommade *f.* ointment, salve, cream (13)

pomme *f.* apple (4); **pomme de terre** potato (4)

pommier *m.* apple tree

pompier *m.* firefighter (11)

pont *m.* bridge (8)

populaire *adj.* popular; common; of the people

porc *m.* pork (4)

port *m.* port; harbor; wearing; carrying

porte *f.* door (P)

portefeuille *m.* wallet (3)

porter to wear; to carry (3); **porter un toast à** to toast s.o. (*at a dinner*)

poser to put (down); to state; to pose; to ask (2); **poser une question** to ask a question (2)

posséder (je possède) to possess

possession *f.* possession; **prendre possession de** to take possession of

possible *adj.* possible; **autant de… que possible** s many . . . as possible; **il est possible que + *subj.*** it's possible that

postal *adj.* postal, post; **boîte** (*f.*) **postale** post office box; **carte** (*f.*) **postale** postcard; **code** (*m.*) **postal** postal, zip code; **compte** (*m.*) **postal** postal savings account

poste *m.* position; employment; *f.* post office; postal service (12); **poste** (*m.*) **de secours** first-aid station (13); **timbre-poste** *m.* postage stamp

pot *m.* pot; jar; pitcher

potager (ère) *adj.* vegetable (*soup*); **jardin** (*m.*) **potager** vegetable garden

poteau-frontière *m.* frontier, border post

poterie *f.* pottery

poubelle *f.* garbage can

poulailler *m.* chicken coop, hen house

poule *f.* hen

poulet *m.* chicken (4); **bouillon** (*m.*) **de poulet** chicken soup; **poulet à l'estragon** tarragon chicken

poupée *f.* doll

pour *prep.* for (2); in order to (4); **pour ou contre** pro or con; **pour que** *conj.* so that, in order that

pourboire *m.* tip, gratuity

pourquoi *adv., conj.* why (5)

poursuivre (*like* **suivre**) *irreg.* to pursue (13)

pouvoir (*p.p.* **pu**) *irreg.* to be able (8); *m.* power, strength (16)

pratique *adj.* practical; *f.* practice

pratiquer to practice; to exercise (*a sport*)

précédent *adj.* preceding

précéder (je précède) to precede

précieux (-ieuse) *adj.* precious

précis *adj.* precise, fixed, exact

préférable *adj.* preferable, more advisable; **il est préférable que + *subj.*** it's preferable that

préféré *adj.* favorite, preferred (2); **mes loisirs préférés** my favorite leisure-time activities (1)

préférer (je préfère) to prefer, like better (4)

prélevé *adj.* deducted

préliminaire *adj.* preliminary

premier (-ière) *adj.* first (9); **la première fois** the first time; **Première Guerrre mondiale** First World War; **premier cycle** *m.* junior high school (*French equivalent*); **premier (deuxième) étage** second (third) floor (*in France*); **premier ministre**

m. prime minister; **station** (*f.*) **de premiers soins** first-aid station

prendre (*p.p.* **pris**) *irreg.* to take; to have (to eat); **bon, je le prends** fine, I'll take it (3); **prendre au sérieux** to take seriously; **prendre conscience de** to realize, become aware of; **prendre des notes** to take notes; **prendre la température** to take one's temperature (13); **prendre la tension artérielle** to take one's blood pressure (13); **prendre le petit déjeuner** to have breakfast; **prendre le train** to take the train; **prendre possession de** to take possession of; **prendre soin de** to take care of; **prendre son congé** to take one's vacation, leave; **prendre un bain** to take a bath (10); **prendre un billet** to buy a ticket; **prendre une douche** to take a shower (10); **prendre une photo** to take a photo; **prendre un verre** *fam.* to have a drink

prénom *m.* first, Christian name

préoccuper to preoccupy, concern

préparatifs *m. pl.* preparations

préparer to prepare; **se préparer (à)** to prepare oneself, get ready (for)

préposition *f., Gram.* preposition

pré-référendaire *adj.* pre-referendum

près (de) *adv.* near, close to (3)

prescrire (*like* **écrire**) *irreg.* to prescribe (13)

présence *f.* presence; **en présence de** in the presence of

présent *m.* present; *adj.* present; **à présent** nowadays

présenter to present; to introduce; to put on (*a performance*)

préserver to preserve, conserve

président(e) *m., f.* president

présidentiel(le) *adj.* presidential

presque *adv.* almost, nearly

presse *f.* press (*media*)

prestation *f.* benefit; loan(ing) (*of money*)

prestidigitateur (-trice) *m., f.* magician, conjurer

prestigieux (-ieuse) *adj.* prestigious

prêt *adj.* ready; *m.* loan; **être prêt(e) à, pour** to be ready to

prétendre to claim, maintain; to require (9)

prétentieux (-ieuse) *adj.* pretentious

prêter (à) to lend to; **se prêter** to lend oneself

prêtre *m.* priest

prévoir (*like* **voir**) *irreg.* to foresee, anticipate

prévu *adj.* expected, anticipated

prier to pray; to beg, entreat; to ask (*s.o.*); **je vous prie… d'agréer l'expression de mes sentiments . . .** very truly yours

primaire *adj.* primary; **école** (*f.*) **primaire** primary school

prime *f.* premium; bonus

prince (princesse) *m., f.* prince (princess)

principal *adj.* principal, most important; **plat** (*m.*) **principal** main course (4)

principe *m.* principle

printemps *m.* spring (5); **au printemps** in the spring

priorité *f.* right of way; priority

privé *adj.* private

prix *m.* price; prize (3)

probable *adj.* probable; **il est peu probable que + *subj.*** it's doubtful that; **il est probable que + *indic.*** it's probable that

problème *m.* problem; **pas de problème** no problem (6)

procédé *m.* process, method

prochain *adj.* next

proche (de) *adj., adv.* near, close; *m. pl.* close relatives; **futur** (*m.*) **proche** *Gram.* immediate, near future

proclamer to proclaim

productif (ive) *adj.* productive

produire (*like* **conduire**) *irreg.* to produce, make (16)

produit *m.* product; **produit de nettoyage à usages multiples** all-purpose cleaning liquid

professeur (*fam.* **prof**) *m.* professor; teacher (P)

profession *f.* profession (11)

professionnel(le) *m., f.* professional; *adj.* professional

profil *m.* profile; outline; cross-section

profiter de to take advantage of, profit from

profiterole *f.* profiterole (*cream pastry with chocolate sauce*)

profond *adj.* deep; **peu profond(e)** *adj.* shallow

profondément *adv.* deeply

profondeur *f.* depth

programme *m.* program; design, plan; agenda

programmer to program

programmeur (-euse) *m., f.* (*computer*) programmer (11)

progrès *m.* progress; **faire des progrès** to make progress, improve

progressiste *adj.* progressive

progressivement *adv.* progressively

projet *m.* project; plan; **faire des projets** to make plans

projeter (je projette) (de) to project; to plan (to)

promenade *f.* walk; ride; **faire une promenade (en voiture)** to go on an outing (car ride)

promener (je promène) to take out walking; **se promener** to go for a walk, drive, ride (10)

promettre (*like* **mettre**) **(de)** *irreg.* to promise (to) (10)

pronom *m., Gram.* pronoun; **pronom interrogatif (relatif, disjoint)** *Gram.* interrogative (relative, stressed) pronoun

pronominal *adj., Gram.* pronominal; **verbe** (*m.*) **pronominal** *Gram.* pronominal, reflexive verb

prononcer (nous prononçons) to pronounce

proportionnel(le) *adj.* proportional

proposer to propose

propre *adj.* own (8); proper; clean (16)

propreté *f.* cleanliness

propriétaire *m., f.* owner; landlord

protéger (je protège, nous protégeons) to protect

protéine *f.* protein

protidique *adj.* pertaining to protides

provision *f.* supply; *pl.* groceries; **filet** (*m.*) **à provisions** string shopping bag

provoquer to provoke

prudent *adj.* cautious, careful

psychologie (*fam.* **psycho**) *f.* psychology (1)

psychologique *adj.* psychological

psychologue *m., f.* psychologist

psychose *f.* psychosis

public (publique) *m.* public; audience; *adj.* public; **jardin public** public park; **travaux** (*m. pl.*) **publics** public works

publicitaire *adj.* pertaining to advertising; *m., f.* advertising person

publicité (*fam.* **pub**) *f.* commercial; advertisement; advertising

publier to publish

puis *adv.* then, next (5); besides; variant of **peux (pouvoir)**; **et puis** and then; and besides (5)

puisque *conj.* since, as, seeing that

puissance *f.* power; **en puissance** *adv.* virtually, potentially

pull-over (*fam.* **pull**) *m.* pullover (*sweater*) (3)

puni *adj.* punished

pupitre *m.* (*school*) desk, desk chair

pupitreur (-euse) *m., f.* chief computer operator

pur *adj.* pure

purifiant *adj.* purifying

Q

quai *m.* quai; (*station*) platform (6)

qualifié *adj.* qualified

qualitatif (-ive) *adj.* qualitative

qualité *f.* quality; characteristic

quand *adv., conj.* when (4); **depuis quand** since when

quarante *adj.* forty

quart *m.* quarter; fourth; quarter of an hour; **il est cinq heures et quart** it's a quarter after five; **il est cinq heures moins le quart** it's a quarter to five

quartier *m.* quarter, neighborhood; **le Quartier Latin** the Latin Quarter

quatorze *adj.* fourteen

quatorzième *adj.* fourteenth

quatre *adj.* four

quatre-vingt-dix *adj.* ninety (6)

quatre-vingts *adj.* eighty (6)

quatrième *adj.* fourth

que (qu') *interr.* what? (5); whom, that which; **ne… que** *adv.* only (5); **parce que** because (1); **qu'est-ce que** what? (*object*) (5); **qu'est-ce que c'est?** what is it?; **qu'est-ce qui** what? (*subject*); **qu'est-ce qui se passe?** what's happening? what's going on?; **qu'est-ce qui vous arrive?** what's up?

quel(le)(s) *interr. adj.* what, which; what a (4); **à quelle heure** at what time (5); **quel âge avez-vous?** how old are you?; **quel jour sommes-nous?** what day is it? (P); **quelle est la date d'aujourd'hui?** what's today's date? (P); **quelle heure est-il?** what time is it? (3); **quel(le) que soit** whatever . . . may be (16); **quel temps fait-il?** how's the weather? (5)

quelque(s) *adj.* some, any; a few; somewhat; **quelque chose** *pron.* something (10, 11); **quelquefois** *adv.* sometimes (5, 11); **quelque part** *adv.* somewhere (11); **quelques-uns (-unes)** *pron., m., f.* some, a few

quelqu'un *pron., neu.* someone, somebody (11); **quelqu'un d'amusant** someone funny

question *f.* question; **poser des questions (à)** to ask questions (of); **remettre en question** to call into question, query

qui *pron.* who, whom (5); **qu'est-ce qui** what? (*subject*); **qui est à l'appareil?** who's speaking? (6); **qui est-ce?** who is it?; **qui est-ce que** who? (*object*); **qui est-ce qui** who?

(*subject*); **qui voudrait… ?** who would like . . . ? (P)

quiche *f.* quiche (*egg custard pie*); **quiche lorraine** egg custard pie with bacon

quiconque *pron.* whoever, anyone who

quinze *adj.* fifteen

quinzième *adj.* fifteenth

quitter to leave (*s.o. or someplace*) (7); **ne quittez pas, s'il vous plaît** please hold (*on phone*) (6)

quoi (à quoi, de quoi) *pron.* which; what; **de quoi** enough, something

quoique *conj.* although

quotidien(ne) *adj.* daily, everyday

R

racine *f.* root

raconter to tell, relate

radio *f.* radio; X-ray (13); **faire des radios** to take X-rays; **mettre la radio** to turn on the radio

radiographier to X-ray (13)

raffiné *adj.* refined; cultivated

raisin *m.* grape(s); raisin; **raisin sec** raisin

raison *f.* reason; **avoir raison** to be right (2)

raisonnable *adj.* reasonable; rational

ramequin *m.* ramekin (*individual baking dish*)

randonnée *f.* tour, trip; ride; hike; **faire une randonnée** to go on a hike; to take a trip, tour (5)

ranger (nous rangeons) to put in order; to arrange, categorize (11)

rapidement *adv.* rapidly, quickly

rappeler (je rappelle) to remind; to recall; to call again; **se rappeler** to recall, remember (10)

rapport *m.* connection, relation; report; *pl.* relations; **par rapport à** concerning, regarding

rapporter to bring back (8); to return; to report

raquette *f.* (*tennis*) racquet

rarement *adv.* rarely

ras: au ras de at the level of; **en avoir ras le bol** *fam.* to be fed up, disgusted with

raser to shave; to graze, brush; **se raser** to shave (10)

rasoir *m.* razor (10)

rassemblement *m.* assembling, gathering

rassembler to gather; **se rassembler** to gather, congregate

rasta *m.* rasta, pertaining to the Rastafarian movement (*style, music*)

rater to miss; to fail

se rattraper to catch up

ravi *adj.* delighted; **être ravi(e) de** to be delighted about (14)

ravissant *adj.* delightful, charming

rayon *m.* store department; ray (*of light*)

réalisateur (-trice) *m., f.* (*TV, film*) producer/director (7)

réaliser to realize; to produce, carry out

réaliste *m., f.* realist; *adj.* realistic

réalité *f.* reality; **en réalité** in reality

récemment *adv.* recently, lately

réception *f.* entertainment; reception

recette *f.* recipe (4)

recevoir (*p.p.* **reçu**) *irreg.* to receive; to entertain (*guests*) (12)

recherche *f.* (*piece of*) research; search; **à la recherche de** in search of; **faire des recherches** to do research

rechercher to seek; to search for

réciter to recite

réclamation *f.* claim, demand; complaint

recommandé *adj.* recommended; registered (*letter*)

recommander to recommend

reconnaissant *adj.* grateful

reconnaître (*like* **connaître**) *irreg.* to recognize (9)

reconnu *adj.* recognized

recouvrir (*like* **ouvrir**) *irreg.* to cover up

rectifier to rectify, correct

reçu *adj.* received; entertained; *m.* receipt; **être reçu(e) (à)** to pass (an exam)

recyclage *m.* recycling

recycler to recycle (16)

rédaction *f.* editorial staff

redécouvrir (*like* **ouvrir**) *irreg.* to rediscover

redescendre to come down, go down again

réduire (*like* **conduire**) *irreg.* to reduce (12)

réduit *adj.* reduced

réel(le) *adj.* real, actual

réellement *adv.* really

réfléchir (à) to reflect; to think (about) (5)

refléter (je reflète) to reflect

réflexion *f.* reflection, thought

réfugié(e) *m., f.* refugee

refuser (de) to refuse (to) (11)

regard *m.* glance; gaze, look

regarder to look at; to watch; **ça ne me regarde pas** it's none of my business; **regarder la télé(vision)** to watch television (1); **se regarder** to look at oneself, each other

régime *m.* diet; régime (13); **être au (suivre un) régime** to be on a diet

régional *adj.* local, of the district

registre *m.* register; registry

règle *f.* rule

règlement *m.* regulation, rule

réglementation *f.* regulation

règne *m.* reign

regretter to regret, be sorry (14); to miss

régulier (-ière) *adj.* regular

régulièrement *adv.* regularly

reine *f.* queen (9)

réinjecter to reinject

rejeter (je rejette) to reject

relatif (-ive) *adj.* relative; **pronom** (*m.*) **relatif** *Gram.* relative pronoun

relation *f.* relation; relationship

relativement *adv.* relatively

se relaxer to relax

relevé *m.* statement, account balance; *adj.* enhanced; raised

religieux (-ieuse) *adj.* religious

remboursement *m.* reimbursement

rembourser to reimburse

remède *m.* remedy; treatment

remédier à to remedy (*s.th.*); to cure

remercier (de) to thank (for)

remettre (*like* **mettre**) *irreg.* to hand in; to replace; to deliver; **remettre en question** to call into question, query, rethink

remodelé *adj.* remodeled

remplacer (nous remplaçons) to replace

rempli *adj.* full, filled

remplir to fill (in, out, up) (5); **remplir un formulaire** to fill out a form

remporté *adj.* achieved, won

rémunéré *adj.* compensated, paid

renard *m.* fox

rencontre *f.* meeting, encounter

rencontrer to meet, encounter, run into (9)

rendez-vous *m.* meeting, appointment; date; meeting place; **avoir rendez-vous avec** to have an appointment with

rendre to give (back), return (*s.th*) (3); **rendre la monnaie** to give change; **rendre visite à** to visit (*s.o.*) (3); **se rendre (à, dans)** to go to; **se rendre compte de/que** to realize (that)

renforcer (nous renforçons) to reinforce

renommé *adj.* renowned (9)

renseignement *m.* (*piece of*) information (11)

renseigner to inform, give information; **se renseigner sur** to find out, get information about

rentier (-ière) *m., f.* person of wealth, leisure

rentrée (des classes) *f.* beginning of the school year

rentrer to return (*to a place*); to go home (7)

se répandre to spread (out)

réparation *f.* repair

réparer to repair (15)

repas *m.* meal, repast (4)

répéter (je répète) to repeat (4)

répondeur (téléphonique) *m.* answering machine (6)

répondre (à) to answer, respond (3)

réponse *f.* answer, response; **en réponse à** in answer to

reportage *m.* reporting; commentary

reposant *adj.* restful

se reposer to rest (13)

repousser to reject; to postpone

reprendre (*like* **prendre**) *irreg.* to take (up) again; to continue

représentant(e) *m., f.* representative

représentation *f.* performance (*show*)

représenté *adj.* presented; represented; played

représenter to represent

reproduire (*like* **conduire**) *irreg.* to reproduce (16)

république *f.* republic

réputé *adj.* reputed, well-known

requête *f.* request

réseau *m.* net; network; **réseau routier** road system

réserve *f.* reservation; preserve; reserve; *pl.* storage

réservé *adj.* reserved; shy

réserver to reserve; to keep in store

résidence *f.* residence; apartment building; **résidence universitaire** dormitory (2)

Résistance French Resistance (*against the Germans in World War II*) (9)

résoudre (*p.p.* **résolu**) *irreg.* to solve, resolve

respecter to respect, have regard for

respectueux (-euse) *adj.* respectful

respirer to breathe (13)

responsabilité *f.* responsibility

ressembler à to resemble; **se ressembler** to look alike, be similar

ressentir (*like* **partir**) *irreg.* to feel, sense

ressources *f. pl.* resources; funds; **ressources naturelles** natural resources (16)

restaurant *m.* restaurant; **dîner au restaurant** to eat out, in a restaurant (1); **restaurant universitaire** (*fam.* **restau-u**) university restaurant, cafeteria (1)

reste *m.* rest, remainder
rester to stay, remain (2); to be remaining
résultat *m.* result
retard *m.* delay; **avoir une heure de retard** to be an hour late; **être en retard** to be late
retarder to delay, retard
retenir (*like* **tenir**) *irreg.* to retain; to keep, hold
retentir to echo; to reverberate
retirer to withdraw; **retirer de l'argent** to withdraw money (12)
retour *m.* return (8); **billet** (*m.*) **aller-retour** round-trip ticket; **de retour** back (from somewhere); return; **le chemin de retour** the trip home
retourner to return; to go back (7); **se retourner** to turn over; to turn around; to look back
retrouver to find (again); to regain; to meet (*by prior arrangement*) (9); **se retrouver** to find oneself, each other (again)
réunion *f.* meeting; reunion
réussir (à) to succeed, be successful (in) (5); to pass (a test, a course)
revanche *f.* revenge; **en revanche** on the other hand; in return (16)
rêve *m.* dream (15)
réveil (-matin) *m.* alarm clock
réveiller to wake, awaken (*s.o.*); **se réveiller** to wake up (10)
révéler (je révèle) to reveal; **se révéler** to reveal oneself (itself)
revenir (*like* **venir**) *irreg.* to return; to come back (*someplace*) (6)
revenu *m.* personal income
rêver (de, à) to dream (about, of)
révision *f.* review, revision
revisite *f.* repeat visit
revivre (*like* **vivre**) *irreg.* to relive; to come to life, revive
revoir (*like* **voir**) *irreg.* to see (again) (8); to review; **au revoir** good-bye, see you soon (P); **se revoir** to see each other (one another)
révolutionnaire *adj.* revolutionary
révolutionner to revolutionize
revue *f.* magazine; journal; review (8)
rez-de-chaussée *m.* ground floor, first floor (2)
rhume *m.* head cold (13)
riche *adj.* rich (2)
rideau *m.* curtain (7)
rien (ne... rien) *pron.* nothing (8, 11); **de rien** you're welcome (P)
rigide *adj.* strict, inflexible
rire (*p.p.* **ri**) *irreg.* to laugh; *m.* laughter
risque *m.* risk

rivage *m.* riverbank; lakeshore
rivière *f.* river, tributary
riz *m.* rice (4); **riz au lait** rice pudding
robe *f.* dress (3)
rocher *m.* rock, crag (9)
rocheux (-euse) *adj.* rocky (9)
rock *m.* rock music; **groupe** (*m.*) **de rock** rock group (7)
roi (reine) *m., f.* king (queen) (9)
rôle *m.* part, character, role; **jouer le rôle de** to play the part of
roman *m.* novel
romancier (-ière) *m., f.* novelist
rondelet(te) *adj.* nice, tidy (*sum of money*)
rose *adj., m.* pink (3); *f.* rose
rouge *adj., m.* red (3); **feu** (*m.*) **rouge** red (traffic) light (15); **rouge** (*m.*) **à lèvres** lipstick (10)
rougir to blush, redden (5)
roulé: col (*m.*) **roulé** turtleneck (*sweater*)
rouleau *m.* roller; roll (*of tape, toweling*)
routard(e) *m., f., fam.* traveler
route *f.* road, highway (15); **bonne route** have a good trip; **en route** on the way, en route; **faire fausse route** to take the wrong road (15)
routier (-ière) *adj.* pertaining to road travel; **conducteur routier (conductrice routière)** *m., f.* truck driver; **réseau** (*m.*) **routier** road system; **sécurité** (*f.*) **routière** highway safety
roux (rousse) *m., f.* redhead; *adj.* red-headed (3); **sucre** (*m.*) **roux** brown sugar
rude *adj.* rough, rugged (14)
rue *f.* street
rumsteck *m.* rump steak
russe *adj.* Russian; *m.* Russian (*language*) (1); **Russe** *m., f.* Russian (*person*) (2)
rythme *m.* rhythm; **rythme de vie** pace (15)

S

sa *poss. adj., f. s.* his, her, its, one's
sable *m.* sand; **château** (*m.*) **de sable** sand castle
sac *m.* sack; bag; handbag; **sac à dos** backpack (3); **sac à main** handbag, purse (3); **sac de couchage** sleeping bag
sacré *fam.* cursed, damned
sage *adj.* good, well-behaved; wise
sain *adj.* healthy, well, sound (15); sane
saint *adj.* holy; saintly
saisie *f.* data entry; **opérateur (-trice)**

de saisie data entry clerk
saisir to seize, grasp, grab; to enter data
saison *f.* season (5)
salade *f.* salad; lettuce
saladier *m.* salad bowl
salaire *m.* salary; paycheck
salarié(e) *m., f.* wage earner; *adj.* salaried
sale *adj.* dirty (16)
salir to dirty, pollute
salle *f.* room; auditorium; **salle à manger** dining room (2); **salle de bains** bathroom (2); **salle de classe** classroom; **salle de concert** concert hall; **salle de gym(nastique)** gym, gymnasium; **salle de séjour** living room; family room (2); **salle des urgences** emergency room (13)
salon *m.* salon; living room (2); convention, exhibition
saluer to greet; to salute
salut! *interj.* hi! bye! (P)
salutation *f.* greeting; closing (*letter*)
samedi *m.* Saturday (P)
sandales *f. pl.* sandals (3)
sang *m.* blood (13)
sans *prep.* without (6); **sans cesse** ceaselessly; **sans doute** doubtless, for sure; **sans plomb** unleaded (*gasoline*)
sans-abri *m. inv.* homeless (*person[s]*) (16)
santé *f.* health; **en bonne (meilleure, mauvaise) santé** in good (better, poor) health
sarabande *f.* saraband (*dance*)
satirique *adj.* satirical
satisfait *adj.* satisfied; pleased
saturé *adj.* saturated
sauce *f.* sauce; gravy; salad dressing
saucisson *m.* sausage, salami (4)
sauf *prep.* except (14)
saupoudrer to dust (*cooking*)
sauvage *adj.* wild (14); uncivilized; **riz** (*m.*) **sauvage** wild rice
sauver to save, rescue
savane *f.* savanna
saveur *f.* flavor
savoir (*p.p.* **su**) *irreg.* to know; to know how to; to find out (9); **savoir par cœur** to know by heart
savon *m.* soap (10)
savourer to savor; to relish
savoureux (-euse) *adj.* tasty, delicious
saxophone *m.* saxophone (7)
scandaleux (-euse) *adj.* scandalous
scénario *m.* scenario, script
scène *f.* stage; scenery; scene (7); **mise** (*f.*) **en scène** (*stage/film*) direction, staging

science *f.* science (1); **film** (*m.*) **de science-fiction** science fiction movie (7); **sciences humaines** social sciences (1); **sciences politiques** (*fam.* **sciences po**) political science (1)

scientifique *m., f.* scientist (11); *adj.* scientific

scolaire *adj.* pertaining to schools, school, academic

scolarité *f.* school attendance; **frais** (*m. pl.*) **de scolarité** tuition, school fees (12)

sculpture *f.* sculpture (15)

se (s') *pron.* oneself; himself; herself; itself; themselves; to oneself, etc.; each other

séance *f.* session, meeting; performance

sec (sèche) *adj.* dry; **raisins** (*m. pl.*) **secs** raisins

second *f.* second (*unit of time*); *adj.* second; **langue** (*f.*) **seconde** second, foreign language

secours *m.* help; rescue service; **poste** (*m.*) **de secours** first-aid station (13)

secousse *f.* shaking, jolting

secret (secrète) *m.* secret; *adj.* secret, private (5)

secrétaire *m., f.* secretary (11)

secrétariat *m.* administrative office(s)

sécurité *f.* security; safety; **ceinture** (*f.*) **de sécurité** safety belt; **sécurité routière** highway safety; **Sécurité Sociale (SÉCU)** French social security system

seize *adj.* sixteen

seizième *adj.* sixteenth

séjour *m.* stay, sojourn (8); **faire un séjour** to stay, reside (*temporarily*); **salle** (*f.*) **de séjour** living room; family room (2)

sel *m.* salt (4); **sels** (*pl.*) **minéraux** mineral salts

sélectionné *adj.* chosen, selected

selon *prep.* according to (7)

semaine *f.* week (P); **la semaine dernière** last week (6); **par semaine** per week

semblable (à) *adj.* like, similar, such

sembler to seem; to appear; **il semble que** + *subj.* it seems that (14)

semestre *m.* semester

semestriel(le) *adj.* half-yearly

séminaire *m.* seminar

sens *m.* meaning; sense; way, direction; **sens interdit** wrong way (*on one-way street*)

sensible *adj.* sensitive; evident, discernible

sentier *m.* path; **les sentiers battus** the beaten paths

sentiment *m.* feeling

sentir (*like* **partir**) *irreg.* to feel; to sense; to smell (of) (7); **sentir bon (mauvais)** to smell good (bad); **se sentir (bien, mal)** to feel (good, bad) (13)

sept *adj.* seven

septembre September (P)

septième *adj.* seventh

série *f.* series

sérieusement *adv.* seriously

sérieux (-ieuse) *adj.* serious

sérigraphie *f.* silk-screen process

serre *m.* greenhouse; **effet** (*m.*) **de serre** greenhouse effect (16)

serré *adj.* tight, snug

serveur (-euse) *m., f.* bartender; waiter (waitress) (4)

service *m.* favor; service; military service; **station service** *f.* service station, filling station (15)

serviette *f.* napkin; towel (4)

servir (*like* **partir**) *irreg.* to serve; to wait on; to be useful (7); **se servir** to help oneself; **se servir de** to use

ses *poss. adj. m., f., pl.* his; her; its; one's

seul *adj. adv.* alone; single; only (2)

seulement *adv.* only

sévère *adj.* severe; stern, harsh

shampooing *m.* shampoo (10)

shopping *m.* shopping; **faire du shopping** to go shopping

short *m. s.* (*pair of*) shorts (3)

si *adv.* so; so much; yes (*response to negative*); *conj.* if; whether; **même si** even if; **s'il vous (te) plaît** please

sida (SIDA) *m.* AIDS

siècle *m.* century (8)

siège *m.* seat; place; headquarters

sieur *m.* sir

signalisation *f.* system of road signs

signer to sign

signification *f.* meaning

signifier to mean

simple *adj.* simple; **passé** (*m.*) **simple** *Gram.* simple (historic, literary) past tense

singulier (-ière) *adj.* singular; unusual; *m.* singular (*form*)

situation *f.* situation; job

situé *adj.* situated, located

six *adj.* six

sixième *adj.* sixth

ski *m.* skiing; *pl.* skis; **faire du ski alpin** to go downhill skiing (5); **faire du ski de fond** to go cross-country skiing (5); **faire du ski nautique** to go water-skiing (5)

skier to ski

skieur (-euse) *m., f.* skier

sobre *adj.* sober

sobriété *f.* sobriety

social *adj.* social

société *f.* society; organization; company (11)

soda *m.* soda water

sœur *f.* sister (2); **belle-sœur** sister-in-law (2); **demi-sœur** half-sister; step-sister (2)

sofa *m.* sofa, couch (2)

soi (soi-même) *pron., neu.* oneself

soie *f.* silk; **crêpe** (*f.*) **de soie** crape, crêpe de soie (*fine silk fabric*)

soif *f.* thirst; **avoir soif** to be thirsty (2)

soigner to take care of (13); to treat; **se soigner** to take care of oneself (13)

soigneusement *adv.* carefully

soin *m.* care; treatment (13); **prendre soin de** to take care of; **station** (*f.*) **de premiers soins** first-aid station

soir *m.* evening (3); **hier soir** yesterday evening, last night (6)

soirée *f.* party; evening

soit *subj. of* **être;** for instance; **quel(le) que soit** whatever may be (16); **soit… soit** *conj.* either . . . or

soixante *adj.* sixty (P)

soixante-dix *adj.* seventy (6)

sol *m.* soil; ground; floor; sol (*currency unit of Peru*); **au ras du sol** at ground level; **sous-sol** *m.* basement, cellar

solaire *adj.* solar; **énergie** (*f.*) **solaire** solar energy

soldat *m.* soldier (9)

solde *m.* balance; surplus, overstock

sole *f.* sole (*fish*); **sole meunière** sole sautéed in light batter

soleil *m.* sun (5); **bain** (*m.*) **de soleil** sunbath; **coucher** (*m.*) **de soleil** sunset; **il fait du soleil** it's sunny (out) (5); **lunettes** (*f. pl.*) **de soleil** sunglasses

solide *adj.* sturdy; *m.* solid

sommaire *m.* summary; abstract, (table of) contents

somme *f.* sum, total; amount; **en somme** all things considered, basically (10)

sommet *m.* summit, top (9)

son *poss. adj. m. s.* his, her, its; *m.* sound

sondage *m.* opinion poll

sonner to ring (a bell) (6)

sonorisation *f.* providing of sound effects (*movies*)

sorte *f.* sort, kind; manner; **de toutes sortes** of all types

sortie *f.* exit; going out; evening out

sortir to leave; to take out; to go out (7)

souche *f.* origin; tree stump

souci *m.* care, worry; **se faire du souci** to worry

soudain *adj.* sudden; *adv.* suddenly

souffle *m.* wind; breath

souffrir (*like* **ouvrir**) (**de**) *irreg.* to suffer (from)

souhaiter to wish, desire (14)

souligné *adj.* underlined

soupirer to sigh

source *f.* spring; spa; source

sourire (*like* **rire**) *irreg.* to smile; *n. m.* smile

sous *prep.* under, beneath (1)

soussigné *adj.* the undersigned

sous-sol *m.* basement, cellar

sous-titre *m.* subtitle (*movies*) (7)

souvenir *m.* memory, recollection; souvenir; **faire souvenir de** to remind s.o. of s.th.

se souvenir (*like* **venir**) **de** *irreg.* to remember (10)

souvent *adv.* often (8, 11)

spaghettis *m. pl.* spaghetti

spécialité *f.* speciality (*in cooking*)

spectacle *m.* show, performance (7)

spectaculaire *adj.* spectacular

spectateur (-trice) *m., f.* spectator; *pl.* audience (7)

spirituel(le) *adj.* spiritual

sport *m.* sport(s); **faire du sport** to do, participate in sports (5)

sportif (-ive) *adj.* athletic; sports-minded (5)

stade *m.* stadium (9)

stage *m.* training course; practicum, internship

stagiaire *m., f.* intern, trainee

standardiste *m., f.* switchboard operator

star *f.* (*film*) star (7)

station *f.* (*vacation*) resort; station; **station de métro** subway station (6); **station de radio** radio station; **station service** *f.* service station, filling station (15)

stationner to park (15)

statistique *f.* statistic(s)

sténodactylo *m., f.* stenographer-typist

stéréo *adj. inv.* stereo(phonic); **chaîne** (*f.*) **stéréo** stereo system (2)

sterling: livre (*f.*) **sterling** pound sterling (*British currency unit*)

stressé *adj.* stressed (13)

studio *m.* studio apartment

style *m.* style; **style de vie** life style

styliste *m., f.* fashion designer

stylo *m.* pen, ballpoint pen (P)

subir to undergo; to endure

subjonctif *m., Gram.* subjunctive (*mood*)

substituer to substitute; **se substituer à** to take the place of

subtil *adj.* subtle

succès *m.* success

succession *f.* estate; inheritance; series, sequence

sucette *f.* lollipop; pacifier

sucre *m.* sugar (4); **sucre roux** brown, raw sugar

sucré *adj.* sugared, sweetened

sud *m.* south (8); **sud-ouest** *m.* southwest

suffisant *adj.* sufficient

suggérer (**je suggère**) to suggest

Suisse *f.* Switzerland; *adj., m., f.* Swiss (*person*) (2); **franc** (*m.*) **suisse** Swiss franc

suite *f.* continuation; series; result; **par la suite** later on, afterward; **tout de suite** immediately (4)

suivant *adj.* following; *prep.* according to (8)

suivre (*p.p.* **suivi**) *irreg.* to follow (13); **suivre un cours** to take a class, a course; **suivre un régime** to be on a diet

sujet *m.* subject; topic; **à son sujet** about it; **au sujet de** concerning; **pronom** (*m.*) **sujet** subject pronoun

super *adj. inv., fam.* super, fantastic

supérieur(e) *m., f.* superior, boss; *adj.* superior; upper; **cadre** (*m.*) **supérieur** business executive; **supérieur à** *adj.* higher than, above

supermarché *m.* supermarket

supplément *m.* supplement, addition; supplementary charge

supplémentaire *adj.* supplementary, additional

supposer to suppose

sur *prep.* on; in; on top of; out of; about (1); **neuf sur dix** nine out of ten

sûr *adj.* sure, certain; safe (15); **bien sûr** of course (7); **être sûr(e) de lui/elle** to be sure of him-/herself

surface *f.* surface; **grande surface** shopping mall, superstore; **moyenne surface** medium-sized store

surprenant *adj.* surprising

surprendre (*like* **prendre**) *irreg.* to surprise (10)

surpris *adj.* surprised

surtout *adv.* especially; above all

surveiller to watch over, supervise

survie *f.* survival

survivre (*like* **vivre**) *irreg.* to survive (13)

sympathique (*fam.* **sympa**) *adj.* nice, friendly, likable (2)

symptôme *m.* symptom

syndicat *m.* labor, trade union (16)

synonyme *m.* synonym; *adj.* synonymous

synthèse *f.* synthesis

système *m.* system

T

T.G.V. (Train [*m.*] **à grande vitesse)** (French high-speed) bullet train (6)

ta *poss. adj., f. s., fam.* your

tabac *m.* tobacco; tobacco shop; **bureau** (*m.*) **de tabac** (*government-licensed*) tobacconist's shop (15)

table *f.* table (P)

tableau *m.* painting (15); chart; **tableau (noir)** blackboard, chalkboard (P)

tâche *f.* task

taille *f.* waist; build; size; **de taille moyenne** average height (3); **quelle taille faites-vous?** what size do you wear?

tailleur *m.* (woman's) suit (3); tailor

se taire (*like* **plaire**) *irreg.* to be quiet

tam-tam *m.* tom-tom, drum

tant *adv.* so much; so many; **tant de** so many, so much; **tant pis** too bad

tante *f.* aunt (2)

taper to hit; to type; **taper à la machine** to type (6)

tapis *m.* rug (2)

tard *adv.* late; **plus tard** later

tarif *m.* tariff; fare, price; **code** (*m.*) **tarif** barcode

tarte *f.* tart; pie (4); **tarte aux pommes** apple tart

tartine *f.* bread and butter sandwich

tasse *f.* cup (4); **une tasse de** a cup of (4)

taux *m.* rate; **taux de change** (*currency*) exchange rate (12); **taux de chômage** unemployment rate; **taux de mortalité infantile** infant mortality rate

taxi *m.* taxi (6); **chauffeur** (*m.*) **de taxi** cab driver

te (t') *pron.* you; to you; **s'il te plaît** please

technicien(ne) *m., f.* technician (11)

technique *f.* technique; *adj.* technical

technologie *f.* technology (6)

technologique *adj.* technological

tee-shirt (*pl.* **tee-shirts**) *m.* T-shirt (3)

teinté *adj.* tinged, colored

tel (telle) *adj.* such; **tel (telle) que** such as, like

télécarte *f.* telephone calling card

télécopieur *m.* fax (machine) (6)

téléphone *m.* telephone (2); **numéro** (*m.*) **de téléphone** telephone number; **parler (répondre) au télé-phone** to speak on (answer) the phone

téléphoner (à) to phone, telephone (6); **se téléphoner** to call one another (10)

téléphonique *adj.* telephonic, by phone; **indicatif** (*m.*) **téléphonique** call, station number

télévisé *adj.* televised, broadcast

téléviseur *m.* television set

télévision (*fam.* **télé**) *f.* television; **regarder la télévision** to watch television (1)

tellement (de) *adv.* so (5); so much, so many (15)

témoignage *m.* witness; testimony

témoin *m.* witness

température *f.* temperature; **prendre la température** to take one's temperature (13)

tempête *f.* tempest, storm; **tempête de neige** snowstorm

temple *m.* temple; Protestant church

temps *m.*, *Gram.* tense; time; weather (5); **à mi-temps** half-time, part-time; **à plein temps** full-time; **à temps** in time; **à temps partiel** part-time; **au bon vieux temps** in the good old days; **avoir le temps de** to have time to; **depuis combien de temps** since when, how long; **de temps en temps** from time to time; **entre-temps** meanwhile; **passer du temps à** to spend time (doing) (11); **quel temps fait-il?** what's the weather like? (5); **temps libre** leisure time

tendre (à) to tend (to)

tendre *adj.* tender, sensitive; soft

tenir (*p.p.* **tenu**) *irreg.* to hold (6); to keep; **se tenir les côtes (de rire)** to hold one's sides (with laughter)

tennis *m.* tennis; *pl.* tennis shoes (3); **faire du tennis** to play tennis (5); **jouer au tennis** to play tennis (1); **raquette** (*f.*) **de tennis** tennis racquet

tension *f.* tension; blood pressure; **prendre la tension artérielle** to take one's blood pressure (13)

tentant *adj.* tempting

tentative *f.* attempt, try

tente *f.* tent; **sous une tente** in a tent

tenter (de) to tempt; to try, attempt (to); **tenter sa chance** to try one's luck

terminale *f.* final year of French secondary school

terminé *adj.* finished, terminated

terminer to end; to finish; **se ter-**

miner to finish, end

terrain *m.* ground; land; **terrain de camping** campground; **terrain de golf** golf course; **terrain d'essai** testing ground

terrasse *f.* terrace, patio

terre *f.* land; earth; the planet earth; **pomme** (*f.*) **de terre** potato (4); **sous terre** underground; **tremble-ment** (*m.*) **de terre** earthquake (16)

terreur *f.* terror

terrible *adj.* terrible; great

terrier *m.* burrow, hole, earth (*of ani-mal*)

territoire *m.* territory; **territoire** (*m.*) **d'outre-mer (T.O.M.)** French over-seas territory

terroir *m.* soil, native soil

tes *poss. adj. m., f., pl.* your

tête *f.* head; mind (3); *fam.* face; **avoir mal à la tête** to have a headache

têtu *adj.* stubborn

texte *m.* text; passage; **traitement** (*m.*) **de texte** word processing

thé *m.* tea (4)

théâtre *m.* theater

théorie *f.* theory

thérapeutique *adj.* therapeutic

thermal *adj.* thermal; pertaining to spas

thon *m.* tuna

tien(ne) (le/la) *m., f. pron., fam.* yours; *pl.* close friends, relatives

tiens! *interj.* well, how about that? (6)

timbre *m.* stamp (12); **timbre-poste** *m.* postage stamp

timide *adj.* shy; timid

tirer to draw (out); to shoot, fire at; to pull

tissu *m.* material, fabric, cloth

titre *m.* title; degree; **sous-titre** *m.* subtitle (*movies*) (7)

titulaire *m., f.* holder; bearer

toast *m.* piece of toast; toast; **porter un toast à** to toast s.o. (*at a dinner*)

toi *pron., fam.* you; **et toi?** *fam.* and you? (P); **toi-même** yourself

toile *f.* cloth; canvas

toilette *f.* grooming; *pl.* half-bathroom, toilet (2); **eau** (*f.*) **de toilette** toilet water, cologne

tomate *f.* tomato (4)

tomber to fall (7); **tomber amoureux (-euse) (de)** to fall in love (with) (10); **tomber en panne** to have a (mechanical) breakdown (15); **tomber malade** to become ill (13)

ton (ta, tes) *poss. adj., fam.* your (2); *m.* tone

tonnerre *m.* thunder (16)

tordre to twist; **se tordre la cheville**

to twist one's ankle (13)

tornade *f.* tornado

torréfié *adj.* to roast (*coffee, nuts*)

tort *m.* wrong; **avoir tort** to be wrong (2)

tôt *adv.* early; **plus tôt** earlier

total *adj.* total; *m.* total; **au total** on the whole, all things considered

toucher (à) to touch; to concern; to cash in; **toucher un chèque** to cash a check (12)

toujours *adv.* always; still (8)

tour *f.* tower; *m.* walk, ride; turn; tour; trick; **à tour de bras** rapidly, vio-lently; **faire un tour** to take a short trip, outing (8)

touristique *adj.* tourist; **faire un cir-cuit touristique** to go sightseeing

tournée *f.* (*theatrical*) tour

Toussaint *f.* All Saints' Day (*November 1*)

tousser to cough (13)

tout(e) (*pl.* **tous, toutes)** *adj., pron.* all; every; everything (4, 11); each; any; **à tout à l'heure** bye, see you later (3); **à tout moment** at any time, moment; **à tout prix** at any cost; **de tout** all sorts of things; **(ne…) pas du tout** not at all (4); **tous les ans** every year; **tous (toutes) les deux** both (of them); **tous les jours** every day (8), **tout compris** all inclusive; **tout confort** all amenities; **tout de même** all the same, for all that; **tout de suite** immediately, right away (4); **tout droit** *adv.* straight ahead; **toutes les semaines** every week, weekly; **toutes sortes de** all sorts, types of; **tout(e) fait(e)** completed, ready-made; **tout le monde** everybody, everyone (11); **tout près** very near

toux *f.* cough (13)

toxique *adj.* toxic; **déchets** (*m. pl*) **toxiques** toxic wastes

traditionnel(le) *adj.* traditional

traditionnellement *adv.* traditionally

traduire (*like* **conduire**) *irreg.* to translate (16)

trafic *m.* traffic; trade

tragédie *f.* tragedy (7)

train *m.* train (6); **en train** by train

traitant *adj.* treatment

traite *f.* milking (*of cows*)

traitement *m.* treatment; **traitement de texte** word processing

traiter (de) to treat; to be about

tranche *f.* slice; block, slab

tranquille *adj.* quiet, calm

transformer to transform; to change

transport(s) *m.* transportation;

moyens (*m. pl.*) **de transport** means of transportation (6); **transports** (*m. pl.*) **en commun** public transportation (16)

travail (*pl.* **travaux**) *m.* work; project; job; employment; *pl.* public works; **travaux publics** public works

travailler to work (1)

travailleur (-euse) *m., f.* worker; *adj.* hardworking (5); **travailleur (-euse) indépendant(e)** self-employed worker (11)

travers: à travers *prep.* through; **à travers le monde** throughout the world; **en travers de nous** Q. opposite

traverser to cross (9)

treize *adj.* thirteen

treizième *adj.* thirteenth

tréma *m.* diaeresis, umlaut (**ë**)

tremblement *m.* shaking, trembling; **tremblement de terre** earthquake (16)

trente *adj.* thirty

très *adv.* very; most; very much (2); **faire très attention à** to pay close attention to; **très bien** very well (good) (P); **très bien, merci** very well, thank you

trésor *m.* treasure

tréteau *m.* stage, boards

tribune *f.* tribune, forum

triomphe *m.* triumph

triste *adj.* sad (2)

trois *adj.* three

troisième *adj.* third

tromper to deceive; **se tromper** to be mistaken, make a mistake (11)

trop (de) *adv.* too much (of); too many (of) (4)

trottoir *m.* sidewalk (15)

troupe *f.* troop, company

troupeau *m.* herd, flock

trouver to find; to deem; to like; **se trouver** to be; to be located (10)

truand(e) *m., f.* vagrant

truite *f.* trout

tu *pron., fam. s.* you

tuberculose *f.* tuberculosis

tumeur *f.* tumor

typique *adj.* typical

U

un (une) *art., pron.* a; *adj.* one; **l'un(e) l'autre** one another

union *f.* union; marriage

unique *adj.* only, sole; **fils (fille) unique** only son (daughter)

uniquement *adv.* uniquely, solely, only

unir to unite; **s'unir** to unite

universitaire *adj.* (*of or belonging to the*) university; **cité** (*f.*) **universitaire** (*fam.* **cité-u**) student residence complex (2); **résidence** (*f.*) **universitaire** dormitory (2); **restaurant** (*m.*) **universitaire** (*fam.* **restau-U**) university restaurant (2)

université *f.* university (1)

urbain *adj.* urban, city

urgence *f.* emergency; **salle** (*f.*) **des urgences** emergency room (13)

usage *m.* use; usage; **à l'usage de** for the use of

usine *f.* factory

usuel(le) *adj.* usual, normal

utile *adj.* useful

utilisation *f.* utilization, use

utiliser to use, utilize

V

vacances *f. pl.* vacation; **colonie** (*f.*) **de vacances** camp, vacation camp; **grandes vacances** summer vacation; **partir (aller, être) en vacances** to leave (be) on vacation; **passer des vacances** to spend one's vacation; **pendant les vacances** during vacation (1)

vacancier (-ière) *m., f.* vacationer

vache *f.* cow (15)

vague *f.* wave; fad; **la Nouvelle Vague** New Wave (*'60s film movement*)

vaisselle *f. s.* dishes; **faire la vaisselle** to wash, do the dishes

valable *adj.* valid, good

valeur *f.* value; worth

valise *f.* suitcase (8)

valoir (*p.p.* **valu**) *irreg.* to be worth; **faire-valoir** *m.* foil, contrast; **il vaut mieux que** + *subj.* it is better that (14)

valse *f.* waltz

vanille *f.* vanilla

varier to vary; to change

variété *f.* variety; *pl.* variety show

vaste *adj.* vast; wide, broad

vaudou *m.* voodoo

veau *m.* veal; calf (4)

végétarien(ne) *m., f., adj.* vegetarian

véhicule *m.* vehicle

vélo *m., fam.* bike; **aller à vélo** to bicycle; **faire du vélo** to go biking (5)

vendeur (-euse) *m., f.* salesperson (11)

vendre to sell (3)

vendredi *m.* Friday (P); **nous sommes vendredi** today is (it's) Friday

venir (*p.p.* **venu**) *irreg.* to come (6); **faire venir** to send for; **venir de** +

inf. to have just (*done something*) (6)

vent *m.* wind; **faire du vent: il fait du vent** it's windy (out) (5)

vente *f.* sale; selling; **en vente** for sale

venter to be windy

ventre *m.* abdomen, stomach (3); **avoir mal au ventre** to have a stomach ache (13)

verbe *m.* verb; language

vérifier to verify

véritable *adj.* true; real

vérité *f.* truth

verre *m.* glass (4); **un verre de** a glass of (4)

vers *prep.* around, about (*with time*); toward, to (5); about; *m.* line (*of poetry*)

verser to pour (in); to deposit (*to an account*)

vert *adj.* green (3); (*politically*) "green"; **feu** (*m.*) **vert** green (*traffic*) light (15); ***haricots** (*m. pl.*) **verts** green beans (4)

veste *f.* sports coat, blazer; suit jacket (3)

vêtement *m.* garment; *pl.* clothes, clothing (3)

vétérinaire *m., f.* veterinary, veterinarian (11)

viande *f.* meat (4)

victime *f.* victim (*m. or f.*)

victoire *f.* victory

vide *adj.* empty

vidéo *f., fam.* video (*cassette*); *adj.* video; **cassette-vidéo** *f.* videocassette

vidéocassette *f.* videocassette, video

vidéoclip *m.* videoclip

vie *f.* life; **en vie** alive; **gagner sa vie** to earn one's living (11); **mode** (*m.*) **de vie** life style; **train** (*m.*) **de vie** pace (15)

vieillir to grow old (5)

vieux (vieil, vieille) *adj.* old (2, 5); **famille** (*f.*) **de vieille souche** an old family

vif (vive) *adj.* lively, bright

vignette *f.* vignette, illustration

villa *f.* bungalow; single-family house; villa

ville *f.* city (15); **en ville** in town, downtown

vin *m.* wine (4)

vinaigre *m.* vinegar (4)

vinaigrette *f.* vinaigrette (*vinegar and oil dressing*)

vingt *adj.* twenty

vingtaine *f.* about twenty

vingtième *adj.* twentieth

violet(te) *adj.* purple, violet; *m.* violet (*color*) (3); *f.* violet (*flower*)

violon *m.* violin (7)

virage *m.* curve (*in road*)

virement *m.* payment (*to an account*)

visa *m.* visa; signature

visage *m.* face (3)

visite *f.* visit; **rendre visite à** to visit (*people*) (3); **visite à domicile** house call

visiter to visit (*a place*)

vite *adv.* quickly, fast, rapidly

vitesse *f.* speed; **limite** (*f.*) **de vitesse** speed limit (15); **Train** (*m.*) **à Grande Vitesse (T.G.V.)** (French high-speed) bullet train (6)

vitrail (*pl.* **vitraux**) *m.* stained-glass window

vitrine *f.* display window, store window; **faire du lèche-vitrines** *fam.* to go window-shopping (15)

vivre (*p.p.* **vécu**) *irreg.* to live (13); **vivre de** to live on, survive on

vocabulaire *m.* vocabulary

voici *prep.* here is/are (P)

voie *f.* way, road; course; lane; railroad track

voilà *prep.* there is/are (P)

voile *f.* sail; **faire de la planche à voile** to go windsurfing, sailboarding (5); **faire de la voile** to sail, go sailing (5); **planche** (*f.*) **à voile** windsurfer

voilier *m.* sailboat

voir (*p.p.* **vu**) *irreg.* to see (8)

voisin(e) *m., f.* neighbor; *adj.* neighboring

voiture *f.* car, automobile (6); **voiture électrique** electric car (16)

voix *f.* voice; vote

vol *m.* flight (6); burglary, theft

volant *m.* steering wheel

volcan *m.* volcano (16)

volcanique *adj.* volcanic; **éruption** (*f.*) **volcanique** volcanic eruption

voler to fly; to steal

voleur (-euse) *m., f.* thief

volley-ball (*fam.* **volley**) *m.* volleyball; **jouer au volley(-ball)** to play volleyball (5)

volontiers *adv.* willingly, gladly

vos *poss. adj., pl.* your

voter to vote

votre *poss. adj., m., f.* your

vôtre(s) (le/la/les) *pron. m., f.,* yours; *pl.* your close friends, relatives

vouloir (*p.p.* **voulu**) *irreg.* to wish, want (8); **moi, je voudrais** me, I would like (P); **qui voudrait... ?** who would like . . . ? (P); **vouloir bien** to be willing, glad to; **vouloir dire** to mean (8)

vous *pron.* you; yourself; to you; **chez vous** at your place; **et vous?** and you? (P); **s'il vous plaît** please; **vous-même** *pron.* yourself

voyage *m.* trip; **agence** (*f.*) **de voyages** travel agency (6); **agent** (*m.*)

de voyage travel agent; **chèque** (*m.*) **de voyage** traveler's check (12); **faire un voyage** to take a trip (5); **voyage de noces** honeymoon, wedding trip (10)

voyager (nous voyageons) to travel (1)

voyageur (-euse) *m., f.* traveler

voyance *f.* clairvoyance

vrai *adj.* true, real (2)

vue *f.* view; panorama; sight

W

week-end *m.* weekend (1); **ce week-end** this weekend; **le week-end** on weekends

western *m.* western (*movie*) (7)

Y

y *pron.* there; **il n'y a pas de...** there isn't (aren't) ...; **il y a...** there is (are) . . . ; ago (8, 12); **y a-t-il... ?** is (are) there . . . ?

yaourt *m.* yogurt (4)

yeux (*m. pl. of* **œil**) eyes; **j'ai les yeux bleus** I have blue eyes

Z

zèbre *m.* zebra

zéro *m.* zero (P)

zydéco: musique (*f.*) **zydéco** zydeco music (derived from Cajun and Caribbean music)

LEXIQUE ANGLAIS-FRANÇAIS

This English-French vocabulary includes the words in the active vocabulary lists that appear at the ends of all chapters. See the introduction to the *Lexique français-anglais* for a list of abbreviations used.

A

abbey abbaye *f.*

abdomen ventre *m.*

able: to be able pouvoir (*p.p.* pu)

about de; sur; **about 10 (20)** une dizaine de… (une vingtaine de); **how about that!** tiens!

according to selon

account compte *m.;* **checking account** compte-chèques *m.;* **savings account** compte d'épargne

accountant comptable *m., f.*

acid rain pluie (*f.*) acide

acquaintance connaissance *f.;* **to make the acquaintance of** faire la connaissance de

across from en face de

active actif (-ive)

activity: leisure-time activities loisirs *m. pl.*

actor, actress acteur *m.,* actrice *f.*

add ajouter

administer oxygen donner de l'oxygène *m.*

advantage avantage *m.*

adventure movie film (*m.*) d'aventures (d'action)

advice (*piece of*) conseil *m.*

advise (to) conseiller (de)

aerobics: to do aerobics faire de l'aérobic

aerogram aérogramme *m.*

afraid: to be afraid (of) avoir peur (de)

African africain(e)

after après

afternoon après-midi *m.*

against contre

agency: travel agency agence (*f.*) de voyages

ago il y a (+ *time period*)

aid: first-aid station poste (*m.*) de secours

airplane avion *m.*

airport aéroport *m.*

alive vif (vive)

all tout(e) (*pl.* tous, toutes); **not at all** pas du tout

allow permettre

alone seul(e)

already déjà

also aussi

always toujours

American américain(e)

among entre

amusing amusant(e)

analysis: in the final analysis en fin de compte

ancient ancien(ne)

and et; **and you?** et toi? *fam.;* et vous? *form.*

ankle cheville *f.;* **to twist one's ankle** se tordre la cheville

anniversary anniversaire *m.*

answer répondre à

answering machine répondeur *m.*

apartment appartement *m.;* **apartment building** immeuble *m.*

appetizer (*first course*) entrée *f.*

apple pomme *f.*

April avril

architect architecte *m., f.*

arm bras *m. s.*

armchair fauteuil *m.*

around vers

arrive arriver

artist artiste *m., f.*

as comme; **as. . . as** aussi… que; **as much (many) . . . as** autant de… que; **as soon as** dès que

ashamed: to be ashamed (of) avoir honte (de)

ask (for) demander; **ask a question** poser une question

at à; **at the house of** chez

athletic sportif (-ive)

ATM (automatic teller machine) D.A.B. (distributeur automatique) *m.;* **ATM card** carte (*f.*) bancaire

atmosphere atmosphère *f.*

attack: to have a heart attack avoir une crise cardiaque

attend assister à

audience spectateurs *m. pl.*

August août

aunt tante *f.*

avenue avenue *f.*

average: I am of average height je suis de taille moyenne

aviator aviateur *m.,* aviatrice *f.*

away: right away tout de suite; **to take away** enlever

B

back (*of person*) dos *m.;* **to bring back** rapporter; **to come back** revenir (*p.p.* revenu); **to give back** rendre; **to go back** retourner

backpack sac (*m.*) à dos

bad mauvais(e) *adj.;* **it's too bad** c'est dommage; **the weather's bad** il fait mauvais

bakery boulangerie *f.;* pâtisserie *f.*

balance one's budget équilibrer son budget

balcony balcon *m.*

ball: masked ball ball (*m.*) masqué

ballpoint (pen) bic *m.;* stylo *m.*

banana banane *f.*

band: brass band fanfare *f.*

bandage (*for a sprain*) bandage *m.;* (*for a cut*) pansement *m.*

bank banque *f.;* **bank (ATM) card** carte (*f.*) bancaire

baseball: to play baseball jouer au base-ball

basically en somme

basketball: to play basketball jouer au basket-ball (au basket)

bath: to take a bath prendre un bain

bathing suit maillot (*m.*) de bain

bathroom salle (*f.*) de bains; **half-bathroom** toilettes *f. pl.*

be être (*p.p.* été); **to be able** pouvoir (*p.p.* pu); **to be afraid (of)** avoir peur (de); **to be ashamed (of)** avoir honte (de); **to be born** naître (*p.p.* né); **to be careful** faire attention; **to**

be cold avoir froid; **to be hungry** avoir faim; **to be interested in** s'intéresser à; **to be located** se trouver; **to be lucky** avoir de la chance; **to be named** s'appeler; **to be right** avoir raison; **to be sorry** regretter; **to be thirsty** avoir soif; **to be warm** avoir chaud; **to be wrong** avoir tort; **to be . . . years old** avoir…ans; **whatever . . . may be** quel(le) que soit…

beach plage *f.*

bean *haricot *m.*; **green beans** *haricots (*m. pl.*) verts

beautiful beau (bel, belle)

because parce que; **because of** à cause de

become devenir (*p.p.* devenu); **to become engaged to be married** se fiancer

bed lit *m.*; **to go to bed** se coucher; **to make the bed** faire le lit

bedroom chambre *f.*

beef bœuf *m.*

before (*time*) avant; (*place*) devant

begin commencer; **to begin to** se mettre à

beginning début *m.*

behind derrière

Belgian belge

believe croire (*p.p.* cru)

besides: and besides et puis

besiege assiéger

best le/la meilleur(e); **best man** garçon (*m.*) d'honneur

better meilleur(e) *adj.*; mieux *adv.*; **it is better that . . .** il vaut mieux que…

between entre

beverage boisson *f.*

bicycle bicyclette *f.*, vélo *m.*; **to bicycle** faire du vélo

big gros(se); grand(e)

bike: motor bike motocyclette (moto) *f.*

billion milliard *m.*

biology biologie *f.*

bird oiseau *m.*

birth naissance *f.*

birthday anniversaire *m.*

black noir(e); **I have black hair** j'ai les cheveux noirs

blackboard tableau *m.*

blond blond(e); **I have blond hair** j'ai les cheveux blonds

blood sang *m.*; **to take one's blood pressure** prendre la tension artérielle

blouse chemisier *m.*

blue bleu(e); **I have blue eyes** j'ai les yeux bleus

blush rougir

board (*chalkboard*) tableau *m.*

boat bateau *m.*

body corps *m.*; **parts of the body** les parties (*f. pl.*) du corps

bond (*tie*) lien *m.*

book livre *m.*

bookshelf étagère *f.*

bookstore librairie *f.*

boots bottes *f. pl.*

born: to be born naître (*p.p.* né)

boss patron(ne) *m., f.*

bottle bouteille *f.*

boulevard boulevard *m.*

boy garçon *m.*

bracelet bracelet *m.*

brass band fanfare *f.*

bread pain *m.*

break (*a bone*) se casser; **to break down** (*machinery*) tomber en panne

breakfast petit déjeuner *m.*

breathe respirer

bride mariée *f.*

bridge pont *m.*

bring apporter; **to bring back** rapporter

brother frère *m.*; **brother-in-law** beau-frère *m.*

brown marron *inv.*; **I have brown eyes** j'ai les yeux marron; **I have brown hair** j'ai les cheveux bruns

brush (one's hair, teeth) se brosser (les cheveux, les dents)

budget: monthly budget budget (*m.*) mensuel; **balance one's budget** équilibrer son budget

build construire (*p.p.* construit)

building (*apartment*) immeuble *m.*

burn brûlure *f.*; brûler

bus autobus *m.*; **intercity bus** car *m.*

but mais

butcher shop boucherie *f.*

butter beurre *m.*

buy acheter

C

cafeteria cafétéria *f.*; restaurant (*m.*) universitaire (restau-U)

cake gâteau *m.*

calculator calculatrice *f.*

calendar calendrier *m.*

call appeler; donner un coup de fil; **to call one another** se téléphoner; **who's calling?** qui est à l'appareil?

camera appareil-photo *m.*

camping: to go camping faire du camping

Canadian canadien(ne)

canal canal *m.*

candle bougie *f.*

car voiture *f.*; **electric car** voiture électrique

card carte *f.*; **bank (ATM) card** carte bancaire; **credit card** carte de crédit

care soin *m.*; **to take care of** garder; **to take care of oneself** se soigner

career carrière *f.*

careful: to be careful faire attention

carrier: letter carrier facteur *m.*, factrice *f.*

carrot carotte *f.*

carry porter

cartoon dessin (*m.*) animé

cash argent (*m.*) liquide; **to cash a check** toucher un chèque

cashier caissier *m.*, caissière *f.*

cassette cassette *f.*

cat chat *m.*, chatte *f.*

catastrophe catastrophe *f.*

cathedral cathédrale *f.*

cave caverne *f.*; grotte *f.*

CD disque (*m.*) compact; CD *m.*; **CD player** platine-laser *f.*

celebrate fêter

Celtic celte

century siècle *m.*

certificate brevet *m.*

chair chaise *f.*

chalk (*piece of*) craie *f.*

chalkboard tableau *m.*

character (*in a play*) personnage *m.*

charge: free of charge gratuit(e)

cheap: it's cheap c'est bon marché

check (*restaurant*) addition *f.*; vérifier; **to cash a check** toucher un chèque; **traveler's check** chèque (*m.*) de voyage

checkbook carnet (*m.*) de chèques

checking account compte-chèques *m.*

cheese fromage *m.*; **cheese shop** fromagerie *f.*

chemist chimiste *m., f.*

chemistry chimie *f.*

chest of drawers commode *f.*

chicken poulet *m.*

child enfant *m., f.*

Chinese chinois *m.*; chinois(e) *adj.*

chocolate chocolat *m.*

choice choix *m.*

choose choisir

church église *f.*

cinema cinéma *m.*

city ville *f.*; **city hall** mairie *f.*; **in the city** en ville

civil servant fonctionnaire *m., f.*

claim prétendre *v.*

clarinet clarinette *f.*

classroom salle (*f.*) de classe

clean propre *adj.*; **to clean up litter** enlever les déchets

clothing vêtements *m. pl.*

cloud nuage *m.*

cloudy: it's cloudy il fait gris
clown clown *m.*
coast côte *f.*
coat manteau *m.*
coat-of-arms écusson *m. s.*
coffee café *m.*
cold froid(e) *adj.;* **head cold** rhume *m.;* **it's cold (out)** il fait froid; **to be cold** avoir froid; **to have a cold** être enrhumé(e)
colonist colon *m.*
colonize coloniser
colony colonie *f.*
color couleur *f.*
comb peigne *m.;* **to comb one's hair** se peigner
come venir (*p.p.* venu); **to come back** revenir (*p.p.* revenu)
comedy film (*m.*) comique; comédie *f.*
commercial marchand(e) *adj.*
company société *f.*
complain se plaindre (*p.p.* plaint)
complex: dorm(itory) complex cité (*f.*) universitaire (cité-U)
composer compositeur *m.,* compositrice *f.*
composition (*term paper*) dissertation *f.*
computer ordinateur *m.;* **computer disk(ette)** disquette *f.;* **computer programmer** programmeur *m.,* programmeuse *f.;* **computer science** informatique *f.*
concert concert *m.*
conduct conduire (*p.p.* conduit)
conquer conquérir (*p.p.* conquis)
construct construire (*p.p.* construit)
consume consommer
consumer consommateur *m.,* consommatrice *f.*
cook cuisinier *m.,* cuisinière *f.;* faire la cuisine
cool frais (fraîche); **it's cool (out)** il fait frais; **cool!** génial!
copper cuivre *m.*
copy copier
correct corriger
corridor couloir *m.*
cost coûter; **it costs too much** ça coûte trop cher
costume costume *m.;* **costume party** bal (*m.*) masqué
cough toux *f.;* tousser
country pays *m.;* (*countryside*) campagne *f.;* **in the country** à la campagne
course cours *m.;* **of course** bien sûr
cousin cousin(e) *m., f.*
cover couvrir (*p.p.* couvert)
cow vache *f.*
cream crème *f.;* (*ointment*) pommade *f.;* **ice cream** glace *f.*
create créer
credit card carte (*f.*) de crédit
croissant croissant *m.*
cross traverser; **to cross-country ski** faire du ski de fond
crowd foule *f.*
cultivate cultiver
cup tasse *f.*
cure guérir *v.*
currency devise *f.*
current actuel(le) *adj.*
curtain rideau *m.*
customer client(e) *m., f.*
customs (*at border*) douane f.

D

dairy store crémerie *f.*
dance danser
dangerous dangereux (euse)
darn! oh, là, là!
date date *f.;* **what's today's date?** quelle est la date d'aujourd'hui?
daughter fille *f.*
daughter-in-law belle-fille *f.*
day jour *m.;* **each (every) day** chaque jour; tous les jours; **the days of the week** les jours de la semaine; **what day is it?** quel jour sommes-nous?
deal: a great deal of beaucoup de
dear cher (chère)
death mort *f.*
decanter carafe *f.*
deceive décevoir (*p.p.* déçu)
December décembre
declare déclarer
deforestation déforestation *f.*
deli charcuterie *f.*
delighted ravi(e)
demonstration (*political*) manifestation *f.*
denim jacket blouson *m.*
dentist dentiste *m., f.*
depart partir
department store grand magasin *m.*
depends: it depends ça dépend
deposit déposer
describe décrire (*p.p.* décrit)
desk bureau *m.*
dessert dessert *m.*
destroy détruire (*p.p.* détruit)
detective story film (*m.*) policier
devil diable *m.*
dial (a number) composer (un numéro)
die mourir (*p.p.* mort)
diet régime *m.*
dine (*have dinner*) dîner; **to have dinner in a restaurant** dîner au restaurant

dining room salle (*f.*) à manger
dinner dîner *m.;* **to have dinner (in a restaurant)** dîner (au restaurant)
director (*film*) réalisateur *m.,* réalisatrice *f.*
dirty sale
disadvantage inconvénient *m.*
disappoint décevoir (*p.p.* déçu)
disappointed déçu(e)
discover découvrir (*p.p.* découvert)
dish assiette *f.;* plat *m.;* **main dish** plat principal; **satellite dish** antenne (*f.*) parabolique
disk: computer disk(ette) disquette *f.*
disobey désobéir (à)
divorced: to get divorced divorcer
do faire (*p.p.* fait); **to do aerobics** faire de l'aérobic; **to do errands** faire des courses; **to do (one's) homework** faire ses devoirs
doctor médecin *m.;* **doctor (Dr.)** (*title*) docteur *m.*
dog chien(ne) *m., f.*
door porte *f.*
dormitory résidence (*f.*) universitaire; **dorm(itory) complex** cité (*f.*) universitaire
doubt douter
doubtful: it is doubtful that il est douteux que…
down: to break down (*machinery*) tomber en panne; **to go down (from)** descendre (de); **to go down in value** baisser; **to sit down** s'asseoir
downhill: to downhill ski faire du ski alpin
drama drame *m.*
drawers: chest of drawers commode *f.*
drawing dessin *m.*
dream rêve *m.*
dress robe *f.;* **to dress, get dressed** s'habiller; **to dress up as** se déguiser en
drink boisson *f.;* boire
drive conduire (*p.p.* conduit)
driver chauffeur *m.*
drops (*eye, nose*) gouttes *f. pl.*
drums batterie *f. s.*
dump déverser *v.*
during pendant; **during vacation** pendant les vacances

E

each chaque; **each day** chaque jour; tous les jours; **each person** chacun(e); **to each his own** chacun (à) son goût

ear oreille *f.*
earn gagner; **to earn a living** gagner sa vie
earrings boucles (*f. pl.*) d'oreilles
earthquake tremblement (*m.*) de terre
east est *m.*
eat manger; prendre
effect: greenhouse effect effet (*m.*) de serre
egg œuf *m.*
eight *huit
eighteen dix-huit
eighty quatre-vingts
electric car voiture (*f.*) électrique
elevator ascenseur *m.*
eleven onze
eleventh onzième
elsewhere ailleurs
embrace (one another) s'embrasser
emergency room salle (*f.*) des urgences
empire empire *m.*
employer patron *m.*, patronne *f.*
employment emploi *m.*
encourage (to) encourager (à)
engaged: to become engaged to be married se fiancer
engagement ring bague (*f.*) de fiançailles
engineer ingénieur *m.*
English (*person*) Anglais(e) *m., f.;* (*language*) anglais *m.;* anglais(e) *adj.*
enjoy (oneself) se distraire; s'amuser
enough (of) assez (de)
enter entrer
environment environnement *m.*
erase effacer
errand course *f.;* **to do errands** faire des courses
evening soir *m.;* **(entire) evening** soirée *f.;* **good evening** bonsoir; **yesterday evening** hier soir
every chaque; **every day** chaque jour; tous les jours; **everyone** tout le monde; **every person** chacun(e); **everything** tout; **everywhere** partout
exceed dépasser
except sauf
exchange rate taux (*m.*) de change
exciting passionnant(e)
executive cadre *m.*
exhausted épuisé(e)
expect to compter
expensive cher (chère)
eye œil *m.;* **eyes** yeux *m. pl.;* **I have blue (brown, green) eyes** j'ai les yeux bleus (marron, verts)

F

face visage *m.*

factory fabrique *f.*
fair: it is fair that il est juste que…
fall (*season*) automne *m.;* (*descent*) chute *f.;* tomber; **to fall in love (with)** tomber amoureux (-euse) (de)
false faux (fausse)
family famille *f.;* **family room** salle (*f.*) de séjour
famous renommé(e); célèbre
fantastic! génial!
far (from) loin (de)
farm ferme *f.*
farmer agriculteur *m.*, agricultrice *f.;* fermier *m.*, fermière *f.*
fashion mode *f.;* **in fashion** à la mode
fat gros(se); **to get fat** grossir
father père *m.;* **father-in-law** beau-père *m.*
favorite préféré(e)
fax machine télécopieur *m.;* fax *m.*
February février
feel (se) sentir; **to feel like** avoir envie de
fever: to have a fever avoir de la fièvre
fewer moins; **fewer . . . than** moins… que; moins de… que
fiancé, fiancée fiancé(e) *m., f.*
fiction: science fiction movie film (*m.*) de science-fiction
fifteen quinze
fifth cinquième
fifty cinquante
fill remplir; **to fill out a form** remplir un formulaire; **to fill up (the car with gas)** faire le plein
final: in the final analysis en fin de compte
finances: personal finances finances (*f. pl.*) personnelles
fine (*penalty*) amende *f.;* ça va bien
finger doigt *m.*
finish finir
firefighter pompier *m.*
fireworks feu (*m.*) d'artifice
first premier (ière); (*day of month*) le premier; d'abord; **at first, first of all** d'abord; **first-aid station** poste (*m.*) de secours; **first course** (*meal*) entrée *f.*
fish shop (fish market) poissonnerie *f.*
five cinq
fix réparer
flag drapeau *m.*
flight vol *m.*
float (*parade*) char *m.*
flood inondation *f.*
floor (*of a building*) étage *m.;* **ground floor** rez-de-chaussée *m.*
flour farine *f.*

flower fleur *f.*
follow suivre
following suivant(e)
food nourriture *f.*
foot pied *m.*
football: to play football jouer au football américain
for pour; depuis; pendant; **for a long time** longtemps
forbid défendre
foreign languages langues (*f. pl.*) étrangères
forget (to) oublier (de)
fork fourchette *f.*
former ancien(ne)
forty quarante
found fonder
four quatre
fourteen quatorze
free libre; **free of charge** gratuit(e)
French (*person*) Français(e) *m., f.;* (*language*) français *m.;* français(e) *adj.;* **French fries** frites *f. pl.;* **French resistance** (*against the Germans, World War II*) Résistance *f.,* **French-speaking** francophone
Friday vendredi *m.;* **today is Friday, June 5** nous sommes vendredi, le 5 juin
friend ami(e) *m., f.;* **my friend's name is . . .** mon ami(e) s'appelle…
friendly sympathique (sympa)
fries: French fries frites *f. pl.*
from de; **across from** en face de; **far from** loin de
front: in front of devant
fruit fruit *m.*
frying pan poêle *f.*
fun amusant(e) *adj.;* **to have fun** s'amuser
fur fourrure *f.*
furniture meubles *m. pl.*

G

game (*sports*) match *m.*
garden jardin *m.;* **organic garden** jardin organique; **vegetable garden** jardin potager
gas(oline) essence *f.;* **gas station** station (*f.*) service; **unleaded (regular, super) gas** essence sans plomb (ordinaire, super)
gate barrière *f.*
German (*person*) Allemand(e) *m., f.;* (*language*) allemand *m.;* allemand(e) *adj.* .
get: to get a tan brunir; **to get divorced** divorcer; **to get dressed** s'habiller; **to get fat(ter)** grossir; **to get married to** se marier avec; **to get off** descendre; **to get sick**

tomber malade; **to get thin(ner)** maigrir; **to get up** se lever

ghost fantôme *m.*

gift cadeau *m.*

girl fille *f.*

give donner; **to give an injection** faire une piqûre; **to give back** rendre; **to give up** céder

glass verre *m.;* **a glass of** un verre de

gloves gants *m. pl.*

go aller; **how's it going?** ça va?; **things are going well** ça va bien; **to go back** retourner; **to go camping** faire du camping; **to go down (from)** descendre (de); **to go down in value** baisser; **to go jogging** faire du jogging; **to go on strike** faire grève; **to go out** sortir; **to go paragliding** faire du parapente; **to go shopping** faire du shopping (des courses); **to go swimming** faire de la natation; **to go to bed** se coucher; **to go to the movies** aller au cinéma; **to go up** monter; **to go up in value** monter

goat chèvre *f.*

good bien *adv.;* bon(ne) *adj.;* **good-looking** beau (bel, belle); **good morning** bonjour; **the weather's good** il fait beau; **to have a good time** s'amuser

good-bye au revoir

government gouvernement *m.*

grandchild petit-enfant *m.*

granddaughter petite-fille *f.*

grandfather grand-père *m.*

grandmother grand-mère *f.*

grandparents grands-parents *m. pl.*

grandson petit-fils *m.*

grave grave

gray gris(e)

great: a great deal of beaucoup de

green vert(e); **green beans** haricots (*m. pl.*) verts; **green light** (*traffic*) feu (*m.*) vert; **I have green eyes** j'ai les yeux verts

greenhouse effect effet (*m.*) de serre

greetings salutations *f. pl.*

grocery (*corner store*) épicerie *f.*

groom marié *m.*

ground floor rez-de-chaussée *m.*

group: rock group groupe (*m.*) de rock

grow (*crops*) cultiver; **to grow old** vieillir; **to grow up** grandir

guest invité(e) *m., f.*

guitar guitare *f.*

gymnasium gymnase *m.*

H

hair cheveux *m. pl.;* **I have blond (brown, black, red) hair** j'ai les cheveux blonds (bruns, noirs, roux); **to brush one's hair** se brosser les cheveux; **to comb one's hair** se peigner

hairbrush brosse (*f.*) à cheveux

hairdresser coiffeur *m.,* coiffeuse *f.*

Haitian (*person*) Haïtien(ne) *m., f.;* (*language*) haïtien(ne)

half-bathroom toilettes *f. pl.*

hall: lecture hall amphithéâtre (amphi) *m.;* **city hall** mairie *f.*

hallway couloir *m.*

ham jambon *m.*

hand main *f.;* **on the other hand** en revanche

happen arriver

happy content(e)

hardly peu

hardworking travailleur (-euse)

hat chapeau *m.*

hate détester; **no, I hate . . .** non, je déteste…

have avoir (*p.p.* eu); **I have blond (brown, black, red) hair** j'ai les cheveux blonds (bruns, noirs, roux); **I have blue (brown, green) eyes** j'ai les yeux bleus (marron, verts); **to have a cold** être enrhumé(e); **to have a fever** avoir de la fièvre; **to have a good time** s'amuser; **to have a heart attack** avoir une crise cardiaque; **to have a stomach ache** avoir mal au ventre; **to have dinner** dîner; **to have fun** s'amuser; **to have just** (*done s.th.*) venir de + *inf.;* **to have pain (in)** avoir mal (à); **to have to** avoir à; devoir; falloir

head tête *f.;* (*leader*) chef *m.;* **head cold** rhume *m.*

health insurance assurance (*f.*) maladie

healthy sain(e)

hear entendre; **to hear (it said) that . . .** entendre dire que…

heart cœur *m.;* **to have a heart attack** avoir une crise cardiaque

heavy (*objects*) lourd(e)

height: I am of average height je suis de taille moyenne

hello bonjour; (*phone*) allô

help aider

here ici; **here is (are)** (*pointing out*) voici

heritage patrimoine *m.*

hero, heroine *héros *m.,* héroïne *f.*

hi! salut!

high-speed train T.G.V. (train à grande vitesse) *m.*

hike faire une randonnée

history histoire *f.*

hold tenir (*p.p.* tenu); **please hold** (*phone*) ne quittez pas, s'il vous plaît

homeless sans-abri *m. inv.*

homework devoir *m.;* **to do (one's) homework** faire ses devoirs

honeymoon voyage (*m.*) de noces

honor: maid of honor demoiselle (*f.*) d'honneur

hope (to) espérer

horror movie film (*m.*) d'épouvante (d'horreur)

hot chaud(e) *adj.;* **it's hot (out)** il fait chaud; **to be hot** avoir chaud

hour heure *f.;* **rush hour** heure(s) d'affluence

house maison *f.;* **at (in) the house of** chez; **house party** fête (*f.*) à la maison; **well-insulated house** maison bien isolée

how comment; **how about that!** tiens!; **how are you?** comment allez-vous? *form.;* **how much?** combien?; **how much is it?** c'est combien?; **how's it going?** ça va?

however cependant

humanities lettres *f. pl.*

hundred: one hundred cent

hungry: to be hungry avoir faim

hurricane ouragan *m.*

hurry se dépêcher

hurt avoir mal (à); **my leg hurts** j'ai mal à la jambe

husband mari *m.*

I

ice glace *f.;* **ice cream** glace *f.;* **to ice skate** faire du patin à glace

immediately tout de suite

in à; en; dans; **in front of** devant; **in order to** pour; **in the final analysis** en fin de compte; **in the house of** chez

increase augmenter

industrial industriel(le)

inexpensive: it's inexpensive c'est bon marché

information (*piece of*) renseignement *m.*

injection: to give an injection faire une piqûre

injured person blessé(e) *m., f.*

injury blessure *f.*

inn auberge *f.*

instructor professeur *m.*

instrument: musical instrument instrument (*m.*) de musique

insulated: well-insulated house maison (*f.*) bien isolée

insurance: health insurance assurance (*f.*) maladie

intercity bus car *m.*

interest (*bank*) intérêts *m. pl.*

interested: to be interested in
s'intéresser à

intersection carrefour *m.*

invite (to) inviter (à)

island île *f.*

it ça; le (la, l'); **how's it going?** ça va?;
it depends ça dépend; **it is five
o'clock** il est cinq heures;
it's...c'est...

Italian (*person*) Italien(ne) *m., f.;* (*language*) italien *m.;* italien(ne) *adj.*

J

jacket (*suit*) veste *f.;* **denim jacket**
blouson *m.;* **ski jacket** anorak *m.*

January janvier

Japanese (*person*) Japonais(e) *m., f.;*
(*language*) japonais *m.;* japonais(e)
adj.

jeans jean *m. s.*

jewelry bijoux *m. pl.*

job emploi *m.*

jogging: to go jogging faire du jogging

journalist journaliste *m., f.*

judge juge *m.*

July juillet

June juin; **today is Friday, June 5**
nous sommes vendredi, le 5 juin

just: to have just (*done s.th.*) venir de
+ *inf.*

K

keep garder

ketchup ketchup *m.*

keyboard clavier *m.*

kilo: a kilo of un kilo de

kind genre *m.;* sympathique; gentil(le)
adj.

king, queen roi *m.,* reine *f.*

kiss s'embrasser

kitchen cuisine *f.*

knapsack sac (*m.*) à dos

knee genou *m.*

knife couteau *m.*

know (*a person or place*) connaître
(*p.p.* connu); (*a fact*) savoir (*p.p.* su)

L

laboratory laboratoire (labo) *m.*

laborer: manual laborer ouvrier *m.,*
ouvrière *f.*

lake lac *m.*

lamb agneau *m.*

lamp lampe *f.*

landscape paysage *m.*

language langue *f.;* **foreign languages** langues (*f. pl.*) étrangères

large grand(e)

laser disk player platine-laser *f.*

last dernier (-ière); **last Monday** lundi
dernier; **last night** hier soir; **last**

week la semaine dernière; **last year**
l'année (*f.*) dernière

later plus tard; **see you later** à tout à
l'heure

law loi *f.*

lawyer avocat(e) *m., f.*

lazy paresseux (-euse)

leaf feuille *f.;* **maple leaf** feuille
d'érable

learn (*how to*) apprendre (à) (*p.p.*
appris)

leave partir; quitter; **to leave behind**
laisser

lecture hall amphithéâtre (amphi) *m.*

left gauche *f.;* **to the left of** à gauche de

leg jambe *f.*

leisure-time activities loisirs *m. pl.*

less moins; **less and less** de moins en
moins; **less . . . than** moins... que;
moins de... que

letter carrier facteur *m.,* factrice *f.*

lettuce laitue *f.*

library bibliothèque *f.*

lie mentir

light lumière *f.;* **red (green, yellow)
light** (*traffic*) feu rouge (vert,
orange)

lightning éclair *m.*

likable sympathique (sympa)

like aimer; (*as*) comme; **do you like . . . ?**
tu aimes... ? *fam.;* **to feel like** avoir
envie de; **to like one another**
s'aimer bien; **who would like . . . ?**
qui voudrait... ?; **yes, I like . . .** oui,
j'aime...

lily lis (*m.*)

limit: speed limit limite (*f.*) de vitesse

lips lèvres *f. pl.*

lipstick rouge (*m.*) à lèvres

listen écouter; **to listen to music**
écouter de la musique

literature littérature *f.*

litter déchets *m. pl.;* **to clean up litter**
enlever les déchets

little petit(e); **a little (of)** un peu (de)

live (*in a place*) habiter; vivre

living: to earn a living gagner sa vie;
living room salon *m.*

located: to be located se trouver

long long(ue); **for a long time**
longtemps

longer: no longer ne... plus

look for chercher

lose perdre; **to lose interest (in)** se
désintéresser (de); **to lose weight**
maigrir

lot: a lot of beaucoup de; **parking lot**
parking *m.*

love aimer; adorer; **love story** histoire
(*f.*) d'amour; **to fall in love (with)**
tomber amoureux (-euse) (de); **to**

love one another s'aimer; **yes, I
love . . .** oui, j'adore...

low bas(se)

lower baisser *v.*

lucky: to be lucky avoir de la chance

lunch déjeuner *m.*

M

Ma'am (Mrs.) Madame (Mme)

machine: answering machine
répondeur *m.;* **ATM (automatic
teller machine)** D.A.B. (distributeur
automatique) *m.;* **fax machine** télécopieur *m.;* fax *m.*

magazine magazine *m.;* revue *f.*

maid of honor demoiselle (*f.*) d'honneur

mail courrier *m.*

main dish plat (*m.*) principal

make faire (*p.p.* fait); produire (*p.p.*
produit); **to make a mistake** se
tromper; **to make the acquaintance of** faire la connaissance de; **to
make the bed** faire le lit

makeup maquillage *m.;* **to put on
makeup** se maquiller

man homme *m.;* **best man** garçon
(*m.*) d'honneur

management direction *f.*

manager directeur *m.,* directrice *f.*

manual laborer ouvrier *m.,* ouvrière
f.

many beaucoup de; **as many . . . as**
autant de... que; **so many** tellement
(de); **too many (of)** trop de

map carte *f.*

maple leaf feuille (*f.*) d'érable

March mars

market marché *m.;* **fish market** poissonnerie *f.*

marriage mariage *m.*

**married: to become engaged to be
married** se fiancer; **to get married
to** se marier avec

mask masque *m.*

masked ball bal (*m.*) masqué

match (*sports*) match *m.*

mathematics mathématiques (maths)
f. pl.

may: whatever . . . may be quel(le)
que soit...

May mai

meal repas *m.*

mean vouloir dire

means of transportation moyens (*m.
pl.*) de transport

meanwhile entre-temps

meat viande *f.*

mechanic mécanicien(ne) *m., f.*

media médias *m. pl.*

medication médicament *m.*

medicine (*discipline*) médecine *f.*; (*pills, etc.*) médicament *m.*

meet (*for the first time*) faire la connaissance de; (*run into*) rencontrer; (*planned*) retrouver

menu carte *f.*

merchant commerçant(e) *m., f.*

metro station station (*f.*) de métro

Mexican (*person*) Mexicain(e) *m., f.*; mexicain(e)

midnight minuit *m.*

milk lait *m.*

million million *m.*

mineral water eau (*f.*) minérale

mirror miroir *m.*

miscellaneous divers(e)

miss manquer

Miss Mademoiselle (Mlle)

mistake faute *f.*; **to make a mistake** se tromper

monastery abbaye *f.*

Monday lundi *m.*; **last Monday** lundi dernier; **today is Monday** nous sommes lundi

money argent *m.*; **to save money** faire des économies

month mois *m.*; **the months of the year** les mois de l'année

monthly budget budget (*m.*) mensuel

more plus; **more and more** de plus en plus; **more . . . than** plus... de; plus de... que

morning matin *m.*; **good morning** bonjour

Moroccan (*person*) Marocain(e) *m., f.*; marocain(e)

mother mère *f.*; **mother-in-law** belle-mère *f.*

motorcycle (motor bike) motocyclette (moto) *f.*

motto devise *f.*

mountain montagne *f.*

mouth bouche *f.*

movie film *m.*; **movies** cinéma *m. s.*; **adventure movie** film (*m.*) d'aventures (d'action); **horror movie** film d'épouvante (d'horreur); **movie theater** cinéma; **science fiction movie** film de science-fiction; **to go to the movies** aller au cinéma

Mr. (Sir) Monsieur (M.)

Mrs. (Ma'am) Madame (Mme)

much beaucoup (de); **as much . . . as** autant de... que; **how much is it?** c'est combien?; **how much?** combien?; **it costs too much** ça coûte trop cher; **so much** tellement (de); **thank you very much** merci beaucoup; **too much (of)** trop de

museum musée *m.*

music musique *f.*; **to listen to music** écouter de la musique

musical instrument instrument (*m.*) de musique

musician musicien(ne) *m., f.*

must: one must il faut + *verb* (falloir); avoir à; devoir

mustard moutarde *f.*

my mon (ma, mes)

mystery film film (*m.*) policier

N

name: what's your name? comment t'appelles-tu? *fam.*; **my friend's name is . . .** mon ami(e) s'appelle... ; **my name is . . .** je m'appelle...

named: to be named s'appeler

napkin serviette *f.*

natural naturel(le); **natural resources** ressources (*f. pl.*) naturelles

near (to) près de

necessary: it is necessary to il faut + *vb.*

neck cou *m.*

necklace collier *m.*

necktie cravate *f.*

need avoir besoin de; **one needs** il faut + *noun*

nephew neveu *m.*

never ne... jamais

new nouveau (nouvel, nouvelle)

newlyweds jeunes mariés *m. pl.*

newspaper journal *m.*

newsstand kiosque *m.*

next to à côté de

nice sympathique (sympa); gentil(le); **it's nice out** il fait beau

niece nièce *f.*

night nuit *f.*; **good night** bonne nuit; **last night** hier soir

nine neuf

nineteen dix-neuf

ninety quatre-vingt-dix

ninth neuvième

no non; **no longer** ne... plus; **no problem! no sweat!** pas de problème!; **oh, no!** oh, là, là!

nobody ne... personne

noon midi *m.*

north nord *m.*

nose nez *m.*

not ne... pas; **not at all** (ne...) pas du tout; **not one** ne... aucun(e); **not yet** ne... pas encore

notebook cahier *m.*

nothing ne... rien

November novembre

now maintenant

nowhere ne... nulle part

number nombre *m.*; **ordinal numbers** nombres (*m. pl.*) ordinaux; **to dial a number** composer un numéro

nurse infirmier *m.*, infirmière *f.*

O

obey obéir (à)

o'clock: it is five o'clock il est cinq heures

October octobre

of de; **because of** à cause de; **of course** bien sûr

off: to get off descendre

offer offrir (*p.p.* offert)

office bureau *m.*; (*doctor's, dentist's*) cabinet *m.*; **post office** poste *f.*

officer: police officer agent (*m.*) de police

often souvent

oh, no! oh, là, là!

oil (*cooking*) huile *f.*; **oil spill** marée (*f.*) noire

ointment pommade *f.*

OK d'accord; **OK, I'll take it** bon, je le prends

old vieux (vieil, vieille); ancien(ne); **to be . . . years old** avoir... ans; **to grow old** vieillir

on sur; **on the other hand** en revanche

one un(e); **not one** ne... aucun(e)

open ouvrir (*p.p.* ouvert)

opinion: in my opinion à mon avis

or ou

orange orange *inv.*; (*fruit*) orange *f.*

orchestra orchestre m.

order (*restaurant*) commander; **in order to** pour; **to put in order** ranger

ordinal numbers nombres (*m. pl.*) ordinaux

organic garden jardin (*m.*) organique

other autre; **on the other hand** en revanche

out: to go out sortir

oven four *m.*

owe devoir

owl *hibou *m.*

own (*before a noun*) propre; **to each his/her own** chacun son goût

oxygen: to administer oxygen donner de l'oxygène *m.*

P

pace rythme (*m.*) de vie

packaging emballage *m.*

painting tableau *m.*

pal copain *m.*, copine *f.*

pants pantalon *m. s.*

paper (*sheet of*) feuille (*f.*) de papier; **term paper** dissertation *f.*

parade défilé *m.*

paragliding: to go paragliding faire du parapente

parents parents *m. pl.*

park parc *m.; (a car)* garer, stationner; **national park** parc national

parking lot parking *m.;* **parking space** place *f.*

part partie *f.;* **parts of the body** les parties du corps

party fête *f.;* **party at home** fête à la maison

pass (by) passer (par)

passport passeport *m.*

pastry shop pâtisserie *f.*

pâté pâté *m.*

patient *(medical)* malade *m., f.*

peas petits pois *m. pl.*

pedestrian piéton(ne) *m., f.*

pen *(ballpoint)* bic *m.;* stylo *m.*

pencil crayon *m.*

people gens *m. pl.;* personnes *f. pl.;* *(of a culture)* peuple *m.*

pepper poivre *m.*

perceive percevoir *(p.p. perçu)*

performance spectacle *m.*

perfume parfum *m.*

permit permettre

person personne *f.;* **homeless person(s)** sans-abri *m. inv.;* **injured or wounded person** blessé(e) *m., f.;* **sick person** malade *m., f.;* **unemployed person** chômeur *m.,* chômeuse *f.*

personal finances finances *(f. pl.)* personnelles

personally personnellement

pharmacist pharmacien(ne) *m., f.*

phenomenon phénomène *m.*

philosophy philosophie *f.*

photocopier photocopieur *m.*

photograph (photo) photo *f.*

physics physique *f. s.*

piano piano *m.*

picture tableau *m.*

pie tarte *f.*

pill comprimé *m.*

pink rose

place poser; mettre; endroit *m.;* lieu *m.;* **to take place** avoir lieu; se dérouler

plan on compter

plate assiette *f.*

platform *(station)* quai *m.*

play *(theater)* pièce *f.; (a musical instrument)* jouer de; *(a game or a sport)* jouer à; **to play baseball** jouer au base-ball; **to play basketball** jouer au basket-ball (au basket); **to play football** jouer au football américain; **to play soccer** jouer au football (au foot); **to play sports** faire du sport; **to play tennis** jouer au tennis; **to play volleyball** jouer

au volley-ball (au volley)

player: CD or laser disk player platine-laser *f.;* **tape player** magnétophone *m.*

please s'il vous plaît; **please hold** *(phone)* ne quittez pas, s'il vous plaît

plug in brancher

plumber plombier *m.*

police police *f.;* **police officer** agent *(m.)* de police; **police station** commissariat *(m.)* de police

policy politique *f.*

political science sciences *(f. pl.)* politiques (sciences po)

politician politicien(ne) *m., f.*

politics politique *f. s.*

pollute polluer

pollution pollution *f.*

poor pauvre

pork porc *m.;* **sausage shop (delicatessen)** charcuterie *f.*

post office poste *f.*

postage stamp timbre *m.,* timbre-poste

poster affiche *f.*

potato pomme *(f.)* de terre

power *(political)* pouvoir *m.*

prefer préférer

preferred préféré(e)

prescribe ordonner

prescription ordonnance *f.*

present *(current)* actuel(le)

pressure: to take one's blood pressure prendre la tension artérielle

pretty joli(e)

prevent (from) empêcher (de)

price prix *m.*

print imprimer *v.*

printer *(electronic)* imprimante *f.*

problem problème *m.;* **no problem!** pas de problème!

produce produire *(p.p. produit)*

profession profession *f.*

professor professeur *m.*

programmer: computer programmer programmeur *m.,* programmeuse *f.*

promise promettre

psychology psychologie *f.*

public transportation transports *(m. pl.)* en commun

purple violet(te)

purse sac *(m.)* à main

pursue poursuivre

put poser; mettre; **to put in order** ranger; **to put on** *(clothing)* mettre; **to put on makeup** se maquiller

Q

quarter quart *m.; it is a quarter after five** il est cinq heures et quart; **it is a**

quarter to five il est cinq heures moins le quart

queen reine *f.*

R

race course *f.*

rain pluie *f.;* pleuvoir *(p.p. plu);* **acid rain** pluie *(f.)* acide; **it's raining** il pleut

raincoat imperméable *m.*

raise élever

rate: exchange rate taux *(m.)* de change

rather assez

razor rasoir *m.*

read lire *(p.p. lu)*

real vrai(e)

receive recevoir

recipe recette *f.*

recognize reconnaître *(p.p. reconnu)*

record disque *m.*

recycle recycler

recycling recyclage *m.*

red rouge; **I have red hair** j'ai les cheveux roux; **red light** *(traffic)* feu *(m.)* rouge; **to turn red** *(person)* rougir

reduce *(spending, etc.)* réduire

reflect réfléchir à

refrigerator frigidaire (frigo) *m.*

refuse (to) refuser (de)

regret regretter

regular gas essence *(f.)* ordinaire

relatives parents *m. pl.*

relax se détendre

remain rester

remember se rappeler; se souvenir de

remove enlever

rent loyer *m.*

repair réparer

repairperson technicien(ne) *m., f.*

repeat répéter

report: weather report météo *f.*

reproduce reproduire *(p.p. reproduit)*

request demander

require exiger

researcher chercheur *m.,* chercheuse *f.*

resistance: French resistance (against the Germans, World War II) Résistance *f.*

resources: natural resources ressources *(f. pl.)* naturelles

rest se reposer

restaurant restaurant *m.;* **to have dinner in a restaurant** dîner au restaurant

résumé CV (curriculum vitae) *m.*

return retour *m.; (s.th.)* rendre; *(home)* rentrer; *(to some place)* retourner

review revoir *(p.p. revu)*

rice riz *m.*

rich riche

right droite *f.;* **it is right that** il est juste que…; **right away** tout de suite; **to be right** avoir raison; **to the right of** à droite de

ring (*bell*) sonner; (*jewelry*) bague *f.;* **engagement ring** bague de fiançailles; **wedding ring** alliance *f.*

rise monter

road route *f.;* **to take the wrong road** faire fausse route

rock rocher *m.;* **rock group** groupe (*m.*) de rock

rocky rocheux (-euse)

room (*of a house*) pièce *f.;* salle *f.;* **dining room** salle à manger; **emergency room** salle des urgences; **family room** salle de séjour; **living room** salon *m.*

roommate camarade (*m., f.*) de chambre

rough rude

rug tapis *m.*

rugged rude

run into (*meet*) rencontrer

rush hour heure(s) (*f. [pl.]*) d'affluence

Russian russe *m., adj.*

résumé CV (curriculum vitae) *m.*

S

sad triste

safe sûr(e)

sail faire de la voile

salad salade *f.*

salami saucisson *m.*

salesperson vendeur *m.,* vendeuse *f.*

salt sel *m.*

same même

sample échantillon *m.*

sandals sandales *f. pl.*

sane sain(e)

satellite dish antenne (*f.*) parabolique

Saturday samedi *m.*

sausage saucisson *m.*

save (*money*) faire des économies; économiser

savings account compte (*m.*) d'épargne

saxophone saxophone *m.*

say dire (*p.p.* dit)

scene scène *f.*

scenery paysage *m.*

scholarship bourse *f.*

school école *f.;* **secondary school** (*college prep*) lycée *m.;* **vocational secondary school** lycée professionnel

science science *f.;* **political science** sciences (*f. pl.*) politiques; **science fiction movie** film (*m.*) de science-fiction; **social sciences** sciences humaines

scientist scientifique *m., f.*

screen écran *m.*

sculpture sculpture *f.*

sea mer *f.*

season saison *f.*

second deuxième

secret secret (secrète)

secretary secrétaire *m., f.*

see voir (*p.p.* vu); **see you later** à tout à l'heure; **see you soon** à bientôt; **to see again** revoir (*p.p.* revu)

seek chercher

seem: it seems that . . . il semble que…

self-employed worker travailleur (*m.*) indépendant, travailleuse (*f.*) indépendante

sell vendre

September septembre

serious grave

servant: civil servant fonctionnaire *m., f.*

serve servir

setting: table setting couvert *m.*

seven sept

seventeen dix-sept

seventy soixante-dix

shampoo shampooing *m.*

share partager

shave (oneself) se raser

sheep mouton *m.;* brebis *f.*

sheet (of paper) feuille (*f.*) (de papier)

shirt (*man's*) chemise *f.;* (*woman's*) chemisier *m.;* **T-shirt** tee-shirt *m.*

shoes chaussures *f. pl.*

shop boutique *f.;* **butcher shop** boucherie *f.;* **cheese shop** fromagerie *f.;* **fish shop** poissonnerie *f.;* **pastry shop** pâtisserie *f.;* **pork shop** charcuterie *f.;* **tobacconist's shop** bureau (*m.*) de tabac; **to window-shop** faire du lèche-vitrines

shopkeeper commerçant(e) *m., f.*

shopping: to go shopping faire du shopping (des courses)

short (*people*) petit(e); (*hair, etc.*) court(e); **I am short** je suis petit(e); **to take a short trip** faire un tour

shorts short *m. s.*

show montrer; (*performance*) spectacle *m.*

shower: to take a shower prendre une douche

sick: sick person malade *m., f.;* **to get sick** tomber malade

sidewalk trottoir *m.*

since depuis

singer chanteur *m.,* chanteuse *f.*

Sir (Mr.) Monsieur (M.)

sister sœur *f.;* **sister-in-law** belle-sœur *f.*

sit down s'asseoir

six six

sixteen seize

sixty soixante

skate faire du patin; **to ice skate** faire du patin à glace

ski faire du ski; **ski jacket** anorak *m.;* **to cross-country ski** faire du ski de fond; **to downhill ski** faire du ski alpin; **to water-ski** faire du ski nautique

skirt jupe *f.*

sky ciel *m.*

slave esclave *m., f.*

sleep dormir

small petit(e)

smell sentir

smoke fumer

sneakers baskets *f. pl.;* tennis *m. pl.*

sneeze éternuer

snow neige *f.;* neiger; **it's snowing** il neige

snowman bonhomme (*m.*) de neige

so alors; donc; tellement; **so-so** comme ci, comme ça

soap savon *m.*

soccer: to play soccer jouer au football (au foot)

social sciences sciences (*f. pl.*) humaines

socks chaussettes *f. pl.*

sofa sofa *m.*

software logiciel *m.*

soldier soldat *m.*

some (of something) en

somebody quelqu'un

something quelque chose

sometimes quelquefois

somewhat assez

somewhere quelque part

son fils *m.;* **son-in-law** gendre *m.*

song chanson *f.*

songwriter compositeur *m.,* compositrice *f.*

soon bientôt; **as soon as** dès que; **see you soon** à bientôt

sorry désolé(e); **to be sorry** regretter

sort genre *m.*

south sud *m.*

space: parking space place *f.*

Spanish (*person*) Espagnol(e) *m., f.;* (*language*) espagnol *m.;* espagnol(e) *adj.*

speak parler; **(Paul) speaking** allô, (Paul) à l'appareil

specialty of the day (*restaurant*) plat (*m.*) du jour

speed limit limite (*f.*) de vitesse

spend (*time*) passer; (*money*)

dépenser; **to spend time** passer (du temps) à

spoon cuillère *f.*

sports sport *m. s.;* **to play sports** faire du sport

sprain entorse *f.*

spring (*season*) printemps *m.*

square: town square place *f.*

stadium stade *m.*

stage (*theater*) scène *f.*

staircase (stairway) escalier *m.*

stamp: postage stamp timbre *m.,* timbre-poste

star (*film*) vedette *f.*

station (*metro*) station (*f.*) de métro; (*train*) gare *f.;* **first-aid station** poste (*m.*) de secours; **gas station** station (*f.*) service; **police station** commissariat (*m.*) de police

stay rester; séjour *m.*

steak bifteck *m.*

stepbrother demi-frère *m.*

stepdaughter belle-fille *f.*

stepfather beau-père *m.*

stepmother belle-mère *f.*

stepsister demi-sœur *f.*

stepson beau-fils *m.*

stereo chaîne (*f.*) stéréo

still encore

stomach ache: to have a stomach ache avoir mal au ventre

stop cesser de; s'arrêter (de)

store magasin *m.;* **corner grocery store** épicerie *f.;* **dairy store** crémerie *f.;* **department store** grand magasin

story histoire *f.;* **detective story** film (*m.*) policier; **love story** histoire d'amour

strawberry fraise *f.*

streamer banderole *f.*

stressed stressé(e)

strike (*labor*) grève *f.;* **to go on strike** faire grève

student étudiant(e) *m., f.*

study étudier

subtitle sous-titre *m.*

suburbs banlieue *f. s.*

subway métro *m.;* **subway station** station (*f.*) de métro

succeed (in) réussir (à)

suffer souffrir

sugar sucre *m.*

suit (*man's*) costume *m.;* (*woman's*) tailleur *m.;* **bathing suit** maillot (*m.*) de bain

suitcase valise *f.*

summer été *m.*

summit sommet *m.*

sun soleil *m.*

Sunday dimanche *m.*

sunny: it's sunny il fait du soleil

super gas essence (*f.*) super

supermarket supermarché *m.*

surprise surprendre

surprised étonné(e)

survival survie *f.*

survive survivre

sweat: no sweat! pas de problème!

sweater pull-over *m.*

swim nager; faire de la natation

Swiss (*person*) Suisse *m., f.;* suisse

T

table table *f.;* **table setting** couvert *m.*

take prendre (*p.p.* pris); **OK, I'll take it** bon, je le prends; **to take a bath** prendre un bain; **to take along** (*a person*) emmener; **to take a short trip** faire un tour; **to take a shower** prendre une douche; **to take a trip** faire un voyage; **to take a walk** se promener; **to take away** enlever; **to take care of** garder; **to take care of oneself** se soigner; **to take one's blood pressure** prendre la tension artérielle; **to take one's temperature** prendre la température; **to take place** avoir lieu; se dérouler; **to take the wrong road** faire fausse route

tall grand(e); **I am tall** je suis grand(e)

tan brunir *v.*

tape cassette *f.;* **tape player** magnétophone *m.*

tax impôt *m.*

taxi taxi *m.*

tea thé *m.*

teach (how to) enseigner (à)

teacher professeur *m.*

team équipe *f.*

technician technicien(ne) *m., f.*

technology technologie *f.*

teeth dents *f. pl.;* **to brush one's teeth** se brosser les dents

telephone téléphone *m.;* (*s.o.*) téléphoner à

television télévision (télé) *f.;* **to watch television (TV)** regarder la télévision (la télé)

tell a lie mentir

teller (*bank*) caissier *m.,* caissière *f.*

temperature: to take one's temperature prendre la température

ten dix

tennis tennis *m.;* **tennis shoes** tennis *m. pl.;* **to play tennis** jouer au tennis

than que; **less . . . than** moins… que; moins de… que; **more . . . than** plus… de; plus de… que

thank you (thanks) merci; **thank you very much** merci beaucoup

that cela (ça); **how about that!** tiens!

theater théâtre *m.;* **movie theater** cinéma *m.*

then puis; alors

there là *adv.;* y *pron.;* **there is (are)** il y a; (*pointing out*) voilà

therefore donc

thin mince; **to get thin(ner)** maigrir

thing chose *f.;* **things are going well** ça va bien

think (*about s.th.*) réfléchir (à); penser

thirsty: to be thirsty avoir soif

thirteen treize

thirty trente; **it is five-thirty** il est cinq heures et demie

thousand: a thousand mille

three trois

throat gorge *f.*

throw jeter

thunder tonnerre *m.*

Thursday jeudi *m.*

ticket billet *m.;* (*traffic, parking*) amende *f.,* contravention *f.;* **round-trip ticket** billet aller-retour *m.*

tie (*necktie*) cravate *f.;* (*bond*) lien *m.*

time (*clock*) heure *f.;* (*occasion*) fois *f.;* (*duration*) temps *m.;* **at what time?** à quelle heure?; **for a long time** longtemps; **to have a good time** s'amuser; **what time is it?** quelle heure est-il?

timetable horaire *m.*

to à; en

tobacconist's shop bureau (*m.*) de tabac

today aujourd'hui; **today is Friday, June 5** nous sommes vendredi, le 5 juin; **today is Monday** nous sommes lundi; **what's today's date?** quelle est la date d'aujourd'hui?

together ensemble

tomato tomate *f.*

tomorrow demain

too trop; **it costs too much** ça coûte trop cher; **it's too bad** c'est dommage; **too much (too many)** trop de

toothbrush brosse (*f.*) à dents

toothpaste dentifrice *m.*

top sommet *m.*

tornado tornade *f.*

toward vers

town square place *f.*

trade (*work*) métier *m.;* **trade union** syndicat *m.*

traffic circulation *f.*

tragedy tragédie *f.*

train train *m.;* **high-speed train, bullet train** T.G.V. (train à grande vitesse) *m.;* **train station** gare *f.*

training formation *f.*

translate traduire (*p.p.* traduit)

transportation transport *m.;* **means of transportation** moyens (*m. pl.*) de transport; **public transportation** transports (*m. pl.*) en commun

trapper trappeur *m.;* coureur (*m.*) des bois *Q.*

travel voyager; **travel agency** agence (*f.*) de voyages

traveler's check chèque (*m.*) de voyage

treat (*s.o. to*) offrir (*p.p.* offert)

tree arbre *m.*

trip voyage *m.;* **to take a short trip** faire un tour; **to take a trip** faire un voyage

truck camion *m.*

true vrai(e)

try (on) essayer

T-shirt tee-shirt *m.*

Tuesday mardi *m.*

tuition frais (*m. pl.*) de scolarité

turn red (*person*) rougir

twelve douze

twenty vingt; **twenty-one** vingt et un

twist one's ankle se tordre la cheville

two deux

type genre *m.;* taper (à la machine)

typewriter machine (*f.*) à écrire

U

ugly laid(e)

umbrella parapluie *m.*

uncle oncle *m.*

under sous

understand comprendre (*p.p.* compris)

undress (oneself) se déshabiller

unemployed person chômeur *m.,* chômeuse *f.*

unemployment chômage *m.*

union: trade union syndicat *m.*

university université *f.*

unleaded gas essence (*f.*) sans plomb

unload déverser

unoccupied libre

unplug débrancher

up: to fill up (the car with gas) faire le plein; **to get up** se lever; **to give up** céder; **to go up** monter; **to go up in value** monter; **to wake up** se réveiller

usually d'habitude

V

vacation vacances *f. pl.;* **during vacation . . .** pendant les vacances…

value: to go down in value baisser; **to go up in value** monter

VCR magnétoscope *m.*

veal veau *m.*

vegetable légume *m.;* **vegetable garden** jardin (*m.*) potager

very très; **thank you very much** merci beaucoup; **very well** très bien

veterinarian vétérinaire *m., f.*

vinegar vinaigre *m.*

violin violon *m.*

visit (*a person*) rendre visite à; (*a place*) visiter

volcano volcan *m.*

volleyball: to play volleyball jouer au volley-ball (au volley)

voter électeur *m.,* électrice *f.*

W

wait (for) attendre

waiter, waitress serveur *m.,* serveuse *f.*

wake up se réveiller

walk: to take a walk se promener

wall mur *m.*

wallet portefeuille *m.*

want vouloir (*p.p.* voulu); avoir envie de; souhaiter

war guerre *f.*

warm: it's warm (out) il fait chaud; **to be warm** avoir chaud

wash (oneself) se laver

waste gaspiller; (*material*) déchet *m.*

watch regarder; **to watch television (TV)** regarder la télévision (la télé)

water eau *f.;* **mineral water** eau minérale; **to water-ski** faire du ski nautique

wear porter

weather temps *m.;* **weather report** météo *f.;* **the weather's bad** il fait mauvais; **what's the weather like?** quel temps fait-il?

wedding mariage *m.;* noces *f. pl.;* **wedding ring** alliance *f.*

Wednesday mercredi *m.*

week semaine *f.;* **last week** la semaine dernière; **the days of the week** les jours de la semaine

weekend week-end *m.;* **on the weekends . . .** le week-end…

weight poids *m. s.;* **to gain weight** grossir; **to lose weight** maigrir

welcome: you're welcome de rien

well bien *adv.;* **things are going well** ça va bien; **very well** très bien; **well!** tiens!; **well-insulated house** maison (*f.*) bien isolée

west ouest *m.*

western film (*m.*) de cow-boys; western *m.*

what que; qu'est-ce que; qu'est-ce qui; quel(le); **at what time?** à quelle heure?; **what day is it?** quel jour

sommes-nous?; **what's today's date?** quelle est la date d'aujourd'hui?; **what's your name?** comment t'appelles-tu? *fam.;* **what time is it?** quelle heure est-il?

whatever . . . may be que(le) que soit…

when quand; lorsque

where où

which quel(le); que

white blanc (blanche)

who qui; qui est-ce qui; **who's calling?** qui est à l'appareil?

why pourquoi

wife femme *f.*

wild sauvage

win gagner

windbreaker blouson *m.*

window fenêtre *f.;* **to window-shop** faire du lèche-vitrines

windsurf faire de la planche à voile

windy: it's windy il fait du vent

wine vin *m.;* **red wine** vin rouge; **white wine** vin blanc

winter hiver *m.*

wish souhaiter

with avec

withdraw (*money*) retirer

without sans (+ *n.* or *inf.*)

woman femme *f.*

woods bois *m. s.*

work travailler

worker (*factory*) ouvrier *m.,* ouvrière *f.;* travailleur *m.,* travailleuse *f.;* **self-employed worker** travailleur indépendant, travailleuse indépendante

world monde *m.*

worldwide mondial(e)

worry s'inquiéter

would: I would like . . . moi, je voudrais… ; **who would like . . . ?** qui voudrait… ?

wound blessure *f.*

wounded person blessé(e) *m., f.*

wristwatch montre *f.*

write écrire (*p.p.* écrit)

wrong: to be wrong avoir tort; **to take the wrong road** faire fausse route

X

X-ray radio *f.;* radiographier

Y

year an *m.;* **(entire) year** année *f.;* **last year** l'année (*f.*) dernière; **the months of the year** les mois de l'année; **to be . . . years old** avoir… ans

yellow jaune; **yellow light** (*traffic*) feu (*m.*) orange

yes oui

yesterday hier; **yesterday evening** hier soir

yet encore; **not yet** ne… pas encore

yogurt yaourt *m.*

you toi *fam.;* vous *form.;* **and you?** et toi? *fam.;* et vous? *form.;* **how are you?** comment allez-vous? *form.*

young jeune

your ton (ta, tes) *fam.;* votre (vos) *form.*

Z

zero zéro

INDEX

This index is divided into two parts: Part I (Grammar) covers topics in grammar, structure, and usage; Part II (Topics) lists cultural, pronunciation, and vocabulary topics treated in the text, as well as reading strategies. Topics in Part II appear as groups; they are not cross-referenced. Any abbreviations used are identical to those in the end vocabulary.

PART II: TOPICS